성령의 임재를 뜨겁게 경험하는
예배 종합 대표기도문

성령의 임재를 뜨겁게 경험하는
예배 종합 대표기도문

김 상 복 목사

신교횃불

머리말

우리에게는 언제부터인지 몰라도 예배라고 하면 설교를 생각한다. 그리고 예배에서 설교가 중요하며 나머지의 순서는 의식의 하나로 여기고 있다. 그런데 여기에서 분명히 하자. 설교는 하나님께서 회중에게 말씀을 하는 순서라면, 회중이 대표로 기도하는 것은 하나님께 회중의 응답을 드리는 것이다. 그러니까 설교와 기도는 그 위치가 동등하다. 그리고 다른 순서들도 마찬가지이다.

그러므로 우리는 회중예배에서의 대표기도를 중요하게 생각해야 한다. 간구하는 내용도 물론이려니와 기도의 순서를 담당하게 된 사람이 먼저 그 예배에서의 대표기도자로 준비되어야 한다. 기도자가 성령님의 기름 부으심을 경험하면서 대표로 기도를 아뢰어야 한다.

대표기도의 순서를 섬기는 사람은 그가 교회 안에서 어떤 직분자였던 막론하고, 하나님께 드려져야 한다. 그 간구의 내용은 그날, 그 예배에서 회중이 하나님께 응답되어지는 아룀이 되어야 한다. 그 아룀을 하나님께서 원하시기에, 예배의 순서에 대표기도가 들어 있도록 하셨다.

구약에서 성소를 담당하던 제사장들과 같지는 않을지라도 그들이 성전에서의 봉사를 위하여 하나님께 거룩하고, 자신을 다스렸던 것처럼 기도자는 그와 같은 심정으로 자신의 대표기도에 임해야 할 것이다. 이에, 기도자를 돕기 위해서 대표기도의 '모범적인 제시물'로서의 대표기도문을 마련하여 한국 교회에 내놓는다.

2016년 12월

차례

머리말 _ 04

09 01.
주일예배, 상황에 맞춘 대표기도

117 02.
찬양예배 대표기도

171 03.
수요기도회 대표기도

225 04.
구역예배 대표기도

279 05.
가족축복 (토) 새벽기도회 대표기도

333 06.
교회절기 – 국경일 대표기도

371	07. 교회기관 헌신예배 대표기도
401	08. 교회행사 대표기도
433	09. 자신과 회중을 위한 예배 전 회개기도
487	10. 예배 시 헌금 봉헌기도
515	11. 축복 – 위로 심방 예배 대표기도

01

주일예배,
상황에 맞춘
대표기도

1월 1주 † 신년주일, 새해 첫날 | 시 95:1

우리 구원의 반석을 향하여

새해 첫날을 맞이하게 하신 하나님,

여호와께 노래하며 우리 구원의 반석을 향하여 즐거이 부르기를 즐거워하던 ○○의 지체들입니다. 새해를 시작하는 첫 시간에, 하나님의 집에서 예배하고자 머리를 조아립니다. 성령 하나님께서 저희를 인도하사 영과 진리로 예배하게 하시옵소서.

지난 일 년의 삶을 돌아볼 때, 하나님의 인도가 아니었다면 우리가 아무것도 할 수 없었음을 고백합니다. 주인이 맡긴 달란트를 땅속에 묻어 두었다가 그대로 내어놓는 약하고 게으른 종의 모습이 바로 저희들이었습니다. 지난 연말에는 많은 것들을 계획했지만 한 발짝도 앞으로 나아가지 못하였음을 용서해주시옵소서.

새해를 시작하신 하나님의 영광에 합당한 경배를 드리고자 예배하러 머리를 숙였습니다. 이 시간에 하나님의 인도하시는 음성을 듣고 순종하게 하시옵소서. 이스라엘 백성이 요단강을 건널 때 언약궤를 좇으라 그리하면 요단물이 마르리라 하셨음이 저희들의 것이 되게 하시옵소서. 언약궤를 통해서 하나님이 함께 하셨음을 믿습니다.

저희들도 새해의 삶을 시작하기 전에 성결의 은혜를 입게 하시옵소서. 스스로 하나님이 기뻐하시는 성결의 삶을 살아야 요단을 건너 가나안의 복된 삶을 살아가는 은혜를 주시옵소서. 하나님께서 복의 시간을 주셨으니 거룩하게 준비하게 하시옵소서.

오늘, 국가와 사회의 이슈화가 된 상황에 대하여 덧붙여 간구한다.

주의 종을 세워주셨으니, 진리의 말씀을 듣게 하시옵소서. 그에게 성령님의 충만하심과 지식을 더하셔서 천국의 말씀을 선포하게 하시옵소서. ○○ 성가대원들이 하나님을 찬양할 때, 천상의 음악이 되기를 원합니다. 이 한 시간의 예배가 거룩하게 드려지도록 여러 모양으로 봉사로 수종을 드는 종들을 세우셨음에 감사드립니다.

새해에도 우리 민족을 사랑으로 지켜주셔서 오직 공법이 물같이 정의가 하수같이 흐르는 나라로 굳게 서도록 도와주시옵소서. 저희들 모두에게 고아와 과부와 나그네를 돌보는 하나님께서 사랑하는 이 나라가 되게 하여 주시옵소서.

우리 한 사람 한 사람이 이 사회 속에서 각자가 맡은 책임을 다하는 성실한 대한민국 국민이 되기를 원합니다. 가족에 대한 책임을 다하고, 직장에 대한 책임을 다하고, 이웃에 대한 책임을 다하고, 국가에 대한 책임을 다하는 충성스러운 우리들이 되게 하시고 그것이 곧 하나님께 책임을 다하는 것임을 잊지 않게 하여 주시옵소서.

오늘, 교회의 당면해 있는 상황이나 발생된 문제에 대하여 간구한다.

새해에도 주가 되시는 예수님의 이름으로 기도드립니다. 아멘.

1월 2주 † 호 6:1

우리가 여호와께로 돌아가자

모진 추위에도 지켜주시는 하나님,

오라 우리가 여호와께로 돌아가자 하여 이렇게 나왔습니다. 돌이켜 보니, 지난날 하나님을 잊고 지내던 저희들이었습니다. 이 시간에, 예배하면서 우리를 찢으셨으나 도로 낫게 하실 것이요 우리를 치셨으나 싸매어 주실 하나님을 경험하게 하시옵소서.

게으르지 아니하고 믿음과 오래 참음으로 살아야 하였지만, 나태하였고, 쉽게 분노하고, 쉽게 짜증을 내며 지내온 죄를 용서해 주시옵소서. 천국의 약속들을 기업으로 받는 자들로서의 모습은 흐트러졌음을 용서해 주시옵소서. 이제, 육신의 생각과 소욕에 매이는 죄를 벗어버리도록 인도해 주시옵소서.

새해를 맞이해서 소망 중에 결단을 하는 저희들에게 다니엘의 믿음을 저희들의 것으로 삼게 해주시옵소서. 하나님의 도우심으로 성공적인 올해의 삶이 되게 하시옵소서. 왕이 먹는 음식과 왕이 주는 옷을 입게 하였으나 왕의 진미를 거절하여 자기를 더럽히지 않으려 했던 그의 행실을 저희들의 것으로 삼게 하시옵소서.

오늘, 국가와 사회의 이슈화가 된 상황에 대하여 덧붙여 간구한다.

성령의 임재를 뜨겁게 경험하는 예배 종합 대표기도문

하나님의 백성을 위해서 말씀을 준비해 주셨음에 감사드립니다. 말씀을 전해주실 목사님께 영력을 더하여 주셔서 그 말씀의 감화로 악을 버리고 선을 행하기를 다짐하는 복된 시간이기를 원합니다. 오늘도 주님을 영화롭게 해드리는 ○○ 성가대를 세우셨으니, 예수님을 구주로 믿는 무리들이 한 마음으로 하나님을 찬양하며 예배하도록 하시옵소서. 예배하러 나오기를 기다리면서 준비한 예물을 감사함으로 드리게 하시옵소서. 이 예배가 신령과 진정으로 드려지기 위해서 봉사하는 종들이 있으니, 그들이 더욱 충성스럽게 감당하게 하시옵소서.

우리 지체들 중에, 병든 이들을 고쳐 주시옵소서. 그들의 생명을 위험한 지경에서 건지시는 하나님의 은혜를 소망합니다. 사랑하는 환우들에게 찾아가 위로하여 주시옵소서. 그들이 지금, 이 시간에 교회를 얼마나 그리워하겠습니까? 어서 속히 저희들과 한 자리에 앉아 주님의 이름을 찬송하게 하시옵소서.
우리 교회 밖에도 질병이나 가난으로 어려움에 처해있는 이들이 있습니다. 그들에게로 저희들을 보내시려는 하나님의 음성을 듣게 하시옵소서. 하나님께서 사랑하시는 그들, 우리에게 외면하지 않도록 해주시옵소서. 하나님의 사랑으로 그들을 섬기는 저희들이 되게 하시옵소서. ○○ 의 지체들에게 사랑의 주님을 전하게 하시옵소서.

　# 오늘, 교회의 당면해 있는 상황이나 발생된 문제에 대하여 간구한다.

생명의 구주가 되시는 예수님의 이름으로 기도드립니다. 아멘.

1월 3주 † 사 2:3

하나님의 집을 찾게 하시니

영광 중에 계신 하나님,

오늘, ○○의 권속에게 하나님의 집을 찾게 하시니 감사드립니다. 저희 무리에게 "오라 우리가 여호와의 산에 오르며 야곱의 하나님의 전에 이르자"는 결단을 하게 하시고, 하나님 앞에 조아리게 하셨습니다. 전능하신 하나님께 영광을 드리게 하시옵소서.

하나님의 말씀을 따르지 못했던 지난 생활을 회개합니다. 죄를 슬퍼하는 여호와의 백성을 위로해주시옵소서. 하나님의 나라와 의를 구하면서 살아야 했는데, 오히려 유혹에 이끌리고, 욕심으로 말미암아 죄를 지으며 살았습니다. ○○의 지체들이 참으로 뉘우치니, 하나님의 인자하심으로 용서해주시옵소서.

금년에는 ○○교회가 여호와께 미래를 준비 하는 해가 되기를 원합니다. 변화하는 사회를 향하여 변하지 않는 그리스도의 복음의 진리를 효과적으로 전파하는 교회로 삼아주시옵소서. 목표나 비전을 잃어버리고 휘청거리는 이 사회에서 진정한 미래의 비전을 제시하는 선지자적 교회가 되게 하여 주시옵소서.
이로써 이 세상의 모든 사람들이 예수 그리스도께서 역사의 중심이시며 하나님께서 역사의 주관자이심을 깨닫게 하여 주시옵소서. 아울러서 어린들과 젊은 차세대들을 키우는데 전력을 다하는 교회가 되게 하여 주시옵소서.

오늘, 국가와 사회의 이슈화가 된 상황에 대하여 덧붙여 간구한다.

담임 목사님을 붙드셔서 ○○ 교회의 권속들에게 생명의 말씀을 전하게 하시옵소서. 오늘의 말씀이 저희들의 심령을 새롭게 하여 여호와의 땅에 빛나는 빛의 삶을 살다는 결단이 되게 하옵소서. ○○ 성가대의 아름다운 찬양이 있는 예배로 하나님께 영광을 돌리게 되며 찬송의 능력을 체험하게 하시옵소서. 이 자리를 하나님의 영광으로 가득하게 하옵소서. 저희들이 경건을 다해 예배하는 동안에 몸을 다 드려서 섬기는 이들이 있음에 즐거워하며 그들을 축복합니다.

오늘도 이 추운 날씨 가운데도 이 백성을 불쌍히 여겨주시옵소서. 그들에게도 평강으로 인도하여 주사, 모두가 주님의 은혜 속에서 진정한 하나님중심, 말씀중심, 교회중심으로 살아 나가게 하시옵소서. 주님의 교회가 배고픔과 굶주린 가난한 이웃을 사랑하게 하시옵소서.
또한 우리 성도들의 가정에 많은 기도 제목들이 있습니다. 저희들을 미쁘시게 여기사 날마다 살아계시는 하나님을 경험하도록 은혜를 베풀어주시옵소서.

오늘, 교회의 당면해 있는 상황이나 발생된 문제에 대하여 간구한다.

구주가 되어주신 예수님의 이름으로 기도드립니다. 아멘.

1월 4주 † **사 55:7**

하나님의 자비하심이 그리워

무릎을 꿇게 하시는 하나님,

"악인은 그 길을, 불의한 자는 그 생각을 버리고 여호와께로 돌아오라"는 언약의 말씀을 의지하여 이렇게 모였습니다. 하나님을 가까이 하며 살기를 원하였으나 그렇지 못하였습니다. 그러나 하나님의 자비하심이 그리워 예배하러 나와 부복합니다. 영광을 거두어주시옵소서.

저희들에게 서로 용서하라 하셨건만 용서를 못하고 살아왔음을 회개합니다. 마음을 상하게 한 이들에 대하여 이해해 주지 못하고, 너그럽지 못한 태도를 보였습니다. 주님께로부터 용서를 받았으니, 마땅히 용서를 하지 못하고 마음에 분을 담고 있음을 용서해주시옵소서.

저희 교회에 부흥의 불길이 타오르게 하시옵소서. 이 일을 위하여 직분을 나누어 받았사오니 충성을 다하여 상급 있는 지체들이 되게 하시옵소서. 성도들이 사랑으로 하나 되게 하시며, 사명을 잊지 않는 건전한 교회가 되게 하여 주시옵소서.
상처받은 심령들이 와서 쉼을 얻게 하시옵소서. 삶의 향방을 잃은 자들에게는 믿음의 주가 되시는 주님을 바라보게 하시옵소서. 이 땅과 이 백성을 복음화 시키기까지 충성을 다하는 교회가 되기를 빕니다. 반석 같은 믿음과 성령이 충만한 열정으로 저희를 채워 주시옵소서.

병약자들이 너무나 많습니다. 지금까지도 저희들을 살려주시고 호흡할 수 있는 은혜를 부어주심을 진심으로 감사를 드립니다.

　　# 오늘, 국가와 사회의 이슈화가 된 상황에 대하여 덧붙여 간구한다.

하나님의 종으로 구별되신 목사님을 세워주심에 감사드립니다. 종을 통해서 전해지는 말씀에 순종하게 하옵소서. ○○ 성가대원들이 성령님께 감동되어서 드리는 찬양으로 온 교회에 영광이 넘치기를 원합니다. 이 찬양이 곡조가 있는 기도가 되어 주를 경외하는 민족이 되게 해 주시기를 원합니다. 이 시간에도 예배의 진행을 돕고, 성도들의 편의를 위하여 봉사하는 지체들의 헌신을 받으시고, 사탄의 세력이 얼씬거리지 못하게 하옵소서.

몸이 불편하여 병상에 있고 불치의 병마로 고통 중에 수술을 초조하게 기다리는 성도들의 머리 위에 하나님의 은혜가 함께 하심으로 능력과 기적으로 수술을 잘 마치게 도와 주셔서 살아 계신 하나님의 능력을 체험하고 은혜에 감사하게 하옵소서. 오늘 못 나온 이들이 다음 주일에는 함께 앉아서 예배하도록 회복시켜 주시옵소서.

　　# 오늘, 교회의 당면해 있는 상황이나 발생된 문제에 대하여 간구한다.

보혈을 흘려주신 주 예수님의 이름으로 기도드립니다. 아멘.

1월 5주 † 느 8:6

광대하신 하나님 여호와를

날을 구별해주신 하나님,

오늘, 우리 교회에 모인 지체들에게 광대하신 하나님 여호와를 송축하게 하시옵소서. 이 날은 하나님께서 정하신 날입니다. 예배하러 모인 저희들에게 여호와께 "아멘 아멘 응답하고 몸을 굽혀 얼굴을 땅에 대고" 경배하는 거룩함으로 인도해주시옵소서.

저희를 부르시어 오늘도 회개할 수 있는 기회를 주시고 회개하도록 말씀을 주시고, 저희들의 마음에 감동을 주시고, 인도하시는 하나님께 감사를 드립니다. 주의 사랑, 그 용서, 그 거룩한 은총을 생각하며 감사 감격한 중에 잃어버린 진실을 찾게 하시옵소서. 오늘도 예수님을 닮아 가는 삶이 되게 하시고, 연약함을 만날 때마다 하나님께 기도할 수 있도록 축복해 주시옵소서.

나라를 위하여 간구하게 하시니 감사드립니다. 이 나라를 지켜 주시고, 저희들에게 기도하는 애국의 정신을 갖게 하시옵소서. 아담을 에덴에서 살게 하셨듯이 저희들에게는 이 땅에서 살게 하셨음을 믿습니다. 이 나라와 백성들이 하나님을 즐거워하고, 여호와의 인도하심을 소망하게 하시기를 원합니다.

오늘, 국가와 사회의 이슈화가 된 상황에 대하여 덧붙여 간구한다.

이 교회를 위하여 주의 종을 보내셨으니, 목사님께 성령으로 충만하게 하시옵소서. 진리와 생명의 말씀을 듣게 하옵소서. ○○ 성가대원들이 아름다운 찬양으로 영광을 드릴 때, 온 성도들에게는 예배하려는 마음이 더욱 간절해지게 하옵소서. 이 한 시간의 예배가 거룩하게 드려지고, 성도들이 신령과 진정으로 예배할 수 있도록 여러 모양으로 수종을 드는 종들을 세우셨음에 감사드립니다.

오늘, 교회의 당면해 있는 상황이나 발생된 문제에 대하여 간구한다.

주님의 몸 된 저희의 교회 또한 십자가의 사랑을 받은 사람들이 그 정신으로 살려고 모인 곳이오니 이기적인 욕심에 사로잡혀 세속에 물들어 가는 교회가 되지 말게 하시옵소서. ○○ 교회 성도들을 붙드시고, 각자가 은사를 맡은 청지기가 되어 지체적인 사역을 감당하게 하시고, 모두가 하나님의 충실한 일꾼이 되게 하여 주옵소서. 교회를 위하여 주님께서 주신 귀한 직분을 맡아서 몸을 드려 충성하는 손길들을 기억하시고, 저들의 수고가 더해질 때마다 주님을 사랑하는 신앙고백이 넘쳐나게 하시옵소서. 소망이 끊어진 이 시대에, 십자가의 사랑만이 새 소망이 된다는 것을 모든 이들이 발견할 수 있도록 저희들 각 사람이 주님의 십자가를 힘써서 증거할 수 있는 생활 속의 증인들이 되게 하시옵소서.

생명의 빛, 예수님의 이름으로 기도드립니다. 아멘.

2월 1주 † 눅 1:68

자기 백성을 속량해주신 은혜로

찬송을 원하시는 하나님,

자기 백성을 돌아보사 속량해주신 은혜로 지내 온 ○○의 지체들입니다. 저희들을 초청해주심에 감사드리게 하시옵소서. 저희들은 죄 가운데서 구속하신 예수님의 은혜에 찬송을 드리게 하시옵소서. 죄를 용서해주시고, 아버지라 부르게 하신 하나님을 예배하게 하시옵소서.

하나님께서 저희들에게 원하심은 은혜 안에서 자라가는 것인데, 천국 백성으로서 온전함에 이르지 못하고 있음을 회개합니다. 온전해지기 위해서 말씀과 기도를 가까이 하고, 성령님께의 충만함에 목말라하였으나 그렇지 못하였음을 용서해주시옵소서. 십자가에서 흘려주신 보혈로 저희들이 회복되게 하시옵소서.

저희들이 하나님께로 돌아가는 은혜를 주옵소서. 벧엘에서 야곱의 기도를 들어주신 하나님께서 그에게 벧엘로 돌아가라고 하셨던 말씀을 기억하게 하시옵소서. 살다보니 붙잡아야 하는 하나님의 은혜는 놓고, 세상의 것들을 쥐고 있는 손을 펴게 하시옵소서. 다시금 은혜를 주셔서 하나님을 붙잡게 하시옵소서.

오늘, 국가와 사회의 이슈화가 된 상황에 대하여 덧붙여 간구한다.

이 시간에 목사님을 대언자로 세우셔서 하나님의 말씀을 전하게 하셨으니, 저희들은 왕 앞에 선 신하와 같이 겸손함으로 듣게 하옵소서. 여호와의 도우심을 찬양하는 ○○ 성가대원들을 축복합니다. 그들이 마음과 몸을 드려 찬양할 때, 이 자리에 성령님이 비둘기처럼 임하시게 하옵소서. 저희들 모두 하나님의 은혜를 체험하는 복된 자리로 인도해 주옵소서. 오늘도 예배를 위한 봉사자들이 순종함으로 봉사할 때, 복 되게 하옵소서.

저희들에게 거룩한 습관을 주시기 원합니다. 우리가 변화되기 원하지만 잘못된 습관 때문에 고생하고 오해받고 있습니다. 우리 삶의 미세한 부분까지도 고쳐 주셔서 좋은 습관을 늘려가게 하시고 문제를 해결 받는 축복의 삶을 허락하여 주시옵소서. 주님께서 우리들의 모습에 만족하실 때까지 참고 인내하게 하여 주옵소서.

오늘, 교회의 당면해 있는 상황이나 발생된 문제에 대하여 간구한다.

하나님 보시기에 아름다운 성도의 역할을 감당할 수 있는 저희들로 삼아주시옵소서. 저희로 하여금 주님의 사랑을 실천하게 하시면서 이웃을 위하여 기도하게 하여 주시옵소서. 이웃의 아픔으로 인하여 주님의 고난을 기억하사 저희로 그들에게 도움의 손길을 펼 수 있는 긍휼의 마음을 허락하여 주시옵소서.

오직 주님이 되시는 예수님의 이름으로 기도드립니다. 아멘.

2월 2주 † 욜 3:17

오늘까지도 거룩하게 하시는

자기 백성을 만나주시는 하나님,

성산 시온에 거하시는 하나님을 찾게 해주셨습니다. 주님의 피로 세우시고, 오늘까지도 거룩하게 하시는 하나님께 영광의 찬미를 드리려 머리를 숙입니다. 지난 이레 동안에도 ○○교회를 중심으로 살아오도록 하신 그 은혜로 오늘은 영과 진리로 예배하게 하시옵소서.

재물에 붙잡혀서 노예로 지내던 저희들에게 자유를 주셨음을 감사합니다. 인간의 더러운 욕심에 자신을 내어주지 않도록 불쌍히 여겨 주시옵소서. 성령님의 자유하게 하시는 능력으로 죄를 거절하게 하시옵소서. 재물을 비롯해서 그 어떤 것에도 노예가 되지 않고, 영원한 자유인으로 그렇게 살아갈 수 있도록 도와주시옵소서.

○○ 교회가 속해 있는 지역사회를 사랑하게 하시니 감사드립니다. 여호와의 은혜가 우리 동네에 임하여 교회를 세우게 하셨으니, ○○동이 복된 땅이 되게 하시옵소서. 하나님께서 구원하시기로 작정하신 이들이 저희 교회를 통해서 천국의 문에 이르도록 생명의 역사를 일으켜 주시옵소서.

오늘, 국가와 사회의 이슈화가 된 상황에 대하여 덧붙여 간구한다.

목사님을 단에 세우셨음에 감사드립니다. 그를 성령님께서 주관하셔서 ○○의 지체들은 다만 아멘으로 그리고 송이 꿀의 말씀으로 듣게 하옵소서. ○○ 성가대원들이 신령과 진정의 기도가 표현된 찬양으로 최상의 영광을 드리기를 소망합니다. 함께 한 저희들도 화답하는 심정으로 여호와의 임재를 바라보게 하옵소서. 오늘도 자원하는 심정을 가지고, 몸을 산 제사로 드리는 심정으로 봉사하는 일꾼들이 있습니다. 맡은 자리에서 예배의 진행을 돕는 손길들에게 은혜를 더해주시옵소서.

우리나라 대한민국은 하나님의 품에 있음을 믿습니다. 이 세상은 두렵고, 사람들의 강퍅한 마음을 보면서 범죄가 날로 늘어나고 있습니다. 이 나라를 아름답게 해주시옵소서. 이 나라를 믿지 못하고, 하나님을 알지 못하는 이웃들을 불쌍히 여겨주시옵소서. 이 나라 이 민족을 불쌍히 여겨주시기를 간절히 기도드립니다.

북녘의 동포들을 불쌍히 여겨주시어 남북이 하루빨리 통일되어 동토의 땅에도 십자가를 세워주시옵소서. 무너진 성전이 수축 될 수 있는 날이 속히 오기를 간절히 기도드립니다. 어둔 세상 지하에서 오늘도 굶주리며, 오직 예수님만을 붙잡고 기도하는 그들에게 긍휼과 자비를 부어주시어 위로와 소망을 가지고 살아가게 하시옵소서.

　　# 오늘, 교회의 당면해 있는 상황이나 발생된 문제에 대하여 간구한다.

평강의 주 예수님의 이름으로 기도드립니다. 아멘.

2월 3주 † 시 15:1

주의 성산에 거할 자

은혜로 이끌어주시는 하나님,

주의 장막에 유할 자로 구별해주시고, 주의 성산에 거할 자로 선택을 받은 지체들이 주님의 날에 하나님의 집을 찾았습니다. 여호와의 은택으로 살아왔으니 오늘은 그 은혜에 감사하여 예배하게 하시옵소서. 영과 진리로 예배하게 하시옵소서. 이 예배에 사탄이 역사하지 않게 하시고, 하나님의 영광을 훼방하는 세력들은 물리쳐 주옵소서.

열매 없는 저희들에 대하여 오래오래 참아주시니 감사드립니다. 잘못을 뉘우치고, 용서를 기다리는 저희들을 불쌍히 여겨 주시옵소서. 원컨대 이제는 열매를 맺을 수 있고, 인격에 생활에 사회에 확실하게 그 크신 은혜의 열매를 맺으며 살아갈 수 있게 하시옵소서. 성령님께 충만하여 착한 행실의 열매가 풍성한 것을 보게 하시옵소서.

주님의 교회가 세상에서 빛과 소금의 역할을 감당하게 하시옵소서. 이 땅에서 그리스도의 향기를 풍기며. 예수님의 향기가 되게 도와주시옵소서. 우리 교회가 있는 이곳에서 없어서는 안 되는 구원의 방주가 되게 하시옵소서.
예수님의 참된 터 위에 저희 교회를 세우셨으니, 세상에서 방황하던 심령들이 다 교회에 나와서 쉼과 평안을 얻는 은혜를 누리게 하시옵소서. 죄 가운데 빠져있는 심령들이 죄 사함을 받고 구원을 얻는 구원의 방주가 되게 하여 주시옵소서.

오늘, 국가와 사회의 이슈화가 된 상황에 대하여 덧붙여 간구한다.

목사님을 대언자로 세우셔서 하늘 양식의 말씀을 진설하게 하심을 감사드립니다. 그 말씀으로 성경을 소중히 여기고, 구원에 이르는 지혜를 갖게 하옵소서. 저희 교회를 영화롭게 하셔서 ○○ 성가대를 세워주시고, 오늘도 그들이 마음과 몸을 드려 찬양할 때, 하나님의 은혜를 체험하는 복된 자리로 인도해 주옵소서. 많은 이들 가운데 예배를 위한 봉사자들이 순종함으로 하나님께 영광을 드리고 있으니 복된 봉사가 되게 하옵소서.

저희들 생각하는 대로 보고 싶은 대로 세상을 바라보며, 구름기둥과 불기둥으로 인도하시는 하나님을 전혀 생각지 못 하고 사람, 환경, 자신만을 보고 죽고 망하게 되었다고 말하고 있습니다. 저희들에게 당한 문제보다 크신 하나님을 바라보며 하나님이 함께 하심이 저희를 삶의 이김이 됨을 믿습니다.
수시로 마음속에 들어오는 어두움을 단호히 물리치고 일어나 빛을 선택하게 하시옵소서. 서희들은 빛 되신 주님만 바라보게 하시옵소서.

오늘, 교회의 당면해 있는 상황이나 발생된 문제에 대하여 간구한다.

죄로부터 깨끗하게 해주시는 예수님의 이름으로 기도드립니다. 아멘.

2월 4주 † 삼일절주일 | 시 67:5

하나님의 거룩하신 존전으로

전지전능하신 하나님,

"민족들이 주를 찬송하게 하시며" 우리 하나님께 찬송을 드리게 하시옵소서. 이 자리를 하나님의 거룩하신 존전으로 알고 나온 이들은 마음으로 부복하여 주님의 이름에 머리를 숙이기 원합니다. 주님의 이름은 이제부터 영원까지 찬송 받으실 이름이십니다.

지금, 죄를 애통해 하는 성도들을 불쌍히 여겨 주시옵소서. ○○의 권속이 눈물로 통회할 때, 사유의 은혜를 내려 주시옵소서. 진실하며 열심을 다하는 신앙생활을 하지 못하고, 형식적으로 지낸 시간들도 많았습니다. 사유하시는 은혜를 내려주시옵소서. 하나님의 나라보다는 자신의 유익을 구하기에 바빴던 저희의 행실을 용서해주시옵소서.

이 나라와 백성들을 사랑하셔서 삼일운동을 통해 민족이 자주적인 독립을 외치게 하셨음에 감사드립니다. 이 땅의 방방곡곡에서 우리 하나님의 이름을 높이는 찬미의 소리를 받으시옵소서. 거룩한 손길을 바라보고 머리를 숙인 성도들에게 신령과 진정으로 예배하게 하시옵소서.
하나님 앞에서 복된 날에 이 민족을 불쌍히 여기셔서 독립에의 의지를 불태우게 하신 하나님의 도우심을 기억하게 하시옵소서. 하나님께서 불꽃같은 눈으로 보호하시는 이 나라를 저희들이 사랑하게 하시옵소서. 느헤미야와 같이 조국의 상황에 예민하게 하시고, 가슴으로 안게 하시옵소서.

오늘, 국가와 사회의 이슈화가 된 상황에 대하여 덧붙여 간구한다.

하늘의 백성들에게 은혜를 주시려고 목사님을 단에 세우셨음에 감사드립니다. 그의 입술을 성령님께서 주관하셔서 이 백성들이 말씀을 듣게 하옵소서. ○○ 성가대원들이 신령과 진정의 예배와 수준 있는 음악으로 어우러진 최상의 찬양을 드리기를 소망합니다. 오늘도 자원하는 심정을 가지고, 자기 자신을 제물로 드리는 심정으로 봉사하는 일꾼들이 있습니다. 맡은 자리에서 예배의 진행을 돕는 손길들에게 은혜를 더하여 주옵소서.

○○의 백성에게 하나님의 소생케 해주시는 은혜를 보게 하시옵소서. 그리하여 무능한 자가 능력의 사람이 되고, 무한한 가능성을 펼치며, 위대한 인생을 살게 하시옵소서. 인생을 도우시고 저희들에게 복을 내려주시옵소서.
하나님께서 함께 하시면 어디에서나 어떤 일에서나 오직 소망만이 있습니다. 세상 모든 것을 덮는 복을 주시고 먹구름 중에 찬송하면 태양이 비칠 것을 믿습니다. 하나님만 바라는 저희들이 되게 하시옵소서.

오늘, 교회의 당면해 있는 상황이나 발생된 문제에 대하여 간구한다.

우리를 친구로 삼아주신 예수님의 이름으로 기도드립니다. 아멘.

3월 1주 † 사순절 첫째 주일 | 시 99:9

여호와 우리 하나님을

거룩하신 하나님,

하나님께 사랑을 받고 있는 ○○의 지체들에게 여호와 우리 하나님을 높이게 하시니 감사드립니다. 하나님께서 예배 처소로 정해주신 이 거룩한 곳에서 예배하게 하셨습니다. 저희들이 예배하는 동안에, "여호와 우리 하나님은 거룩하심이로다."라는 고백을 드리게 하시옵소서.

끝없는 욕심과 허영과 세상적인 욕망에 사로잡혀 우리 마음이 어두워진 지 오래됐습니다. 용서해주시옵소서. 이 시간에, 주님의 피로 저희들의 심령을 씻겨 주시옵소서. 사순절의 은혜로 심령을 거룩하게 해주시옵소서. 주님의 피를 발라, 눈을 밝혀주시옵소서. 주님의 피로 귀를 씻기셔서 하나님의 음성을 듣게 하시옵소서.

사순절을 맞이하는 이 시간에, 저희들에게 요셉을 모델로 삼는 은혜를 주시옵소서. 요셉의 하나님이 저희들의 하나님이 되셔서 주님의 영광을 위한 꿈을 꾸게 하시고, 주님의 일을 이루어드리는 계획을 갖게 하옵소서. 그리고 마귀가 우는 사자와 같이 삼킬 자를 찾고 있음에 유의해서 정욕을 피하고 거룩한 삶을 사모하게 하시옵소서.

오늘, 국가와 사회의 이슈화가 된 상황에 대하여 덧붙여 간구한다.

오늘, 하나님의 말씀을 들려주시려고 목사님을 세워주셨습니다. 강단에서 진리로 이끄실 목사님께 성령님과 지혜에 충만케 하셔서 하나님의 말씀으로 흥왕함을 보게 하시옵소서. 이 교회를 위하여 ○○ 성가대원들을 준비시키셨음에 감사드립니다. 하나님 앞에서 찬송을 맡은 이들이 벅찬 감격으로 찬양을 부르게 하시고, 저희들은 예배하려는 마음이 더욱 간절해지게 하시옵소서. 이 시간에도 한 시간의 예배를 위해 여러 모양으로 수종을 드는 종들에게 복을 내려 주시옵소서.

사랑하는 교회의 성도들이 주 안에서 기뻐하게 지내기 원합니다. 주님의 십자가에서 이루어진 사랑에 감격하여 기쁨으로 충만한 저희들이 되어 하나님의 뜻을 찾게 하시옵소서. 이제, 예수는 나의 힘이요 내 기쁨이 되신다는 찬송을 부르면서 거룩하고도 아름다운 시간을 보내게 하시옵소서.

○○의 권속 중에, 주일을 성수하기를 기다리며, 이 성전에 나오기를 사모하지만 나오지 못한 이들이 있어 안타까움이 더합니다. 늘 우리와 함께, 바로 옆에서 예배하던 지체들이 그립습니다. 지금, 병상에서, 또는 외로운 곳에서 힘들게 지내는 이들에게 하늘의 문을 열어 주시옵소서. 그들에게도 회중 예배의 기쁨을 누리게 하시옵소서.

오늘, 교회의 당면해 있는 상황이나 발생된 문제에 대하여 간구한다.

믿음의 주 예수님의 이름으로 기도드립니다. 아멘.

3월 2주 † 고후 1:3

아름다운 주님의 이름에

자비로우신 하나님,

사순절을 보내면서 맞이한 주일 아침에 우리를 받아주시기 원합니다. ○○의 지체들이 주일을 기다리며 맞아들인 지금, 주님의 십자가를 바라보면서 드리는 예배에 하늘의 영광이 가득하기를 원합니다. 아름다운 주님의 이름에 합당한 영광을 드리게 하시옵소서. 주님의 이름은 언제 불러도 못 다 부를 그리움입니다.

하나님의 영광이 되는 삶을 살기에 부족했던 지난 시간을 회개하게 하시옵소서. 회개의 영을 부어주셔서, 여호와께 합당하지 못 했던 행실들에 대하여 낱낱이 고백하니 용서해 주시옵소서. 존귀한 성도들이 죄의 사유하심을 감사하고, 머리를 숙여 참으로 겸손히 예배하게 하시옵소서.

민족을 보호하시는 하나님, 외세의 침략이 많았고, 민족적으로도 부침이 많았던 이 나라를 불쌍히 여겨 주옵소서. 하나님의 은혜로 지구상에서 부강하고 굳건히 세워지는 나라가 되게 하옵소서. 하나님이 공의가 강물처럼 흐르는 사회가 되어 모든 이들이 하나님을 두려워하게 해주시기를 원합니다.

오늘, 국가와 사회의 이슈화가 된 상황에 대하여 덧붙여 간구한다.

여호와의 백성을 위해서 말씀을 준비해 주셨음에 감사드립니다. 말씀을 선포하실 목사님께 영력을 더하여 주셔서 하나님의 구원하심을 보는 복된 시간이기를 원합니다. 오늘도 주님을 영화롭게 해드리는 ○○ 성가대를 세우셨으니, 예수님을 구주로 믿는 무리들이 한 마음으로 하나님을 찬양하며 예배하도록 하시옵소서. 이 예배가 오직 영과 진리로 드려지기 위해서 봉사하는 종들이 있으니, 그들이 더욱 충성스럽게 감당하게 하시옵소서.

오늘, 교회의 당면해 있는 상황이나 발생된 문제에 대하여 간구한다.

교회를 통하여 하나님의 나라가 날마다 이루어지게 하여 주시옵소서. 저희에게 성도의 본분을 잘 감당하게 하시고 한 주간 동안도 세상을 이기게 하옵소서. 은혜를 사모하게 하심을 감사합니다. 하나님께 찬양 드리는 것을 기쁘게 하심을 감사합니다. 하나님의 성호를 찬양할 수 있는 귀한 성도들이 되도록 축복하여 주시옵소서.

이곳에 하나님께서 허락하신 성전을 세우셨으니 저희로 하나님의 은혜를 나누며 교제하는 귀한 시간이 되게 하시옵소서. 저희의 의지와 생각이 주님 앞에서 하나로 묶어져 더욱 큰 믿음으로 성장하게 하시며, 그 믿음이 죽을 영혼도 살려내는 생명력이 넘치는 믿음이 되게 하여 주시옵소서.

생명을 주신 주 예수님의 이름으로 기도드립니다. 아멘.

3월 3주 † 시 9:2

지존하신 주의 이름에

영광이 되시는 하나님,

사랑하는 지체들이 "주를 기뻐하고 즐거워하며 지존하신 주의 이름에" 찬송을 드립니다. 이 시간에, 간절한 기대와 소망을 담아 예배 드립니다. 예배하기를 기뻐하는 마음으로 충만하기 원합니다. 우리 하나님이여, 영광을 받으시옵소서. ○○의 지체들이 하나님께 사랑과 영광을 드리는 한 시간의 예배로 인도해주시옵소서.

오늘도 우리를 사랑하사 지난날의 그 많은 실수를 꾸짖지 않으시고, 현재의 이 시점에서 "네가 나를 사랑하느냐"고 물으시는 주님을 바라봅니다. 그 크신 은혜로 저희들을 용서해 주시옵소서. 하나님을 떠난 생각을 다 버리게 하시옵소서. 깨끗하게 해주시옵소서.

우리 ○○ 교회가 말씀 가운데 부흥하는 교회, 성령님께서 함께 하시는 교회가 되기를 소망합니다. 세상에서 부대끼고 지친 곤한 영혼, 연약한 모습 이대로 주님께로 나왔습니다. 사랑하는 지체들을 품에 안아주시고, 저희들의 예배를 받아주시옵소서.

이 시간에도, 여호와께 존귀한 주의 종의 가정도 굽어 살펴주시옵소서. 평강이 넘치고 은혜로운 가정으로 인도하여 주시고 자녀들에

성령의 임재를 뜨겁게 경험하는 예배 종합 대표기도문

게도 하고자 하는 뜻이 이루어 질 수 있도록 인도해주시옵소서.

　　# 오늘, 국가와 사회의 이슈화가 된 상황에 대하여 덧붙여 간구한다.

담임 목사님을 붙드셔서 ○○ 교회의 권속들에게 말씀을 전하게 하옵소서. 오늘의 말씀이 저희들의 심령을 새롭게 하여 뭇 사람들에게 복음을 전하겠다는 결단이 되게 하옵소서. ○○ 성가대의 아름다운 찬양이 있는 예배로 하나님께 영광을 돌리게 되며 찬송의 능력을 체험하게 하옵소서. 이 자리를 하나님의 영광으로 가득하게 하옵소서. 저희들이 경건을 다해 예배하는 동안에 몸을 다 드려서 섬기는 이들이 있음에 즐거워하며 그들을 축복합니다.

죄와 허물로 죽었던 저희들을 예수 그리스도의 보혈의 피로 살려 주시어 구속의 은총을 허락하심을 진심으로 감사드립니다. 끝까지 주님께서 주신 구속의 은총을 지켜 구속의 완성에 이를 수 있도록 저희들을 도와주시고 인도해주시옵소서.

주님께서 원하시는 빛과 소금의 직분을 감당하는 삶으로 부족함이 없도록 인도해주시옵소서. 열매 맺는 삶을 위하여 주님의 고난에 적극적으로 동참하면서 살기를 원하는 성도들을 붙잡아 주시고, 세상의 빛과 소금으로 사는 것을 잊지 않게 하여 주시옵소서.

　　# 오늘, 교회의 당면해 있는 상황이나 발생된 문제에 대하여 간구한다.

진리의 문, 예수님의 이름으로 기도드립니다. 아멘.

3월 4주 † 대상 16:29

거룩하게 구별하신 날에

경배를 받으시는 하나님

하나님께서 거룩하게 구별하신 날에, 여호와의 이름에 합당한 영광을 드리게 하시옵소서. 모든 것이 주께로부터 왔으니, 주께로 돌려드리고자 ○○의 지체는 하나님의 집으로 나아왔습니다. 저희들에게 주신 것들, 아름답고 거룩한 것으로 경배를 드리게 하시옵소서.

주님께서 저희들의 마음에 계시기를 구하지도 못하고 눈으로 보는 것들로 마음을 채우기에 바빴음을 고백합니다. 볕이 뜨면 사라지고 마는 안개와 같은 것들을 영원한 것과 바꾼 죄를 용서해 주시옵소서. 이제, 하나님의 모든 충만하신 것으로 충만하기를 구하게 하시옵소서.

저희들이 섬기는 귀한 교회가 날마다 부흥하게 하시고 하나님의 은혜 가운데 은혜와 진리가 충만한 교회가 되게 하시며, 하나님을 사랑하여 영광을 돌리고, 이웃을 사랑하여 덕을 끼치는 복된 교회가 되게 하여 주옵소서.

교회의 각 기관들이 오직 하나님의 영광을 위하여 헌신하게 하시며 그들의 헌신으로 복을 주시되 하나님께 봉사하는 기쁨을 맛보는 귀한 복을 허락하여 주시옵소서. 또한 저희 지체들이 서로 사랑하며 성도의 귀한 교제를 나누게 하여 주시옵소서.

오늘, 국가와 사회의 이슈화가 된 상황에 대하여 덧붙여 간구한다.

저희들이 예배할 때 갈보리 십자가의 보혈로 어린이들의 심령이 적셔지기를 소망합니다. 목사님을 대언자로 세우셔서 말씀을 전하게 하심을 감사드립니다. ○○ 성가대원들이 마음과 몸을 드려 찬양할 때, 하나님의 은혜를 체험하는 복된 자리로 인도해 주옵소서. 주님의 피 묻은 손을 보면서 진리의 말씀을 깨닫게 하옵소서. 많은 이들 가운데 예배를 위한 봉사자들이 순종함으로 섬기고 있으니 복된 봉사가 되게 하옵소서.

참으로 살기 어렵고 신앙 지키기에 어려운 이 시기에, 저희들을 말씀과 성령으로 붙잡아 주셔서 믿음으로 승리하게 하여 주시옵소서. 악한 세상에서 먼저 믿는 저희들이 믿음에 본이 되게 하시고 믿음의 덕을 세워주시어서 세상의 빛이 되며 소금이 되는 삶이 되게 하시옵소서. 하나님이 함께 하심을 믿습니다.

오늘, 교회의 당면해 있는 상황이나 발생된 문제에 대하여 간구한다.

성도들이 오직 하나님만을 섬기고 오직 하나님만을 위해 봉사하게 하여 주시옵소서. 선한 눈이 되게 하시고, 감사의 입술이 되게 하시며, 복된 귀가 되게 하셔서 성결한 삶이 지속되도록 이끌어주시옵소서.

영생에 이르는 문, 예수님의 이름으로 기도드립니다. 아멘.

4월 1주 † 시 72:18

홀로 기이한 일들을 행하시는

시간을 지키게 하시는 하나님,

단 마음으로 모여 머리를 숙인 지체들에게 "홀로 기이한 일들을 행하시는 여호와 하나님"께 찬송을 드리게 하시옵소서. 거룩한 날을 구별하게 하시고, 복된 시간을 지키도록 하셨으니, 하나님께 영광이 되기를 원합니다. ○○에 속한 주의 백성이 다 모였습니다. 이 예배로 저희들의 삶이 아름다운 주님의 세계와 하나 되게 하시옵소서.

거룩하게 지낸다고 하면서도 죄를 지었습니다. 또한, 연약한 인간의 모습 속에서 짐짓 죄를 지었습니다. 이 모든 죄를 고백하니, 주님의 피로 씻어주시고, 저희들이 새롭게 되는 날이 주 앞으로부터 이르게 하시옵소서. 저희들이 저지른 실수나 저질러서는 안 될 죄에 대하여 느꼈던 비탄과 후회와 참회의 순간을 잊지 않게 하시옵소서.

아브라함과 이삭과 더불어 했던 약속을 기억하시고, 이스라엘 민족을 구원하신 하나님을 기억합니다. "나의 백성을 그 땅에서 이끌어 내어 젖과 꿀이 흐르는 좋은 땅에 이르게 하리라" 하셨던 그 은혜를 저희들도 누리게 하시옵소서. 오직 하나님의 위로에 소망을 두고 사는 백성들에게 신령한 것을 먹여 주옵소서. 젖과 꿀이 흐르는 생활로 이끌어 주시옵소서.

성령의 임재를 뜨겁게 경험하는 예배 종합 대표기도문

오늘, 국가와 사회의 이슈화가 된 상황에 대하여 덧붙여 간구한다.

하나님의 종으로 구별되신 목사님을 저희들에게 주심에 감사드립니다. 종의 입술을 통해서 전해지는 말씀을 사모하게 하옵소서. ○○ 성가대원들이 찬양을 드릴 때, 영광을 받아주옵소서. 복된 예배로 실망과 근심으로 좌절에 빠진 사람들은 용기를 갖게 하옵소서. 그리고 육신적으로 연약한 사람들에게 치유의 은혜를 입게 하옵소서. 예배의 진행을 돕고, 성도들의 편의를 위하여 봉사하는 지체들을 축복합니다.

우리들의 생활 속에서 말과 행동과 사랑과 믿음과 정절이 믿는 자의 본이 되는 생활을 감당할 수 있도록 인도해주시옵소서. 이제는, 하나님께의 영광을 드림을 소원으로 삼게 하시고, 여호와의 율례와 규례를 지키고 주님의 말씀과 성령의 은혜 속에서 하루하루를 살아가는데 부족함이 없도록 이끌어주시옵소서.

오늘, 교회의 당면해 있는 상황이나 발생된 문제에 대하여 간구한다.

주님께서 사랑하시는 저희 교회에 복을 더해주시옵소서. 주님의 진리의 빛을 세상에 비취이게 하시며, 주님의 구원을 세상에 전하세 하여 주시옵소서. 이 교회가 많은 사람들에게 인생과 하나님께 대한 분명한 소망을 갖게 하여 주시옵소서.

구원의 주 예수님의 이름으로 기도드립니다. 아멘.

4월 2주 † 종려주일, 고난주간 | 요 19:17, 18

십자가에 자기를 내어주신 주

종려주일을 주신 하나님,

만민을 죄에서 구속하기 위해 독생자 예수 그리스도를 우리에게 보내 주신 하나님의 은혜를 감사합니다. 오늘, 예배하면서 주님께서 주신 십자가의 길을 사모하게 하시옵소서. 주님께서 비천한 죄인들을 구속하기 위해 골고다의 길을 가신 주님을 생각하며, 저희들도 믿음으로 주님의 길에 동참하게 하시옵소서.

주님의 피가 저희들의 마음과 생각을 새롭게 해주시기를 앙망합니다. 새롭게 다듬어서 "주여, 내가 주를 사랑하는 줄 주께서 아십니다"라고 고백하게 하시옵소서. 저희들의 가슴을 주님을 향한 사랑으로 가득 채워주시옵소서. 하나님을 생각하지도 않고 지냈음을 용서해주시옵소서. 구원은 좋고, 주님의 길은 거북해했던 죄악을 용서해주시옵소서.

주님의 고난으로 말미암아 저희들에게 누리게 하신 은혜를 즐거워합니다. 십자가의 구속을 찬송하는 ○○ 교회의 권속들에게 은혜의 물결이 넘치기를 소망합니다. 주님을 즐거워하는 예배가 되게 하옵소서. 주의 이름으로 오신 왕에게 찬송을 드리는 한 시간이기를 소망합니다.

예루살렘으로 들어오실 때, 나귀를 타셨던 예수님을 기억합니다. 주님은 평화의 왕이셨기에, 말이나 낙타도 타지 않으셨습니다. 연역함 때문에 전쟁을 하지 못하는 나귀를 타신 예수님을 배우게 하옵소서. 세상에 평안을 주시려고 오신 만왕의 왕을 찬송하는 예배를 드리게 하옵소서. 이 시간에 머리를 숙인 ○○ 교회의 성도들에게 십자가에서 이루어진 평화를 누리게 하시옵소서.

오늘, 국가와 사회의 이슈화가 된 상황에 대하여 덧붙여 간구한다.

오늘도 예배하는 저희들에게 강단을 사모하게 하셨습니다. 주님의 귀한 교회를 위해서 세우신 담임 목사님께 신령한 은혜를 더하여 주옵소서. 그의 말씀을 순종함으로 받게 하옵소서. 오늘도 ○○ 성가대를 세워주셨습니다. ○○ 성가대원들이 하나님을 예배하는 저희들을 대신하여 찬양할 때, 예배당에 여호와의 영광이 넘치게 하옵소서. 예배가 원만히 진행되도록 봉사하는 지체들이 맡은 직분을 섬길 때, 몸을 드려 예배하는 은혜를 경험하게 하옵소서.

이 시간에, 주님의 십자가를 지고 골고다의 길을 함께 가겠노라고 결단하게 하시옵소서. 진실로 십자가의 고난 없이 영광스러운 주님의 부활에 동참할 수 없음을 믿고 고백합니다. 저희들은 때로 그 십자가의 길을 피하고 평인하고 인일하게 예수를 믿으려 합니다. 고난 앞에서 두려워하는 저희들을 긍휼히 여겨주시옵소서.

오늘, 교회의 당면해 있는 상황이나 발생된 문제에 대하여 간구한다.

선한 목자, 예수님의 이름으로 기도드립니다. 아멘.

4월 3주 † 부활절 | 눅 24:34

악인의 권세를 꺾으시고

예수님을 다시 살리신 하나님,

여호와 하나님 앞에서 안식하는 날이 주님의 날이 되게 하시니 감사드립니다. 하늘 아래에서 거룩하다고 구별하신 날에 주님께서 다시 살아나셨습니다. 죄인들은 그를 죽여서 무덤에 가두었으나 하나님께서 일으키셨습니다. 주님께서 악인의 권세를 꺾으시고, 부활하신 날에, 저희들이 예배함은 마땅하다고 믿습니다. 영광을 받으시옵소서.

부활절을 맞이해서, 부활의 신앙이 없이 살아온 죄를 회개합니다. 참으로 회개하게 하사 온전한 자유인이 되게 하시옵소서. 주님의 보혈로 저희들을 깨끗하게 하사 자유의 종이 되게 하시옵소서. 밝은 빛을 지향하며 오로지 자유인으로 사는 저희들이 되게 하여 주시옵소서. 우리 주님의 자유가 저희들의 것이 되기를 빕니다.

하나님께는 영광을 선포하고, 주님의 부활을 기뻐하면서 예배하기 위해 모인 권속들을 축복합니다. 다시 사심으로써 저희들을 억누르고 있는 절망을 거두어주신 예수님을 즐거워합니다. 이 땅이 아무리 어둠이 심하고, 저희들에게 희망이 보이지 않는다 해도, 전혀 낙심하지 않게 해 주셨음에 소망 중에 주님을 바라봅니다.

저희들에게 십자가와 부활을 체험하게 하셨음에 감사드립니다. 예수님께서는 내가 죽어야 할 저주의 죽음을 대신 죽어주셨습니다. 그리고 내가 살아야 할 영원한 부활의 삶을 대신 먼저 사셨습니다. 이로써 그리스도에게 붙어 있는 사람은 죽어도 죽지 않고 다시 살게 하셨으니 영광을 하나님께 드리면서 예배하는 ○○ 교회의 권속들이 되게 하시옵소서.

오늘, 국가와 사회의 이슈화가 된 상황에 대하여 덧붙여 간구한다.

목사님께서 진리의 말씀으로 저희들을 인도하실 때, 훈계와 법에서 떠나지 않겠다는 다짐을 하며 듣게 하옵소서. 이 시간에, ○○ 성가대의 찬송으로 하나님의 영광이 예배당 안에 가득하게 하시고, 저희들은 그 은혜로 하나님께 더욱 가까이 나아가도록 하옵소서. 오늘도 하나님께서 받으실 만한 예배가 되기 위해서 예배위원들로 하여금 봉사하도록 하셨으니 감사드립니다.

저희들이 말씀에 은혜를 받아 날마다 생활 속에 적용하는 삶이 되도록 성령님으로 이끌어 주시옵소서. 오늘도 생명의 말씀, 승리를 약속해주시는 말씀을 가지고 마귀들과 싸워 승리할 수 있도록 인도해주시옵소서. 빛으로 인도하사 빛의 갑옷을 입혀 주심으로 어둠의 세력을 물리쳐 주님의 뜻을 이룰 수 있도록 인도해주시옵소서.

오늘, 교회의 당면해 있는 상황이나 발생된 문제에 대하여 간구한다.

길이 되시는 예수님의 이름으로 기도드립니다. 아멘.

4월 4주 † 시 66:4

긍휼을 베푸시는 여호와를

자기 백성에게 신실하신 하나님,

하나님께서 구별해주신 오늘, ○○의 지체에게 주를 경배하게 하시옵소서. 우리를 위하시며 지난 이 땅에서 살아가는 동안에 긍휼을 베푸시는 여호와를 노래하게 하시옵소서. 이 백성이 주의 이름을 노래하는 한 시간의 예배를 받으시고, 영광 가운데 좌정하시옵소서.

여호와의 은혜가 넘침은 저희들끼리만 흡족해 하라 하심이 아님을 알면서도 만족하는데 그친 죄를 고백합니다. 하나님께서 저희들에게 주심은 그것으로 여호와께 감사하고, 그 이름을 영화롭게 해드려야 하였으나 그렇게 하지 못한 죄를 고백하니 용서해주시옵소서.

저희 교회 성도들 중에 한 사람도 자기를 위해 사는 자가 없고 주를 위해 사는 성도들이 되게 하시며, 주님 가신 그 길은 원망 없이 기쁨으로 살아가게 하옵소서. 죄의 옷을 벗고 주님이 주시는 세마포로 단장하게 하시며 주님의 영광의 자리에 서게 하여 주시옵소서.
교회의 각 기관들이 활성화되어 부흥케 하시고 성결운동으로 세상에 본이 되게 하여 주시기를 원합니다. 영혼구령을 위해 세우신 주의 교회를 기억하게 하시옵소서. 저희 교회가 부흥케 하시고, 말씀으로 충만케 하시고, 기도로 하늘 문을 열며, 헌신으로 주님께 인정받게 하여 주시옵소서.

오늘, 국가와 사회의 이슈화가 된 상황에 대하여 덧붙여 간구한다.

교회를 위해서 세우신 담임 목사님께서 전하시는 생명의 말씀으로 저희를 새롭게 하옵소서. 여호와의 영광이 예배당에 선포되도록 성가대를 세워주셨습니다. ○○ 성가대원들이 하나님을 예배하는 저희들을 대신하여 찬양하는 역할을 귀하게 감당하게 하옵소서. 이 시간에 예배를 위해서 성실히 맡은 직분의 자리에서 봉사하는 지체들을 기억해 주옵소서. 저들의 수고를 통해서 더욱 영화롭게 예배를 드리게 하셨음에 감사드립니다.

주님과 연합하여 각 지체를 이루어 헌신하고 충성하기를 소원합니다. 저희들의 열심에, 교회가 날마다 부흥되게 하시고, 저희들의 전도가 열매가 되어 구원받은 사람들이 날마다 늘어나게 하여 주시옵소서.

지금 환자들을 위해서 간구합니다. 몸이 늙어서 병들어 집이나 병원에서 홀로 있는 이들이 있으니 도와주옵소서. 회복하게 하시는 여호와의 만져주심으로 구원해 주옵소서. 병든 이들에게는 싸매어 주시는 은혜로 병상에서 일어나게 해 주시기를 원합니다.

오늘, 교회의 당면해 있는 상황이나 발생된 문제에 대하여 간구한다.

영원에 이르게 해주시는 예수님의 이름으로 기도드립니다. 아멘.

4월 5주   † 엡 1:3

하늘에 속한 모든 신령한 복을

성호가 아름다우신 하나님,

하나님께서 거룩하다고 선포하신 날의 아침입니다. "우리 주 예수 그리스도의 아버지께서 그리스도 안에서 하늘에 속한 모든 신령한 복을 누리게 하셨음에" 감사드립니다. 그 크신 손 안에 있는 온 땅이 주님의 이름을 드러내게 하시옵소서. 땅에 있는 모든 것들이 주님의 아름다우심을 찬양하기 원합니다.

아버지 하나님께서는 저희들에게 열심히 살게 하셨습니다. 그렇지만 저희들은 속된 것이나 거룩한 것을 구별하지 못 하고, 분주히 살아왔습니다. 이 시간에, 하나님의 자비로우심으로 저희를 받아 주시옵소서. 여호와께 의롭지 못하였던 허물을 용서해 주심을 빕니다.

○○ 교회가 세상을 섬기도록 하셨음에 감사드립니다. 어려움을 당하여 고통에 노출되어 있는 이들을 교회적으로 돌아보게 하옵소서. 저희들이 좀 더 헌신해서 하나님의 사랑을 누려야 하는 이들에게 나누어 주게 하옵소서. 교회에서 관리하는 사회봉사 사역에도 더욱 헌신하게 하시기를 원합니다.

오늘, 국가와 사회의 이슈화가 된 상황에 대하여 덧붙여 간구한다.

이 교회를 위하여 주의 종을 보내셨으니, 진리의 말씀을 듣게 하옵소서. 그에게 성령님의 충만하심과 지식을 더하셔서 천국의 말씀을 선포하게 하옵소서. ○○ 성가대원들이 하나님을 찬양할 때, 이 예배당이 천상의 자리가 되기를 원합니다. 그 찬양으로 저희들에게는 예배하려는 마음이 더욱 간절해지게 하옵소서. 이 한 시간의 예배가 거룩하게 드려지도록 여러 모양으로 수종을 드는 종들을 세우셨음에 감사드립니다.

주님을 만난 기쁨으로 저희들의 가슴이 충만해지게 하옵소서. 삭개오가 예수님을 만났을 때 그의 가슴이 기쁨으로 충만해졌던 것이 저희들의 것이기 원합니다. 예수님을 구주로 믿고 살아가는 기쁨으로 저희들의 가슴이 벅차기를 소망합니다. 여호와께로부터 위로를 받은 저희들이오니 주 안에서 크게 기뻐하는 삶을 살도록 하시옵소서.

질병으로 눈물을 쏟고 있는 지체들이 "내가 주께 부르짖으매 나를 고치셨나이다."라고 고백하는 은혜를 경험하게 하시옵소서. 무릎을 꿇어 기도하는 환우들의 기도를 응답해주사 치료해주시옵소서. 주님의 긍휼과 능력을 구하는 지체들의 뜨거운 눈물의 기도를 들어주시옵소서.

오늘, 교회의 당면해 있는 상황이나 발생된 문제에 대하여 간구한다.

천국 백성이 되게 하신 예수님의 이름으로 기도드립니다. 아멘.

5월 1주 † **어린이주일** | **마 18:3**

어린이와 같이 되라고 교훈하신

어린이주일을 주신 하나님,

어린이를 사랑하시며 어린이와 같이 되라고 교훈하신 주님을 사랑합니다. 참 아름다운 세상을 창조하시고, 그 아름다움을 느끼기에 족한 어린이들을 보면서 하나님의 이름을 높여드립니다. 인간을 지으신 것을 감사하오며 두 손을 높이 들어 찬양을 드립니다.

저희들의 미련함을 용서해주시옵소서. 저희들이 몸은 세상에 두고 있지만 행실은 천구 백성으로 지내야 하는데 그렇지 못하였음을 회개합니다. 구원을 받는 데만 만족하였지, 하나님의 사람이 되어야 함에는 관심도 없이 지냈습니다. 그리하여 누구보다도 세상에서 영악한 사람이 되어가고 있으니 불쌍히 여겨 주시옵소서.

저희들의 가정에, 저희 ○○ 교회에 어린이들이 있게 하심을 즐거워합니다. 그리스도의 이름으로 어린이를 영접하여 그들이 잘 자라도록 돕게 하시니 감사합니다. 가정이라는 울타리를 통해서 키가 자라고 지혜가 자라게 하시고, 교회에서는 하나님에 대하여 자라게 하셨습니다.

그들이 사랑을 받으면서 자라게 하옵소서. 부모로부터, 형제들에게서, 친구들부터 아낌이 없는 사랑을 받게 하옵소서. 사랑의 풍요로움을 경험하여 정서적으로 온전한 성장이 있기 원합니다. 그 사랑을 통하여 하나님이 사랑의 풍성함을 깨닫고, 하나님을 더 가까이 하는 삶을 사모하게 하시옵소서.

오늘, 국가와 사회의 이슈화가 된 상황에 대하여 덧붙여 간구한다.

주님의 백성을 위해서 말씀을 준비해 주셨음에 감사드립니다. 말씀을 주실 목사님께 영력을 더하여 주셔서 복음을 위해서 헌신하기를 다짐하는 복된 시간이기를 원합니다. 그 말씀이 지금, 저희들에게 대언하시는 하나님의 음성이 되게 하시옵소서. ○○ 성가대를 세우셨으니, 찬양으로 영광을 받으시옵소서. 성가대와 더불어 예수님을 구주로 믿는 무리들이 한 마음으로 하나님을 찬양하며 예배하도록 감화하여 주시옵소서. 이 예배를 위해서 여러 분야에서 봉사하는 종들을 세워주셨습니다. 그들이 더욱 충성스럽게 감당하게 하시옵소서.

오늘, 교회의 당면해 있는 상황이나 발생된 문제에 대하여 간구한다.

저희 교회를 위해서 기도합니다. 교회의 지체된 저희가 주님 안에서 성도의 교제를 나누게 하시고, 가난한 사들을 돌아보세 하심으로 주님이 주신 교회의 소명을 다할 수 있도록 축복하여 주시옵소서. 여호와께 존귀한 지체들, 각 자가 세상에서 주님의 증인되는 복을 허락하여 주시옵소서. 이웃을 위하여 기도하고 봉사하게 하시고 그들의 필요에 도움의 손길이 될 수 있는 복을 허락하여 주시옵소서.

소망의 주, 예수님의 이름으로 기도드립니다. 아멘.

5월 2주 † 어버이주일 | 잠 1:8

네 부모를 공경하라

어버이주일을 주신 하나님,

오늘, 여호와의 성일을 부모님에 대한 은혜를 생각하며, 하나님께 예배합니다. 영광과 존귀를 드립니다. 하나님께서는 우리를 친히 돌보시려고 누구나 부모에 의해 자라게 하셨습니다. 이 땅에 있는 인생을 사랑하셔서 거룩한 제도를 주셨음에 감사하며 예배하게 하시옵소서.

저희들에게 주 안에서 부모를 공경하고, 자녀들을 주의 교양과 훈계로 양육하라 하셨건만 그렇게 하기에 부족했음을 회개합니다. 부모와 자녀가 예수님의 사랑으로 서로 섬기지 못한 죄를 회개할 때, 용서해주시옵소서. 주님의 보혈로 더러워진 마음을 씻겨 주시옵소서.

어버이주일에 하늘 어버이이신 여호와께 감사하고, 육신의 부모가 계셨음에 찬미의 제사를 드리게 하시옵소서. 하나님은 좋으신 아버지시라 우리를 지켜주시되, 육신의 부모에 의해서 이만큼 살게 하셨습니다. 예배하면서 부모에게 공경하기를 다짐하게 하시옵소서. 돌이켜보건대, 저희들에게 하나님께 충성하지 못했음과 같이 부모에게도 효도를 다하지 못하고 이 주일을 맞이했습니다. 오늘, 어버이를 주신 은혜에 감사하는 예배를 드릴 때, 사람의 마음이 아닌 성령님의 역사하심으로 부모를 공경하며 살게 하시옵소서. 부모에게 효도함을 통해서 하나님께로 나아가게 하시옵소서.

오늘, 국가와 사회의 이슈화가 된 상황에 대하여 덧붙여 간구한다.

○○의 권속은 오늘도 하나님의 말씀을 사모합니다. 어버이주일에 들려주시는 하나님의 말씀을 받게 하시옵소서. 말씀을 대언하실 목사님께서 단에 오르셨으니 생명과 진리의 말씀을 선포하게 하옵소서. ○○ 성가대의 귀한 지체들의 찬양을 통해서 하나님께는 영광이 드려지고, 혹시 찬송의 힘을 잃은 회중들이 힘을 얻기를 원합니다. 저희들이 예배하는 동안에 예배당의 안팎에서 봉사하는 종들에게 섬김으로 예배를 아름답게 하시니 그들이 은총을 입게 하옵소서.

○○의 지체들에게 부모를 공경하며 지내는 가정에서 하나님의 나라를 경험하게 하시옵소서. 참으로 부모님께 가장 효도하는 것은 부모님을 주님께 인도하는 것이라는 걸 깨닫게 하시옵소서. 부모에 의해서 저희들은 하나님의 약속을 누리게 하시옵소서.
안타깝지만 아직도 주님께로 인도하지 못한 부모님이 있다면 하루 속히 주님이 재림하시기 전에 빨리 주님을 영접할 수 있도록 인도해 주시옵소서. 그리므로 가정에서 영생의 은혜와 평강을 이루도록 도와주시옵소서. 더불어 교회는 흥왕해지는 부흥으로 나아가게 하시옵소서.

오늘, 교회의 당면해 있는 상황이나 발생된 문제에 대하여 간구한다.

죄를 씻어주신 예수님의 이름으로 기도드립니다. 아멘.

5월 3주 † 부부의 날 | 시 112:1

부요와 재물이 그 집에

가정을 주신 하나님,

홀로 영광을 받으시고, 그 이름을 세상 만방에 알리셔야 하는 우리 하나님께로 나왔습니다. 은혜의 옷을 입은 백성들이 이날을 거룩하게 여기도록 해주시옵소서. 예배의 날로 정하신 여호와께 머리를 숙였습니다. 저희들의 몸이 하나님께 드려지는 예물이게 하시옵소서.

지난 주간에, 그리스도 예수 안에 있는 은혜 속에서 강해지는 삶을 살지 못했음을 회개합니다. 그리스도 예수의 좋은 군사로 나와 함께 고난을 받는 것도 거절하기를 좋아했음을 회개합니다. 주님께서는 저희들이 자기 생활에 얽매이지 않기를 바라셨지만, 생활에 얽매이며 지냈음을 용서해주시옵소서.

이제까지 지내오는 동안에, 기도하여 구한 것을 주신 여호와를 찬송합니다. 하나의 눈물을 보시고, 아들을 주신 여호와의 손길이 저희들에게도 그대로 나타나기를 소망합니다. 자신만이 괴로움으로 눈물을 흘리는 권속들이 있으니, 하나님의 위로가 나타나기 원합니다. 눈물을 닦아주시고, 간절히 구하오니, 슬프게 하는 문제를 해결해주시옵소서.

오늘, 국가와 사회의 이슈화가 된 상황에 대하여 덧붙여 간구한다.

이 시간에 목사님을 대언자로 세우셔서 하나님의 말씀을 전하게 하셨으니, ○○의 지체들은 겸손함으로 듣게 하옵소서. 찬양하는 ○○ 성가대원들을 축복합니다. 그들이 마음과 몸을 드려 찬양할 때, 이 자리에 성령님이 비둘기처럼 임하시게 하옵소서. 저희들 다 같이 하나님의 은혜를 체험하는 복된 자리로 인도해 주옵소서. 오늘도 예배를 위한 봉사자들이 순종함으로 봉사할 때, 복 되게 하옵소서.

이 나라를 위해서 봉사하는 위정자들을 위하여 간구합니다. 위정자들이 여호와 앞에서 하나님의 손길을 대신하여 이 사회를 이끌어 나가게 하옵소서. 나라와 국민들을 위한 정치에 전념하게 하옵소서. 자신의 이익과 행복보다는 국민들을 위한 봉사자로 정치에 임하게 하시기를 원합니다.

오늘, 교회의 당면해 있는 상황이나 발생된 문제에 대하여 간구한다.

오늘, 교회가 주님 하나님 앞에서, 또한 이 세상을 향해서 맡은바 감당해야 될 역할을 충분히 감당하게 하시옵소서. 성령님의 역사로 살아 움직이며 생명력이 넘치는 교회가 되게 하여 주시옵소서. 영혼을 구령하는 일에 포용력을 주시며, 불의에 대해서는 단호하게 하시옵소서.

의가 되어주신 예수님의 이름으로 기도드립니다. 아멘.

5월 4주 † 사 56:7

거룩하다고 명명하신 날에

즐거이 소리치게 하시는 하나님,

주 하나님의 사랑을 입고 지내던 지체들이 나왔습니다. 구원의 주님이신 나의 하나님께 영광을 드립니다. 거룩하다고 명명하신 날에, 왕이신 여호와 앞에 즐겁게 소리치는 영광을 받으시옵소서. 영과 진리로 예배하기 위하여 나아갑니다.

주님을 섬기면서 봉사할 때, 다툼이나 허영으로 하지 말라고 하셨으나 사실은 정반대로 행했던 죄를 고백합니다. 오직 겸손한 마음으로 각각 자기보다 남을 낫게 여기라는 말씀과는 거리가 멀었던 행동을 용서해 주시옵소서. 저희들의 봉사를 통하여 주님의 기쁨을 충만케 해드리는 것에 부족했음을 용서해 주시옵소서.

주님의 삶을 본받고 따르는 교회가 되어 세상을 정화시키는 소금의 역할을 감당하게 하옵소서. 믿음과 소망과 사랑으로 가득차서 하나님을 경외하고 이웃을 사랑하게 하여 주시옵소서. 성도의 삶으로 인도하시어 저희로 세상을 이길 수 있는 힘을 허락하여 주시옵소서.

우리 교회의 제직을 기억하셔서 하나님의 동역자가 되어, 연합하여 선을 이루는 축복을 누리게 하시옵소서. 죽어 가는 영혼들을, 실망한 영혼들에게 소망을 주는 교회로, 꿈이 없는 사람들에게 비전을 주는 축복된 교회가 되게 하여 주시옵소서.

오늘, 국가와 사회의 이슈화가 된 상황에 대하여 덧붙여 간구한다.

목사님을 대언자로 세우셔서 하늘 양식의 말씀을 진설하게 하심을 감사드립니다. ○○ 성가대원들이 마음과 몸을 드려 찬양할 때, 하나님의 은혜를 체험하는 복된 자리로 인도해주시옵소서. 주님의 오심이 주시는 참 빛을 맞아들이게 하시옵소서. 오늘도 많은 이들 가운데 예배를 위한 봉사자들이 순종함으로 섬기고 있으니 복된 봉사가 되게 하시옵소서.

이 시간에, 함께 하지 못한 ○○의 권속이 그립습니다. 육체적으로 연약해서 병이 든 지체들이 안타깝습니다. 하나님의 교회를 사랑하고, 저희들과 함께 예배하기를 즐거워했던 지체들에게 치유의 은총을 베푸셔서 어서 일으켜 주시옵소서.

오늘, 교회의 당면해 있는 상황이나 발생된 문제에 대하여 간구한다.

민족들의 경배를 바라시는 하나님을 사랑합니다. 모든 사람의 마음을 하늘과 땅 위에서 오직 하나인 주님의 가족으로 묶어 주시옵소서. 성령의 힘이 각 사람들에게 나타내사, 저희들이 주님의 가족이요, 하나님의 나라임을 고백하게 하시옵소서.

구원의 빛이 되신 예수님의 이름으로 기도드립니다. 아멘.

6월 1주 † 성령강림절 | 롬 15:11

예배하는 거룩한 집에서

영으로 오시는 하나님,

이 시간에, 예배하는 거룩한 집에서 하나님을 찬양하는 소리가 메아리쳐지기를 원합니다. "모든 열방들아 주를 찬양하며 모든 백성들아 그를 찬송하라." 하심에 따라 찬송을 드리게 하시옵소서. 쉼 없이 떠다니던 구름도 하나님의 영광의 빛을 가리지 않게 하시옵소서. 그 빛이 찬란하게 비칠 때, 하늘의 천사들도 무릎을 꿇기 원합니다.

하나님께서 날마다 천지가 진동하는 것 같이 강하게 들리도록 말씀하시건만 저희들은 그 말씀에 민감하지 못했음을 회개합니다. 하나님의 음성을 듣는 마음의 귀가 어두워진지 오래되었음을 용서해 주시옵소서. 마음을 비워 하늘에 주목하게 하시옵소서.

근심과 슬픔과 두려움에 쌓여 있던 제자들에게 약속하셨던 그대로 오신 보혜사를 기뻐하게 하옵소서. 이미 오신 성령님께서 영원토록 저희와 함께 있으심을 믿을 때, 심령이 든든해짐을 고백합니다. 오늘 예배하는 저희들에게 진리의 영으로 충만하기를 소망합니다.

우리 주님의 인격과 사랑과 능력이 똑같으신 성령님께서 임마누엘로 해주시니 감사드립니다. 예수님처럼 우리를 사랑하시고 인생들

성령의 임재를 뜨겁게 경험하는 예배 종합 대표기도문

에게 오셔서 우리와 함께 계시는 분이심을 믿을진대 더욱 감사드립니다. 예배하는 이 자리에 하나님의 자비하심을 찬양하는 소리가 가득하게 하옵소서. 성령님을 사모하고, 성령님의 인도를 받음에 목말라 하는 저희들의 심령을 허락해주시옵소서.

오늘, 국가와 사회의 이슈화가 된 상황에 대하여 덧붙여 간구한다.

어느 때보다 저희들에게 기도하게 하는 유월입니다. 나라와 민족을 생각하는 회중에게 하나님의 말씀을 주시옵소서. 하나님의 종으로 구별되신 목사님을 저희들에게 주심에 감사드립니다. 종의 입술을 통해서 전해지는 말씀을 사모하게 하옵소서. ○○ 성가대원들이 찬양을 드릴 때, 영광을 받아주옵소서. 복된 예배로 실망과 근심으로 좌절에 빠진 사람들은 용기를 갖게 하옵소서. 이 시간에, 예배의 진행을 돕고, 성도들의 편의를 위하여 봉사하는 지체들을 축복합니다.

이 시간에도 몸이 늙어서 병들어 집이나 병원에서 홀로 있는 이들이 있으니 도와주옵소서. 회복하게 하시는 여호와의 만져주심으로 구원해 주시옵소서. 우리 교회에는 병든 지체들이 많습니다. 그분들에게 성령님의 은총이 내려져 싸매어주시는 은혜로 아픈 부위를 낫게 하시옵소서. 이미 연세가 많아져 쇠약해지신 노인들에게는 남은 생애를 주 안에서 보내도록 하시기를 원합니다.

오늘, 교회의 당면해 있는 상황이나 발생된 문제에 대하여 간구한다.

영원히 주가 되시는 예수님의 이름으로 기도드립니다. 아멘.

6월 2주 † 시 30:4

오늘은 주님께서 정하신 날이라

자비로우신 하나님,

"주의 성도들아 여호와를 찬송하며 그의 거룩함을 기억하며 감사하라."고 하셨습니다. 이 좋은 날에 주님의 이름에 영광을 드립니다. 오늘은 주님께서 정하신 날이라 여호와의 이름을 모든 나라들보다 높은 자리에 올려드려서 찬양하게 하시옵소서. 이 세상에 있는 어떤 나라보다도 경배를 받으셔야 하실 하나님이십니다.

하나님의 사랑에 무지한 저희들을 불쌍히 여겨 주시옵소서. 하나님의 사랑을 깨달아야 함에 관심을 두지 않았던 삶을 고백합니다. 저희들은 아직도 사랑하는 자를 사랑하고, 미워하는 자를 미워합니다. 주님의 사랑과는 다른 사랑을 하고 있습니다. 용서해주시옵소서.

○○ 교회의 지체들에게 여호수아와 갈렙의 은혜를 누리게 하시옵소서. 믿음의 눈으로 가나안 땅을 바라보고 도전했던 용기를 저희들에게도 주옵소서. 하나님의 약속을 소망으로 바라보고 도전했던 가나안을 정복의 의지를 갖기 원합니다. 저희들에게도 바라보아야 하는 주님의 일이 있음에 감사드립니다.

오늘, 국가와 사회의 이슈화가 된 상황에 대하여 덧붙여 간구한다.

이제, ○○의 지체들이 마음을 겸손히 하여 하나님의 말씀을 기다립니다. 저희들에게 말씀을 대언하실 목사님께서 단에 오르셨으니 생명의 말씀을 선포하게 하시옵소서. 예배를 아름답게 하는 ○○ 성가대의 귀한 지체들의 찬양을 받아주시옵소서. 이들의 찬양을 통해서 하나님께는 영광이 드려지고, 혹시 찬송의 힘을 잃은 회중들은 힘을 얻기를 원합니다. 지금, 저희들이 예배하는 동안에 예배당의 안팎에서 봉사하는 종들이 있음에 감사드립니다. 귀한 지체들의 섬김으로 그들 자신에게도 은총을 입게 하시옵소서.

오늘, 예배하러 오면서 우리 교회가 이 지역에 세워져 있음에 감사하는 마음이었습니다. 주님의 피 흘리심으로 인한 용서와 구언의 약속이 있는 공동체, 그 누구도 용납하여 위로가 있는 교회가 되게 하시옵소서. 누구라도 교회 안으로 들어오기만 하면 쉼을 얻고, 회복을 경험하게 하시옵소서.

주님의 또 다른 모습으로 ○○ 교회가 여기에 있어, 세상을 섬기도록 하셨음에 감사드립니다. 교회 주변에 있는 가난하고, 병든 이들을 섬기게 하옵소서. 삼위일체 하나님의 긍휼을 전하는 손길이 되어 위로하게 하옵소서. 사회봉사에 더욱 사원하게 하옵소서. 교회에서 관리하는 사회봉사 사역에도 더욱 헌신하게 하시기를 원합니다.

오늘, 교회의 당면해 있는 상황이나 발생된 문제에 대하여 간구한다.

우리 주 예수님의 이름으로 기도드립니다. 아멘.

6월 3주 † 느 9:6

오직 주는 여호와시라

만유를 창조하신 하나님,

거룩한 날 아침에, "오직 주는 여호와시라." 라고 고백합니다. 우리 하나님께서는 하늘과 땅 위의 만물과 바다와 그 가운데 모든 것을 지으셨습니다. 그리고 오늘도 지으신 것들을 보존하시오니 피조물로서 마땅히 창조주께 영광을 드리게 하시옵소서.

하나님의 자녀가 되게 하시고, 하늘나라를 바라보게 하셨으나, 여전히 땅의 것을 구하며 지냈던 지난 시간을 회개합니다. 땅의 것에 집착해서 저희들의 소망이 되신 주님을 붙잡는 데는 무관심한 죄인들이었습니다. 천국 백성이 된 삶의 원리에 따라 서로 돌아보아 사랑과 선행을 격려하지 못한 죄를 용서해 주시옵소서.

주의 피로 값 주고 사신 교회를 위하여 기도합니다. 저희의 교회가 주님의 몸으로 힙딩하도록 은혜를 더하여 주시옵소서. 세상에서 구원의 방주 역할을 능히 감당할 수 있게 하셔서 꺼져가는 진리의 횃불을 다시금 불태우는 교회가 되게 하여 주시옵소서. 작은 일에도 충성하게 하시고 때를 얻든지 못 얻든지 전도하게 하시며, 주님의 나라가 확장됨을 기뻐하게 하시고 하나님의 의가 이루어지는 것에 감사할 수 있게 하시옵소서.

성령의 임재를 뜨겁게 경험하는 예배 종합 대표기도문

오늘, 국가와 사회의 이슈화가 된 상황에 대하여 덧붙여 간구한다.

교회를 위해서 세우신 담임 목사님께 신령한 은혜를 더하여 주옵소서. 그의 말씀을 순종함으로 받게 하옵소서. 오늘도 ○○ 성가대를 세워주셨습니다. ○○ 성가대원들이 삼위일체 하나님을 저희들을 대신하여 찬양할 때, 예배당에 여호와의 영광이 넘치게 하옵소서. 이 예배에 봉사하는 지체들이 성실히 맡은 직분을 섬길 때, 몸을 드려 예배하는 은혜를 경험하게 하옵소서. 저들의 헌신으로 더욱 영화롭게 예배를 드리니 감사드립니다.

저희들 중에, 병든 지체들을 위하여 부르짖습니다. 치료해주시는 주님의 은총을 빕니다. 질병의 세포를 소멸해주시고 생명세포가 충만해지게 하시옵소서. 그만, 신음하는 환우들의 소리를 거두시고 자비를 베풀어 주시옵소서. 육과 영이 치료 받는 은혜를 보게 하시옵소서.

오늘, 교회의 당면해 있는 상황이나 발생된 문제에 대하여 간구한다.

예수님의 참된 터 위에 저희 교회를 세우셨으니, 세상에서 방황하던 심령들이 나 교회에 나와서 쉼과 평안을 얻는 은혜를 누리게 하시옵소서. 죄 가운데 빠져있는 심령들이 죄 사함을 받고 구원을 얻는 구원의 방주가 되게 하여 주시옵소서.

죄에서 깨끗하게 하신 예수님의 이름으로 기도드립니다. 아멘.

6월 4주 † 한국전쟁일 | 계 15:4

여호와의 성호를 영화롭게

찬양이 되시는 하나님,

여호와의 이름을 두려워하며, 여호와의 성호를 영화롭게 하며 살아온 저희들이 예배하러 모였습니다. ○○의 권속이 "오직 주만 거룩하시다."라고 고백할 때, 영광을 받으시옵소서. 만방에 있는 하나님의 백성으로 경배하게 하시옵소서.

모든 것이 주께로부터 왔음에 하나님께 드리는데 인색하지 말았어야 하는데 그렇게 하지 못했음을 용서해 주시옵소서. 자신의 욕심을 채우려는 습관에서 벗어나지 못하여 땅의 것들을 더 가지려는데 애쓰는 삶이었습니다. 죄를 고백할 때, 주홍 같이 붉었던 죄가 씻어지고 흰 눈처럼 희어진 것을 믿습니다.

○○년 전에 발발했던 한국전쟁에 대하여 저희 선조들은 아무 대책이나 준비가 없었습니다. 공산군의 남침으로 발발한 전쟁에 많은 이들이 피를 흘리며 숨져갔습니다. 이 전쟁에 참전한 용사들의 피 흘림을 대대손손 기억하게 하시옵소서. 이름 없이 이역만리에서 자유의 수호를 위해 파송된 16만의 UN연합군을 보내주셔서 이 민족을 구해주셨습니다.

저희들이 전쟁을 잊어가면서 다시금 하나님을 배역하는 일들이 횡행하고 있음을 안타까워합니다. 우상을 따르는 이들이 돌아서게 하시고 무지와 불신앙 때문에 부도덕과 비윤리에 빠진 이들이 돌아서게 하시옵소서. 혼돈과 죄악 속에 있는 백성을 구원하셔서 믿음으로 세우는 역사가 있게 하시옵소서.

오늘, 국가와 사회의 이슈화가 된 상황에 대하여 덧붙여 간구한다.

목사님께서 진리의 말씀으로 저희들을 인도하실 때, 성령님의 열매를 맺으려는 소원으로 가슴이 불타게 하옵소서. 이 시간에, ○○ 성가대의 찬송으로 하나님의 영광이 예배당 안에 가득하게 하시고, 저희들은 그 은혜로 하나님께 더욱 가까이 나아가도록 하옵소서. 오늘도 하나님께서 받으실 만한 예배가 되기 위해서 예배위원들로 하여금 봉사하도록 하셨으니 감사드립니다.

오늘, 교회의 당면해 있는 상황이나 발생된 문제에 대하여 간구한다.

이 나라와 민족을 불쌍히 여기사 복을 허락하시고 지켜 주시옵소서. 먼저, 이 나라와 백성이 하나님을 경외하며 두려워하게 하시옵소서. 이 민족을 향해서 이 땅과 이 백성을 복음화 시키기까지 충성을 다하는 교회가 되도록 인도해주시옵소서.

고난과 역경만을 거듭해온 민족입니다. 다시는 이 땅에 고난이 없게 하시고 분쟁이 없게 해주시며 남과 북으로 갈라진 이 땅을 통일시켜 주셔서 이 민족의 한을 풀어 주시옵소서.

생명이 되신 예수님의 이름으로 기도드립니다. 아멘.

7월 1주 † 맥추감사절 | 시 8:1

온 땅에 아름다운 주의 이름

맥추감사절을 주신 하나님,

"주의 이름이 온 땅에 어찌 그리 아름다운지요." 하늘의 백성이 다시 주님의 전에 모였습니다. 맥추감사절에 여호와 하나님께 노래를 불러드리기 위해서 한 자리에 앉았으니, 구원의 반석을 향하여 즐거이 찬양하는 저희들이 되기 원합니다. 왕의 자녀들로서 영광스러운 모습으로 우렁차게 찬송하도록 하시옵소서.

돌이켜 볼 때, 저희들의 감사가 모자랐음을 고백합니다. 하나님의 은혜가 헤아릴 수 없이 컸음에도 불구하고, 감사의 응답에는 부족했음을 뉘우칩니다. 감사가 인색했음을 용서하시고, 이제라도 받은 은혜에 남김이 없는 감사로 나아가게 하시옵소서. 기쁘고 즐거워하는 마음을 주시옵소서.

홀로 저희의 아버지시며, 이 시간에 이르기까지 필요한 것을 조금의 모자람이 없이 공급해 주신 은혜에 감사드립니다. 머리를 숙인 ○○ 교회의 성도들마다 기쁨과 감사로 첫 소산물을 갖고 왔으니 받으옵소서. 예배를 드리면서 감사의 제단을 쌓을 때 영광을 받으소서.

이 첫 소산물을 드림은 과거에 저희들의 처지가 어떠하였음을 고백하고 감사하는 드림입니다. 저희들이 첫 소산물을 드릴 때, 첫 열매를 하나님께 드리게 되면, 즙틀에 포도즙이 넘치게 된다는 복된 약속을 기대하게 하시옵소서. 넘치는 복을 내려 주시면, 물질의 창고에 재물이 쌓이도록 해주실 것을 믿게 하시옵소서.

   # 오늘, 국가와 사회의 이슈화가 된 상황에 대하여 덧붙여 간구한다.

담임 목사님께 신령한 은혜를 더하여서 생명의 말씀으로 저희를 새롭게 하옵소서. 여호와의 영광이 예배당에 선포되도록 성가대를 세워주셨습니다. ○○ 성가대원들이 하나님을 예배하는 저희들을 대신하여 찬양하는 역할을 귀하게 감당하게 하옵소서. 이 시간에, 예배를 위해서 성실히 맡은 직분의 자리에서 봉사하는 지체들을 기억해주시옵소서.

저희들은 즐거움으로 예배하지만, 이 자리에 같이 하지 못하는 이들이 있어 심히 안타깝습니다. 맥추감사절을 저희들과 함께 지키고 싶어 성전을 사모하는 이들입니다. 육체가 병들고, 환경에 얽매여서 이 날을 구별하지 못 하고 안타까워하는 형제와 자매들을 기억해주시옵소서. 마음으로는 이곳을 사모하지만, 오지 못하여 더욱 애를 태우는 그들에게 은혜를 내려 주시옵소서. 그 은혜로 빠른 시산 안에 저희들과 함께 예배공동체를 누리도록 도와주시옵소서.

   # 오늘, 교회의 당면해 있는 상황이나 발생된 문제에 대하여 간구한다.

의의 길이 되신 예수님의 이름으로 기도드립니다. 아멘.

7월 2주 † 시 99:5

그의 발등상 앞에서 경배를

예배를 기다려오게 하신 하나님,

하나님의 사랑으로 지내던 이들이 여호와의 이름 앞에 머리를 숙였습니다. 오늘, 우리 하나님께 예배하기를 기다려 온 지체입니다. 여호와 우리 하나님을 높여 그의 발등상 앞에서 경배를 드리게 하시옵소서. 이 예배로 하나님의 거룩하심을 만방에 선포하게 하시옵소서. 여름이 뜨거워지는 만큼 하늘에서는 하나님께 영광이 되시기를 빕니다.

주님께서는 사랑으로 오셨지만 저희들은 주님의 사랑으로 살지 못했습니다. 용서해주시옵소서. 저희를 불쌍히 여기시고, 사랑에서 자유롭게 하시옵소서. 십자가에서 나타났던 주님의 사랑을 가지고 모든 사람을 사랑하게 하시옵소서. 원수도 사랑하지 못하였고, 원수를 위해 기도하지 못했던 사랑이 없었던 삶을 용서해주시옵소서. 주님께로부터 사랑을 받은 그대로 이웃에게로 나아가게 하시옵소서.

저희 권속 중에 연약한 지체들, 여 성도들을 위하여 특별히 간구합니다. 여 성도들에게 아비가일의 은혜가 임하기를 소망합니다. 여 성도들의 슬기로움으로 교회 안에서 보여 지는 크고 작은 허물들이 덮여지고, 교회는 평안해지게 하시옵소서. 사람들이 모인 곳이라,

성령의 임재를 뜨겁게 경험하는 예배 종합 대표기도문

문제도 생기고, 어려움도 보일 때, 여 성도들이 교회의 부흥과 지체들의 평안을 위해서 겸손히 섬기는 은혜를 주시옵소서.

오늘, 국가와 사회의 이슈화가 된 상황에 대하여 덧붙여 간구한다.

이 교회를 위하여 주의 종을 보내셨으니, 이 시간에 진리와 은혜의 말씀을 듣게 하시옵소서. 그에게 성령님의 충만하심과 지식을 더하셔서 천국의 말씀을 선포하여 저희들이 듣게 해주시옵소서. ○○성가대원들이 하나님을 찬양할 때, 이 예배당이 천상의 자리가 되기를 원합니다. 그 찬양으로 저희들에게는 예배하려는 마음이 더욱 간절해지게 하옵소서. 이 한 시간의 예배가 거룩하게 드려지도록 여러 모양으로 수종을 드는 종들을 세우셨음에 감사드립니다.

오늘, 교회의 당면해 있는 상황이나 발생된 문제에 대하여 간구한다.

우리 ○○교회의 성도들 중에 하나도 자기를 위해 사는 자가 없고 주를 위해 사는 자기 되게 하시옵소서. 주님께서 가신 그 길은 원망 없이 기쁨으로 살아가게 하시옵소서. 죄의 옷을 벗고 주님이 주시는 세마포로 단장하게 하시며 주님의 영광의 자리에 서게 하여 주시옵소서.

교회의 각 기관 기관들이 오직 하나님의 영광을 위하여 헌신하게 하시며 그들의 헌신으로 복을 주시되 하나님께 봉사하는 기쁨을 맛보는 귀한 복을 허락하여 주시옵소서. 또한 저희 지체들이 서로 사랑하며 성도의 귀한 교제를 나누게 하여 주시옵소서.

의롭다 선언해주신 예수님의 이름으로 기도드립니다. 아멘.

7월 3주 † 시 22:27

여호와를 기억하고 돌아오며

흩어진 자들을 모으시는 하나님,

"땅의 모든 끝이 여호와를 기억하고 돌아오며 모든 나라의 모든 족속이 주의 앞에 예배하게" 하시옵소서. 이스라엘의 흩어진 자들을 모으시는 여호와께서 저희들을 모아주셨음에 감사드립니다. 저희들 각자에게 주신 삶의 터전에서 자기를 구별하며 지내던 형제와 자매들입니다. 이 시간에, 영과 진리로 우리 하나님을 예배하게 하시옵소서.

하나님께서 저희들을 자녀로 삼아주심은 주 안에서 항상 기뻐하도록 하심이셨으나 기뻐하지 못하였습니다. 순간, 순간에 눈으로 보이는 환경에 마음을 내어주고 말았습니다. 기쁨보다는 분노와 화로 지내왔고, 그리스도인의 관용에서는 먼 생활을 해왔음을 회개합니다. 구원은 원하면서도 구원을 주신 예수님을 따르기에는 스스로 거북해한 저희들입니다. 용서해주시옵소서.

○○ 교회가 속해 있는 지역사회를 위해서 간구합니다. 성령강림의 역사하심이 교회를 통해서 이 지역에 나타나기를 사모합니다. 하나님께서 구원하시기로 작정하신 이들이 저희 교회를 통해서 돌아오는 역사를 보게 하옵소서. 교회가 지역의 파수꾼이 되기를 소망합

성령의 임재를 뜨겁게 경험하는 예배 종합 대표기도문

니다.

　　# 오늘, 국가와 사회의 이슈화가 된 상황에 대하여 덧붙여 간구한다.

오늘도 말씀을 들고 단 위에 서신 목사님을 위하여 간구합니다. 귀한 종에게 사자의 권위와 감화하는 말씀의 능력을 나타내 주옵소서. 그 말씀으로 고난을 당하신 주님의 증인이 되게 하옵소서. ○○성가대의 아름다운 찬양이 있는 예배로 하나님께 영광을 돌리게 되며 찬송의 능력을 체험하게 하옵소서. 또한, 누구보다도 이른 시간에 나와서 예배를 돕는 지체들이 있습니다. 저들의 봉사를 하나님은 받으시고 복을 내려 주옵소서.

　　# 오늘, 교회의 당면해 있는 상황이나 발생된 문제에 대하여 간구한다.

이 나라를 위해서 봉사하는 위정자들을 위하여 간구합니다. 위정자들이 여호와 앞에서 하나님의 손길을 대신하여 이 사회를 이끌어 나가게 하시옵소서. 나라와 국민들을 위한 정치에 전념하게 하시옵소서. 자신의 이익과 행복보다는 국민들을 위한 봉사자로 정치에 임하게 하시옵소서.

주님의 교회, ○○교회를 기억하시고, 민족과 세계를 품고 기도할 때 다시금 이 나라에 복음의 불길이 타오르게 하시옵소서. 저희 교회가 살아남으로 이웃이 살게 하시고, 죽어가는 수많은 영혼들을 주 앞으로 인도하는 구원의 방주가 되게 하시옵소서.

사랑의 주, 예수님의 이름으로 기도드립니다. 아멘.

7월 4주 † 엡 1:6

성소에서 하나님을 찬양하고

찬송하게 하시는 하나님,

"이는 그가 사랑하시는 자 안에서 우리에게 거저 주시는 바 그의 은혜의 영광을 찬송하게 하려는 것이라."는 말씀으로 여기에 모였습니다. 성소에서 하나님을 찬양하고, 그의 권능의 궁창에서도 찬양을 드리기를 원하는 ○○의 권속이 머리를 숙이게 하시옵소서. 크고 위대하심에 영광을 드리는 한 시간으로 이끌어 주시옵소서.

저희들에게는 진실함도 없고 정직함도 없이, 잘 되기만 바래왔습니다. 천국 백성이 되었다는 사실에는 자존감을 세우면서도, 주님의 사람으로 살아가는 데는 스스로 게을렀습니다. 용서해주시옵소서. 욕심으로 얼룩져진 저희들을 불쌍히 여겨 주시옵소서. 하나님 앞에서 스스로 성결케 하고, 주님께서 주시기까지 기다리도록 인도해주시옵소서. 그리고 주님께서 주시려는 것을 받으려 하게 하시옵소서.

교회를 통하여 역사하시는 주님께 간구합니다. 저희 교회로 주님의 거룩한 지체가 되게 하시어 믿지 않는 이웃을 위하여 기도하고 그들에 의하여 봉사 할 수 있는 저희가 될 수 있도록 은혜를 더하여 주시옵소서. 주님의 사랑을 나누어 줄 수 있도록 하여 주시옵소서.
저희 교회의 머리가 되시는 주님이십니다. 주와 연합하여 각 지체를 이루어 헌신하고 충성하기를 소원합니다. 저희들의 열심을 통하여 저희 교회가 날마다 부흥되게 하시고, 저희들의 전도가 열매가 되어 구원받은 사람들이 날마다 늘어나게 하여 주시옵소서.

오늘, 국가와 사회의 이슈화가 된 상황에 대하여 덧붙여 간구한다.

이 시간에 진리와 생명의 말씀을 듣게 하옵소서. 하나님의 사자가 말씀을 전하실 때, 위로와 치유의 역사가 나타나기를 소망합니다. ○○ 성가대원들이 아름다운 찬양으로 영광을 드릴 때, 온 성도들에게는 예배하려는 마음이 더욱 간절해지게 하옵소서. 이 한 시간의 예배가 거룩하게 드려지도록 여러 모양으로 수종을 드는 종들을 세우셨음에 감사드립니다. 하나님의 영광을 나타내려는 모든 이들에게 벅찬 감격의 시간이 되게 하옵소서.

오늘, 교회의 당면해 있는 상황이나 발생된 문제에 대하여 간구한다.

저희 교회가 하나님을 주목하고, 기도에 힘씀으로써 하나님을 경외하는데 부족함이 없는 교회가 되게 하시옵소서. 저희의 모든 것들로 전도에 열심을 내고 주님 안에서 은혜로운 성도의 교제를 나눌 수 있도록 도와주옵소서. 저희 교회로 성령님의 역사하심을 온전히 순종함으로 세상에 빛을 비추는 등대가 될 수 있도록 축복하시고, 주님 홀로 영광을 받으시옵소서.

영생의 길이신 예수님의 이름으로 기도드립니다. 아멘.

7월 5주 † 욥 36:24

하나님께서 하신 일을 기억하고

주일을 지키게 하시는 하나님,

"그대는 하나님께서 하신 일을 기억하고 높이라 잊지 말지니라 인생이 그의 일을 찬송하였느니라."는 말씀에 따라 ○○의 권속이 모이게 하셨습니다. 주일에, 거룩한 곳에 모인 저희들이 우리 하나님을 송축합니다. 이 백성이 하나님을 찬양하는 소리가 예배당에 가득 채워지기를 원합니다. 하나님의 이름에 합당한 영광을 드리게 하시옵소서.

하나님의 은혜에 이르지 못하는가를 돌아보는 데 예민하지 못한 죄를 용서해 주시옵소서. 쓴 뿌리가 나서 괴롭게 하는 데도 기도하지 못한 죄를 용서해 주옵소서. 주님께서 흘리신 갈보리의 보혈로 우리를 새롭게 하시고, 은혜를 소망하면서 뜨거운 가슴으로 살게 해 주시옵소서.

이 민족의 가슴마다에 그리스도의 계절이 오게 하옵소서. 십자가에서 흘리신 예수님의 피로 가슴을 적시게 하시고, 이 땅 가득히 주님의 영광이 나타나기를 소망합니다. 이 민족에게 인생의 행복이 주님께 있음을 깨달아 여호와의 도우심을 구하게 하시기를 원합니다.

오늘, 국가와 사회의 이슈화가 된 상황에 대하여 덧붙여 간구한다.

말씀을 대언하실 목사님께서 단에 오르셨으니 생명과 진리의 말씀을 선포하게 하옵소서. 이 예배를 아름답게 하는 ○○ 성가대의 귀한 지체들의 찬양을 받아주옵소서. 이들의 찬양을 통해서 하나님께는 영광이 드려지게 하시옵소서. 지금, 저희들이 예배하는 동안에 예배당의 안팎에서 봉사하는 종들에게는 귀한 섬김으로 예배를 아름답게 하도록 은총을 입게 하옵소서.

이 자리에 나와서 예배하고 싶어도 집이나 병원에서 홀로 있는 이들이 있으니 도와주옵소서. 부활하신 주님의 이기신 손으로 만구원해 주옵소서. 질병을 치료하시는 은혜가 나타나서 아픈 부위를 낫게 하시고, 쇠약해진 노인들에게는 남은 생애를 주 안에서 보내도록 하시기를 원합니다.

오늘, 교회의 당면해 있는 상황이나 발생된 문제에 대하여 간구한다.

주님의 삶을 본받고 따르는 교회가 되어 세상을 정화시키는 소금의 역할을 감당하게 하옵소서. 믿음과 소망과 사랑으로 가득차서 하나님을 경외하고 이웃을 사랑하게 하여 주시옵소서. 성도의 삶으로 인도하시어 서희로 세상을 이길 수 있는 힘을 허락하여 주시옵소서.

하나님 앞에서 존귀한 저희들 무리에게 은혜가 있는 교회가 되게 하시옵소서. 그리하여 성도들이 사랑으로 하나 되게 하시며, 사명을 잊지 않는 건전한 교회가 되게 하여 주시옵소서.

속죄의 제물이 되어주신 예수님의 이름으로 기도드립니다. 아멘.

8월 1주 † **시 42:2**

살아 계시는 하나님을 갈망하나니

성소로 이끌어주신 하나님,

저희들에게, "내 영혼이 하나님 곧 살아 계시는 하나님을 갈망하나니 내가 어느 때에 나아가서 하나님의 얼굴을 뵈올까"하는 마음으로 지내오도록 하셨습니다. 예배하는 날로 구별해주신 시간에, 여호와의 전을 찾았습니다. 우리 하나님의 집으로 올라온 저희들에게 찬양과 영광을 드리게 하시옵소서. 영과 진리로 나아가도록 하시옵소서.

돌이켜볼진대, 좀 더 낫게 살아보려고, 조금은 가진 자로 살아보려고 애를 쓰다가 하나님 앞에서 화평을 잃었음을 고백합니다. 하나님과의 관계가 흔들리니, 사람들과의 관계에서도 삐걱거리던 시간이었습니다.

예수님의 피로 이루어주신 화평을 잃어버린 것을 용서해주시옵소서.

저희들 지체에게 바르실래의 은혜를 경험하게 하옵소서. 그는 피난을 간 다윗 일행들에게 도움을 주며 은혜를 베풀어서 살게 하였습니다. 저희들도 어려운 형편과 처지에 있는 사람들에게 하나님의 손길이 되어 은혜를 베풀고 최선을 다해 돕도록 하시옵소서. 저희들에게 긍휼히 여기는 마음을 주셔서 그들에게 주님의 이름으로 나아

성령의 임재를 뜨겁게 경험하는 예배 종합 대표기도문

가는 손길이 되게 하시옵소서.

오늘, 국가와 사회의 이슈화가 된 상황에 대하여 덧붙여 간구한다.

저희 교회에 말씀의 영이 임하기를 소원합니다. 강단에서 생명의 말씀이 흘러나와 이 교회를 덮게 하시옵소서. 그 말씀이 죄악을 소멸하는 불이 되어, 성도들의 심령이 태워지게 하시옵소서. 하늘의 백성들에게 은혜를 주시려고 목사님을 단에 세우셨음에 감사드립니다. 그의 입술을 성령님께서 주관하셔서 이 백성들이 말씀을 듣게 하옵소서. ○○ 성가대원들이 신령과 진정의 예배와 수준 있는 음악으로 어우러진 최상의 찬양을 드리기를 소망합니다. 오늘도 자원하는 심정을 가지고, 봉사하는 일꾼들이 있습니다. 맡은 자리에서 예배의 진행을 돕는 손길들에게 은혜를 더하여 주옵소서.

오늘, 교회의 당면해 있는 상황이나 발생된 문제에 대하여 간구한다.

일찍이 이곳에 주님의 몸 된 교회를 세워주시사 성령의 권능이 충만한 능력의 제단이 되게 하여 주셨으니, 진리의 빛을 밝게 비칠 수 있는 은혜 충만한 제단이 되게 하여 주시옵소서.

이 시간, 마가의 다락방에 충만하게 임하셨던 성령의 역사하심이 일어날 수 있게 하여 주시옵소서. 주님의 은혜를 사모하는 자들마다 주의 영으로 덮으셔서 성령님께 충만한 사람으로 다시 태어 날 수 있게 하여 주시옵소서. 그러므로 주님을 담대히 증거하고 그 어떤 위협도 굴하지 않는 순교의 신앙이 넘쳐나게 도와주시옵소서.

십자가의 주, 예수님의 이름으로 기도드립니다. 아멘.

8월 2주 † 광복절주일 | 시 13:6

내게 은덕을 베푸심이로다

광복절주일로 지키게 하시는 하나님,

"여호와를 찬송하리니 이는 주께서 내게 은덕을 베푸심이로다."라고 고백하게 하시는 주일입니다. 오늘, 광복절주일을 주셨음에 감사드립니다. 여호와께 기쁨이 되었던 ○○의 지체가 이 시간을 기다려 여기에 모였습니다. 하나님 앞에서 겸손하게 지내던 저희들이 하나님의 이름 앞에서 겸손히 머리를 조아리니 영광이 되게 하시옵소서.

생각과 마음으로는 이웃을 사랑한다 하며 지내왔던 저희들입니다. 입으로는 주님을 사랑한다고 고백하고, 주님이 우선이라 하지만 행실로는 그러하지 못하였습니다. 주님의 사람과는 정반대로 살아서 내가 행복하기 위해서 남을 불행하게도 했음을 부인할 수 없습니다. 죄를 씻어주시는 주님의 피로 용서해 주시옵소서.

이 나라에 광복의 기쁨을 주시고, 원근 각처에 세워져 있는 교회들을 통해서 영광을 받으실 것을 믿습니다. 하나님의 손길은 이 민족의 아픈 역사에 간섭해주셨습니다. 어렵고 힘들어 했던 역사의 굽이마다 인도해 주셨음에 감사드립니다. 하나님을 떠난 인류의 역사는 정복과 억압의 역사이지만 하나님의 역사는 해방과 구원의 역사

성령의 임재를 뜨겁게 경험하는 예배 종합 대표기도문

임을 믿습니다. 하나님께서 이스라엘을 애굽과 앗수르에서 해방시키고 구원을 이루어주셨습니다. 우리 민족을 향한 하나님의 역사가 우리를 일본에서 해방시키고 구원하셨음에 감사드리게 하시옵소서.

오늘, 국가와 사회의 이슈화가 된 상황에 대하여 덧붙여 간구한다.

하나님의 종으로 구별되신 목사님을 저희들에게 주심에 감사드립니다. 종의 입술을 통해서 전해지는 말씀을 사모하게 하옵소서. ○○ 성가대원들이 찬양을 드릴 때, 영광을 받아주옵소서. 예배의 진행을 돕고, 성도들의 편의를 위하여 봉사하는 지체들을 세워주셨습니다. 저들이 맡은 자리에서 몸으로 드리는 예배를 경험하게 하옵소서.

이 시간에도 몸이 늙어서 병들어 집이나 병원에서 홀로 있는 이들이 있으니 도와주옵소서. 회복하게 하시는 여호와의 만져주심으로 구원해 주옵소서. 병든 이들에게는 아픈 부위를 낫게 하시고, 쇠약해진 노인들에게는 남은 생애를 주 안에서 보내도록 해주시옵소서.

오늘, 교회의 당면해 있는 상황이나 발생된 문제에 대하여 간구한다.

이 백성의 삶에 깊숙이 개입하시어 둘로 쪼개진 강토가, 갈라진 사람의 마음들이 하나 되게 하시옵소서. 정치하는 이들이나 국방을 지키는 이들에게 은혜를 내리시어 하나님 두려운 줄 알게 하시고, 하나님의 뜻을 분별하는 지혜를 주시옵소서.

선한 목자이신 예수님의 이름으로 기도드립니다. 아멘.

8월 3주 † 수 24:24

우리 하나님 여호와를 우리가 섬기고

여호와의 이름을 즐거워하게 하시는 하나님,

"백성이 여호수아에게 말하되 우리 하나님 여호와를 우리가 섬기고 그의 목소리를 우리가 청종하리이다 하는지라."가 저희들의 고백이 되게 하셨습니다. 사랑을 입은 주님의 자녀들이 한 자리에 모여서 기뻐하고 즐거워합니다. 하나님께서 인생을 위하여 큰일을 하셨으니, 여호와의 이름을 찬양하며 즐거워하게 하시옵소서. 구원의 주님이신 나의 하나님께 영광을 드립니다.

천국 백성으로 살아가야 할 저희들이 세상의 백성으로 살아온 것에 대하여 회개합니다. 세상을 거절하고, 주님을 따르겠다고 나선 저희들이 거절했어야 될 세상을 다시 움켜쥐려 하고 있습니다. 용서해주시옵소서. 참으려 해도 누를 길이 없이 마음속에 소용돌이치는 죄를 고백하게 하시옵소서. 잠시도 쉬지 않고, 죄인들의 구원을 기뻐하시는 하나님 앞에서 전도를 외면하고 지냈던 죄를 고백합니다. 의의 열매를 맺어야 하는 저희들의 죄를 용서해주시옵소서.

저희들에게 함께 살아가는 이웃들을 주시고 그들과 어울려 지역사회를 이루게 하심을 좋아합니다. 여호와의 은혜가 이 곳에 임하여 ○○동이 복된 땅이 되게 하옵소서. 여기에 세워져 있는 다양한 조

직들이 활발하게 움직여 아름다운 지역사회가 되어지기를 소망하면서

오늘, 국가와 사회의 이슈화가 된 상황에 대하여 덧붙여 간구한다.

하나님이 음성이 이 교회에 쩡쩡 울리기를 소원합니다. 하나님의 음성에 무릎을 꿇는 시간 되게 하시옵소서. 오늘도 말씀을 듣고 단위에 서신 목사님을 위하여 간구합니다. 귀한 종에게 사자의 권위와 감화하는 말씀의 능력을 나타내 주옵소서. 그 말씀으로 주님의 증인이 되게 하옵소서. ○○ 성가대의 아름다운 찬양이 있는 예배로 하나님께 영광을 돌리게 되며 찬송의 능력을 체험하게 하시옵소서. 이른 시간에 나와서 예배를 돕는 지체들이 있습니다.

오늘, 교회의 당면해 있는 상황이나 발생된 문제에 대하여 간구한다.

이제, 주님의 몸 된 교회가 고통을 당하는 이웃을 위하여 더욱 기도하게 하시고, 주님만이 길이요 진리요 생명 되심을 증거 할 수 있도록 은총을 더하여 주시옵소서. 말씀과 진리 안에서 날마다 성장하게 하시며, 사랑과 수고와 인내로써 소망을 이루어 가는 일들이 교회 안에 넘치게 하여 주시옵소서.

한국교회가 바로 서게 하시고, 세상을 향한 교회의 사명을 감당할 수 있는 은혜를 내려주시옵소서. 십자가를 내려놓지 않고, 세상의 고통을 함께 지고 갈 수 있는 교회들이 되게 하시옵소서.

믿음의 주, 예수님의 이름으로 기도드립니다. 아멘.

8월 4주 † 출 34:14

너는 다른 신에게 절하지 말라

하나님을 찾게 하신 하나님,

부르심을 받은 주님의 백성들이 하나님 앞으로 나아오게 하심을 감사드립니다. 거룩한 자리로 올라오는 길에, 하늘은 그 어느 날보다 파랬습니다. 아직까지는 더위가 있어 무덥지만 하늘은 깨끗했습니다. 하늘 아래의 모든 것들이 주님의 날에 머리를 숙이고 있습니다.

평강을 원하면서도 하나님이 아닌 다른 데서 평강을 찾았던 죄를 고백합니다. 교회를 통해서 배우고, 받고, 듣고, 본 바를 행하기만 하면 하나님의 평강이 저희들과 함께 한다는 것을 잊었습니다. 용서해 주시옵소서. 주님의 십자가를 바라보면서 하나님을 가까이 하고, 말씀에 순종하도록 이끌어 주시옵소서.

주님의 몸 된 교회를 위해서 기도합니다. 주님의 이름으로 모인 공동체인 교회가 삼위일체의 하나님이 임재하시는 거룩한 처소가 되게 하시며, 온 성도들이 주님의 사랑 안에서 주님의 뜻을 따라 참 신앙인의 본분을 잘 감당하는 복된 성도가 되게 하여 주시옵소서.

이곳에 하나님께서 허락하신 성전을 세우셨으니 저희로 하나님의 은혜를 나누며 교제하는 귀한 시간이 되게 하시고, 저희의 모든 것이 하나님을 찬양하며 하나님의 성호를 찬양할 수 있는 귀한 성도들이 될 수 있도록 축복하여 주시옵소서.

오늘, 국가와 사회의 이슈화가 된 상황에 대하여 덧붙여 간구한다.

하나님의 종으로 구별되신 목사님을 세워주심에 감사드립니다. 종을 통해서 전해지는 말씀에 순종하게 하옵소서. ○○ 성가대원들이 성령님께 감동되어서 드리는 찬양으로 온 교회에 영광이 넘치기를 원합니다. 이 찬양이 실망과 근심으로 좌절에 빠진 사람들에게 용기를 갖게 하시옵소서. 예배의 진행을 돕고, 성도들의 편의를 위하여 봉사하는 지체들의 헌신을 받아주시옵소서.

오늘, 교회의 당면해 있는 상황이나 발생된 문제에 대하여 간구한다.

저희 교회를 오늘까지 지켜 주심을 감사드립니다. 목회자들과 장로님들을 비롯한 제직들을 기억하셔서 하나님의 동역자가 되게 하옵소서. 연합하여 선을 이루는 축복을 주시옵소서. 작은 일에도 충성하게 하시고, 때를 얻든지 못 얻든지 전도하게 하시며, 맡겨진 사명에 최선을 다하는 은혜를 누리게 하시옵소서.

주님의 나라가 확장됨을 기뻐하게 하시고, 하나님의 의가 이루어지는 것에 감사하기 원합니다. 죽어 가는 영혼들을 담기에 부족함이 없는 교회가 되게 하시옵소서. 실망한 영혼들에게 소망을 주는 교회로, 꿈이 없는 사람들에게 비전을 주는 축복된 교회로 삼아주시옵소서.

소망을 주신 예수님의 이름으로 기도드립니다. 아멘.

9월 1주 † 시 103:19

그의 보좌를 하늘에 세우시고

은혜를 기억하게 하시는 하나님,

"여호와께서 그의 보좌를 하늘에 세우시고 그의 왕권으로 만유를 다스리시니" 영광을 드립니다. 하나님의 품 안에서 보호하심으로 살아왔음을 고백합니다. 지나온 한 주간의 삶은 우리 하나님께서 살펴주시고, 돌아보심의 은혜였음을 기억하게 하시옵소서. 그 사랑에 감사하여 찬미의 제사를 드리는 예배가 되기 원합니다.

○○의 지체들에게, 비록 짧은 시간이지만 회개의 영을 부어주시옵소서. 배우고 확신한 일에 거하여 지냈어야 마땅한데, 그렇게 하지 못한 지난 시간들을 회개합니다. 성경을 읽고, 묵상함으로써 구원에 이르는 지혜를 구해야 하는데 게을렀음을 용서해 주시옵소서. 하나님의 말씀만이 저희를 죄로부터 떠나게 하심을 다시금 확신하게 하시옵소서.

하나님을 사랑하기 때문에 성전을 지으려 했던 솔로몬의 열정이 저희들의 것이기 원합니다. 주님의 사랑을 입고 있는 저희들에게 거룩한 소원을 주옵소서. 하나님의 은혜에 보답해 드리는 삶에 대한 소원을 가져, 주님의 교회에 꼭 필요한 일을 내가 감당하겠다는 소원을 주시옵소서. 자신의 영화보다는 하나님의 영광을 위하여 헌신

성령의 임재를 뜨겁게 경험하는 예배 종합 대표기도문

하게 하시옵소서.

오늘, 국가와 사회의 이슈화가 된 상황에 대하여 덧붙여 간구한다.

이 시간에, 목사님을 대언자로 세우셔서 하나님의 말씀을 전하게 하셨으니, 왕 앞의 신하와 같이 겸손함으로 듣게 하옵소서. 주님을 찬양하는 ○○ 성가대원들을 축복합니다. 그들이 마음과 몸을 드려 찬양할 때, 이 자리에 성령님이 비둘기처럼 임하시게 하옵소서. 저희들 다 같이 하나님의 은혜를 체험하는 복된 자리로 인도해주옵소서.

오늘, 교회의 당면해 있는 상황이나 발생된 문제에 대하여 간구한다.

주님의 몸 된 교회를 기억하여 주시옵소서. 주님의 크신 계획이 계셔서 이곳에 교회를 세우셨음을 믿사오니 이 교회를 통하여 지역사회가 복음화 되기를 원합니다. 주님의 뜨거운 사랑을 나타낼 수 있는 주님의 교회가 되기를 원합니다. 삶의 소망을 잃은 자들에게 이 교회를 통하여 평안이 되시는 주님을 체험하는 역사가 있게 하여 주시옵소서.

이 세상에서 마지막 남은 한 사람에게 복음이 전해질 때까지 저희 교회를 보호해 주시옵소서. 우리 모두에게 하나님께서 구원하시기로 작정된 영혼들을 보게 하시옵소서. 그리하여 이 지역의 사람들 뿐만 아니라, 모든 사람들에게 생명의 말씀을 밝혀 전하는 교회가 되기를 원합니다. 저희들에게 오직 복음을 전하는 소망을 갖게 하시옵소서.

의의 길이신 예수님의 이름으로 기도드립니다. 아멘.

9월 2주 † 렘 51:10

찬송을 드려도 못다 부르는 찬양

찬송으로 나아오도록 하시는 하나님,

"예루살렘아 여호와를 찬송할지어다." 라고 하셨습니다. "시온아 네 하나님을 찬양할지어다." 라고 하셨습니다. 하나님께 찬송을 드리기 위하여 모인 ○○의 지체를 받아주시옵소서. 시간과 날을 주셔서 우리가 생명의 삶을 살고 있음에 감사드립니다. 오늘, 종일 동안 하나님의 이름에 찬송을 드려도 못다 부르는 찬양이 되게 하시옵소서.

하나님 앞에서 존귀한 자녀들이 잘 살아 보려고 했던 지난 주간이었습니다. 하나님께서 재물을 주신다면 부하게 살아 보려고도 하고, 때로는 살아남으려고 몸부림을 쳤습니다마는 남은 건 죄뿐이었음을 회개합니다. 주님의 보혈로 용서해주시옵소서.

저희를 하나 되게 하신 하나님의 사랑에 찬양을 드립니다. 성삼위 하나님의 하나 되심을 저희들의 것으로 삼도록 감화하여 주시옵소서. ○○의 지체들에게 은총을 베푸셔서 모든 것을 믿으며, 참으며, 바라면서 하나를 이루게 하시옵소서. 이로써 사랑하는 권속이 이 땅에서 지내는 동안에 주님께서 십자가를 지시고 흘리신 보혈로 한 지체가 되었음을 늘 기억하게 하시옵소서.

오늘, 국가와 사회의 이슈화가 된 상황에 대하여 덧붙여 간구한다.

담임 목사님을 붙드셔서 ○○ 교회의 권속들에게 하나님의 말씀을 전하게 하옵소서. 오늘의 말씀이 저희들의 심령을 새롭게 하여 옛사람을 버리고 하나님이 사람으로 사는 결단이 되게 하옵소서. ○○ 성가대원들이 예배하는 회중을 대표해서 하나님의 영광을 찬양하게 하옵소서. 귀한 지체들이 몸을 드려 준비한 찬양이 이 자리를 하나님의 영광으로 가득하게 하옵소서. 거룩한 예배로 오직 하나님께 영광이 되고, 마귀가 틈을 타지 않게 하옵소서.

저희들의 마음을 안타깝게 하는 환자들을 위하여 간구합니다. 질병에 걸려서 고통 중에 있는 지체들과 노환으로 힘든 시간을 보내고 있는 어르신들에게 치유의 은혜를 내려 주시옵소서. 성령님께서 그들 각자를 어루만져 주시고, 아픔을 고쳐 주시는 은혜를 보게 하시옵소서.

오늘, 교회의 당면해 있는 상황이나 발생된 문제에 대하여 간구한다.

주님의 피 묻은 십자가를 언제나 사랑하게 하시고, 주님께서 받으셨던 고난의 쓴잔을 이제 저희가 받게 하여 주시옵소서. 주님의 사랑을 기억하며 다른 이들의 가슴에도 주님의 사랑을 심을 수 있도록 축복하여 주시옵소서. 생명과 자유를 주신 주님을 함께 찬양할 수 있는 교회가 되게 하여 주시옵소서.

죄를 속해주신 예수님의 이름으로 기도드립니다. 아멘.

9월 3주 † 시 100:2

온 땅이 무릎을 꿇고

거룩하게 해주시는 하나님,

기쁨으로 여호와를 섬기며 노래하면서 그의 앞에 나아가게 하시옵소서. 온 땅이 무릎을 꿇고, 하나님을 경배하는 아침입니다. 주님을 찬양하며, 그 이름을 높여드리는 시간에 거룩하다 여김을 입은 성도들이 모였습니다. 은혜를 누리며 살던 이들이 거룩하게 여기신 자리로 나아왔습니다.

주님 앞에서 겸손하게 사랑의 응답을 바치도록 해 주시옵소서. 매일의 삶의 현장에서 하나님을 모시지 않았던 교만함을 용서해 주시옵소서. 하나님을 생각하면 도리어 불편했던 저희들이었습니다. 죄의 습관을 버리지 못하고, 그 익숙함에 또 다시 죄를 지음을 용서해 주시옵소서.

위정자들을 위하여 간구합니다. 위정자들의 수고를 통해서 국민들은 행복해지고, 나라는 발전되기를 소망합니다. 위정자들이 정치를 할 때, 국가와 국민을 하나님 앞에서 생각하게 하시고, 하나님을 두려워하게 하옵소서. 자신의 이익과 행복보다는 국민들을 위한 봉사자로 정치에 임하게 하시기를 원합니다.

오늘, 국가와 사회의 이슈화가 된 상황에 대하여 덧붙여 간구한다.

저희들을 위하여 말씀을 준비해 주셨음에 감사드립니다. 말씀을 전해주실 목사님께 영력을 더하여 주셔서 성삼위 하나님의 은혜로 인도해 주시는 복된 시간이기를 원합니다. 오늘도 주님을 영화롭게 해드리는 ○○ 성가대를 세우셨으니, 예수님을 구주로 믿는 무리들이 한 마음으로 하나님을 찬양하며 예배하도록 하옵소서. 이 예배가 신령과 진정으로 드려지기 위해서 봉사하는 종들이 있으니, 그들이 더욱 충성스럽게 감당하게 하옵소서.

오늘, 교회의 당면해 있는 상황이나 발생된 문제에 대하여 간구한다.

저희 교회의 각 기관들이 활성화되어 부흥케 하시고 성결운동으로 세상에 본이 되게 하여 주시기를 원합니다. 영혼구령을 위해 세우신 주의 교회를 기억하게 하시옵소서. 저희 교회가 부흥케 하시며, 말씀으로 충만케 하시고, 기도로 하늘 문을 열며, 헌신으로 주님께 인정받게 하여 주시옵소서.

주님께서 당신을 위하여 아무것도 취하거나 챙겨놓지 않으셨던 것처럼 저희의 모든 것으로 영적으로 가난한 자를 부요케 하는 십자가의 정신이 살아있는 저희의 깃이 되기를 원합니다. 제자들의 발을 친히 씻겨주신 예수님을 본받아 저희도 십자가의 사랑을 실천할 수 있는 헌신자가 되게 하여 주시옵소서.

은혜의 주, 예수님의 이름으로 기도드립니다. 아멘.

9월 4주 † 엡 4:6

곧 만유의 아버지시라

아버지라 부르게 하시는 하나님
"하나님도 한 분이시니 곧 만유의 아버지시라 만유 위에 계시고 만유를 통일하시고 만유 가운데 계시도다."라는 고백으로 나아옵니다. 참 삶의 맛을 주시고자 부르신 주님께 경배를 드리게 하시옵소서. 주님께서 마련해주신 예배의 자리에서 기쁨의 공동체를 이루게 하시옵소서. 여기에서 주님의 자녀 된 신앙 공동체를 체험하게 하시옵소서.

상한 심령을 드리게 하시옵소서. 죄와 허물로 얼룩졌던 삶을 그대로 내어놓고 통회하게 하시옵소서. 죄의 무거운 짐을 풀어 놓을 대, 십자가에서 흘려주신 그리스도의 보혈로 정결케 해 주시옵소서. 마음을 다하여 대속의 십자가를 지신 주님의 사랑을 찬양하게 하소서.

저희 교회가 부흥되게 하옵소서. 지역사회에 영향력 있는 그리스도의 소리가 되게 하여 주옵소서. ○○ 교회에 마음과 뜻과 정성을 다하여 주님께 예배하는 주의 백성들이 넘쳐나게 하시고, 주님께 대한 헌신과 봉사가 살아있는 교회가 되게 하여 주시옵소서.
메마른 땅에 베푸신 단비처럼 교회를 찾는 심령마다 주님이 내려 주시는 은혜로 말미암아 목이 마른 영혼들이 해갈의 기쁨을 맛보게 하여 주시옵소서. 무엇보다도, 죄 많은 이 세상을 향해서 십자가의 복음을 담대히 증거 할 수 있도록 축복하여 주시옵소서.

오늘, 국가와 사회의 이슈화가 된 상황에 대하여 덧붙여 간구한다.

말씀을 듣고 단 위에 서신 목사님을 위하여 간구합니다. 귀한 종에게 사자의 권위와 감화하는 말씀의 능력을 나타내 주옵소서. ○○성가대의 아름다운 찬양이 있는 예배로 하나님께 영광을 돌리게 되며 찬송의 능력을 체험하게 하옵소서. 이른 시간에 나와서 예배를 돕는 지체들이 있습니다. 저들의 봉사를 하나님은 받으시고 복을 내려 주옵소서.

오늘, 교회의 당면해 있는 상황이나 발생된 문제에 대하여 간구한다.

택한 백성을 돌아보시는 하나님의 긍휼하심이 있기를 빕니다. 그 은혜로 역경의 시간을 잘 지내게 하시옵소서. 도와주시기를 기다리시는 하나님의 은혜를 소망하게 하시옵소서. 세상의 여러 가지 미혹에 이끌려 마음을 내어주지 않게 하시옵소서.

오늘의 예배에서 복의 원리를 배우게 하시고, 여호와를 경외함에 더욱 힘쓰는 지체들이 되기를 빕니다. 저희들이 가질 마음의 자세는 재물에 대한 탐욕이 아님을 잊지 않게 하시옵소서. 샘물보다는 영원히 복이 되시는 하나님을 사랑하는 마음으로 가슴을 채우게 하시옵소서.

십자가로 사랑을 보여주신 예수님의 이름으로 기도드립니다. 아멘.

10월 1주 † 시 47:8

하나님이 그의 보좌에 앉으셨으니

인생의 예배를 받으시는 하나님

하나님이 그의 거룩한 보좌에 앉으셨음을 고백하는 이 시간에, 여호와의 이름을 찬양하라고 명령을 받은 ○○의 지체를 모아주셨습니다. 각각 흩어져 하늘을 바라보며 살던 저희들을 모으셨으니 영광을 드리게 하시옵소서. 저희들 각자가 자신의 집을 성소로 삼아 지내다가 이 곳에 모였으니 영과 진리로 나아가게 하시옵소서.

저희들에게 처음 사랑으로 돌아가게 하시옵소서. 주님의 사랑, 십자가의 사랑을 확증하도록 성령님으로 새롭게 하시옵소서. 사랑하는 ○○의 지체들이 자기 자신과 이웃을 향하여 사랑의 시각으로 볼 수 있도록 하시옵소서. 주님의 사람들로 살아가게 하여 주시옵소서.

산제사를 드리는 지금, 여호와의 불을 보게 하옵소서. 엘리야의 제단에 여호와의 불이 내려와 번제물과 나무와 돌과 흙을 태우고 도랑의 물을 핥았던 역사를 보게 하옵소서. 그 불로 인하여 저희들의 죄가 태워지고, 그릇된 생각들이 불살라져 변화시켜 주시옵소서. 여호와의 불이 내려와 저희들이 사는 길이 열리게 하시옵소서. 죄악이 태워진 자리에 은혜의 샘물이 솟아나는 것을 보게 하옵소서.

성령의 임재를 뜨겁게 경험하는 예배 종합 대표기도문

오늘, 국가와 사회의 이슈화가 된 상황에 대하여 덧붙여 간구한다.

오늘 예배를 드리면서 성도들을 감사의 문으로 인도해 주옵소서. 강단에서 생명과 진리로 이끄실 목사님께 성령님과 지혜에 충만케 하셔서 하나님의 말씀으로 흥왕함을 보게 하옵소서. ○○ 성가대원들을 준비시키셨음에 감사드립니다. 하나님 앞에서 찬송을 맡은 이들이 벅찬 감격으로 찬양을 부르게 하시고, 저희들은 예배하려는 마음이 더욱 간절해지게 하옵소서. 이 시간의 예배를 위해 여러 모양으로 수종을 드는 종들에게 복을 내려 주옵소서.

오늘, 교회의 당면해 있는 상황이나 발생된 문제에 대하여 간구한다.

예수님은 하나님의 아들로서 이 세상에 오셔서 우리를 위하시는 하나님의 사랑을 나타내 보이셨습니다. 세상에 대하여 보여 진 예수님의 사역은 우리를 사랑하시는 하나님의 모습이었습니다. 저희들이 하나님을 사랑함에는 이전보다 크게 해주시옵소서.

오늘, 여호와의 복 주심의 한 모습에 ○○의 지체들이 동참하게 하셨음에 하늘의 하나님께 찬양을 올려 드립니다. 여호와의 자비하심으로 복을 주셔서 사랑하는 지제들을 위해서 하늘의 아름나운 보고를 열어주시옵소서. 그리고 언제나 주님의 십자가를 바라보고 살아가도록 인도해 주시옵소서. 우리 교회에 속해 있는 모든 이들의 가슴이 주님의 피로 적셔지게 하시옵소서.

우리를 사랑해주시는 예수님의 이름으로 기도드립니다. 아멘.

10월 2주 † 시 75:9

야곱의 하나님을 영원히 선포하며

영광중에 즐거움을 주시는 하나님,

야곱을 따라서 그의 하나님을 영원히 선포하며 찬양을 드리는 ○○의 권속으로 삼아주시옵소서. 오늘, 거룩한 아침에, 새 노래로 여호와께 노래하며, 성도들이 모임 가운데서 찬양을 드리는 ○○의 지체를 받아주시옵소서. 영광중에 즐거워하는 한 시간이기를 빕니다. 흩어져 살던 저희들이 한 목소리로 하나님께 나아가게 하시옵소서.

수많은 사람들 가운데 하나님의 자녀로 선택을 받았는데, 그 은혜를 잊고 지냈던 지난 시간의 행실을 회개합니다. 하나님 앞에서 살지 못하고, 자신의 생각에 갇혀서 지냈음을 회개합니다. 생각이나 말, 행동으로 여호와에게서 떠났던 죄를 용서해주시옵소서.

오늘, 국가와 사회의 이슈화가 된 상황에 대하여 덧붙여 간구한다.

목사님을 단에 세우셨음에 감사드립니다. 그의 입술을 성령님께서 주관하셔서 이 백성들이 말씀을 듣게 하옵소서. ○○ 성가대원들이 영과 진리로 어우러진 최상의 찬양을 드리기를 소망합니다. 맡은 자리에서 예배의 진행을 돕는 손길들에게도 은혜를 더하여 주옵소서. 이 시간에 하나님은 홀로 영광을 받으시고, 마귀의 훼방이 없게 하옵소서.

병으로 신음하는 지체들의 아픔을 나사렛 예수 이름으로 깨끗하게 치료하여 주시고, 영혼을 구원해주시옵소서. 그들의 정신과 영혼과 육체가 새로운 활력을 찾게 해주시기를 빕니다. 회복된 건강한 몸과 마음으로 가족들과 화목하고 이웃에게 봉사하는 삶이 되게 하여 주시옵소서.

오늘, 교회의 당면해 있는 상황이나 발생된 문제에 대하여 간구한다.

주님의 몸 된 지체들에게 사랑으로 하나가 되는 은혜를 내려 주시옵소서. 영적인 침체를 벗어나게 하시고, 다시 기도로 뜨거워지는 교회와 성도들이 되게 하시옵소서. 전도를 위해 눈물로 기도하며 애쓰는 교인들도 있는 줄 아오니 전도의 열매들이 맺혀지는 은혜를 경험하게 하시옵소서. 저희들의 수고와 성령의 역사하심으로 늘 승리하는 예배가 있는 교회가 되게 하시고, 더욱 든든하게 세워지게 하시옵소서.

지극히 높은 하늘보다 더 높은 사랑으로 보호해 주셨고, 지극히 깊은 바다보다도 더 깊은 은혜가 오늘의 즐거움을 주셨으니, 감사의 한 시간이기를 소망합니다. 우리가 이 땅에서 살아가는 동안에 승리의 삶을 살도록 주신 병기가 있다면 믿음과 소망, 사랑임을 믿습니다. 하나님을 향한 신망애는 어떤 경우에도 우리를 이기게 하시며 만족하게 하심에 감사하면서 믿음, 소망, 사랑을 복으로 여기게 하시옵소서.

평안의 주, 예수님의 이름으로 기도드립니다. 아멘.

10월 3주 † 신 11:13

너희의 하나님 여호와를 사랑하여

홀로 높으신 하나님,

오늘, ○○ 교회에 모인 권속에게 여호와의 이름을 찬양하게 하시옵소서. 하나님의 이름이 홀로 높으시며, 그의 영광이 땅과 하늘 위에 뛰어나시니 그 영광에 마땅한 찬양을 드리게 하시옵소서. 옛 사람을 십자가에 못 박으면서 땅의 것을 버리는 은혜를 주셨으니, 교회 안에 머무르게 하심을 기뻐합니다.

저희들 자신을 돌아볼 때는 아무리 생각해도 은혜를 받을 만한 존재가 못 된다는 것을 고백합니다. 하나님의 은혜로 살아가고 있음에도 저희들의 행위는 하나님께 드릴만한 것이 못되었습니다. 용서해주시옵소서. 저희들을 향하신 하나님의 자비가 저희들에게 넘치도록 은혜를 주셨음에 감사드립니다. 그러함에도 여전히 죄 가운데 있는 저희들을 불쌍히 여겨 주시옵소서.

하나님께서 사랑하시는 나라, 여호와의 손으로 만져주시는 나라로 대한민국에 복을 내려 주시옵소서. 금년에는 이 나라에 속한 모든 이들이 범사가 잘 되고 강건하여 하나님께 영광을 드리게 하옵소서. 하나님께서 사랑해주시는 나라, 하나님께서 위해주시는 나라의 백성들이 하나님을 즐거워하고, 여호와의 인도하심을 소망하게 하시옵소서.

오늘, 국가와 사회의 이슈화가 된 상황에 대하여 덧붙여 간구한다.

하나님의 말씀을 받기 위해서 마음을 모읍니다. 진리와 생명이 되는 말씀을 사모합니다. 목사님을 대언자로 세우셔서 말씀을 전하게 하심을 감사드립니다. 그 말씀으로 예수님을 찬양하게 하옵소서. 저희 교회를 영화롭게 하셔서 ○○ 성가대를 세워주시고, 오늘도 그들이 마음과 몸을 드려 찬양할 때, 하나님의 은혜를 체험하는 복된 자리로 인도해 주시옵소서. 이 예배에 사탄이 역사하지 않게 하시고, 하나님의 영광을 훼방하는 세력들은 물리쳐 주시옵소서.

오늘, 교회의 당면해 있는 상황이나 발생된 문제에 대하여 간구한다.

지금, 혹시라도 저희들 중에, 마음의 분열과 갈등으로 말미암아 나누인 지체들이 있다면 서로를 용서하게 하시옵소서. 서로를 받아들일 수 있는 사랑으로 위로해 주시기 원합니다. 또한 나눔과 반목이라는 불행에 빠진 경우가 있다면 그 상처를 치유하여 주시옵소서. ○○의 지체들에게 모든 것을 믿으며, 참으며, 바라면서 하나를 이루게 하시옵소서. 이 땅에서 지내는 동안에 주님께서 십자가를 지시고 흘리신 보혈로 한 지제가 되있음을 늘 기억하게 하시옵소서. 십자가의 사랑으로 한 몸이 되기를 소원하게 하시옵소서. 하나님 아버지도 오직 한 분이심을 고백하는 공동체가 되게 하시옵소서.

생명길이 되신 예수님의 이름으로 기도드립니다. 아멘.

10월 4주 † 시 145:4

시온에 계신 여호와를 찬송하며

찬송이 되시는 하나님,

"너희는 시온에 계신 여호와를 찬송하며 그의 행사를 백성 중에 선포할지어다." 아멘. 지금, 하늘에서 여호와를 찬양하며, 높은 데서 찬양을 하는 소리가 들려옵니다. ○○의 지체를 이곳에 모이게 하셨으니 여호와께 찬양을 드리게 하시옵소서. 이로써 하늘에서와 같이 땅에서도 우리 하나님의 이름이 높임을 받게 하시옵소서.

하나님께서 주신 평안을 잃고, 두려움으로 지내왔던 지난 시간을 회개합니다. 저희 자신의 내면에 화평이 없기에 어디에서나 기쁨이 없었음을 솔직히 고백합니다. 저희들의 심령을 회복시켜 주시옵소서. 하나님의 자녀 된 신분으로 다시 세워주시옵소서.

주님의 몸 된 교회를 위하여 주님께서 주신 귀한 직분을 맡아서 몸을 드려 충성하는 손길들을 기어하시고, 저들의 수고가 더해질 때마다 주님을 사랑하는 신앙고백이 넘쳐나게 하시옵소서. 아버지 하나님을 모시고, 서로 사랑하면서 주님의 장성한 분량에까지 자라나는 저희들이 되기를 원합니다.

하나님의 거룩하고 성별된 자녀가 되었으니 저희에게 성도의 품위

성령의 임재를 뜨겁게 경험하는 예배 종합 대표기도문

를 지킬 수 있도록 축복하여 주시옵소서. 저희가 하나님의 영광의 빛 가운데 거하게 하시고 저희의 삶이 제사로 드려지는 역사가 일어나게 하여 주시옵소서.

오늘, 국가와 사회의 이슈화가 된 상황에 대하여 덧붙여 간구한다.

거룩한 이 시간에, 하나님의 말씀으로 풍성한 예배가 되게 하시옵소서. 목사님을 단에 세우셨음에 감사드립니다. 그의 입술을 성령님께서 주관하셔서 이 백성들이 성탄의 기쁜 소식을 듣게 하옵소서. ○○ 성가대원들이 신령과 진정의 기도가 표현된 찬양으로 최상의 영광을 드리기를 소망합니다. 함께 한 저희들도 화답하는 심정으로 여호와의 임재를 바라보게 하옵소서. 맡은 자리에서 예배의 진행을 돕는 손길들에게 은혜를 더하여 주옵소서. 성삼위 하나님만이 영광을 받으옵소서.

오늘, 교회의 당면해 있는 상황이나 발생된 문제에 대하여 간구한다.

주님의 몸 된 교회를 기억하여 주시옵소서. 오늘, 교회를 찾아 온 심령마다 아직도 교회를 통해서 일하시는 성령의 능력을 체험케 하시고, 은혜를 사모하는 각 사람마다 성령의 충만함을 부어 주시고자 하시는 주님의 크신 은총을 깨닫게 해주시옵소서.

성령을 의지하여 사모하는 심령들이 넘쳐날 때 주님의 교회가 질적인 것과 양적인 모든 면에서 날로 부흥하게 하시고, 주님의 살아 계심을 온 누리에 나타낼 수 있는 능력의 교회가 되게 하여 주시옵소서.

진리의 문이신 예수님의 이름으로 기도드립니다. 아멘.

10월 5주 † 종교개혁주일 | 시 86:9

주께서 지으신 모든 민족이

종교개혁의 은혜를 주신 하나님,

하나님을 경외하고, 그 명령을 지키라는 말씀에 순종하여 교회로 모였습니다. "우리 주 예수 그리스도의 하나님, 자비의 아버지, 모든 위로의 하나님"께 찬송을 드리게 하시옵소서. 여호와께 존귀한 성도들이 모든 무릎을 예수의 이름에 꿇게 하시옵소서. 우리의 영원한 왕에게 무릎을 드리는 한 시간으로 삼아주시옵소서.

지난 한 주간 동안에도, 하늘로부터 받은 은혜 많사오나 구별된 삶을 살지 못했음을 고백합니다. 저희들이 거절하고 등을 돌렸던 세상으로 나가서 세상의 것들에 마음을 주고 지냈습니다. 용서해주시옵소서.
생각으로는 주님을 찾았으나 마음으로는 주님을 등지고, 세상에 어울렸습니다. 그러다보니 십자가의 사랑을 실천하지 못하였으니 죄를 용서해주시옵소서. 사하시는 은혜를 허락해 주심을 빕니다. 하나님의 나라보다는 자신의 유익을 구하기에 바빴던 행실을 용서해주시옵소서.

오늘, 국가와 사회의 이슈화가 된 상황에 대하여 덧붙여 간구한다.

○○의 권속에게 생명의 양식으로 배부르게 하시옵소서. 저희들 모두가 강단을 바라보고 있으니, 생명의 꼴을 먹여주시옵소서. 저희들에게 말씀을 대언하실 목사님께서 생명과 진리의 말씀을 선포하게 하옵소서. 강단에서부터 흘러나온 생명의 말씀이 저희들에게 수가 되게 하옵소서. 지금, 예배하는 동안에 예배당의 안팎에서 봉사하는 종들이 있음에 감사드립니다. 귀한 지체들의 섬김으로 예배를 아름답게 하시니 종들이 은총을 입게 하옵소서. 오늘, 하나님을 영화롭게 해드리려는 이 예배를 아름답게 하는 ○○ 성가대의 귀한 지체들의 찬양을 받아주옵소서.

오늘, 교회의 당면해 있는 상황이나 발생된 문제에 대하여 간구한다.

저희에게 성도의 직분을 감당할 수 있도록 주님의 성품을 닮아가도록 감화시켜 주시옵소서. 하나님의 거룩하고 성별된 자녀가 되었으니 저희에게 성도의 품위를 지킬 수 있도록 축복하여 주시옵소서. 저희가 세상을 힘으로 이기는 것이 아니라 하나님의 말씀으로, 하나님의 권세로, 하나님의 능력으로 이길 수 있도록 저희에게 가하고 담대한 믿음을 갖도록 축복하여 주시옵소서.

주님께서 뜻이 계셔서 예수 그리스도의 참된 터 위에 저희 교회를 세우셨으니, 세상에서 빙황하던 심령들이 다 교회에 나와서 쉼과 평안을 얻으며 죄 가운데 빠져있는 심령들이 죄 사함을 받고 구원을 얻는 구원의 방주가 되게 하시옵소서. 성령의 인도하심과 말씀의 교훈을 기다립니다. 원하기는 저희의 삶이 이웃의 비방거리가 되지 않게 하시고 저희의 기도에 사단의 유혹이 없게 하시옵소서.

충성하게 하시는 예수님의 이름으로 기도드립니다. 아멘.

11월 1주 † 시 135:3

그의 이름이 아름다우니

예배를 즐거워하게 하시는 하나님,

"여호와는 선하시며 그의 이름이 아름다우니 그의 이름을 찬양하라."는 말씀이 오히려 감사합니다. 자기를 지으신 이로 말미암아 즐거워했던 이스라엘 백성처럼, 예배를 즐거워하는 ○○의 백성을 보아주시옵소서. 오직, 하나님께 영광을 드리는 시간으로 인도해주시옵소서.

하나님의 뜻을 구하는데 게을렀던 삶을 고백합니다. 기도에 힘을 쓰되, 하나님의 뜻이 이 땅에서 이루어지도록 간구했어야 하였으나 부족했던 죄를 용서해 주시옵소서. 안목의 정욕과 이생의 자랑이 주는 유혹을 거절하지 못 하고 지낸 죄를 고백합니다. 주님께서 흘리신 보혈로 저희들의 심령을 깨끗하게 하시옵소서.

하나님의 기적을 보게 하시옵소서. 사마리아 성이 아람군대에게 포위 되었을 때, 나병환자들의 발소리로 아람군대를 물리치셨던 은혜를 주시옵소서. 인간의 힘만으로는 어떻게 할 수 없는 일들이 저희들을 힘들게 하고 있으니, 여호와의 기적을 보여 주시옵소서.

저희들이 문제를 해결하기 위해 기도할 때, 그 소리가 적들에게는

성령의 임재를 뜨겁게 경험하는 예배 종합 대표기도문

수없이 많은 군대의 병거와 말발굽 소리로 들려지게 하시옵소서. 저희들의 눈물의 기도가 백만 군대의 함성소리로 들려지게 하시옵소서. 그리하여 여리고를 무너지게 하신 은혜를 보게 하시옵소서.

오늘, 국가와 사회의 이슈화가 된 상황에 대하여 덧붙여 간구한다.

하늘의 백성에게 은혜를 주시려고 목사님을 단에 세우셨음에 감사드립니다. 그의 입술을 성령님께서 주관하셔서 말씀을 듣게 하옵소서. 하나님의 위대하심을 선포하는 ○○ 성가대원들을 보아주옵소서. 그들이 신령과 진정의 예배와 하나님을 영화롭게 해드리는 음악으로 어우러진 최상의 찬양을 드리기를 소망합니다. 오늘도 자원하는 심정을 가지고, 맡은 자리에서 예배의 진행을 돕는 손길들에게 은혜를 더하여 주옵소서.

오늘, 교회의 당면해 있는 상황이나 발생된 문제에 대하여 간구한다.

저희가 섬기는 귀한 교회가 날마다 부흥하게 하시고 하나님의 은혜 가운데 은혜와 진리가 충만한 교회가 되게 하시며, 하나님을 사랑하여 영광을 돌리고, 이웃을 사랑하여 덕을 끼치는 복된 교회로 삼아 주시옵소서.

모든 지체들이 말씀으로 양육 받게 하시고 봉사하고, 섬기며, 교제하여 참으로 주님이 잘했다 칭찬하시는 구언의 방주가 되게 하시옵소서. 우리 교회의 여러 기관들이 부흥케 하옵소서. 저희 교회가 부흥함으로 사회가 살아나고 냄새나는 곳에 소금이 되게 하여 주시옵소서.

하나님의 자녀가 되게 하신 예수님의 이름으로 기도드립니다. 아멘.

11월 2주 † 요 4:23

영과 진리로 예배할 때

주일을 거룩하게 하시는 하나님,

"아버지께 참되게 예배하는 자들은 영과 진리로 예배할 때가 오나니"라고 하셨습니다. 여기에 모인 이들을 거룩하게 하시옵소서. 여호와 앞에서 잠잠하여 주님의 이름을 높여드리게 하시옵소서. 하나님께서 거룩하게 하신 이 날을 저희들도 거룩하게 지키기 원합니다. 그리하여 마음을 다하고, 뜻을 다하여 예배하기 원합니다.

하나님께 좋아야 될 저희들이었지만 지금의 모습은 그렇지 못합니다. 저희들의 지난 한 주간 동안은 결코 아름답지 못하였음을 회개하게 하시옵소서. 회개의 영으로 인도하셔서 육신이 연약하고 믿음이 부족하다는 핑계로 주님의 말씀대로 살지 못하였음을 고백하게 하시옵소서. 지금, 저희들이 죄를 고백할 때 용서해주시옵소서.

저희 ○○ 교회가 주님의 사랑으로 사회봉사를 하게 하옵소서. 지기의 몸을 내어주시려고 하나님이 사람이 되어 오신 주님을 묵상하면서 사회봉사를 위한 헌신을 하게 하옵소서. 교회에서 섬기는 사회봉사 사역에도 더욱 몸을 드려 참여하기를 원합니다.

오늘, 국가와 사회의 이슈화가 된 상황에 대하여 덧붙여 간구한다.

주님의 백성들을 위해서 말씀을 준비해 주셨음에 감사드립니다. 말씀을 선포하실 목사님께 영력을 더하여 주셔서 복음을 위해서 헌신하기를 다짐하는 복된 시간이기를 원합니다. ○○ 성가대를 세우셨으니, 예수님을 구주로 믿는 무리들이 한 마음으로 하나님을 찬양하며 예배하도록 하옵소서. 이 예배를 위해서 봉사하는 종들이 있으니, 그들이 더욱 충성스럽게 감당하게 하옵소서.

오늘, 교회의 당면해 있는 상황이나 발생된 문제에 대하여 간구한다.

우리 주님의 피로 ○○교회를 세워주신 하나님을 찬양합니다. 오늘도 죽어가는 사람들을 구원하시려고, ○○의 지체들을 통하여 복음을 전파하게 하시니 감사드립니다. 지금까지 주님의 일을 해 온 저희 교회가 앞으로는 갑절로 더 복음을 전하여 보다 많은 이들이 구원에 이르는 방주가 되기 원합니다.

저희 교회 성도들 중에 하나도 자기를 위해 사는 자가 없고 주를 위해 사는 성도들이 되게 하시며 주님 가신 그 길을 원망 없이 기쁨으로 살아가게 하시옵소서. 죄의 옷을 벗고 주님이 주시는 세마포로 단장하게 하시며 주님의 영광의 자리에 서게 하여 주시옵소서. 이로써 저희 교회에 부흥의 불길이 타오르게 하시옵소서. 이 일을 위하여 직분을 나누어 받았사오니 충성을 다하여 상급 있는 지체들이 되게 하시옵소서.

오늘도 기도의 문이신 예수님의 이름으로 기도드립니다. 아멘.

11월 3주 † 추수감사절

하늘 아래에 있는 모든 세계에

추수감사절을 주신 하나님,

오늘, 추수감사예배로 하나님께 드릴 수 있도록 인도하심을 감사드립니다. 영과 진리로 예배할 때, 하늘의 문을 열어주시옵소서. 의롭다함의 은혜를 입은 자녀들이 아버지께 드리는 예배를 받으시며 하늘 아래에 있는 모든 세계에 주 하나님의 이름이 높이 받들어지게 하옵소서. 하나님의 이름을 높이는 예배의 한 시간이 되게 하시옵소서.

하나님께 감사의 제단을 마련하고, 정성과 뜻을 모으려 하는데, 저희들의 마음이 지금, 어디에 있는지 알 수 없습니다. 용서해주시옵소서. 감사를 새기는 진정한 자세가 되기 못하고 있음을 고백합니다. 마음으로는 하나님을 사랑하고 감사하는 마음이 넘치기를 원하지만 그렇지 못함을 회개합니다.

여호와의 권능의 궁창에서 대사를 행하신 손길에 찬양을 드립니다. 저희들이 예배할 때, 성령님의 충만하심을 경험하게 하시옵소서. 성도들의 입에는 웃음이 가득하고, 그들의 혀에는 찬양이 차게 하심을 즐거워합니다. 감사의 예배를 드리는 이 자리에 은혜의 빛이 충만하게 하시옵소서.

너희는 감사하는 자가 되라고 하셨음에 주 예수님의 이름에 힘입어 하나님 아버지께 감사드립니다. 하나님의 은혜가 온누리에 풍성하여 저희들이 거둔 것이 많음에 기뻐합니다. 저희들은 심은 것은 지극히 적었으나 30배, 혹은 60배, 혹은 100배로 결실하게 하셨으니 하나님의 사랑에 흥겨워합니다. 이제, 하나님 앞에서 감사하는 백성들에게 평강이 넘치게 하시옵소서.

오늘, 국가와 사회의 이슈화가 된 상황에 대하여 덧붙여 간구한다.

하나님의 종으로 기름을 부으신 목사님을 세워주심에 감사드립니다. 종이 전해주시는 말씀에 순종하게 하옵소서. ○○ 성가대원들이 성령님께 감동되어서 드리는 찬양으로 온 교회에 영광이 넘치기를 원합니다. 이 시간에도 예배의 진행을 돕고, 성도들의 편의를 위하여 봉사하는 지체들의 헌신을 받으시고, 사탄의 세력이 얼씬거리지 못하게 하옵소서.

오늘, 교회의 당면해 있는 상황이나 발생된 문제에 대하여 간구한다.

교회로 말미암아 역사하시는 주님께 간구합니다. 저희 교회로 주님의 거룩한 지체가 되게 하시어 믿지 않는 이웃을 위하여 기도하고 그들의 의하여 봉사 할 수 있는 서희가 될 수 있도록 은혜를 너하여 주시고, 주님의 사랑을 나누어 줄 수 있도록 하여 주시옵소서. 다시 한 번, 하나님의 공급하시는 힘으로 이웃을 위하여 헌신하게 하시옵소서.

구원의 주, 예수님의 이름으로 기도드립니다. 아멘.

11월 4주 † 왕하 17:36

그를 예배하며, 그에게 제사를

하늘에 영광을 사모하게 하시는 하나님,

"오직 큰 능력과 편 팔로 너희를 애굽에서 인도하여 내신 여호와만 경외하여 그를 예배하며 그에게 제사를 드릴 것이며"라고 하셨습니다. 옳습니다. 이 시간에, 하나님께서는 예배를 받으시고, 저희들에게는 예배의 감격에 놀라게 하시기 원합니다. 저희들의 찬송이 하늘에 닿기를 소망합니다. 하늘에 가득한 주님의 영광을 보게 하시옵소서.

주님께서 베풀어주신 것들에 감사하지 않고, 거룩하지도 않았던 행실을 용서해주시옵소서. 여전히 마귀에게 종노릇을 하던 품성에 따라 남을 참소하고, 사납게 행한 죄를 용서해주시옵소서. 주님의 피로 씻음을 받고, 하나님의 나라를 바라보면서 살아가도록 이끌어주시옵소서.

한국교회가 바로 서게 하시고, 주님의 몸 된 ○○ 교회에는 세상을 향한 교회의 사명을 감당할 수 있는 은혜를 내려주시옵소서. 십자가를 내려놓지 않고 세상의 고통을 함께 지고 갈 수 있는 교회들이 되게 하시옵소서.

이 시간에, 마가의 다락방에 충만하게 임하셨던 성령의 역사하심이

성령의 임재를 뜨겁게 경험하는 예배 종합 대표기도문

일어날 수 있게 하여 주시옵소서. 세상만 바라보지 않게 하시고, 믿음의 주요 또 온전하시는 이인 예수를 바라보게 하여 주옵소서.

　# 오늘, 국가와 사회의 이슈화가 된 상황에 대하여 덧붙여 간구한다.

담임 목사님을 붙드셔서 ○○ 교회의 권속에게 하나님의 말씀을 전하게 하옵소서. 오늘의 말씀이 저희들의 심령을 새롭게 하여 하나님의 사랑으로 자라는 어린이들을 보기 원하는 결단이 되게 하옵소서. ○○ 성가대원들이 예배하는 회중을 대표해서 하나님의 영광을 찬양하게 하옵소서. 귀한 지체들이 몸을 드려 준비한 찬양이 이 자리를 하나님의 영광으로 가득하게 하옵소서. 저희들이 경건을 다해 예배하는 동안에 몸을 다 드려서 섬기는 이들이 있음에 즐거워하며 그들을 축복합니다.

　# 오늘, 교회의 당면해 있는 상황이나 발생된 문제에 대하여 간구한다.

주님의 피 값을 주고 사신 이 교회가 건물만 그릴 듯 하고 십자가를 상실한 교회가 되지 말게 하시옵소서. 구석구석마다 피 묻은 십자가의 정신과 복음이 깊게, 깊게 스며들도록 인도해주시옵소서.

교회를 찾는 모든 심령들이 십자가의 예수 그리스도를 만나게 하시고, 가슴을 찢는 회심과 그리스도의 피조물로 그 십자가의 감격을 머리가 아닌 가슴으로 체험하는 영적 부흥이 있게 하시옵소서. 그러므로 저희가 하나님의 영광의 빛 가운데 거하게 하시고 저희의 삶이 제사로 드려지는 역사가 일어나게 하여 주시옵소서.

보혈의 은혜가 되신 예수님의 이름으로 기도드립니다. 아멘.

12월 1주 † 시 138:2

하나님께서 구별하신 날이니

자기 백성을 돌아보시는 하나님,

주의 성전을 향하여 예배하며 주의 인자하심과 성실하심으로 말미암아 주의 이름에 감사드리는 지체들이 되게 하시옵소서. 오늘은 하나님께서 구별하신 날이니 하나님을 찾는 것에 즐거워하는 은혜를 주시기 원합니다. 주님의 이름을 부르는 지체들이 한 자리에 모여 예배할 때, 성령님의 감동하심을 나타내어 주시옵소서. 우리 하나님이 다스리시니 기뻐하고 즐거워하게 하시옵소서.

아기 예수님을 경배하며 예물을 드렸던 이들을 닮아 경배하는 ○○의 지체들로 인도해주시옵소서. 예배하기에 합당하지 못한 삶을 살아온 죄를 회개합니다. 자기 자신들을 위해서 엿새 동안 살던 생각을 바꾸고, 주님의 피로 말미암은 예복을 입게 하시옵소서. 만왕의 왕으로 오신 주님을 찬양하면서 예배하게 하시옵소서.

흑암으로 가득 찬 이 세상에 생명을 구원할 빛으로 오신 예수님을 즐거워합니다. 죄인들을 위하여 평강의 왕으로 오셨던 아기 예수님을 기뻐하면서 오늘, 예배를 드리게 하시옵소서. 죄악과 전쟁과 사망의 땅에 평화를 가져오시는 왕으로 나신 아기 예수님을 경배하도록 인도해주시옵소서.

성령의 임재를 뜨겁게 경험하는 예배 종합 대표기도문

주님의 오심으로 산 길이 열렸음을 기뻐합니다. 아기 예수님의 나심을 통하여 이 땅에 평강의 빛이 생겼습니다. 주님께서는 인간과 하나님과의 평화를 이루셨고, 또한 사람과 사람 사이에 평화를 이루셨습니다. 흑암에 행하던 백성이 큰 빛을 보고 사망의 그늘진 땅에 거하던 자에게 빛이 비추게 된 성탄절을 기다리면서 신령과 진정으로 예배하게 하옵소서.

오늘, 국가와 사회의 이슈화가 된 상황에 대하여 덧붙여 간구한다.

대림절을 지낼 때, 말씀으로 생명이 풍성한 교회가 되기를 소원합니다. 오늘도 단 위에 서신 목사님을 위하여 간구합니다. 귀한 종에게 사자의 권위와 감화하는 말씀의 능력을 나타내 주시옵소서. ○○ 성가대의 아름다운 찬양이 있는 예배로 하나님께 영광을 돌리게 되며 찬송의 능력을 체험하게 하옵소서. 이른 시간부터 예배를 돕는 지체들이 있습니다. 저들의 봉사를 하나님은 받으시고 복을 내려 주옵소서.

오늘, 교회의 당면해 있는 상황이나 발생된 문제에 대하여 간구한다.

이 시간에, ○○의 권속에게 정직하여 공의를 일삼게 하시옵소서. 우리의 입술로 신실을 말하며 참소치 않게 하여 주시옵소서. 포악을 그치게 하시고 이웃을 훼방하지 않게 하여 주시옵소서. 이웃을 멸시하지 않게 하시고 복음으로 구원하게 하시옵소서.

빛으로 오신 예수님의 이름으로 기도드립니다. 아멘.

12월 2주 † 성서주일 | 신 13:4

그를 경외하며, 그의 명령을 지키며

말씀으로 우리에게 찾아오시는 하나님,

생명의 말씀을 책으로 주신 하나님께 영광을 드립니다. 오늘도 오직 우리 하나님만을 섬기고, 예배하는 고백이 되기 원합니다. 하나님은 참으로 우리가 섬겨 마땅한 주님이십니다. 여호와를 섬기는 성실함으로 예배하기 원합니다. 여호와의 이름을 자랑하는 정직함으로 예배하게 하시옵소서.

성서주일에, 저희들의 죄를 고백합니다. 성경을 귀하게 여기는데 소홀했음을 용서해주시옵소서. 지난 시간 동안에, 성령님께서 감동하실 때마다 오히려 귀찮게 여겼던 죄를 용서해주시옵소서. 주님의 피로 죄 사함을 받고, 저희들 자신이 성령 안에서 하나님의 거하실 처소가 되는 것을 즐거워하게 하시옵소서. 성령님을 모셔 들이고, 예수 안에서 함께 지어져 가게 하시옵소서.

하나님의 권능으로 이 땅에 성경을 반포하게 하셨음을 감사드립니다. 우리나라에 복음이 전해지면서 영국과 미국 등, 여러 나라의 도움으로 대한성서공회가 세워지게 하셨습니다. 성도들에게 성경을 보다 저렴한 가격으로 보급하고 불신자들을 위해서 도지와 단편과 같은 전도용 성서를 많이 공급하게 하셨습니다.

지나온 시간들을 돌이켜볼진대, 대한성서공회의 성경 보급은 한국 교회의 성장에 큰 몫을 담당하여 왔습니다. 이 기관을 통하여 전세계 성경의 15%를 공급하는, 세계에서 가장 성경을 많이 제작하는 나라로 하나님께서 세우셨습니다. 이 귀한 일이 하나님의 엄청난 은총에 대한 조그마한 보답이며 우리의 사명이라고 생각합니다. 저희들이 더욱 이 일에 헌신하게 하시옵소서.

오늘, 국가와 사회의 이슈화가 된 상황에 대하여 덧붙여 간구한다.

이 좋은 시간에 주님의 권속에게 은혜를 주시려고 목사님을 단에 세우셨음에 감사드립니다. 그의 입술을 성령님께서 주관하셔서 이 백성들이 말씀을 듣게 하옵소서. ○○ 성가대원들이 신령과 진정의 예배와 여호와를 찬양하는 음악으로 어우러진 최상의 찬양을 드리기를 소망합니다. 오늘도 자원하는 심정을 가지고, 봉사하는 손길들에게 은혜를 더하여 주옵소서.

오늘, 교회의 당면해 있는 상황이나 발생된 문제에 대하여 간구한다.

가난한 이웃들과 외로운 이들에게 하나님의 말씀을 나누는 교회가 되기를 간구합니다. 어두워 가는 사회에 희망을 주게 하여 주시옵소서. 성경을 나누어주는 일에 열심을 더하게 하시며, 구제하면서도 복음을 망각하지 않게 하시옵소서.

죄를 씻어주신 예수님의 이름으로 기도드립니다. 아멘.

12월 3주 † 계 19:5

다 우리 하나님께 찬송하라

복 되게 해주시는 하나님,

"보좌에서 음성이 나서 이르시되 하나님의 종들 곧 그를 경외하는 너희들아 작은 자나 큰 자나 다 우리 하나님께 찬송하라 하더라."의 은혜로 들어가게 하시옵소서. 여호와의 이름을 찬양하는 삶으로 살아오게 하셨음에 감사드립니다. 오늘, 예배하면서 평생에 하나님을 찬송하겠다는 결단을 하는 ○○의 권속을 복 되게 하시옵소서. 영과 진리로 드리는 예배를 받아주시옵소서.

땅에 것을 취하는데 마음을 빼앗겨 잃은 자를 찾으시는 하나님의 마음에 소홀했던 죄를 용서해주시옵소서. 저희들에게 생명을 구원하시는 하나님의 열심을 주시옵소서. 저희들의 생업이 바쁘다는 핑계로 죽어가는 이들을 보면서도, 복음을 전하지 못한 삶이었음을 고백합니다.

저희들의 병들고 허약해진 마음을 강하게 붙들어 주시고, 우울하고 약한 우리 마음에 오셔서 기쁨을 주시고 힘이 되어 주시옵소서. 야베스처럼 복에 복을 더 하사 지경을 넓혀달라고 간구하는 지체들의 기도를 들으시고, 응답해 주시옵소서. 생육하고 번성하여 땅에 충만하도록 하신 복을 누리게 하시옵소서. 또한, 주님의 은혜로 말미

성령의 임재를 뜨겁게 경험하는 예배 종합 대표기도문

암아 근심이 없게도 하시옵소서. 여호와 앞에서 근심이 될 만한 유혹에 넘어가지 않게 하시옵소서.

　# 오늘, 국가와 사회의 이슈화가 된 상황에 대하여 덧붙여 간구한다.

목사님을 단에 세우셨음에 감사드립니다. 그의 입술을 성령님께서 주관하셔서 이 자리에 무릎을 꿇은 심령들마다 말씀을 듣게 하옵소서. 성령의 날선 검의 말씀으로 죄악이 드러나게 하시고 화개하게 하옵소서. ○○ 성가대원들이 신령과 진정의 기도가 표현된 찬양으로 최상의 영광을 드리기를 소망합니다. 함께 한 저희들도 화답하는 심정으로 여호와의 임재를 바라보게 하옵소서. 오늘도 예배의 진행을 돕는 손길들에게 은혜를 더하여 주옵소서.

　# 오늘, 교회의 당면해 있는 상황이나 발생된 문제에 대하여 간구한다.

오늘, 교회가 사람만 모인 집단이 아니고, 성령님께서 임재하시는 거룩한 자리가 되게 하시옵소서. 복음의 빚을 진 자로의 사명을 게을리 하지 않는 교회가 되게 하시옵소서. 여기에서 하나님의 나라가 이루질 때까지 기도하는 저희들이 되게 하시옵소서.

주님의 교회가 세상에서 빛과 소금의 역할을 김딩하게 하시옵소시. 이 땅에서 그리스도의 향기를 풍기며. 예수님의 향기가 되게 도와주시옵소서. 우리 교회가 있는 이곳에서 없어서는 안 되는 구원의 방주가 되게 하시옵소서.

사랑의 주, 이름으로 기도드립니다. 아멘.

12월 4주 † 성탄절주일 | 눅 2:16

자기 백성을 찾아 죄악에서 속량해 주신

성탄절을 주신 하나님,

저희 인생을 위하여 구주가 나셨던 날을 기억하게 하시니 감사드립니다. 여호와의 성일에 주님의 이름을 송축합니다. 죄로 말미암아 죽음과 저주 아래 놓여 있던 인생들에게 구원의 은혜를 베푸신 하나님의 은혜에 감사드립니다. 잃어버린 바가 되었던 자기 백성을 찾아 죄악에서 속량해 주신 사랑에 감사드립니다.

저희들을 긍휼히 여겨 주시옵소서. 아기 예수님께서 오신 평화의 밤에 천군과 천사들처럼 기뻐 찬송하지 못한 죄를 회개합니다. 주님을 영접하는 것과는 상관이 없는 이 세상의 일들에 마음을 빼앗기고, 한 시간의 성탄절 예배를 드리는 저희들을 용서해주시옵소서.

하늘의 보좌를 버리고 죄인들의 세상에 오신 예수님께 감사드립니다. 저희들을 위한 구세주가 오셨으니 기쁨으로 예배하게 하옵소서. 주님의 오심으로 죄와 저주 그리고 멸망, 사탄의 권세로부터 벗어나게 하셨으니 찬미를 드리는 예배를 받으시옵소서. 주님의 나심은 흑암에 빠져서 절망 중에 있던 인생들에게 기쁨의 소식이었습니다.

주님의 오심은 죄의 짐을 홀로 지고 견디다 못해 쓰러지는 인생들에게 소망의 소식이었습니다. 하나님이 사람이 되셔서, 아들의 모습으로 우리에게 오셨으니, 예수님을 반가워하는 저희들이 되게 하시옵소서. 이 시간에 보배합을 드렸던 동방의 박사들처럼 예배하게 하시옵소서.

오늘, 국가와 사회의 이슈화가 된 상황에 대하여 덧붙여 간구한다.

오늘, 성탄의 메시지로 저희들의 심령을 새롭게 해주시기를 기대합니다. 하나님의 말씀이 언약이 되어 구원을 이루어주셨듯이, 다시 저희들에게 언약의 말씀이 되기를 소망합니다. 강단에 세우신 담임목사님께 신령한 은혜를 더하여서 생명의 말씀으로 저희를 새로운 존재로 삼아주시옵소서.

여호와의 영광이 예배당에 선포되도록 성가대를 세워주셨습니다. ○○ 성가대원들이 하나님을 예배하는 저희들을 대신하여 찬양하는 역할을 귀하게 감당하게 하옵소서. 이 시간에, 예배를 위해서 성실히 맡은 직분의 자리에서 봉사하는 지체의 수고를 통해서 더욱 영화롭게 예배를 드리게 하셨음에 감사드립니다.

오늘, 교회의 당면해 있는 상황이나 발생된 문제에 대하여 간구한다.

주님의 몸 된 교회를 위해서 기도합니다. 주님의 이름으로 모인 공동체인 교회가 삼위일체의 하나님이 임재하시는 거룩한 처소가 되게 하시며, 온 성도들이 주님의 사랑 안에서 주님의 뜻을 따라 참 신앙인의 본분을 잘 감당하는 복된 성도가 되게 하여 주시옵소서.

영생의 기쁨이 되신 예수님의 이름으로 기도드립니다. 아멘.

12월 5주 † 송년주일 | 사 56:6

같은 마음, 같은 생각, 같은 말로

저희를 자녀로 받아주신 하나님,

야곱의 하나님을 자기의 도움으로 삼으며 지냈던 형제들, 하나님께 자기의 소망을 두고 지냈던 자매들, 여기에 모여 하나님을 예배합니다. 이 시간에, 저희들에게 영과 진리로 예배하게 하시옵소서. 같은 마음, 같은 생각, 같은 말로 여호와의 이름에 영광을 드리게 하시옵소서.

성령님께서 깨달음을 주시는 대로 저희들의 죄악을 회개하기 원합니다. 하나님께서 베풀어 주신 복은 즐거워하면서도, 마땅히 자녀 된 삶을 살지 못한 것을 고백할 때, 용서해 주심을 빕니다. 금년에는 허물에 의한 회개의 시간보다는 죄를 이기고, 말씀에 순종하여 감사의 기도를 드리는 시간이 많아지게 하시옵소서.

하나님의 임마누엘로 여기까지 이르게 하셨음에 감사드립니다. 한 해의 마지막 순간까지 함께 해주셨음에 큰 영광을 드립니다. 저희들을 향하신 하나님의 손길은 선하셨으며, 한 번도 실망시키지 않으셨습니다. 이 시간에 여호와의 인자하심을 즐거워하고 저희들에게 베풀어주신 기이한 일들로 말미암아 영광을 나타내게 하옵소서. 언제나 하나님께서는 사모하는 영혼을 만족하게 해주셨습니다. 주린 영혼을 위해서는 좋은 것으로 채워주셨습니다. 그 은혜에 진실로 감사하여 마지막의 예배를 드리는 심정으로 경배하게 하옵소서. 송년주일에 새로운 결단을 함으로써 새해를 맞이하기 원합니다.

오늘, 국가와 사회의 이슈화가 된 상황에 대하여 덧붙여 간구한다.

목사님께서 진리의 말씀으로 저희들을 인도하실 때, 선교에 불타는 마음을 갖고 아멘으로 듣게 하옵소서. 이 시간에, ○○ 성가대의 찬송으로 하나님의 영광이 예배당 안에 가득하게 하시고, 저희들은 그 은혜로 하나님께 더욱 가까이 나아가도록 하옵소서. 오늘도 하나님께서 받으실 만한 예배가 되기 위해서 예배위원들로 하여금 봉사하도록 하셨으니 감사드립니다.

오늘, 교회의 당면해 있는 상황이나 발생된 문제에 대하여 간구한다.

주님의 피로 값을 주고 사신 교회를 위하여 기도합니다. 금년 일 년 동안에도 빛과 소금의 사명을 감당하게 하셨음에 감사와 영광을 드립니다. 지체들 한 사람, 한 사람이 하나님 앞에서 성도의 사명에 헌신하게 하시옵소서. 오늘에 감사로 저희들은 새 해의 시간을 맞이합니다. 새 날에는 더욱 충성하기를 결단하게 하시옵소서.

저희 교회가 주님의 몸으로 합당하도록 은혜를 더하여 주시옵소서. 세상에서 구원의 방주 역할을 능히 감당할 수 있게 하셔서 꺼져가는 진리의 횃불을 다시금 불태우는 교회가 되게 하여 주시옵소서.

의에 이르는 길이신 예수님의 이름으로 기도드립니다. 아멘.

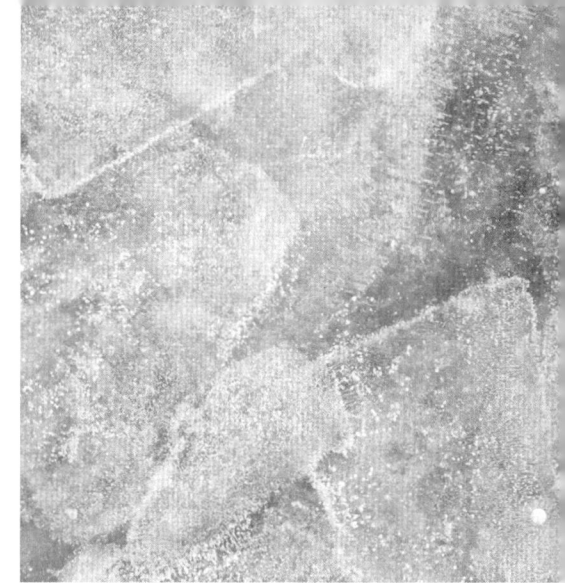

02

찬양 예배
대표기도

1월 1주   †   신년주일, 새해 첫날 | 사 43:18

이전 일을 기억하지 말며

새 날을 주신 하나님,
  예배로 한 해를 시작하는 성도들의 심령에 은혜로 충만하게 하시옵소서. 오늘, 여호와께 복된 해의 첫째 주일을 지켰으니, 하나님의 은혜로 1년 52 주일을 성수하기 원합니다. 금년의 열두 달, 52 주일에 하나님은 영광의 주인이 되시고, 저희들의 삶을 주관해주시옵소서.
  지금, ○○의 권속에게 감사함으로 여호와의 이름을 부르고, 구원의 반석으로 나아가는 무릎을 주시옵소서. 옥토의 심령을 갖고자 하는 마음을 주셔서 감사드립니다. 씨가 뿌려져 열매를 많이 낼 수 있는 좋은 밭에 대한 소원을 품게 하시옵소서.
  저희 성도들은 담임 목사님의 목회 비전에 뜻을 같이하며, 이 지역에서 교회의 사명을 이루는데 앞장서게 하시옵소서. 교회 안에서는 성도들을 잘 대접하고, 교회가 해야 할 일에 먼저 나서도록 하시옵소서. 주님의 은혜에 감사하면서 순종하여 섬기는 종들로 삼아주시옵소서. 이로써 온 교회를 부흥시키고, 여호와의 영광을 드러내게 하시옵소서.
  ○○의 권속에게 성령님의 충만하심으로 묵은 땅이 기경하는 은혜를 주시옵소서. 세상 속에 묻혀 지내면서 자신도 모르게 딱딱해진 심령을 성령님으로 갈아지는 은혜를 소망합니다. 하나님의 말씀을 받을 만한 좋은 심령이 되고, 거기에 말씀을 사모하게 하시옵소서.
  축복이 되어주신 예수님의 이름으로 기도드립니다. 아멘.

1월 2주 † 민 30:2

그가 입으로 말한 대로

하늘과 땅의 여호와여,

하늘의 은혜를 누리던 이들이 예배하러 나왔습니다. 영생의 지혜를 주셔서 어리석은 자들처럼 다른 신을 찾지 않게 하셨음에 감사드립니다. 주님의 날에 십자가의 보혈을 바라보고 구원의 은혜를 찬양하게 하시옵소서. 오직 하나님께만 영광을 드리는 시간이 되게 하시옵소서.

지난 시간의 발자취를 돌아볼 때, 부끄럽기 그지없습니다. 겸손하게 엎드린 마음으로 고백하니 저희의 죄가 주홍 같이 붉을지라도 눈처럼 희게 되는 용서의 기쁨을 주시옵소서.

사랑하는 목사님께서 단에 서셨습니다. 하나님의 말씀을 대언하시려고 준비하신 종에게 성령님의 기름을 부으심이 충만하게 하시옵소서. 생명의 꼴이 되는 말씀, 참 쉼이 되는 말씀이 되게 하시옵소서. 저희는 그 말씀에 순종해서 여호와께 온전해지게 하시옵소서.

노아를 의롭게 하신 하나님의 손길이 저희들에게도 나타나도록 해 주시옵소서. 노아가 믿음으로 경고를 받아들여서 심판을 면할 수 있었던 것처럼, 저희들은 성경의 말씀을 지키고 순종함으로써 심판을 받지 않게 하시옵소서. 여호와 앞에서 노아의 믿음을 본받아 신앙의 방주를 예비하도록 이끌어 주시옵소서. 저희들의 생활이 하나님의 뜻이 이루어지도록 예비하는 삶이 되게 하시옵소서.

우리의 보호가 되신 예수님의 이름으로 기도드립니다. 아멘.

1월 3주 † 단 10:12

하나님 앞에 스스로 겸비하게

　살아계신 주 여호와여,
　하늘로부터 내려오는 은혜가 있었기에 평안했음을 찬양하면서 예배하는 한 시간이 되기를 원합니다. 자기 백성을 사랑하시며 신실하셨던 하나님의 열심에 찬양을 드리게 하시옵소서. 간절히 바라니 저희들이 예배하는 이 시간에 하나님께서는 즐거워하시옵소서.
　하나님께서 저희들을 훈련시키시는 시간의 삶이 되게 하시옵소서. 여호와께서 오늘도 좋은 것으로 즐겁게 하시리니 미리 감사하고 그 이름에 찬양을 두르게 하시옵소서. 밤에 원수가 와서 가라지를 심은 것처럼 성령님께 민감하지 않아서 마귀의 유혹에 넘어가지 않도록 주의하게 하시옵소서.
　저희들에게 하나님의 말씀을 사모하게 하시옵소서. ○○의 강단에서 생수의 강물이 흘러넘치게 하시옵소서. 여호와 앞에서 좋은 것은 빨리 내 것으로 하고 나쁜 것은 빨리 버리는 은혜를 보여 주시옵소서. 믿음으로 시작한 금년의 삶이 한 내내 믿음으로 충만하게 하시옵소서.
　○○의 권속에게 히루를 지니는 동안에 원수에게 미움을 내어놓지 않게 하시옵소서. 언제라도 마귀가 미혹하여 가라지를 심는 일이 일어나지 않기를 빕니다. 성령님의 충만하심을 사모하게 하시고, 하나님의 영의 인도를 받게 하시옵소서.
　우리 곁에 늘 계시는 예수님의 이름으로 기도드립니다. 아멘.

1월 4주 † 엡 1:10

모든 일을 그의 뜻에 결정대로

하늘에 계신 아버지여,

영과 진리로 예배하는 지금, 이 자리에 모인 무리에게 경건함과 거룩함으로 예배하게 하시옵소서. 생각과 마음을 모아서 여호와를 공경함으로써 예배하는 심령으로 저희를 인도해주시옵소서.

한 날을 구별하여 성일로 정해주신 날을 지켰습니다. 이 시간에, 다시 모여 예배하기 원하니 영광을 드리게 하시옵소서. 본래 죄인이었던 인생들, 의로움을 입어서 주님께로 나아가도록 인도해주시옵소서. 스스로 정결하게 하고 나온 성도들에게 복을 내려주시옵소서.

주님을 영접하여 구원에 이르게 하시고, 천국의 일꾼이 되려는 소망으로 풍성하게 하셨음에 감사드립니다. 이 시간에, 배가 고픈 이들에게 그들의 원대로 먹을 것을 주신 예수님을 묵상합니다. 아울러 주님께 도시락을 드린 어린 아이를 생각합니다.

주님의 일을 위해서 자신의 도시락을 드린 어린 아이의 은혜를 ○○의 권속에게 자신의 깃으로 심게 하시옵소서. 하나님의 일을 하심에 저를 드려서 쓰임이 되기를 빕니다.

주님의 피가 이곳에 뿌려져 교회가 세워지고 지금까지 그리스도를 전하게 하셨습니다. 신앙의 선배들이 주님을 그리스도라 전했는데 저희도 충성을 다하는 후배가 되어 거룩한 대열을 잇게 하시옵소서.

사랑으로 풍성하신 예수님의 이름으로 기도드립니다. 아멘.

1월 5주 † **고전 16:13**

깨어 믿음에 굳게 서서

보좌에 앉으신 하나님,
"주께서 지으신 모든 민족이 와서 주의 앞에 경배하며 주의 이름에 영광을 돌리는" 은혜에 들어가게 하시옵소서. 우리 구주 예수님의 공로로 여호와를 자기 하나님으로 삼게 하시고, 그의 통치를 즐겁게 하심에 찬양을 드리니 영광의 주가 되시옵소서.

한줌의 흙에 불과한 우리를 하나님의 형상으로 지으시고 주의 자녀 삼으셔서 영화와 존귀로 관을 씌우셨으니 이러한 축복을 교만과 쾌락의 사회로 삼지 않게 하시옵소서. 주님께서 주신 청지기의 사명을 바로 깨달아 주님께서 우리에게 맡기신 이 삶의 터전과 생의 기간을 아름답게 가꾸는 지혜 있는 자들이 되게 하여 주시옵소서.

저희들의 심령을 하나님께 내어드리고, 진리의 말씀을 듣게 해주시옵소서. 여호와의 백성에게 도전과 결단의 시간을 주시옵소서. 하나님의 말씀을 사랑하여 지키고, 열매를 맺는 말씀이 되게 하시옵소서.

○○의 권속에게 진심으로 하나님을 두려워하면서 지내게 하시옵소서. 제가 두려워할 것은 재물의 궁핍이나 질병에 걸리는 것이 아니고 하나님께 거절되지 않는 것임을 잊지 말게 하시옵소서.

이로써 하나님께 영광을 드리기 원합니다. 빛과 소금이 되는 모습으로 착한 저희들이 되게 하시고, 열매를 맺게 하시옵소서.

보혈로 거듭나게 해주신 예수님의 이름으로 기도드립니다. 아멘.

2월 1주 † 렘 42:6

하나님 여호와의 목소리를 순종하면

인생의 주인이신 하나님,
크신 은혜로 저희들에게 야곱의 하나님을 자기 도움을 삼게 하셨으니 감사드립니다. 이제, 하나님은 저희들의 주인이십니다. 이 거룩한 시간에, 주인이 되시는 하나님을 경배합니다.
나의 노래가 되어 주신 여호와를 가까이 하며, 그의 인자하심을 기다리게 하시니 감사드립니다. 예수님께서 제자들에게 권세를 주셨듯이, 저에게도 그 능력이 있음을 묵상합니다. 하늘의 능력을 행사하며, 전도자로 살아가지 못한 자신을 부끄러워하게 하시옵소서.
오늘, 저희들을 주목하시는 하나님을 바라게 하시옵소서. 그리고 훈계하시는 그 음성을 듣게 하시옵소서. 그래서 그 가르침 앞에서 아브라함의 하나님께 절대 순종하는 믿음을 배우게 하시옵소서.
○○의 권속에게 단 한 사람에게라도 전도자가 되게 하시옵소서. 귀신을 대적하고, 병든 자들을 위하여 기도하며, 복음을 전하는 시간을 보게 하시옵소서. 하나님께서 구원하시기로 작정하신 영혼들을 향해서 보냄을 받은 하루의 삶을 주시옵소서.
지금, 설교를 준비하신 목사님께 힘을 더하셔서 권세 있는 말씀을 선포할 수 있게 하옵소서. 그 말씀에 의해 더욱 하나님께로 나아가게 하시옵소서. 복음을 듣고, 믿음에 이르는 생명들을 보여 주시옵소서.
우리를 먼저 사랑해주신 예수님의 이름으로 기도드립니다. 아멘.

2월 2주 † 벧전 1:14

너희 사욕을 본받지 말고

만유의 주 하나님,
 만유를 다스리시는 하나님의 영원하심에 찬송을 드리니 받으시옵소서. 예배하러 머리를 숙인 지금, 천국의 자녀 됨을 누리면서 하나님과의 만남을 경험하는 복을 누리게 하시옵소서.
 하나님의 말씀에 순종함이 부족했던 지난 사흘 동안의 삶을 회개합니다. 천국에 가기를 원하는 만큼 하나님의 백성으로 살아야하였지만 그러하지 못하였고, 주님의 은혜에 감사함이 게으름을 용서해 주시옵소서. 감사를 새기는 진정한 자세가 되지 못하고 있음을 고백합니다.
 세상을 위하여 일을 하신 하나님의 손길을 찬양하는 복된 예배로 인도해 주시옵소서. 말씀이 살아있는 ○○ 교회와 성도가 되도록 인도해주시옵소서. 저희를 가르쳐서 기도하는 아들이 되게 하시옵소서. 우상을 버리고 하나님만 섬기는 믿음의 은혜를 누리게 하시옵소서.
 오늘, 저희들을 주목하시는 하나님을 바라게 하시옵소서. 그리고 훈계하시는 그 음성을 듣게 하시옵소서. 그래서 그 가르침 앞에서 아브라함의 하나님께 절대 순종하는 믿음을 배우게 하시옵소서. ○○의 지체에게 사랑의 수고가 풍성하게 하시옵소서. 하나님을 섬기고, 교회에 봉사할 때, 사랑의 수고로 담당하게 하시옵소서. 위로부터 받은 사랑을 가지고 주님을 위하여 수고하는 손길이 되기 원합니다.
 잃은 자를 찾으러 오신 예수님의 이름으로 기도드립니다. 아멘.

2월 3주 † 요 3:36

아들을 믿는 자에게는 영생이 있고

끝까지 사랑하시는 하나님,

인생의 죄를 속하시고, 구원의 은혜를 누리게 하셨음에 그 이름을 높여 찬송합니다. 주 안에서 한 몸이 된 것을 경험하는 ○○의 지체들에게 여호와를 주목하게 하시옵소서.

오직 마음을 다 드리는 지금, 감사로 제사하는 저희들이 되어 여호와의 영광을 인정하게 하시옵소서. 하나님의 이름을 높이고, 세세무궁토록 영광을 바치는 한 시간이 되게 하시옵소서.

이 밤에, 빌립보 교회의 성도들처럼 하늘에 속한 저희들이 되고, ○○ 교회가 되기 원합니다. 십자가로 말미암아 완성된 구속의 은혜를 누리면서 살아가는 지체들이 되게 하시옵소서. 저희들의 시민권이 하늘에 있음을 고백하는 ○○ 교회가 되게 하시옵소서.

강단에서 주시는 하나님의 말씀을 기다립니다. 그 말씀에 응답해서 하나님의 이름을 높이고, 영광을 바칠 것을 결단하게 하시옵소서. 저희들이 여호와 앞에서 행하는 일들에서 주님을 나타내 보이게 하시옵소서. 새 생명을 갖고 있는 자의 모습이 고백되도록 이끌어 주시옵소서. 살아가야 하는 핵심적인 가치를 주님에게서 찾게 하시옵소서.

주님이 오실 때까지 하늘나라에 마음을 두고 살게 하시옵소서. 저 천국에 소망을 두고 지내는 저희들이 되기 원합니다.

밝은 빛이 되어주신 예수님의 이름으로 기도드립니다. 아멘.

2월 4주 † 삼일절주일 | 시 33:22

주의 인자하심을 우리에게

은혜를 주시는 여호와여,
 오늘은 이 민족의 역사에 간섭하신 하나님의 손을 찬양합니다. 해 돋는 때부터 해가 지는 때까지 여호와의 은총으로 살게 하셨음에 무릎을 꿇어 전심으로 감사하게 하시옵소서. 사람들을 불쌍히 여기셨던 주님의 은혜를 묵상할 때, 얼마나 감사한지요?
 오늘도 이 백성들에게 승리를 주신 그 은혜에 찬양으로 보답합니다. 각자에게 주신 충성의 달란트를 잘 감당하여 오늘도 ○○ 교회는 부흥을 경험하는 역사를 보게 하시옵소서. 하나님 앞에서 저희들 모두가 충성스러운 자녀가 되기를 소원합니다.
 삼일절을 맞이해서 정의와 사랑의 하나님을 보게 하심에 감사드립니다. 하나님의 용기를 통해서 선조들은 태극기를 들고 일어났습니다. 이 시간에, 그들에게 용기를 주신 여호와의 깃발을 기억하기를 원합니다. 삼일절의 정신은 나라를 위한 자유와 평화에 있음을 깨닫는 엡재가 되게 하시옵소서.
 ○○의 권속에게 저를 민망히 여기시는 예수님의 사랑에 감사하는 한 날이 되기를 빕니다. 그 은혜로 구원을 받았음에, 죄와 저주 아래에 갇힌 자들을 불쌍하게 여기는 마음을 갖게 하시옵소서. 예수님의 보혈로 그들도 죄의 씻음을 받는 것을 사모하게 하시옵소서.
 소망이 든든하게 해주신 예수님의 이름으로 기도드립니다. 아멘.

3월 1주 † 사순절 첫째 주일 | 시 42:5

너는 하나님께 소망을 두라

하늘에 계신 아버지여,

베풀어 주시는 신령한 식탁으로 인해 천국 잔치의 기쁨을 누리는 한 시간이 되게 하시옵소서. 은혜의 시간으로 말미암아 저희들이 회복되기 원합니다. 하나님을 예배할 때, 주님을 만나게 하시옵소서. 회복의 은혜를 보게 하시옵소서.

지난 한 주간 동안에도 주님을 기쁘시게 못하고, 육신을 위하여 이기적인 욕망과 많은 죄악에서 살아온 죄를 씻어주시옵소서. 전에 하던 헛된 일을 원통히 여기니, 주 예수님의 보혈로 용서해주시옵소서.

오늘부터 사순절을 지킬 때, 생명의 기쁨을 찬송하면서 가슴이 사랑으로 벅차게 하시옵소서. 우리가 서로 사랑하여 주님의 몸을 이루어 드리기 원합니다. 주님을 본받아서 형제를 위하여 목숨을 버리는 데까지 이르게 하시옵소서. 자신의 몸을 내어주심으로써 사랑을 나타내신 주님을 본받으려는 다짐의 은혜를 내려 주시옵소서.

우리 교회의 강단에 기름을 부어 주시옵소서. ○○의 권속에게 하늘에 귀를 기울이게 하시옵소서. 이 교회에서 지내는 자들은 어린아이에서 장년에 이르도록 하나님의 말씀을 사모하게 하시옵소서.

하나님의 은혜가 천국의 백성이 되게 하셨고, 여기에까지 이끌어 주셨습니다. 저희를 더욱 은총을 사모하는 백성으로 삼아주시옵소서.

길이 되신 주, 예수님의 이름으로 기도드립니다. 아멘.

3월 2주 † 시 62:7

나의 구원과 영광이 하나님께

시온에서 복을 주시는 하나님,
 이 시간에, 성도들의 아름다운 찬송을 통하여 여호와의 이름이 높아지기를 소망합니다. 성령님의 충만하심으로 날마다 새롭게 하신 은혜에 찬송을 드리게 하시옵소서. 오늘도 주님의 권속들을 은혜의 자리로 불러 주셔서 영과 진리로 예배하게 하셨으니 영광을 드립니다.
 죄로 인하여 주님께 얼굴을 들지 못하고 주님의 자비를 잊어야 했던 지난 시간들이었습니다. 하늘나라에서의 기쁨을 지금, 맛보게 하시는 구원의 하나님을 향하여 즐거이 외치는 예배를 드리게 하시옵소서. 성령님의 충만하심으로 기뻐하는 예배로 영광을 받으시옵소서.
 마음을 내어놓고 간구하는 이 시간에, 주님의 음성을 듣게 하시옵소서. 목사님의 입술을 사용하사 들려주시는 하나님의 음성을 달게 받게 하시옵소서. 저희들이 부르짖기 전에, 하나님의 말씀을 듣게 하시고, 그 말씀으로 구하기를 원합니다.
 사랑하는 ○○의 권속에게 말씀을 그리워하는 심령이 되게 하시옵소서. 베풀어 주시는 신령한 식탁으로 인해 천국 잔치의 기쁨을 누리게 하시옵소서. 저희를 하나님과의 관계에서 기꺼이 순종하는 자리에까지 이르게 하시옵소서. 이제, 우리 교회는 구원하심과 그 은혜의 영광을 하나님께 드리는 지체들로 세워주시옵소서.
 새 사람이 되게 하신 주, 예수님의 이름으로 기도드립니다. 아멘.

3월 3주 † 시 25:1

내가 주께 의지하였사오니

임마누엘의 하나님,
거룩하신 여호와의 이름을 높이 올리고, 그 이름 아래로 들어가게 하시옵소서. 이 시간에, 하늘의 문이 열려 구원의 은혜와 평강의 복이 넘치게 하신 하나님의 이름에 영광을 드리는 예배가 되게 하시옵소서. ○○의 권속이 찬양으로 영광을 드리게 하시옵소서.
부활하시어 영원히 주님이 되시는 예수님을 향한 마음으로 새 힘을 누리게 하옵소서. 그리고 뜨겁든지, 차던지 성령님의 역사를 보게 하시옵소서. 부활하신 주님께서 주시는 은혜로 강하게 세워주시고, 담대히 나아가게 하시옵소서.
이 밤에, 목사님께 영력을 더하여 주시옵소서. 저희는 그 말씀으로 힘을 얻게 하시옵소서. 영적으로 전투에 임하는 말씀을 기다립니다.
성도로서의 삶을 방해하고, 쓰러뜨리려고 역사하는 마귀에게 대적하도록 능력을 주시옵소서. 의심과 근심으로 흔들고, 각종 염려와 걱정거리로 평안을 빼앗고 있는 사탄을 대적하게 하시옵소서.
죄인을 의인으로 만드는 힘 있는 주님의 말씀으로 새로워지기 원합니다. 저희들 한 사람, 한 사람이 예수님을 인생의 반석으로 삼아 그리스도 위에 집을 짓게 하시옵소서. 길이요, 진리요, 생명이 되시는 예수님의 인도하심에 따라 살아가게 하시옵소서.
소망의 주, 예수님의 이름으로 기도드립니다. 아멘.

3월 4주 † 시 22:23

그에게 영광을 돌릴지어다

　만물을 다스리시는 하나님, 이 복된 자리에서, 여호와께 예배할 때, 신령과 진정으로 예배하게 하시옵소서. 구원의 하나님께 예배드림이 마음을 다하고, 뜻을 다하는 생명의 축제가 되게 하시옵소서.
　땅에 있는 것들은 잠깐뿐이라 하면서, 예배를 드리기 전에, 저희들의 모습이 땅의 것을 소유하기에 분주했음을 회개합니다. 하늘을 바라본다는 것은 말과 기도의 나열일 뿐, 주머니를 채우고, 개인의 욕망을 채우는 것에 시간을 다 쓴 저희들입니다. 용서해 주시옵소서.
　저희들을 불쌍히 여겨 주시옵소서. 막힌 담을 헐어서 길을 내어주시는 하나님을 보게 하시옵소서. 세상의 삶에서 힘이 들고 지친 이들에게 은혜를 내려 주시옵소서. 이 백성들을 향하신 하나님의 뜻을 소중히 보게 하시고, 어떤 경우에도 소망을 놓치지 않게 하시옵소서.
　예수님의 이름으로 구원받게 하시고, 지금까지 지켜 주시니 감사드립니다. 주님의 크신 사랑에 찬송과 감사로 아버지를 영화롭게 하기 원합니다.
　손을 높이 들고 여호와의 이름에 찬송을 드리게 하시옵소서. 여호와께 맡기고, 여호와를 주님이라 모시고 살아가기를 다짐하는 시간이기를 원합니다. 하나님께 삶의 모든 것을 맡기려 하니 받아주시옵소서.
　의의 후사가 되게 해주신 예수님의 이름으로 기도드립니다. 아멘.

성령의 임재를 뜨겁게 경험하는 예배 종합 대표기도문

4월 1주 † 엡 2:16

하나님과 화목하게 하려

　인자하심이 영원한 하나님, 안식을 지키기를 사모하는 ○○의 권속에게 복된 날을 구별하게 하셨음에 감사드립니다. 그 은혜로 심령이 새롭게 된 성도들이 주님께로 나옵니다. 주님의 긍휼하심으로 살아오던 저희들이었음을 고백합니다. 전심으로 주를 향하여 여호와를 찬양한다 말하게 하시옵소서.
　이 시간에, 돌아보니, 부끄러운 죄의 모습을 감출 수 없습니다. 여호와를 섬기는 것과는 다른 행실들로 얼룩진 모습을 용서해주시옵소서. 거룩해져야 하는 마음이 세상의 것들로 채워져 있음을 고백합니다. 사유해주시기를 기뻐하시는 하나님의 긍휼로 죄를 씻어 주시옵소서.
　영과 진정으로 예배하게 하시는 주 여호와여, 지금, 이 자리에 모인 무리들에게 경건함과 거룩함으로 예배하게 하시옵소서.
　오늘도 영생의 말씀으로 저희들의 삶을 지어 주시옵소서. 오직 그 말씀에 순종하여 열매를 맺는 삶이 되게 하시옵소서. 주님의 은혜로 새 사람이 되었으니, 저희들의 마음이 말씀으로 채워지게 히시옵소서.
　마음의 문을 연 저희들의 심령에 성령님께서 들어오시기 원합니다. 성령님의 충만하심으로 소망의 풍성함에 이르게 해 주시옵소서. 생각과 마음을 모아서 여호와를 공경함으로써 예배하는 저희들이 되게 하시옵소서. 마음을 드려 경배하기 원합니다.
　천성을 바라보게 해주신 예수님의 이름으로 기도드립니다. 아멘.

4월 2주 † 종려주일 | 마 21:9

주의 이름으로 오시는 이여

하늘과 땅의 여호와여,

저희들의 죄가 주님을 십자가에 내어주었습니다. 십자가를 지시려고 예루살렘 성에 오신 주님을 생각하게 하시옵소서. 예수님을 바라보며, 다윗의 후손으로 오신 이에게 호산나로 영광을 드리게 하시옵소서.

지금, 예배하기 전까지의 더러운 죄를 십자가의 보혈로 씻어 주신 주님께 저희들의 생명을 드리는 예배의 한 시간이 되게 하시옵소서. 부지불식간에 죄를 짓고도 모름을 용서해주시옵소서. 거룩하게 지낸다고 하면서도 죄를 짓기도 하고, 연약한 인간의 모습 속에서 짐짓 죄를 짓기도 합니다. 이 모든 죄를 용서해주시고, 보혈로 씻겨 주시옵소서.

영원히 찬양을 받으실 하나님의 이름을 즐거워합니다. 찬양의 소리에 온 만물이 깨어나 주님의 이름에 찬양을 드리게 하시옵소서.

목사님께서 단에 서셨습니다. 하나님의 말씀을 대언하시려고 준비하신 종에게 성령님의 기름을 부으심이 충만하게 하시옵소서. 생명의 꼴이 되는 말씀, 참 쉼이 되는 말씀이 되게 하시옵소서.

주님께서 고난을 당하셨던 그 때를 묵상하면서 뜨거운 감사로 예배하기를 소망합니다. 주님께서 걸으셨던 골고다의 길을 묵상하게 하시옵소서. 주님의 백성들을 거룩하게 하시고, 고난주간의 삶을 주심에 감사드립니다.

눈물을 닦아주시는 예수님의 이름으로 기도드립니다. 아멘.

4월 3주 † 부활절 | 마 28:7

죽은 자 가운데 살아나셨고

사망권세 이기고 승리하신 주님,

하늘 아래에서 거룩하다고 구별하신 날에 주님께서 다시 살아나셨습니다. 죄인들은 그를 죽여서 무덤에 가두었으나 하나님께서 일으키셨습니다. 주님께서 흉악한 인간의 권세를 꺾으시고, 부활하신 날, 우리들이 예배함은 마땅합니다.

부활절을 맞이한 우리의 마음이 우리 죄로 인해 십자가를 지신 예수 그리스도의 고난의 의미를 되새기게 하옵소서. 주님만이 내 죄를 해결해 주실 수 있음을 고백하게 하시고 주님 지신 십자가에 내 모든 죄의 본성과 고집스런 자아를 못 박아 새 영으로 거듭나게 하셔서 진정한 부활의 감격을 누리는 자들 되게 하여 주옵소서.

다시 살아나신 주님의 이름을 찬송하기 위하여 머리를 숙였습니다. 주님께서 무덤을 깨드리도록 해주신 하나님의 이름에 합당한 영광을 드리게 하시옵소서. 이 시간에, 부활신앙의 확신으로 새롭게 빚어지는 은혜 안으로 들어가도록 하시옵소서.

뜨거웠던 가슴이 어느새 식어지고, 담대했던 결단이 흐지부지해지는 저희들을 일으켜 주시옵소서. 성령님의 충만하심으로 영안이 열려지게 하시옵소서. 형식적으로 흐르는 신앙생활에 활력을 주시옵소서. 미지근해지는 삶의 자세에 새로움을 주시옵소서.

천국의 문이신 예수님의 이름으로 기도드립니다. 아멘.

4월 4주 † 고전 15:55

사망을 이긴 주

  복된 하루, 하루의 하나님,
  날마다 저희들에게 승리의 삶을 주신 여호와께 찬송을 드립니다. 저희들의 삶을 위로해 주시고, 순간순간 평안으로 이끌어 주시는 여호와를 사랑합니다. 이 시간에, 예배하도록 저희들을 불러 모아 주심에 감사드립니다. 원근각처에서 여호와를 영화롭게 해드리며 살던 이들을 다시 한 자리에 모이게 하셨습니다.
  부끄럽게도 지난 시간의 삶은 허물과 죄로 얼룩져 있음을 고백합니다. 하나님의 영광을 구하지 못하고, 말씀에 수종하여 주님의 뜻을 이루어드리는 데도 실패했음을 회개합니다. 보혈의 은혜로 죄를 씻음 받게 하시옵소서.
  주님께서 죽음을 이기셨음을 찬양하며, 기뻐하는 예배로 영광을 받으시옵소서. 오늘도 하나님의 말씀이 위로가 되고, 즐거움이 되기 원합니다. 이 예배로 인하여 또 다시 삶의 현장에서 살아갈 때, 힘이 되고, 용기가 되도록 이끌어 주시옵소서.
  주님의 이름을 높이며, 자녀로서 아버지가 누리셔야 하는 영광을 바치기를 원합니다. 마음으로 무릎을 꿇게 하시고, 하늘의 영광을 취하시옵소서. 옛 사람을 십자가에 못 박으면서 땅의 것을 버리는 은혜를 주셨으니, 이 예배로 천국에 마음을 두고 담대히 지내시게 하시옵소서.
  영생의 보장이 되신 예수님의 이름으로 기도드립니다. 아멘.

4월 5주 † 엡 2:4

긍휼이 풍성하신 하나님이

사랑의 하나님,

주님을 다시 살게 하신 하나님이여, 영광을 받으시옵소서. 예수님을 다시 일으키신 하나님께 승리의 영광을 드립니다. 주님의 부활하심으로 저희들에게 부활의 소망을 갖게 하시니 감사합니다.

주님의 권속을 은혜의 자리로 불러 주셔서 영과 진리로 예배하게 하셨으니 영광을 드립니다. 여호와께 마땅히 찬양으로 영광을 드리게 하시옵소서.

나의 사랑이신 여호와는 자기 백성에게 힘과 큰 권세를 주시니 내 하나님은 능력이라고 말하게 하시옵소서. 죽은 소녀를 말씀으로 살려내신 예수님의 권능을 묵상합니다. 이 시간부터 하나님의 말씀을 대할 때, 능력이 나타나는 말씀으로 받게 하시옵소서.

오늘 밤에도 말씀을 사모하는 심령이 되어 강단을 바라봅니다. 말씀을 전하실 목사님께 기름을 부어 주시옵소서. 말씀에 대한 응답으로 저희에게는 하나님의 일에 대하여 주목하게 하시옵소서.

○○의 권속에게 하나님을 믿는다 하면서도, 얼마나 많이 불신앙의 삶을 살아왔는지를 돌아봅니다. 상황이 조금만 더 불리해지고, 소망이 없어 보이면 곧 실망하고, 두려워하던 저였음을 고백합니다. 오늘의 말씀으로 상황보다도 더 크신 예수님의 능력을 믿게 하시옵소서.

반석이 되신 예수님의 이름으로 기도드립니다. 아멘.

5월 1주 † 어린이주일 | 눅 18:16

그 어린 아이들을 불러

늘 돌아보시는 여호와여,
오늘까지 저희들을 지켜 주신 은혜에 감사드립니다. 오늘은 어린이주일로 지키게 하셔서 더욱 큰 은혜가 되었습니다. 온 가족이 날마다 주님을 섬기며 지내는 복을 주신 하나님을 경배하게 하시옵소서.
저희의 가족을 통하여 오늘도 하나님의 나라가 이 땅에서 이루어지게 하신 주님을 찬양합니다. 하늘나라에서의 기쁨을 지금, 맛보게 하시는 구원의 하나님을 향하여 즐거이 외치는 예배를 드리게 하시옵소서.
강단에 세워주신 목사님께 말씀의 능력을 칠 배나 더해주시옵소서. 오늘도 성령님께서 말씀으로 심령의 문을 두드리시며 권하실 때, 아멘의 심정으로 받게 하시옵소서. 그 권하심을 달게 받아 그리스도의 분량에까지 자라기를 소원하게 하시옵소서. 치료와 위로와 변화가 임하는 놀라운 시간이 되게 하여 주시옵소서.
○○교회에 교회를 위해서 충성스런 일꾼들을 세워주셨음에 감사드립니다. 성도들 중에 일꾼들을 구별히심은 이 교회의 복임을 믿습니다. 저들의 기도와 헌신으로 말미암아 주님의 몸 된 교회가 세워져나가는 비전에 대한 깨달음을 주시옵소서.
하나님께 지혜로운 청지기로 살기 원합니다. 아는 것이 많아질수록 그 놀라운 지식을 펴신 하나님을 발견하게 하시옵소서.
의의 길로 인도해주신 예수님의 이름으로 기도드립니다. 아멘.

성령의 임재를 뜨겁게 경험하는 예배 종합 대표기도문

5월 2주 † 어버이주일 | 잠 23:25

네 부모를 즐겁게 하며

　이름이 아름다우신 하나님,
　하늘과 땅을 지으신 날부터 좋은 것으로 우리를 채우시는 하나님을 찬양합니다. 하나님은 참으로 하늘의 영광을 드러내셨으니, 그 훌륭하신 솜씨를 찬양하기 원합니다. 오늘은 여호와의 성일을 부모님에 대한 은혜를 생각하며, 하나님께 예배합니다.
　저희들의 모습은 주님께 영광이 되지 못해 회개합니다. 여호와를 찬양하는 삶을 사는데 게을렀고, 고의적으로 순종하지 않은 죄를 용서해 주시옵소서.
　우리에게 자비로우신 부모가 있게 하신 그 사랑에 감사하여 예배하는 저희들이 되게 하소서. 부모가 있으므로 하나님께서 계신다는 확신을 갖게 하옵소서. 하나님께서는 우리를 친히 돌보시려고 누구나 부모에 의해 자라게 하셨습니다.
　이 밤에도 말씀으로 저희를 인도해주시옵소서. 생명의 말씀으로 절대적인 하나님의 능력을 신뢰하는 저희들이 되도록 이끌어 주시옵소서.
　저희들 모두에게 부모의 수고로 말미암아 성정하는 거룩한 제도 때문에 하나님이 우리의 아버지이심을 믿게 하시옵소서. 이 시간에, 하늘의 문이 열려 구원의 은혜와 평강의 복이 넘치게 하신 하나님의 이름에 합당한 영광을 드리는 예배가 되게 하시옵소서.
　부모님을 공경하게 해주신 예수님의 이름으로 기도드립니다. 아멘.

5월 3주 † **행 16:34**

그와 온 집안이 하나님을

끝까지 사랑하시는 하나님,

주님의 이름은 이제부터 영원까지 찬송을 받으실 이름입니다. 이 복된 자리에서, 저희들에게 새 생명을 주신 여호와를 예배할 때, 신령과 진정으로 예배하게 하시옵소서. 구원의 하나님께 예배드림이 마음을 다하고, 뜻을 다하는 생명의 축제가 되게 하옵소서.

무엇 때문에 바빠야 하였는지도 모르면서, 분주히 살던 지체들입니다. 참이 아닌 것들에 매달리며 살았던 저희들의 모습을 봅니다. 허전한 마음을 무엇으로라도 채우려고 뛰어다니던 저희들입니다. 불쌍히 여겨 주옵소서. 하나님의 긍휼하심으로 새로워지기 원합니다.

말세의 때가 되어, 심판의 시기가 점점 다가오는 지금, 영적인 잠에서 깨어나게 하시옵소서. ○○의 권속은 말씀에 귀를 기울이고 기도하여 영적인 신앙인들이 되도록 이끌어 주시옵소서. 성령님께 충만하기를 소원합니다. 말씀을 통해서 예수님의 참 생명으로 인해 우리들로부터 모든 만물에 이르기까지 생명을 회복하게 하시옵소서.

구원받아야 할 세상 사람들을 위하여 문이 열려진 교회가 되게 하시옵소서. 주님의 목적을 깨달아 받들어서 끝까지 따르게 하시기를 소원합니다. 성령님의 능력으로 착한 행실에 힘을 쓰게 하시옵소서. 사랑과 희락과 화평의 생활에 힘을 쓰도록 이끌어주시옵소서.

우리를 위로하시는 예수님의 이름으로 기도드립니다. 아멘.

5월 4주 † 시 112:2

후손에게 복이 있으리로다

    은혜를 주시는 여호와여,
    예배로 모인 지금, 저희들의 마음에 험한 그리스도의 십자가를 새겨봅니다. 갈보리 산 위에 세워진 주님의 십자가에 얼룩진 핏자국을 보려 합니다. 주님의 이름으로 다시 모인 저희들, 죄인들을 구원하시려고 십자가를 지신 주님께 자신을 드리는 시간으로 삼아주시옵소서.
    이 시간에, 할렐루야 소리로 저희들의 주가 되시는 하나님을 찬송합니다. 주님의 이름을 부르노라니, 죄의 아픔이 앞을 가립니다. 용서해 주옵소서. 입으로는 예수님이 나의 주인이라 하면서도, 행실로는 제가 스스로 주인 노릇을 했사오니 용서해 주시옵소서.
    열 두 제자를 부르셔서 더러운 귀신을 쫓아내시며 모든 병과 모든 약한 것을 고치는 권능을 주셨음을 믿습니다. 저희들에게도 권세와 능력이 주어진 것을 확신합니다. 모든 병과 모든 약한 것을 고치는 권능을 행사하게 하시옵소서.
    저희들이 즐거움으로 예배하지만, 이 자리에 같이 하지 못하는 이들이 있어 심히 안타깝습니다. 육체가 병들고, 환경에 얽매여서 이 날을 구별하지 못 하고 안타까워하는 형제와 자매들을 기억해 주옵소서. 마음으로는 이곳을 사모하지만, 오지 못하여 더욱 애를 태우는 그들에게 은혜를 내리시기 원합니다.
    구원의 길을 열어주신 예수님의 이름으로 기도드립니다. 아멘.

6월 1주 † 성령강림절 | 고전 2:10

성령으로 우리에게 보이셨으니

시온에서 복을 주시는 하나님,
이 백성들에게 여호와께서 주가 되어주셨음을 즐거워하여 찬송합니다. 이 밤에 고백하기는, 저희들이 교만을 용서해 주옵소서. 조금의 일을 하고서도 이름이 드러나기를 바라고, 남을 위해 한 방울의 땀이라도 흘리면 알아주기를 바라는 마음이 있음을 회개합니다.

거룩한 시간에 천국의 자녀 됨을 풍성히 누리면서 하나님과의 인격적인 만남을 경험하는 복을 누리게 하시옵소서. 세상을 위하여 일을 하신 하나님의 손길을 찬양하는 복된 예배로 인도해주시옵소서.

성경을 가까이 하고, 성경의 말씀에 순종해서 면류관을 받게 하시옵소서. 성경의 말씀에 따라 기도하게 해주시며, 순종하여 봉사하게 해주시고, 약속의 말씀이 성취될 것을 소망하게 하시옵소서.

구원을 약속해주신 생명의 말씀에 감사드립니다. 우리 교회의 강단이 늘 생명으로 풍성하게 하심을 즐거워합니다. 이 밤에도, 목사님께 기름을 부어주시옵소서. 말씀에 순종하여 지키게 하시며, 성령님으로 영원히 함께 하심을 기다리게 하시옵소서.

여호와 앞에서 존귀한 ○○의 지체에게 하나님께서 의로우신 것처럼, 의롭게 살아가기를 소망하게 하시옵소서. 공법을 물 같이 정의를 하수 같이 흐르게 하는 사회를 이루게 하시옵소서.

생명의 주, 예수님의 이름으로 기도드립니다. 아멘.

성령의 임재를 뜨겁게 경험하는 예배 종합 대표기도문

6월 2주 † 요 14:16

너희와 함께 있게 하리니

자비로우신 하나님,
  이 백성들에게 은총을 베풀어주시고, 날마다 하나님이 되어 주셨음을 인하여 찬양합니다. 하나님의 이름을 높이고, 세세무궁토록 영광을 바치는 한 시간이 되게 하옵소서.
  죄 가운데 태어나 죄를 지으면서도 그 죄를 몰랐던 우리를 주의 것으로 삼으신 주님을 바라봅니다. 저희들의 소위를 살피니 받은 대로 충성을 다하지 못한 죄를 회개합니다. 교회를 위해서, 하나님의 나라를 위하여 맡겨진 사명이 있으나 충성하지 못한 죄를 용서해 주시옵소서.
  개미처럼, 저희들이 해야 할 일을 잘 할 수 있도록 도와주시옵소서. 하나님께서 주지 않으시면 내일은 결코 오지 않는다는 것을 깨달아, 오늘 해야 할 일을 내일로 미루지 않도록 인도해주시옵소서.
  사랑하는 목사님을 영적으로, 육적으로 강건하게 하시옵소서. 이 밤에도 말씀을 전해주실 때, 생명이 살아나는 역사를 보게 하시옵소서.
  삼위 하나님의 역사를 즐거워하게 하옵소서. 성부 하나님은 인간과 세상의 구원을 뜻하고 계획하셨고, 성자 예수님은 당신의 몸과 생명으로 인간 구원을 성취하셨으며, 보혜사 성령님은 인간 속에서 그 구원을 적용하시고 완성해 나가십니다. 그러므로 하나님의 구원하심에 감격하여 예배하게 하시옵소서.
  기쁨을 주신 예수님의 이름으로 기도드립니다. 아멘.

6월 3주 † 요 14:26

너희에게 모든 것을 가르치시고

임마누엘의 하나님,
새벽부터 불어오는 바람마저 신선함이 경이롭기까지 한 주일을 보내고 있습니다. 우리 하나님께서 다스리시니 세상은 평화로웠고, 모든 이들은 행복하였습니다. 하늘도 티 하나 없는 파란색으로 그 고움을 더하였고, 산은 마냥 초록으로 짙어갔습니다. 마음의 손을 모아 영광과 존귀를 드리게 하시옵소서.

하나님께 머리를 숙일 때, 죄의 아픔이 커서 고백합니다. 이 예배당을 떠나기 전에는 주님이 뜻대로 살겠다고 약속했으면서도 집으로 가는 순간부터 저희들의 뜻을 구하며 지냈습니다. 내려가기 싫고, 손해를 볼까 신경을 곤두세우고, 죽기 싫어서 고함을 치던 저희들이었습니다. 용서해주시옵소서.

말씀을 듣고 단 위로 오르신 목사님께 기름을 부어주시옵소서. 종이 전해주시는 말씀에 순종하여 지키게 하시며, 성령님으로 영원히 함께 하심을 기다리게 하시옵소서. 존귀와 영광을 하나님께 드리고, 인생의 목표가 주 예수님이심을 고백하며 지내게 하시옵소서.

ㅇㅇ의 권속에게 주님과 교회를 사랑하게 하시옵소서. 주님이 사랑이 저희들의 가슴에서 싹이 트고 움이 터지기 원합니다. 그 사랑에 감격하고, 그 은혜 감사하게 하시옵소서.

찬송이 되시는 이름, 예수님의 이름으로 기도드립니다. 아멘.

6월 4주 † 한국전쟁일 | 마 6:33

이 나라를 지켜주시고

대사를 행하시는 하나님,
 하늘의 기쁨이 저희들의 마음에 있으니 찬양을 받으옵소서. 주 하나님을 예배하려고 머리를 숙일 때, 회개의 영으로 충만하게 하시옵소서. 육신의 삶에 쫓겨 하나님의 은혜를 잊고 지냈음을 회개합니다. 거저 주셨던 생명의 은혜, 갈보리에서 쏟으셨던 그 피를 기억하면서 감사로 살지 못한 죄를 용서해주시옵소서.
 여호와께 은총이 된 저의 인생을 복되게 하시고, 양 떼와 같이 인도를 받으니 찬미의 제사로 나아가게 하시옵소서. 이 시간에, 예수님의 부름을 받은 마태를 묵상하니 감사드립니다. 그를 찾아주신 주님께서 저도 불러 주시고, 하나님의 자녀가 되게 하셨습니다.
 6. 25 한국전쟁일을 맞이해서 영광과 찬미를 드립니다. 저희들을 자녀삼아 주시고 하나님의 은혜 가운데 평안을 누리게 하셨으니, 영과 진리로 예배하게 하시옵소서. 하나님의 도우심과 지켜주셨음에 머리를 조아려 즐거움의 예배로 영광을 나타내게 하시옵소서.
 ○○의 권속에게 사신의 직무에 충실했던 마태가 저의 모습이 되기를 바라게 하시옵소서. 게으르고, 일을 하지 않으려는 자는 주님의 제자가 될 수 없음을 잊지 않게 하시옵소서. 죄인을 찾으시는 주님의 심정으로 불신자를 찾아가서 복음을 전하는 한 날이 되게 하시옵소서.
 보혈을 흘려주신 예수님의 이름으로 기도드립니다. 아멘.

7월 1주 † **맥추감사절 | 시 104:24**

주께서 하신 일이

자비로우신 하나님,
불꽃같은 눈동자로 저희들을 지켜주셨습니다. 하늘의 문을 여시고 내려주시는 은혜로 살아온 성도들이 감사의 예배를 드리므로 기뻤던 주일입니다. 오래 전 옛날, 믿음의 조상들이 감사로 하나님을 영화롭게 해드렸던 것을 기억합니다. 그들의 본을 따라서 감사의 제사를 드리게 하시니 찬양을 올려드립니다.

멸망당할 죄인을 위하여 독생자를 세상에 보내 주신 하나님의 계획을 찬양합니다. 우리를 구원하시므로 새 생명을 지으신 하나님께 감사드립니다. 날마다 하나님을 찬양하기 원하였으나, 죄로 얼룩진 자신의 모습 밖에 없습니다. 저희들의 죄를 용서해주시옵소서.

맥추감사절을 보내면서 풍성한 감사를 드리고 즐거워하게 하시니 감사드립니다. 저희들이 억지로나 인색함으로 드리지 않음에서 기뻐하게 하시옵소서. 주님께는 감사하고 저희들에게는 서로가 즐거움으로 기쁘게 하시옵소서. 맥추감사절의 하나님께 영광과 찬송을 드립니다.

감사를 권고하는 말씀으로 저희들의 심령을 새롭게 해주셨습니다. 하늘나라에서의 기쁨을 지금, 맛보게 하시는 구원의 하나님을 향하여 즐거이 외치는 예배를 드리게 하시옵소서. 성령님의 충만하심이 있어 춤을 추며 기뻐하는 예배로 영광을 받으시옵소서.

은혜가 되시는 예수님의 이름으로 기도드립니다. 아멘.

7월 2주 † 약 1:4

너희로 온전하고 구비하여

하늘과 땅의 여호와여,

만유를 다스리시는 권세가 다 하나님의 것임에 찬송합니다. 저희들이 무엇이기에 이처럼 큰 사랑을 베풀어 주십니까? 저희들이 무엇이기에 말로 형언할 수 없는 벅찬 은혜를 베풀어 주십니까? 날마다 은혜가 넘치고 풍성함을 주시니 그 감격으로 예배하기 원합니다.

지금, 주님의 예배당에 회개의 은혜가 충만하기를 소원합니다. 이 자리에 회개의 영이 가득해서 저희들 각자가 자신의 죄를 고백하고, 깨끗함을 받게 하시옵소서. 눈보다 더 희어지는 은혜를 주시옵소서.

하나님을 아버지라 부르는 거룩한 가족을 보아주시옵소서. 예수님의 십자가로 가족이 된 저희들이 하나님을 향한 사랑으로 하나 되어 함께 하였습니다. 저희들의 모임을 통하여 하나님의 영광은 영원까지 이어지기 원합니다. 저희들에게는 교회에서 보내는 하루가 다른 곳에서 지내는 천 날보다 나음을 깨닫게 하시옵소서.

이 시간에, 우리 교회의 강단에 기름을 부으심이 넘치게 하시옵소서. 단 이로 오르신 목사님께 권세와 능력을 갑절이나 더해주시옵소서. 그의 입술에서 전해지는 하나님의 말씀에 귀를 모으게 하시옵소서.

이제, ○○의 권속은 예수 이름으로 믿음과 소망 그리고 사랑으로 살게 하시옵소서. 하나님의 사랑으로 완성되는 삶이기 원합니다.

우리를 위하시는 예수님의 이름으로 기도드립니다. 아멘.

7월 3주 † 눅 13:24

좁은 문으로 들어가기를

   새로움을 더하시는 하나님,
   그 인자하심과 그 거룩하심이 온 세상에 알려지기를 소망합니다. 주님의 은혜 안에서 제각기 살던 저희들이 교회에 모였습니다. 가깝거나 또는 먼 곳에서 살던 형제와 자매들을 모아 주셨으니 영광을 드리게 하시옵소서.
   영원한 생명의 말씀으로 살아가고 있습니다. 하나님께서는 저희들에게 이 나라 국민으로서 지키고 살아갈 법규를 주셨습니다. 이 나라를 사랑하셔서 법을 제정하시도록 하셨으니, 제헌절을 맞이하면서, 법의 뜻을 더 알게 하옵소서.
   하나님의 말씀을 받으려 합니다. 말씀의 한 구절, 한 구절에서 성령님으로 저희의 가슴을 채우도록 성령님을 사랑하게 하시옵소서.
   성령님께 간절한 심령이 되게 하시옵소서. 생각으로, 마음으로, 입술로 그리고 행동으로 성령님께 속한 사람이 되게 하시옵소서. 우리 교회가 성령님의 다스림으로 풍성하게 하시옵소서.
   하나님의 성전에서 손을 들어 기도하게 하시옵소서. 여호와의 얼굴 앞에서 간구하는 지체들의 기도에 응답의 은혜를 경험하게 해주시옵소서. 거룩한 시간에 천국의 자녀 됨을 풍성히 누리면서 하나님과의 인격적인 만남을 경험하는 복을 누리게 하시옵소서.
   생명의 주, 예수님의 이름으로 기도드립니다. 아멘.

7월 4주 † 눅 21:19

너희의 인내로 너희 영혼을

복된 하루하루의 하나님,

간절히 바라니, 이 시간에도 하나님은 저희들의 주님이 되시고, 신령과 진정으로 드리는 예배의 주인이 되옵소서. 이 예배로 말미암아 하나님을 찬송하고, 그 이름을 자랑하는 주일을 온전히 성수하는 복에 들어가게 하시옵소서.

주님의 저희들을 향한 은혜는 한 순간도 놓치심이 없는데, 저희들은 주님을 잊고 지낼 때가 너무도 많습니다. 입술로는 위엣 것을 바라보자 하면서, 그 순간에도 땅에 것들에 마음을 두고 지낸 위선의 죄를 용서해 주시옵소서.

저희들의 모든 것이 되시며, 이 시간까지 지켜주셨음에 영광을 드립니다. 생각과 마음을 모아서 여호와를 공경함으로써 예배하는 저희들이 되게 하시옵소서. 말씀을 준비하신 목사님께 성령으로 감동해주시고, 하나님의 뜻이 선포되기 원합니다. 목사님께서 말씀을 전하실 때, 기름을 부어주시옵소서. 오늘의 말씀을 가슴에 안고 세상에서 승리하는 지희기 되게 하시옵소서.

○○ 교회의 지체들이 기도하러 모이고, 열심히 서로 사랑하는 중에 은혜의 풍성함을 보게 하옵소서. 번성케 하시는 여호와의 손이 임하여 믿음의 부요를 누리게 하시옵소서.

중보자가 되시는 예수님의 이름으로 기도드립니다. 아멘.

7월 5주 † 눅 8:15

듣고 지키어 인내로 결실하는

주 여호와 하나님,
영원한 생명을 주신 그 은총에 마음을 다해 찬양을 드립니다. 오늘도, 천지를 지으신 그 능력으로 시온에서 복을 주실 여호와의 이름에 감사함의 노래로 올려드리는 찬양을 받으시옵소서. 죄를 용서하시고, 구원의 은혜를 베푸신 예수님을 묵상합니다.
이 땅에 계시는 동안에 구원의 은혜를 나타내신 주님께 감사드립니다. 이 시간에, 고백하니 용서하여 주시고, 십자가의 보혈로 정케하여 주옵소서. 육신의 미혹에 자신을 내어주었던 행실을 기억하니 용서해주옵소서.
진리의 말씀이 풍성한 ○○의 강단을 축복합니다. 기름을 부으신 강단이기를 원합니다. 목사님에 의해서 생명의 진리가 넘쳐흐르게 하시옵소서. 말씀을 전하시는 목사님께는 영력을 더해주시옵소서.
주님의 교회에서 귀한 청지기들이 충성을 다하기를 소원하게 하시옵소서. 주님의 은혜에 감사하면서 순종하여 섬기는 일이 온 교회를 시원하게 하는 봉사가 되게 하시옵소서.
○○의 권속에게 예수님께 믿음을 보여드리는 은혜로 풍성하게 하시옵소서. 이로써, 믿음이 구원을 받은데 머무르지 않고, 주님께서 하나님의 영광을 나타내시는데 사용되어지는 데까지 이르게 해주시옵소서.
불쌍히 여겨주시는 예수님의 이름으로 기도드립니다. 아멘.

8월 1주 † 빌 1:15

믿음의 진보와 기쁨을 위하여

위로하시는 하나님,

영광 가운데 임재하시는 성령님의 감화로 찬송을 부르게 하시옵소서. 여호와를 자랑하는 권속들이 입을 벌려 찬송을 드립니다. 이 밤에, 마음을 다하여 찬양으로 시작할 때, 영광을 받으시옵소서. 존귀와 영광을 선포합니다.

세상에 사는 날 동안에 하나님의 일꾼으로서의 사는 삶 보다는 자신의 생각과 바람에만 마음을 쏟았던 죄를 고백합니다. 주님의 사람이라 하면서도, 주님이 없는 사람이었던 행실을 용서해주시옵소서.

매일 매일의 생활에서 후히 주시고 꾸짖지 않으시는 하나님을 체험하게 하심을 찬양을 드립니다. 지금, 돌이켜볼 때, 허물이 많이 있음을 고백합니다. 주님의 피 묻으신 손으로 감싸주시고, 새롭게 하시는 은혜를 보게 하시옵소서.

목사님을 단에 세워주셨습니다. 하나님의 말씀을 대언하시려고 순비하신 송에게 성령님의 기름을 부으심이 충만하게 하시옵소서. 저희들에게는 하나님의 음성을 기다리게 하시옵소서. 생명의 꼴이 되는 말씀, 참 쉼이 되는 말씀이 되게 하시옵소서.

○○ 교회는 주님 앞에서 기도하는 교회가 되기 원합니다. 온 성도들이 주님의 뜻을 이루기 위해 기도의 무릎을 꿇게 하시옵소서.

회복의 영이신 예수님의 이름으로 기도드립니다. 아멘.

8월 2주 † 광복절주일 | 슥 9:10

그의 통치는 바다에서 바다까지

갇힌 자를 해방시켜주시는 하나님,
　나라의 주권을 회복시켜 주시고, 빼앗겼던 이름을 찾게 해주셨던 광복절을 기억합니다. 이 민족을 사랑해주신 그 크신 자비하심을 새롭게 하여 주옵소서. 광복절을 맞이하면서 주님께 합당한 영광을 드릴 때, 하늘이 천군천사도 화답하게 하옵소서.
　기도로 살아야 하는데, 저희들의 교만함이 곧잘 주님을 잊게 하니 용서해 주옵소서. 옛 사람의 행위를 버리지 못함을 뉘우칩니다. 주님보다는 자신에 집착하도록 하는 죄의 유혹에 쓰러지니 불쌍히 여겨 주시옵소서.
　이 시간에, 하나님의 말씀으로 마른 땅에 샘이 흐르는 은총을 보게 하시고, 광야에 강줄기가 나 옥토로 변하는 삶을 살게 하시옵소서. 지금, 귀신들을 명하여 돼지 떼에게 들어가도록 하신 예수님의 권세를 말씀에서 경험하기 원합니다. 우리 주님의 능력이 많으심을 찬양합니다.
　저희를 성도라 부르는 만큼의 거룩함을 지니도록 인도해주시옵소서. 의를 이루고, 하나님의 뜻을 성취하기 위해서 저희들이 짊어져야 할 십자가를 지게 해주시옵소서. 성도라는 이름을 주셨으니 그 이름으로 인해 찾아오는 많은 시련과 고난을 달게 받아들이게 하시옵소서.
　우리의 짐을 져주시는 예수님의 이름으로 기도드립니다. 아멘.

8월 3주 † **딤전 4:15**

너의 성숙함을 모든 사람에게

끝까지 사랑하시는 하나님,

할렐루야로 여호와의 위대하심을 찬송합니다. 이 시간에 교회를 생각할 때, 저희들의 죄를 고백합니다. 위로부터 내려주신 은사를 통해서 교회에 봉사하지 못한 죄를 용서해 주옵소서. 성령님의 충만하심에 따라 은사를 받았으나 섬기지 못한 죄를 씻어 주옵소서.

귀신들렸던 두 사람에게서 저희들의 모습을 발견합니다. 그들에게 귀신이 들렸을 때가 바로 구원을 받기 전의 우리의 모습이었음을 고백합니다. 그들에게서 귀신을 내어 쫓으셨듯이 저를 사로잡고 있던 죄악을 내어 쫓으셨음에 감사드립니다.

이제, 저희들에게 스데반이 경험했던 은혜를 주시옵소서. 하나님의 은혜로 인하여, 주님의 능력이 충만하게 된 스데반의 모습을 닮기 원합니다. 그 충만한 은혜로 복음을 전하는 저희들이 되기 원합니다.

하늘의 문이 열려 스데반이 누렸던 은혜가 임할 때, 저희들과 ○○ 교회에서도 놀라운 일들이 일어남을 믿습니다. 저희들이 주님의 ○○ 교회 안에서 서로 지체가 되었으니 진리 안에서 살게 하시옵소서.

강단에서 주시는 하나님의 말씀을 기다립니다. 말씀을 준비하신 목사님께 성령님과 능력으로 충만하게 하시옵소서. 저희들은 그 말씀에 응답해서 하나님의 이름을 높일 것을 결단하게 하시옵소서.

생명을 주신 예수님의 이름으로 기도드립니다. 아멘.

8월 4주 † 히 3:2

자기를 세우신 이에게 신실하시기를

은혜로우신 하나님
주 하나님의 사랑을 입고 지내던 지체들이 나왔습니다. 주님의 자녀들이 한 자리에 모였사오니, 기뻐하고 즐거워합니다. 하나님께서 인생을 위하여 큰일을 하셨으니, 여호와의 이름을 찬양하며 즐거워합니다.

예배하려 머리를 숙이니 불신앙으로 지냈던 죄를 고백하게 됩니다. 하나님의 말씀을 전심으로 따르기보다는 믿음이 없는 이들처럼 지냈습니다. 성경을 가까이 하지 못하고, 주님이 없이 사는 이들과 더불어 조금도 구별이 없는 삶을 살았습니다. 용서해 주옵소서.

여호와의 위대하심을 높이고, 그의 모든 행하시는 일들로 영광을 드리게 하시옵소서. 날로, 날로 깊은 은혜에 들어감에 감사드립니다. 이전에 깨닫지 못하던 진리의 새로운 맛도 보게 하셨음을 즐거워합니다.

하나님의 말씀을 듣고자 하게 하시고, 심령의 문을 열어주시옵소서. 저희에게 주님을 사랑하는 것을 가슴으로만 갖고 있지 않고, 행동을 통해서 나타내 보이게 하시옵소서.

○○의 권속에게 세상의 요동에 대하여 두려워하지 말라 하신 예수님의 음성을 듣습니다. 바람과 파도의 거칠음도 주님의 지배 아래 있음에 두려워할 대상이 아님을 경험합니다. 요동치는 환경을 오히려 믿음으로 담대해지는 기회로 삼게 하시옵소서.

평강의 주, 예수님의 이름으로 기도드립니다. 아멘.

9월 1주 † 벧전 1:16

내가 거룩하니 너희도 거룩할지어다

사랑의 하나님,

십자가를 바라보면서 마음의 옷깃을 여미고 주님 앞에 섰습니다. 저희들이 이렇게 모일 수 있도록 이끌어주신 은혜를 새롭게 하시옵소서. 예배하는 이 자리가 복된 제단이 되어 산 제물을 드리는 은혜를 주시옵소서. 하나님을 영화롭게 해드리는 시간이 되게 하심을 믿습니다.

마음으로 허리를 굽혀 여호와의 이름을 높여드리고, 전심으로 무릎을 꿇어 경배하게 하시옵소서. 이 시간에, 주님을 따르라는 말씀을 묵상하면서, 저를 돌아봅니다. 제가 진실로 주님을 따르는 삶을 살고 있는지를 뉘우치고, 회개하니 용서해 주시옵소서.

오늘, 우리 교회의 강단에 기름을 부어 주시옵소서. 목사님의 말씀으로 하나님께서 저희들 가운데 거하심을 확실히 믿게 하시옵소서. 말씀을 사모함으로 받는 이 시간에 성령님께서 함께 하심을 확신합니다. 하나님께서 함께 하시니 감사로 기도하게 하시옵소서. 그 사랑에 감격하게 하시옵소서.

○○의 권속에게 성령님의 충만하심으로 결단의 은혜를 경험하게 해 주심을 빕니다. 세상의 일들에 마음을 두어 온 우유부단한 행실을 끊고, 오직 예수님을 따르는 삶을 살게 하시옵소서. 버려야 할 것을 버리지 못하여 두 주인을 섬기는 어리석음을 던지게 하시옵소서.

강건하게 해주시는 예수님의 이름으로 기도드립니다. 아멘.

9월 2주 † 요 17:19

진리로 거룩함을 얻게 하려

　사랑과 은혜가 풍성하신 하나님,
　이 거룩한 시간에 하나님을 찾는 것을 즐거워할 수 있는 은혜를 주시기 원합니다. 주님의 이름을 부르는 지체들이 한 자리에 모여 예배할 때, 성령님의 감동하심이 나타나기 원합니다.
　지금, 우리 하나님의 이름에 영광을 드리기 전에 죄를 회개합니다. 베드로처럼, 하나님의 일을 생각하지 않은 죄를 용서해 주옵소서. 사람의 일만 생각하고, 이 땅에서의 유익에 마음을 내어준 죄를 용서해 주시옵소서.
　오늘, 우리 교회의 강단을 거룩하고, 능력이 있게 하시옵소서. 말씀을 전하시는 목사님께 권세와 능력을 칠 배나 더하여 주시옵소서. 예배를 위해서 말씀을 전해주시는 목사님을 위해서 간구하니, 성령님의 능력과 권세에 붙들리게 하옵소서. 저희들을 사랑하시는 주님의 말씀을 전하시게 하옵소서.
　저희들에게 복에 복을 더 하사 자신을 부인하는 자리에까지 가게 하셨음에 감사합니다. 이제는 자신의 십자가를 지고, 주님을 따르게 하시옵소서. 우리 하나님이 다스리시니 기뻐하고 즐거워하게 하옵소서. 여기에 오셔서 저희들의 상한 심령을 받아 주시옵소서. 마음을 다하여 대속의 십자가를 지신 주님의 사랑을 찬양하게 하시옵소서.
　치유해주시는 주, 예수님의 이름으로 기도드립니다. 아멘.

9월 3주 † 출 40:13

아론에게 거룩한 옷을 입히고

크게 영화로우신 하나님,

주님의 보혈로 의로움을 입은 자들이 주님 앞으로 나옵니다. 원근 각처에서 각자에게 주어진 인생이라는 삶의 길을 가던 저희들이 다시 모였습니다. 하늘로부터 받은 은총을 감사하는 예배의 한 시간으로 인도해주시옵소서.

하나님의 이름에 영광을 드리기 전에 죄를 회개합니다. 베드로처럼, 하나님의 일을 생각하지 않은 죄를 용서해 주옵소서. 사람의 일만 생각하고, 이 땅에서의 유익에 마음을 내어준 죄를 용서해주시옵소서.

하늘의 문이 열려 구원과 평강의 복이 넘치게 하신 하나님의 이름에 합당한 영광을 드리게 하시옵소서. 축복의 시간에 천국의 자녀 됨을 풍성히 누리게 하시옵소서.

목사님께서 말씀을 선포하실 때, 성령님의 감동하심을 구합니다. 영원에 이르도록 해주는 말씀을 붙잡고, 평생을 살아가겠다는 다짐을 경험하게 하시옵소서. 하나님을 의지하려는 마음을 주시옵소서.

이 밤에도, ○○의 지체들에게 하나님과의 동행에 대한 소원을 품게 하시옵소서. "에녹이 하나님과 동행하더니 하나님이 그를 데려가시므로 세상에 있지 아니하였더라."는 그의 삶이 저희들의 것이 되도록 허락해 주시기 원합니다.

민망히 여겨주시는 예수님의 이름으로 기도드립니다. 아멘.

9월 4주 † 딤전 4:5

하나님의 말씀과 기도로

,

사랑의 주 하나님,
주님의 자녀로 살아가는 것을 즐거워하면서 예배하러 나왔습니다. 스스로 정결하게 하고 나온 성도들에게 복을 내려주시옵소서. 영과 진리로 예배할 때, 하늘의 문을 열어 주시옵소서.
저희들의 지난 시간에 있었던 삶이 주님을 떠난 것이었음을 회개합니다. 하나님의 저희들을 사랑하심은 열심을 내셨으나, 저희들은 그렇지 못하였습니다. 고의적으로 하나님을 사랑하는 길에서 떠나 지냈던 죄를 용서해주시옵소서.
○○의 강단에 기름을 부어 주시옵소서. 목사님의 말씀으로 하나님께서 저희들 가운데 거하심을 확실히 믿게 하시옵소서. 말씀을 사모함으로 받는 이 시간에 성령님께서 함께 하심을 확신합니다.
여호와께서 인생의 집을 세워주시고, 소망이 되어주심을 믿습니다. 예수님의 삶을 묵상하면서 지내도록 하신 은혜에 감사드립니다. 이로써 관념적으로만이 아닌, 생활 속에서 주님을 가까이 하니 즐겁습니다.
○○의 권속에게 저희들의 인생을 기쁘게 해주신 예수님을 사랑하게 하시옵소서. 이 기쁨을 이웃에 전하여, 주님께서 주시는 기쁨을 나누도록 해 주시기를 빕니다. 삶에 지치고, 인생의 여러 가지 어려움으로 고달파 하는 이를 특별히 만나서 주님을 전하게 하시옵소서.
강건하게 해주시는 예수님의 이름으로 기도드립니다. 아멘.

성령의 임재를 뜨겁게 경험하는 예배 종합 대표기도문

10월 1주 † 약 5:7

땅에서 나는 귀한 열매를

  자연의 시간을 다스리시는 하나님,
  아침과 저녁으로 선선한 바람이 부는 날들 속에서 주님의 날을 맞이했습니다. 여름을 잘 견디었더니 바람도 선선한 가을을 맞이합니다. 이렇게 고운 시간은 주님의 복입니다. 우리를 향하신 주 하나님의 은혜입니다.
  사유하시기를 기뻐하시는 하나님을 바라보면서 간절히 구하니, 저희들의 죄를 용서해 주옵소서. 아직도 구원받기 이전의 옛사람을 버리지 못하고 혈기를 부리며 지냈던 지난 시간의 행실을 주님의 피로 씻어 주옵소서.
  이 시간에도 하늘로부터 내려지는 만나를 거두게 하시옵소서. 말씀의 양식으로 저희를 먹이시고, 영혼을 가르쳐서 저희들의 삶 전체가 하나님 아버지를 향한 삶이 되게 하시옵소서.
  여호와의 영광이 계속되기를 빕니다. 여호와의 집에 심겨진 나무와 같은 주님의 백성들을 보시기 원합니다. 예배드림을 통해서 우리 하나님의 궁정에서 흥왕하게 되는 복을 누리게 하옵소서.
  오늘, 경험되는 영생의 말씀으로 저희들의 심령을 하늘나라에 두기 원합니다. 그것이 저희들에게 기쁨이 되기를 소망합니다. 이로써 주님을 향한 저희들의 믿음이 굳건해지게 하시옵소서.
  불쌍히 여겨주시는 예수님의 이름으로 기도드립니다. 아멘.

10월 2주 † 고후 5:18

우리에게 화목하게 하는 직분을

은혜의 하나님,
그리스도의 피로 한 몸 된 지체들이 한 목소리로 여호와의 이름을 부르게 하옵소서. 하나님의 이름을 부르는 입술이 기뻐서 즐겁게 해주시기 원합니다. 오직 하나님만이 경배를 받으옵소서. 우리의 모든 생각과 정성 그리고 사랑을 모아 예배하기 원합니다.
오직 주님의 십자가만을 붙드오니, 저희들의 연약함에 강건함의 옷을 입혀 주시기 원합니다. 저희들은 하나님을 기뻐하고 예배하러 나왔으나 아직도 예배하지 않는 이들이 많습니다. 자신의 영혼을 사탄에게 빼앗긴 채로 살아가는 불쌍한 이들을 바라보게 하옵소서. 그들의 구원을 위해 기도를 쉬지 않게 하옵소서.
하나님의 말씀이 흥왕한 교회가 되게 하시옵소서. 그리하여 여호와의 말씀대로 날마다 소성케 되는 은총을 주시옵소서. 하늘로부터 임하는 은혜와 사랑이 풍성함을 누리게 하시옵소서. 그 크신 사랑과 은혜로 저희들도 한 몸을 경험하게 해주시옵소서.
주님의 약속에 따라 복을 누리게 하시고, 의에 이루게 하시옵소서. 말씀을 들을 때, 성령님의 알게 하심과 깨닫게 하시는 도우심으로 진리를 찾게 하옵소서. ○○ 교회 안에서 이루어지는 모든 것들이 하나님의 사랑으로 나타나도록 도와주시옵소서.
영광의 주, 예수님의 이름으로 기도드립니다. 아멘.

10월 3주 † 롬 12:18

모든 사람과 더불어 화목하라

하늘에 계신 아버지여,

주님의 은혜로 불러 주셨으니, 그 부르심에 믿음으로 순종하여 나와서 신령과 진정으로 드리는 예배를 받아주옵소서. 돌이켜 보면, 저희들에게 분에 넘치는 복을 내려 주셔서 평안과 기쁨 속에서 살아가게 하심을 감사합니다. 그 크신 사랑에 감사하여 찬양하는 예배의 한 시간이 되기 원합니다.

신앙생활의 게으름이 저를 유혹에 빠지게 하였음을 고백합니다. 오직 주님만을 사랑해야 하는 저희들이 즐거움을 좇다가 그만 세상의 일들에 마음을 빼앗기고 말았으니 하늘의 은혜로 새롭게 해 주시옵소서.

이 시간에도 복된 말씀을 주시니 감사드립니다. 말씀에 목숨을 걸고 전하시는 목사님께 하늘로부터 능력이 임하기를 빕니다. 말씀을 생명으로 받는 저희들에게는 그 말씀에 가슴이 뜨거워지게 하시옵소서.

하나님의 사랑을 드러내기보다 나의 교만함만을 찾았던 저희들을 다시 일으켜 주시기 원합니다. 하나님보다 세상의 헛된 욕망을 찾았던 저에게 새 길을 열어 주시옵소서.

이 밤에도 간구하는 시간에 천국의 문을 열게 하시옵소서. 물질의 복과 하는 일마다 형통을 약속한 열쇠의 열림을 보게 하시옵소서. 쌓을 곳이 없도록 부어주신다 하신 약속을 믿고 구하게 하시옵소서.

상급이 되신 예수님의 이름으로 기도드립니다. 아멘.

10월 4주 † **잠언 16:7**

여호와를 기쁘시게 하면

구원의 주 하나님,
　찬양예배로 저희들을 불러주심에 감사합니다. 십자가의 은혜로 죄악의 저주에서 구원을 받은 성도들이 예배하러 나옵니다. 죄 속에 살 때는 거룩한 날도 제 것으로 여기던 저희들이었습니다. 보혈의 사랑으로 죄를 씻음 받고, 새 생명의 은혜 안에서 살게 되었습니다.
　주님께서는 이 세대를 본받지 말라 하셨는데, 지난 시간의 저희들은 이 세상에 깊이 빠져서 지냈습니다. 하나님의 말씀보다 세상의 흐름에 생명을 맡기고, 재산을 맡기고 살았음을 회개하니 용서해주시옵소서.
　하늘의 신령한 복과 땅의 기름진 복이 약속되어 있는 말씀으로 살게 하시옵소서. 주님의 십자가 길을 묵상하는 하나님의 말씀을 듣는 귀를 주시옵소서.
　이 밤에도 ○○교회에 하나님의 말씀이 충만하기를 소원합니다. 저희들이 가장 무력하고 두려울 때, 하나님의 도우심을 믿게 하시옵소서. 이로써, 죽어 수족이 동여매졌던 나사로를 살리셨던 주님의 은혜를 보게 하옵소서. 저희들을 옭아매고 있는 것들을 주님의 이름으로 푸는 은혜를 누리게 하시옵소서. 염려할 수밖에 없는 두려움을 예수님의 이름으로 풉니다. 근심할 수밖에 없는 삶의 고단함을 예수님의 이름으로 풉니다. 저희들을 자유롭게 하시고, 평안을 주시옵소서.
　위로가 되어주시는 예수님의 이름으로 기도드립니다. 아멘.

10월 5주 † 종교개혁주일 | 사 18:2

나의 구원의 뿔이시요

영광을 받으실 하나님,

마음을 열어 주님께로 향합니다. 마음을 드려 제물이 되는 예배가 되기 원합니다. 하나님께서 받으시는 영적 예배로 나아가게 하시옵소서. 우리가 즐거이 주님의 이름을 부르고, 하나님께서는 기쁘게 받으시는 예배가 되게 하시옵소서.

예수님 안에서 하나님과 새로운 가족이 되게 하신 뒤부터 지금까지 지켜 주심에 감사드립니다. 아버지를 의지하여 주 안에서 살게 하시는 은혜에 찬양을 드립니다.

하나님의 말씀을 사모하여 청종하게 하시옵소서. 말씀의 지혜와 명철로 온전한 성도의 삶을 살게 하시옵소서. 그 말씀이 생명이 되어 저희들의 심령이 바르게 되기를 소원합니다.

참으로 간구하니, 저희들의 눈을 뜨게 하사 올바른 신앙을 원합니다. 믿음의 눈을 떠서 하나님을 아버지로 보게 해주시옵소서. 그리고 주님께서는 잠시도 떠나지 않으시고, 제 곁에 계심을 알게 하시옵소서.

주님의 사랑의 힘으로 저희들의 심령을 이끌어 주시옵소서. 더 이상 흔들리지 않으며, 불신앙의 죄에서 떠나 믿음 안에서 머무르게 하시옵소서. 주님을 향한 저의 마음을 뜨겁게 하시고, 임마누엘의 신앙으로 이기도록 이끌어 주시옵소서.

보혈을 흘려주신 예수님의 이름으로 기도드립니다. 아멘.

11월 1주 † **요 1:16**

은혜 위에 은혜러라

   복된 시간에 의롭다 함을 받은 주님의 자녀들이 믿음으로 드리는 경배를 받아 주소서. 오직 주님만이 방패시며 힘이 되심을 찬양드립니다. 하나님은 참으로 우리가 섬겨 마땅한 주님이십니다. 여호와를 섬기는 성실함으로 예배하기 원합니다. 여호와의 이름을 자랑하는 정직함으로 드리는 예배를 받아주옵소서.
   아무 것도 염려하지 않고 감사함으로 하나님께 아뢰게 하심에 감사드립니다. 이 밤에 저희들의 잘못된 예배 태도를 고백합니다. 주님 앞에 나와도 형식적으로, 거짓된 마음으로 예배할 때가 많았습니다. 이 밤에는 마음을 다하여 예배하고, 주님을 섬기게 하시옵소서.
   말씀의 능력과 권세를 기다립니다. 하나님은 은혜가 이 시간에도 강단을 통해서 흘러 넘쳐 구원의 은혜를 보게 하시옵소서. 즐거운 마음으로 받아 법도를 사랑하고 지키기를 소망합니다. 주님의 말씀으로 저희들이 온전히 세워지게 하시옵소서.
   전에는, 아주 작은 일도 걱정하여 잠을 이루지 못한 밤도 있었으나, 모든 일을 아버지께 맡기고, 평안히 지내게 하심을 감사합니다.
   끊임없이 찾아왔던 저의 근심을 기도로 날려 버리게 하시고, 소망을 품게 하시는 하나님을 늘 찬양을 드리게 하시옵소서. 저희들의 심령이 주님의 은혜 안에서 아무 것도 두렵지 않게 하시옵소서.
   우리를 위하시는 예수님의 이름으로 기도드립니다. 아멘.

11월 2주 † 시 123:3

우리에게 은혜를 베푸시고

사랑에 풍성하신 하나님,

찬양예배로 정해주신 시간에, 주님의 집으로 모였습니다. 하나님께서 지키도록 구별해 주신 여호와의 성일에 주님의 존전으로 모였으니, 저희들은 복된 이들입니다. 누릴 수 없음에도 누리고 있는 복을 헤아리면서 찬양으로 하나님을 영화롭게 해드리게 하옵소서.

여호와를 기뻐하면서 예배를 시작합니다. 이 예배로 말미암아 구원을 받은 기쁨을 크게 즐거워하게 하옵소서. 주님의 날을 거룩하게 지킴으로써 안식의 복을 누리는 저희들을 받아주옵소서. 정직한 입술로 감사와 영광이 담겨진 예배를 드리게 하시옵소서.

주님께서 주셨음을 생각하여, 작은 일에도 감사하는 심령으로 만들어 주시옵소서. 비록 바라지 않은 일을 하게 되거나, 어려운 일에 부딪치더라도 감사함으로 받아들이며 살게 하시옵소서.

오늘, 단에 서서 주님의 귀한 말씀을 전하실 목사님에게 신령한 능력과 성령으로 충만케 하시기 원합니다. 주님께서 귀하게 쓰시는 종으로 삼아 주시기 원합니다.

시시때때로 축복을 내리셔서 저를 지켜주시고 건강과 힘을 더하시며, 또한 먹을 것과 입을 것을 주시고, 생활의 모든 안락함과 일용품을 허락하여 주신 은혜 또한 진심으로 감사드립니다.

응답의 보장이 되시는 예수님의 이름으로 기도드립니다. 아멘.

11월 3주 † 추수감사절 | 행 14:17

결실기를 주시는 하나님

추수감사절의 하나님,
주님께서 지으신 모든 민족이 주님 앞에 경배하며 그 이름에 감사를 드립니다. 하나님께서는 지난 한 주간 동안에도 저희들을 능하게 하셨습니다. 우리 주님의 성호를 높이 들며 살게 하셨습니다.

지금, 저희들의 모습을 보니, 악한 행실에 몸을 내어주었던 것을 회개합니다. 겉으로 드러나지는 않으나 마음에 품은 죄악을 용서해 주시옵소서. 예배를 드릴 때 뿐, 언제나 순종에 부족한 저희들이었습니다.

이 시간에, 생명의 말씀이 주는 은혜를 받아 죽음의 지옥불로 뛰어가는 불쌍한 영혼들을 향해서 복음을 외치게 하옵소서. 저희들이 살아가는 자리에서 복음을 전하기를 소원으로 삼게 하시고, 언제나 주님과 동행하도록 이끌어 주시옵소서.

주님의 은혜가 저희들로 하여금 친구가 되게 해 주셨으니, ○○교회에는 언제나 임마누엘로 함께 하시옵소서. 주님의 친구는 주님의 말씀을 지킨다고 하셨으니, 온 성도들이 교회를 중심으로 해서 주님의 뜻을 이루어드리는 아름다운 삶을 살게 하시옵소서.

저희들의 생업에도 복을 내려주셔서 무엇을 먹을까, 무엇을 입을까를 염려하지 않게 하시옵소서. 또한, 선물로 주신 자녀들을 주님의 지혜로 바르게 키우도록 하시옵소서.

기쁨을 주시는 예수님의 이름으로 기도드립니다. 아멘.

11월 4주 ✝ 갈 1:15

그의 은혜로 나를 부르신 이가

    은혜를 주시는 여호와여,
    사랑을 입은 아버지의 자녀들이 나아갑니다. 저희들 모두 함께 거룩한 예배의 자리로 나아갑니다. 오늘은 주님께서 주신 분깃에 따라 살아가던 이들이 하나가 되었습니다. 좋은 날들을 주시고, 형제, 자매의 교제가 있음에 찬송합니다.
    이 시간에, 주님의 손이 되어 헐벗고 있는 이들을 찾지 못한 죄를 고백합니다. 가난하고, 병든 이웃들에게 손을 내어주지 못한 죄를 용서하옵소서. 저희 자신들의 수확에만 마음을 둘 뿐, 이웃을 섬기지 못한 죄를 용서해 주시옵소서.
    하나님의 은혜가 강단을 통해서 흘러 넘쳐 구원의 은혜를 보게 하시옵소서. 저희의 영혼을 죄로부터 구하셨듯이 이 밤에, 목사님의 입술로 전해지는 하나님의 말씀으로 많은 죄인들이 돌아오기 원합니다.
    지난 시간의 삶은 사실, 죄와 허물로 얼룩졌으나 이 밤의 말씀으로 새롭게 해 주시옵소서. 하나님의 말씀을 듣는 자들이 새로운 삶을 살고 주님위해 변화된 삶을 사는 역사로 바뀌었던 사실이 저희들의 고백이 되기 원합니다. 사랑의 역사 유무상통하는 곳에도, 주 예수님의 이름으로 모인 곳에도 부족 된 점은 있었으나 말씀으로 새롭게 된 초대교회의 은혜를 저희들도 체험하게 하시옵소서.
    진리로 붙들어 주시는 예수님의 이름으로 기도드립니다. 아멘.

12월 1주 † 눅 1:46

내 영혼이 주를 찬양하며

임마누엘의 하나님,
　한 해의 삶을 시작하게 하시고, 여기까지 인도하신 사랑을 즐거워합니다. 원근 각처에 흩어져서 살다가 주님의 날에 한 가지로 모였습니다. 자신들의 처소에서 날마다 주님을 섬기던 지체들이 거룩한 날을 맞이하여 주님의 궁정을 찾았습니다. 이 날을 지킨 믿음에 복을 내려주시기 원합니다.
　지금, 저희들은 주의 자녀라 하기에는 너무 초라하여 회개합니다. 저희들의 말과 행실에 주님의 자녀다운 모습이 어디에 있습니까? 용서해 주옵소서. 제자로서의 삶을 다하지 못했으니 용서해 주옵소서.
　지금, 하나님의 말씀을 청종하게 하옵소서. 짧은 시간이지만, 하늘의 말씀으로 심령을 새롭게 하시옵소서. 간절히 바라기는 깨우쳐 주시는 말씀으로 새 교훈을 받게 하시고, 종일 묵상하는 저희들이 되게 하시옵소서. 하나님의 말씀에 대해서, 아멘으로 받고, 순종하려는 감격으로 가슴이 뜨거워지게 하시옵소서.
　대림절의 절기를 맞이하면서, 다시 한 번, 구원은 유일하신 하나님께만 있음을 믿게 하시옵소서. 하나님 외에 다른 신, 다른 곳에는 절대로 구원이 없음을 확신하게 하시옵소서. 하나님께서 아기의 모습으로 세상에 오신 은혜를 감사하며 기도하게 하시옵소서.
　눈물을 닦아주시는 예수님의 이름으로 기도드립니다. 아멘.

12월 2주 † 성서주일 | 딤후 3:17

하나님의 사람으로 온전하게

크고 위대하신 하나님,
주님의 자녀들이 하나, 둘씩 모여서 이 전을 채웠습니다. 주님을 영화롭게 해드리려고 모인 이들에게 찬송을 부르게 하시기 원합니다. 아버지의 사랑으로 죄인이 되었던 저희들을 구원해 주셨으니 감사드립니다.

지금, 성령의 감동으로 깨닫게 해주시는 죄를 고백합니다. 믿음보다는 사람의 생각으로, 하나님의 뜻보다는 자신의 일을 이루기 위해서 동분서주하다가 이 시간에 나왔사오니 용서해 주옵소서.

이 밤에, 지혜롭게 하시는 권면의 말씀으로 성도의 삶을 풍성히 살게 하옵소서. 진리가 주는 복된 생활을 사모하는 말씀을 듣게 하옵소서. 주님의 말씀이 언제나 심령에 머무르기를 원합니다. 말씀의 능력으로 임마누엘의 신앙을 가지고 세상을 이겨나가게 하시옵소서.

하나님의 사랑이 저희들을 거듭나게 해주셨으니, 영원히 찬양을 드리게 하시옵소서. 친히 사랑의 본이 되어 주신 예수님을 따라 사랑으로 살게 하시옵소서.

주님 안에서 드러난 하나님의 사랑이 저의 사랑이 되기 원합니다. 사람의 사랑이 아닌, 하나님의 사랑을 하기 원합니다. 독생자를 내어 주셨던 그 사랑으로 모든 이들을 사랑하게 하시옵소서.

죄에서 구해주시는 예수님의 이름으로 기도드립니다. 아멘.

12월 3주 † 마 1:23

그의 이름은 임마누엘

대대로 찬양을 받으실 하나님,
지금, 하늘의 문이 열려 구원의 은혜와 평강의 복이 넘치게 하신 하나님의 이름에 영광을 드리는 예배가 되게 하옵소서. 주님의 영의로 충만하여 축제의 기쁨으로 예배하게 하옵소서.
하나님의 사랑을 받기에 합당치 못한 저희들의 삶이었기에 이 시간에 주님 앞에 다 내어 놓습니다. 주일을 보낸 후, 사흘 동안의 저희들의 모습은 죄로 더러워졌습니다. 온갖 허물로 얼룩졌습니다. 주님의 보혈로 용서받는 이 시간이 되게 하시옵소서.
하늘에서 내려지는 신령한 말씀으로 저희들을 새롭게 하옵소서. 성령님의 은혜로 자신의 잘못된 것을 버리는 즐거움을 얻을 수 있도록 하옵소서. 저희들의 심령을 지극히 은혜로우신 주님의 놀라우신 말씀으로 채우시옵소서.
성탄절을 기다리는 저희들에게 하나님 앞에서 온전히 서게 하옵소서. 아기 예수님을 경배하기를 사모하며 살게 해주시옵소서.
저희들이 순종 안에서 주님과 함께 살고 주의 사랑 안에서 죽으며, 다시 일어나 주님의 영광 속에서 주님과 함께 영원히 즐거워 할 수 있게 하시옵소서. 저희의 영혼이 주님의 사랑과 뜻에 적합한가를 염려하는 것 외에는 아무 것도 염려하지 말게 하시옵소서.
힘이 되어주시는 예수님의 이름으로 기도드립니다. 아멘.

12월 4주 † 성탄절주일 | 눅 2:13

그 천사들과 함께 찬송하여

  믿음의 주이신 하나님,
  하나님께서 사람으로 오셔서 하나님의 사랑이 저희에게 나타난 것을 감사합니다. "하나님이 세상을 이처럼 사랑하사 독생자를 주셨으니" 감사합니다.
  주님은 인류를 구원하시기 위해 오셨으니, 오늘 성탄절도 구원함에 이르는 날로 삼으시옵소서. 인류를 죄악과 저주로부터 구원하시려고 스스로를 버리신 예수님의 사랑에 감격하게 하시옵소서.
  성탄절에 예수님을 만나 경배하려는 사모의 마음을 주셨음에 찬송합니다. 저희들이 행위를 통해서 아기 예수님께 드릴 예물을 드리지 못함을 고백합니다. 하나님을 행해서, 사람들을 향해서 섬기기를 다하지 못한 죄를 용서해 주옵소서.
  하나님의 말씀으로 저희를 새롭게 하시옵소서. 저희들은 세상으로 보내어지게 하시옵소서. 하나님의 아들이 오셔서 구원을 이루신 이 생명을 아직도 죄 아래 있는 이들에게 전하게 하시옵소서. 거룩한 성탄절이 죽어가는 이들에게 복음을 전하는 날이 되노록 해 주시옵소서.
  성탄절을 기다리던 저희들에게 믿음의 눈으로 예수님을 뵙게 하시옵소서. 주님을 만나 경배하는 성탄절이 되도록 도와주시옵소서. 동방의 박사들이 별을 보고 나섰던 여행길의 경험을 주시옵소서.
  평안을 주시는 예수님의 이름으로 기도드립니다. 아멘.

12월 5주 † 송년주일 | 사 60:1

여호와의 영광이 네 위에

하늘에 계신 아버지여,

주님의 도우시는 은혜로 52주일을 거룩하게 지킬 수 있었습니다. 저물어 가는 한 해, 하나님은 저희들에게 좋으신 아버지셨습니다. 하나님의 손길이 함께 하셨던 그동안의 일들을 감사하게 하시옵소서.

이 시간에, 저희들의 추한 모습을 회개합니다. 주님의 은혜가 임했으니 그만큼 거룩하게, 제물로서의 삶을 살아야 했지만 그렇지 못한 소위를 불쌍히 여겨주옵소서.

한 해를 살아오는 동안에 주님의 말씀이 저희들을 새롭게 하셨으니, 저희들은 말씀에 순종하여 무슨 일을 하든지 말씀의 인도와 기준에 따라 행하게 하시옵소서.

여호와의 이름을 위하여 택하신 자들을 살려내시고, 갖은 환난에서 건져 주셨음에 올려드리는 찬양을 받으시옵소서. 과연, 저의 믿음은 어떠한 지를 달아보는 은혜에 감사드립니다. 늘 자신을 달아보고, 모자란 것을 채우려는 마음을 잃지 않게 하시옵소서.

○○의 권속에게 예수님께 대하여 분명한 신앙을 고백하는 은혜로 지내게 하시옵소서. 저의 믿음이 있음을 고백하고, 그 고백으로 하루를 살아가도록 성령님께서 이끌어 주시기를 빕니다. 저의 시간, 시간이 믿는 자의 삶의 흔적으로 채워지게 하시옵소서.

소망이 되시는 예수님의 이름으로 기도드립니다. 아멘.

03

수요기도회 대표기도

1월 1주 † 시 102:27

무궁한 주의 연대

새해의 첫 시간을 주신 하나님,
새해를 맞아들이게 하시고, 첫째 주간을 살다가 첫 삼일기도회에 나왔습니다. ○○의 권속에게 여호와를 향해서 평생을 노래하려는 마음을 품게 하시옵소서. 때를 따라 도우시는 손길을 찬양하게 하시옵소서.
예수님의 공생애는 저희들이 따라야 하는 모범이었음을 깨닫게 하시니 감사드립니다. 주님의 삶이 저희들의 것이 되어, 그대로 따르는 은혜를 주시옵소서.
○○의 권속에게 삶들과 부딪칠 때, 예수님의 입과 손이 되게 하시옵소서. 성령님의 충만하심에 순종해서 저를 내어드리게 하시옵소서. 주님의 모습이 저를 통해서 재현되어, 복음이 전해지는 은혜를 보게 하시옵소서. 주님의 이름으로 사랑하고, 축복하게 하시옵소서.
지금, 설교를 준비하신 목사님께 힘을 더하셔서 권세 있는 말씀을 선포할 수 있게 하시옵소서. 그 말씀에 의해 더욱 하나님께로 나아가게 하시옵소시.
여태까지 저희들의 삶은 자기 자신을 의지하던 삶이었습니다. 그러나 지금, 하나님만을 의지할 수밖에 없음을 고백합니다. 하나님께 영광을 드리기 원합니다. 빛과 소금이 되는 모습으로 착한 저희들이 되게 하시고, 열매를 맺게 하시옵소서.
생명이 되어주시는 예수님의 이름으로 기도드립니다. 아멘.

1월 2주 † 요 6:38

내 뜻을 행하려 함이 아니요

만유의 주 하나님,
 만유를 다스리시는 하나님의 영원하심에 찬송을 드리니 받으시옵소서. 예배하러 머리를 숙인 지금, 천국의 자녀 됨을 누리면서 하나님과의 만남을 경험하는 복을 누리게 하시옵소서.
 하나님의 말씀에 순종함이 부족했던 지난 사흘 동안의 삶을 회개합니다. 주님의 은혜에 감사함이 게으름을 용서해 주시옵소서. 감사를 새기는 진정한 자세가 되지 못하고 있음을 고백합니다.
 오늘, 선한 목자가 되신 주님께 대하여 사랑해 드리지 못하였음을 회개합니다. 양이 목자를 아는 것처럼 예수님을 알지 못한 죄도 고백합니다. ○○의 권속을 위하시는 최고의 목자로 예수님을 배우게 하시옵소서. 주님의 그 풍성한 사랑으로 살아가기를 빕니다.
 말씀을 들고 단 위에 서신 목사님과 함께 하셔서 능력의 말씀을 전하실 수 있도록 인도해주시옵소서. 그 말씀이 듣는 순간에 저희들의 마음에 새겨지기 원합니다. 저희들의 심령이 뜨겁게 반응되도록 은혜를 내려주시고, 열매를 맺게 하시옵소서.
 자기 백성들에게 선대하심이 날마다 저의 삶에 넘치게 하시고, 여호와의 후대하심을 기다리게 하시니 감사드립니다. 주님의 그 사랑과 은혜로 하나님의 자녀가 된 것에 감사드립니다.
 영원히 사모할 이가 되시는 예수님의 이름으로 기도드립니다.
 아멘.

1월 3주 † 롬 15:32

나로 하나님의 뜻을 따라

주 여호와여,

천국의 자녀 됨을 누리면서 하나님과의 만남을 경험하는 복을 생각합니다. 인생의 죄를 속하시고, 구원의 은혜를 누리게 하셨음에 그 이름을 높여 찬송을 드리게 하시옵소서.

오직 마음을 다 드리는 지금, 감사로 제사하는 저희들이 되어 여호와의 영광을 인정하게 하시옵소서. 그리하여 세상의 일을 위하여 일을 하신 하나님의 손길을 찬양하는 복된 예배로 인도해주시옵소서. 땅을 물 위에 펴시듯이, 그 능력으로 보호해 주셨음에 감사의 찬양을 올려드리니 받아주시옵소서.

○○의 권속에게 하나님의 자비하심으로 은혜를 누릴 뿐이니, 교만하지 않게 하시옵소서. 혹시 저보다 먼저, 예수님을 구주로 영접한 이들에 대하여 똑같이 여기는 교만을 부리지 않게 하시옵소서.

목사님을 세워 말씀을 주시니 감사드립니다. 영생의 말씀으로 저희를 변화시켜 주시옵소서. 말씀이 살아있는 ○○ 교회와 성도가 되도록 인도해주시옵소서.

오늘, 우리 안에서 정직한 영을 창조하시옵소서. 자신을 속이지 아니하는 진실한 마음을 허락하여 주시옵소서. 언제나 예수님의 밝은 빛 가운데서 살아가는 소망의 한해를 저희 모두에게 주시옵소서.

찬송이 되어주시는 예수님의 이름으로 기도드립니다. 아멘.

1월 4주 † 엡 4:22

너희의 심령이 새롭게 되어

　삼일기도회로 불러주시는 하나님,
　인생의 죄를 속하시고, 구원의 은혜를 누리게 하셨음에 그 이름을 높여 찬송을 드리게 하시옵소서. 여호와의 택하신 자가 되어 형통함의 복을 누리고, 하늘나라의 기쁨을 나누어 주시니 참으로 좋습니다.
　저희들에게 예수님을 사모하는 마음을 주시옵소서. 떠오르는 태양을 보며 놀라운 창조주의 섭리를 생각할 때, 그 영광의 주님 앞에 우리들을 참으로 아무것도 할 수 없는 무능한 존재임을 깨닫습니다. 사람이 무엇이 관대 주께서 저희들을 생각하시며 인자가 무엇이 관대 주께서 저를 권면 하시나이까?
　○○의 권속에게 부활에 보증이 되시는 예수님을 사랑하게 하시옵소서. 주님의 부활로, 영생의 보증이 되어주셨음을 확신합니다. 저희들에게 부활의 신앙이 있기에, 죽음도 두려워하지 않게 하심을 믿습니다.
　주님 안에서 이미, 생명의 삶을 누림에 감사드립니다. 이제, 주시는 말씀으로 ○○교회의 권속들이 죄에서 떠나기를 소망합니다. 하나님을 깊게 알고, 또한 넓게 배우기 위해서 열심을 내게 하시옵소서.
　저희들이 우상을 버리고 하나님만 섬기는 믿음의 은혜를 누리게 하시옵소서. 또한 사랑의 수고가 풍성하게 하시옵소서. 하나님을 섬기고, 교회에 봉사할 때, 사랑의 수고로 담당하게 하시옵소서.
　명절의 희락을 더하시는 예수님의 이름으로 기도드립니다. 아멘.

1월 5주 † **행 13:36**

하나님의 뜻을 따라 섬기다가

전지화시고, 전능하신 하나님,
만유를 다스리시는 하나님의 영원하심에 찬송을 드리니 받으시옵소서.
나의 요새가 되시고, 피할 바위가 되어 주셨던 여호와의 품 안에 있기를 사모하게 하시옵소서. 저를 향하신 하나님의 강권하시는 은혜로 예수님의 삶을 사모하게 해 주셨음에 감사드립니다.
○○의 권속에게 집을 나갔다가 아버지의 품으로 돌아온 탕자가 바로 저희들의 모습임을 깨닫게 하시옵소서. 설령, 집을 떠나지 않았어도, 하나님의 뜻을 헤아리지 않았으니 탕자였습니다. 아들을 기다렸다가 반겨주는 아버지를 통해서 하나님의 사랑을 발견하게 하시옵소서.
토기장이와 진흙처럼 하나님은 창조주요 우리는 그의 피조물에 불과함을 고백합니다. 인간이 하나님을 등지고 벗어난다는 것은 있을 수 없으니, 토기장이이신 하나님의 뜻을 이루어드리는 피조물의 사명을 다하게 하시옵소서. 여호와의 영광을 드러내게 하시옵소서.
저희들에게 생명의 말씀으로 은혜를 내려 주시옵소서. 이 밤에 목사님께서 준비하신 말씀을 아멘으로 받으며, 말씀에 순종하고자 하는 다짐이 있기 원합니다. 목사님께서 말씀을 대언하실 때, 저희들의 심령이 뜨겁게 되기를 소원합니다. 그 말씀으로 잠자던 영혼이 깨어나게 하시고, 육을 치우쳤던 생각을 영으로 돌려주시옵소서.
오늘도 친히 인도해주시는 예수님의 이름으로 기도드립니다. 아멘.

2월 1주 † 출 22:23

그 부르짖음을 들으리라

겨울을 이기도록 해주시는 하나님,

모여서 머리를 숙인 저희들에게 마음으로 찬송을 부르게 하시옵소서. 여호와의 이름을 부름이 산 소망이 되게 하시고, 오늘을 살아갈 의지가 되게 하셨음에 감사드립니다. 영과 진리로 예배하게 하시고, 머리를 숙인 권속을 산 제물로 받아주시옵소서.

이 시간에, 주님을 배신한 가룟 유다에 의해서 저 자신을 발견하게 하시옵소서. 세상에서의 유익을 얻으려고, 주님을 배신하고, 믿음을 부인하지는 않았는지요?

○○의 권속에게 세상에 대하여 주님을 내어 준 죄를 회개합니다. 성령님의 들춰내심으로 순간순간마다 세상에서의 유익을 위하여 믿음이 없는 자처럼 행동했던 죄를 고백하기를 빕니다. 주님의 다스리심을 거절하고, 욕정대로 행했던 죄를 고백하게 하시옵소서.

목사님의 설교를 통해서 예수님의 십자가로 죄의 문제가 해결되었음을 확인하게 해주시고, 하늘나라의 백성으로 살아가려는 다짐을 새롭게 하게 다짐하도록 도우시기 원힙니다.

우리의 인생이 영원한 순간적이고 찬란한 곳에 몰두하는 어리석은 생활태도를 버리게 하시고 유한한 우리의 삶 가운데서 영원을 준비하는 목적 있는 삶을 걸어가게 하시옵소서.

생명이 되어 주신 예수님의 이름으로 기도드립니다. 아멘.

2월 2주 † 시 102:1

여호와여 내 기도를 들으시고

영화로우신 주 하나님,
○○의 지체들이 존귀함을 주께 드리니 받아주시옵소서. 환난 날에 부르짖을 때마다 응답하시고, 기쁨의 샘이 터지게 하셨음을 기억하며 감사하게 하시옵소서.

이 시간에, 성전을 정화하신 예수님의 은혜가 제게도 충만하기를 묵상합니다. 하나님께 드려져야 하는 마음의 성전이 세상의 일들로 가득 차있음을 회개합니다.

○○의 권속에게 성전의 의미와 하나님께의 영광에 대하여 새롭게 해 주셨음에 감사드립니다. 하나님께 드려져야 하는 것을 가로채거나 하나님의 이름을 빙자하여 유익을 구하는 일이 강도의 짓임을 깨닫습니다. 저의 마음에서 옛 사람의 행실을 제거해 버리게 하시옵소서.

저희들이 복 있는 사람으로 살기 위하여 자신을 돌아보는 은혜를 주옵소서. 특별히 재물을 통해서 여호와께 영광을 드리지 못하는 모습을 회개하게 하시고, 십일조를 구별하게 하시옵소서. 하나님께서 기뻐하시도록 드림의 삶을 살게 하시옵소서.

기도로 설교를 준비하신 목사님께 힘을 더하셔서 권세 있는 말씀을 선포하시도록 하옵소서. 그 말씀으로 주저앉은 저희들이 다시 일어나는 체험을 주시옵소서.

찬송하게 하시는 예수님의 이름으로 기도드립니다. 아멘.

2월 3주 † 시 77:1

내가 내 음성으로 하나님께

자기 백성을 돌아보시는 하나님,

영원히 다스리시며, 대대로 통치하시는 여호와께 합당한 영광으로 올려드리는 찬양을 홀로 높으신 자리에서 받으시옵소서. 오직 마음을 다 드리는 지금, 감사로 제사하는 저희들이 되어 여호와의 영광을 인정하게 하옵소서. 하나님의 이름을 높이고, 세세무궁토록 영광을 바치는 한 시간이 되게 하옵소서.

성령님께서 원하시는 그대로 쓰여 지는 도구가 되기를 빕니다. 이로써 하나님의 일을 나타내려 하심에 순종하게 하시옵소서. 저에게 주신 것은 모두 하나님의 일을 위해서 드릴 수 있는 은혜를 내려 주시옵소서. 오늘도 사랑하는 백성들에게 풍성한 소출을 주시는 하나님을 찬양합니다. 저희들이 살아가고 있는 삶의 현장에서 30배, 60배, 혹은 100배로 거두게 하시는 여호와의 손길을 바라봅니다.

강단에서 선포되는 말씀을 아멘으로 받게 하시고, 순종을 결단하게 하옵소서. 저희들이 의를 행할 수 있는 진리의 말씀을 반가운 마음으로 청종하게 하시옵소시.

저희들이 풍성해질 때, 감사함을 잊지 않게 하시옵소서. 그리고 하나님의 의를 찾게 하옵소서. 어리석은 농부와 같이 자기 힘으로 얻은 줄 알고 제 뜻대로 살려 하지 않게 하시옵소서.

은혜를 찬송하게 하시는 예수님의 이름으로 기도드립니다. 아멘.

2월 4주 † 삼일절 | 시 33:10

여호와께서 하늘에서 굽어 보사

사랑으로 섭리하시는 하나님,
오늘도 사랑하는 주님의 권속들을 은혜의 자리로 불러 주셔서 영과 진리로 예배하게 하셨으니 영광을 드립니다. 이 밤에는 저희들에게 헌신된 제물로 살아가기를 다시 한 번 다짐하게 하시옵소서.
아침마다 은총이 새롭고, 안연히 살게 하시니 감사드립니다. 이 시간에는 저희 인생들에게 이웃이 되어주신 예수님을 묵상합니다. 저희들이야말로 마귀에게 강도를 만나 죽음에 이른 자들이었습니다.
○○의 권속에게 성령님께 붙들려져서 강도를 만난 자에게 다가가게 하시며, 그에게 이웃이 되는 은혜를 주시옵소서. 나에게 주신 재물과 능력을 도움을 받아야 하는 이에게 베풀게 하시옵소서. 거저 주고, 베풀어서 살려내는 은혜에 드려지게 하시옵소서.
하나님의 사자의 입술에 의해 생명과 진리의 말씀을 듣게 하시옵소서. 하나님의 말씀을 깨우쳐서 저희의 심령을 새롭게 하시옵소서.
눈물과 한숨으로 지내야 했던 이 백성들에게 독립에 대한 몸부림이 있게 하신 하나님이셨습니다. 주님께서 이 민족을 불쌍히 여기신다는 소망을 품고, 독립만세를 외칠 수 있었습니다. 나라와 겨레를 자신들의 몸으로 바꾼 귀한 선조들이 일어나게 하셨던 그 하나님께 예배합니다. 영원히 영광을 드리게 하옵소서.
복 되신 구세주, 예수님의 이름으로 기도드립니다. 아멘.

3월 1주 † 시 22:5

주께 부르짖어 구원을 얻고

봄을 맞이하게 해주시는 하나님,
의인은 종려나무 같이 번성하게 하시는 은혜를 누리고 있음에, 여호와의 이름을 찬미하게 하시옵소서. 영광, 영광, 영광이 되시는 하나님께 찬송을 드려 영원히 그 영광을 선포하게 하옵소서.
○○ 교회의 지체들에게 삭개오가 품었던 소원을 갖게 하옵소서. 예수님을 보고자 하여 뽕나무에까지 올라갔던 그 열정을 저희들에게도 주옵소서. 그 열정으로 주님을 본 삭개오의 성공이 저희들의 것이 되게 하시옵소서.
우리를 부르시는 주여, 신앙의 성공으로 세상을 이기는 은혜를 보게 하옵소서. 돈 밖에 모르던 삭개오가 돈보다도 더 좋은 것, 새 생명을 일게 되있듯이, 저희들에게도 이제끼지 알지 못하던 것을 알게 하옵소서. 천국의 아름다움을 사모하도록 이끌어 주시옵소서.
이 귀한 시간에, 영생에 이르는 진리를 선포하시는 목사님께 능력을 더하여 주시고 저희들은 기쁨으로 받아 순종하게 하시옵소서.
헌신의 의미를 깨닫게 해 주셨음에 감사드립니다. 저희들에게도, 하나님께 드리는 것이 있어서 사람들의 눈에 비쳐질 때, 허비하는 것이 있기 원합니다. 하나님의 뜻이 이루어지고, 하나님께서 취하셔야 하는 영광을 위하여 무엇이든지 제게 있는 것을 드리게 하시옵소서.
영원히 존귀하신 예수님의 이름으로 기도드립니다. 아멘.

3월 2주 † 시 62:1

오직 그만이 나의 반석

자녀를 찾아 모으시는 하나님,
하나님의 사랑을 입은 ○○ 교회의 성도들이 하나님의 이름을 높이는 찬송으로 예배합니다. 수요기도회의 시간을 기억한 지체들이 하나님의 이름에 영광을 드리는 예배가 되게 하시옵소서. 사냥꾼의 올무에서 벗어난 새 같이 지내게 하시며, 여호와 앞에서 자유를 누리게 하셨음에 감사드립니다.
저희들의 모습을 돌아보고 회개합니다. 주님께서는 부활하셨으나, 저희들의 신앙은 부활신앙에 모자람이 있음을 용서해주시옵소서.
예수님께서 예루살렘 성읍으로 들어오시기를 원하셨던 거처럼 저의 심령에도 들어오심에 감사드립니다. 호산나 찬양으로 맞이했던 그들과 같이, 진심으로 주님의 저의 주되심을 찬양하게 하시옵소서. 주님께 받으셔야 할 영광을 드리게 하시옵소서.
오늘의 말씀을 사모하는 마음으로 받아 흠이 없이 여호와의 법대로 살게 하시옵소서. 낙심되었던 마음이 말씀의 힘으로 용기를 갖게 하시고, 진리를 따르는 중에 하나님의 나라를 바라보기 원합니다.
하나님의 것을 하나님 앞에서 사용하지 않아 죄를 짓는 교만함을 물리쳐 주옵소서. 여호와께 구별되어진 그대로 지내 영광은 하나님께 드리고 저희들은 그 기쁨으로 지내게 하시옵소서.
왕의 왕이 되신 예수님의 이름으로 기도드립니다. 아멘.

3월 3주 † 시 33:20

우리 영혼이 여호와를 바람이여

예배를 받으시는 하나님,
 이 시간에, 하늘의 문이 열려 구원의 은혜와 평강의 복이 넘치게 하신 하나님의 이름에 합당한 영광을 드리는 예배가 되게 하시옵소서. 주님의 영으로 충만하여 예배하게 하시옵소서. 이 시간의 예배로 진정 하나님을 만나게 해주옵소서. 생명의 주님이신 예수를 만나도록 이끌어 주옵소서. 영원토록 주님으로 즐거워하는 삶이기 원합니다.
 여호와의 백성으로 삼아주시던 날부터 지켜주시고, 죽을 때까지라도 인도해 주심을 생각하니 그 이름에 무릎을 꿇게 하시옵소서. 죄인을 정죄하지 않고, 사랑으로 받아주시는 예수님을 배우게 하시니 감사드립니다. 그 은혜로 저도 구원을 받았느니 감사드립니다.
 오랜 시간의 신앙생활 속에서 저에게도 남을 정죄하는 버릇이 생겼음을 회개합니다. 혹시 저희들의 고정관념으로 남들을 대하고, 판단했던 경우가 있었다면 용서해주시옵소서.
 설교하시는 목사님께 영력을 더하셔서 생명의 말씀으로 저희들이 배부르게 하여 주시옵소서. 저희들의 잠자는 영혼을 흔들어 깨우는 천국의 소리, 경고의 나팔이 되게 하시옵소서.
 ○○의 권속에게 오늘, 사람들을 대할 때, 정죄하기보다는 측은히 여기는 마음으로 섬기게 하시옵소서.
 세상을 다스리시는 예수님의 이름으로 기도드립니다. 아멘.

3월 4주 † 시 42:11

그가 나타나 도우심으로

우리를 거룩하게 하시는 하나님,
세상을 위하여 일을 하신 하나님의 손길을 찬양하는 복된 예배로 인도해주옵소서. 여호와의 이름 안에서 복락을 누리며 살게 하시고, 예비 된 은택을 다 누리며, 내 하나님은 사랑이시라고 말하게 하시옵소서.
어린 아이를 실족하게 하는 죄에 대한 깨달음을 주셔서 감사드립니다. 소홀히 하기 쉽고, 무시하기 쉬운 것에 대한 새로움을 배웁니다. 어린 아이와 같이 자신을 낮추고, 하나님 앞에서 겸손하게 하시옵소서. 아울러, 저의 부주의로 남을 넘어지지 않게 하시옵소서.
저희들에게 순종을 통하여 주님의 영광을 보는 은혜를 주옵소서. 간절히 구하니, 저희들은 언제나 순종하게 하시옵소서. 순종의 잔이 채워져 기적이 일어나고, 하나님의 복을 누리게 하시옵소서.
여호와의 영광을 나타내심을 이 예배당 안에서 보게 하시옵소서. 목사님께서 준비하신 말씀을 전하실 때, 새롭게 깨닫는 천국의 법도가 되기를 소망합니다. 저희들이 평생에 지키고 따를 약속이 되게 하시옵소서.
자기를 경외하는 자들을 기뻐하시고, 그의 인자하심을 바라는 자들에게 자비를 베푸심에 찬양하오니 영광이 되시옵소서. 이 시간에, 심판의 왕으로 오시는 주님의 재림에 대하여 묵상합니다. 양과 염소를 구별하듯이, 심판하실 주님을 맞이할 준비를 하게 하시옵소서.
늘 함께 하시는 예수님의 이름으로 기도드립니다. 아멘.

성령의 임재를 뜨겁게 경험하는 예배 종합 대표기도문

4월 1주 † 마 27:29

가시관을 엮어 그 머리에

　자기의 양떼를 인도하시는 하나님,
　주일 이후에, 삼일 동안 지냈다가 수요기도회로 모인 지체들에게 경건함과 거룩함으로 예배하게 하시옵소서. 주님의 권속이 거룩한 시간에, 하나님의 은혜를 찬송하게 하시옵소서. 하나님의 이름을 높이고, 세세무궁토록 영광을 바치는 한 시간이 되게 하시옵소서.
　식목일에 즈음해서 이 땅 곳곳에서는 나무를 심는 일이 벌어지고 있습니다. 새 봄을 맞이해서 나무를 심어 황폐한 땅을 푸르게 하려는 때, 저희들의 영혼을 돌아보기 원합니다. 하나님 앞에서 좋은 나무로 심기고, 자라서 아름다운 열매를 맺으려는 소망을 주시옵소서.
　○○의 권속에게 자신의 하루에서 하나님의 일을 이루어드리는 삶이 되게 하시옵소서. 저의 생각이나 행실에서 하나님의 작정과 계획이 드러나기를 사모합니다. 하나님의 뜻을 따름이 세상에 대하여 저 자신을 어렵게 하는 것이라 해도 성령님의 은혜로 감당하게 하시옵소서.
　오늘도, 강단에서 선포되는 말씀으로 갈구하는 심령들이 되기 원합니다. 그 말씀을 생명의 진리로 받아 저희들을 세우고, 순종하게 하시옵소서. 주님께서 말씀하시니 힘을 얻기 원합니다. 주님의 말씀으로 고난도 담대하게 부딪치게 하시옵소서. 말씀을 전하시는 목사님의 성대를 붙들어 주시옵소서. 육신적으로 피곤하지 않게 하시옵소서.
　귀한 보배가 되어주시는 예수님의 이름으로 기도드립니다. 아멘.

4월 2주 † 고난주간 | 요 12:26

사람이 나를 섬기려면

주님의 남은 고난을 따르게 하시는 하나님,

찬양을 받으실 하나님의 이름을 즐거워합니다. 모든 행위에 의로우시고, 자기 백성들의 소원을 만족하게 하심에 하늘에까지 닿도록 올려드리는 찬양을 받아 주시옵소서.

하나님의 아들이 나귀 새끼를 타셨음에서 스스로 보좌를 버리신 예수님을 묵상하게 하시니 감사드립니다. 상전을 바라보는 종들의 눈처럼 여호와의 은혜가 베풀어지기를 기다리게 하시니 감사드립니다. 하나님의 일을 이루어드리기 위하여 저희를 드리려는 마음을 주시옵소서.

예수님의 생애의 의미에 대한 새로 봄의 은혜를 주시옵소서. 예수님께서 사람으로 오셨음은 하나님의 작정에 따라 죄인을 구하시려 함이셨음에 주목하게 하시옵소서.

○○의 권속에게 예수님의 겸손을 나의 것으로 삼는 은혜를 주시옵소서. 만나게 되는 사람들에 대하여 그들보다 낮은 자리에 앉게 하시옵소서. 주님의 이름으로 저를 낮추는 즐거움을 맛보게 하시옵소서. 스스로 대접을 받으러 하던 습관을 기절하도록 도와주시기를 빕니다.

이 시간에, 저희들의 마음이 주님의 말씀으로 향하게 하시옵소서. 세상에 헛된 것들에 팔려 있던 눈을 돌려 선포되는 말씀의 진리를 보게 하시옵소서.

그 앞에 엎드리게 하시는 예수님의 이름으로 기도드립니다. 아멘.

4월 3주 † 고전 15:29O

첫 열매가 되셨도다

부활의 소식을 주신 하나님,

죽은 자 가운데서 다시 살아 잠자는 자들의 첫 열매가 되신 주님께 찬양을 드립니다. 부활하신 주님으로 말미암아 영생의 소망을 갖고 있는 권속들에게 매일 매일 승리하게 하옵소서.

저희들의 삶이 축제가 되게 하시고, 그 영광은 하나님께 드리게 하옵소서. 죄를 이기셨던 능력이 저희들의 것이 되고, 죽음을 이기신 권세를 누리게 하시옵소서.

죽음의 권세를 이기신 주님을 찬송하는 중에, 천국을 사모하게 하옵소서. 세상을 이기는 믿음으로 살게 하시옵소서. 주님의 손의 못 자국을 보지 않고도 믿게 하옵소서. 보지 않고 믿는 믿음의 은혜를 주시옵소서. 부활하신 주님으로 말미암아 부활에의 신앙을 새롭게 하시옵소서.

목사님의 설교를 통해서 예수님의 십자가로 죄의 문제가 해결되었음을 확인하게 해주시고, 하늘나라의 백성으로 살아가려는 다짐을 새롭게 하게 다짐하도록 도우시기 원합니다.

주님의 사랑을 입고 있는 ○○ 교회의 권속들이 말씀을 통해서 하늘에 마음을 두게 하시옵소서. 주님께서 하나님의 아들이요 그리스도인 것을 믿는 고백을 하면서 살아가게 하시옵소서. 여호와 앞에서 존귀한 지체들, 부활신앙의 공동체로 삼아주시옵소서.

우리의 왕, 나의 왕이신 예수님의 이름으로 기도드립니다. 아멘.

4월 4주 † 히 9:28

많은 사람의 죄를 담당하시려고

자비로우신 하나님,
 인생의 고단한 삶을 위로해 주시고, 순간순간 평안으로 이끌어 주시는 여호와를 사랑합니다. 속죄함을 받은 여호와의 자녀들이 그 은총에 감사하여 찬송을 드리게 하시옵소서.
 이 복된 자리에서, 저희들에게 새 생명을 주신 여호와를 예배할 대, 영과 진리로 예배하게 하시옵소서. 저희들을 사랑하신다는 주님의 약속은 확실하여 이 밤에도 말씀을 그리워하게 하옵소서.
 날마다 기쁨이 되어 주시고, 여호와의 이름으로 종과 종의 가족을 번창하게 하신이 감사드립니다. 자기의 종들에게 므나를 맡기고 왕위를 받으러 떠난 귀인의 이야기에서 예수님을 묵상합니다. 주님께서 저에게 맡기신 므나라는 이름의 은혜와 사명에 대하여 충성스럽게 감당하게 하시옵소서.
 목사님의 입술을 사용하여 들려주시는 말씀을 청종하게 하시옵소서. 생명의 말씀을 받아 마음의 판에 새기도록 하시옵소서.
 ○○의 권속에게 주님께로부터 받은 사랑을 많이 남기는 한 날이 되기를 빕니다. 또한, 성령님께로부터 받은 은사를 남기는 한 날이 되게 하시옵소서. 주님의 사랑을 가지고, 복음을 전하고, 생명을 구원하는 일에 충성을 다하게 하시옵소서.
 믿는 자들을 구속하신 예수님의 이름으로 기도드립니다. 아멘.

4월 5주 † 사 25:9

우리는 그의 구원을 기뻐하며

하늘에 계신 하나님,

마음의 두 손을 들고 높으신 하나님의 이름을 찬송합니다. 오늘도 사랑하는 주님의 권속들을 은혜의 자리로 불러 주셔서 영과 진리로 예배하게 하셨으니 영광을 드립니다. 베풀어 주시는 신령한 식탁으로 인해 천국 잔치의 기쁨을 누리는 한 시간이 되게 하시옵소서.

전심으로 여호와를 사랑하고, 그의 인도하심을 즐거워하는 날들이 되게 하셨음에 찬미의 제사로 나아가게 하시옵소서. 제자들과 산에 오르셨을 때, 예수님의 모습이 변형되고, 하나님의 아들의 영광이 나타남에 대한 말씀을 묵상하게 하시니 감사드립니다.

○○의 권속에게 예수님이 하나님의 아들이심을 더욱 확실히 믿는 감동의 은혜를 소망합니다. 성령님의 감동으로 주님의 메시야 되심을 더욱 뜨겁게 믿는 하루가 되기를 빕니다. 저의 생활에서 주님을 하나님의 아들로 믿는 증거가 나타나게 하시옵소서.

강단에 목사님을 세우셔서 천국의 음성을 듣게 하셨습니다.

저희 성도들 중에, 힘들게 지내시는 분들을 위해 산구합니다. 사람의 힘으로는 어찌해 볼 도리가 없이 지내는 이들에게 여호와의 구원하심을 보여주옵소서. 성전 문 앞의 앉은뱅이가 주님이 이름으로 일어났던 은혜를 이 시간에 저희들도 경험하게 하시옵소서.

보좌 앞으로 불러주시는 예수님의 이름으로 기도드립니다. 아멘.

5월 1주 † 마 21:16

어린 아기의 입에서 나오는 찬미

꽃들의 계절을 주신 하나님,
　이 땅의 어린이들을 사랑하시는 하나님을 찬양합니다. 하나님은 모든 이들의 아버지가 되셔서 저희들을 돌보아 주셨습니다. 그 보호하심과 은혜로 살았던 주님의 자녀들이 여화의 이름을 부르러 모였습니다.
　○○의 성도들이 어린이를 사랑하시는 여호와의 은혜를 기리기 원합니다. 그 이름을 불러 하나님은 어린이들의 아버지이심을 곳곳에 선포하기를 원합니다. 우리에게 선물로 주신 어린아이들을 키워주시는 하나님께 감사를 드립니다.
　어린이를 사랑하시며 어린이와 같이 되라고 교훈하신 주님을 사랑합니다. 참 아름다운 세상을 창조하시고 그 아름다움을 느끼기에 족한 어린이들을 보면서 하나님의 이름을 높여드립니다.
　하나님의 말씀에 생명이 있음을 믿도록 믿음을 주시옵소서. 목사님께서 전해주시는 말씀을 믿음으로 받고, 그대로 믿어지게 하시옵소서.
　저희들에게 사랑으로 가정을 이루게 하시고 사랑하는 자녀를 주시니 감사드리나이다. 여호와의 은혜가 거룩하게 구별해주신 저희 가정에 나타나기를 소망합니다. 부모와 자녀들이 신앙으로 가정의 기초를 두고 있음에 감사드립니다. 어린이들이 있음에 기뻐하면서 하나님을 영화롭게 해드리는 예배가 되게 하시옵소서.
　능력과 권세로 다스리시는 예수님의 이름으로 기도드립니다. 아멘.

5월 2주 † 골 3:20

모든 일에 부모에게 순종

주 여호와여,

저희들에게 부모를 공경하며 지내게 하셨음을 감사하면서 이 시간에 나옵니다. 수요기도회로 모인 ○○의 지체들이 하나님께 영광을 드리게 하시옵소서. 하나님을 예배함에서 저희들의 삶이 시작되어지게 하시옵소서. 하나님의 영광으로 이 자리를 들러주시옵소서.

자유스러운 몸과 사랑하는 부모님 그리고 가족의 단란함을 통하여 하나님께 감사하지 못한 죄를 회개합니다. 여러 가지의 일들 속에서 하나님의 도우심을 기억하지 못하고 지나쳤음을 용서해주시옵소서. 가정에서 여호와의 영광을 구하게 하시옵소서.

목사님께서 말씀을 전하실 때, 성령님의 강력한 능력이 강단에 나타나기를 원합니다. ○○의 성도들은 모두 잠잠히 듣게 하시옵소서. 어버이주일을 지키고 있는 저희에게 말씀이 주는 은혜와 깨달음을 통해서 지나온 삶을 돌아보게 하시옵소서.

하나님의 자비하심으로 저희들의 가정이 복되고, 형통한 은혜를 보게 하시옵소서. 자녀들은 부모를 공경하고, 부모는 자녀들을 축복하는 저희가 되기 원합니다. 저희의 삶에서는 진리의 말씀과 번성케 하시는 은혜로 범사에 잘 되는 것을 보게 해주시옵소서. 여호와의 능하신 손으로 구원하실 것을 바라며 살아가도록 복을 더하시옵소서.

가족의 구원이 되시는 예수님의 이름으로 기도드립니다. 아멘.

5월 3주 † 행 10:2

온 집안과 더불어 하나님을

  거룩한 시간을 주신 하나님,
  황혼의 지금, 하늘에 계신 아버지께 영원히 찬송을 드리며 예배하는 신령한 시간이 되게 하옵소서. 생명과 빛으로 오신 주님을 즐거워하면서 예배의 자리로 나아가기 원합니다. 영과 진리로 예배하게 하시고, 산 제물로 받아주시옵소서.
  이 시간에, 예배하는 중에 ○○ 교회의 권속들에게 하나 되는 은혜를 주시옵소서. 먼저, 기도로 마음과 마음이 하나가 되어 간구하는 공동체가 되게 하시옵소서. 이 거룩한 자리에 주님의 나라가 이루어지고, 대속의 은혜를 입은 자들이 찬송을 드립니다.
  목사님께서 말씀을 전하실 때, 강단에 기름을 부으심이 있기를 원합니다. 말씀을 받는 저희에게는 그 명령에 순종하고, 하나님의 은혜를 구하게 하시옵소서. 하나님께서 ○○ 교회를 세우시고, 이 지역에서 생명을 살리는 방주가 되기를 기대하시는 일을 감당하게 하시옵소서. 성령님의 도구로 쓰임을 받은 지체들이 되게 하시옵소서.
  성령님이시여, 약속하신대로 저희들의 심령에 임하시기를 원합니다. 저희들을 불쌍히 여기사 단비 같이 부어 주시옵소서. 간절히 기다리는 심령에 베풀어 주시옵소서. 거룩하신 성령님과 주님의 기쁨으로 ○○의 지체들을 소생시켜 주실 것을 믿습니다.
  삼가 겸손히 서게 해주시는 예수님의 이름으로 기도드립니다.
  아멘.

5월 4주 † **잠 3:1**

미더워라 주의 가정

　나의 주, 나의 하나님,
　교회를 통해서 나타나는 주님의 권세를 찬송하면서 이 밤에 영광을 드리게 하시옵소서. 영과 진리로 예배하는 지금, 이 자리에 모인 무리들에게 경건함과 거룩함으로 예배하게 하시옵소서. 생각과 마음을 모아서 여호와를 공경함으로써 예배하는 저희들로 삼아주시옵소서.
　은혜를 베푸셔서 복을 주시고, 여호와의 얼굴빛이 저에게 있음을 즐거워하니 내 하나님은 복의 근원이시라고 말하게 하시옵소서. 주위의 제지에도 굽히지 않고, 소리쳤던 맹인들의 간절함을 묵상합니다. 그들의 간절함이 저의 것이 되도록 은총을 내려 주시옵소서.
　○○의 권속에게 맹인의 눈을 뜨게 해 주신 예수님에 의해서 저를 봅니다. 영적으로 맹인이었던 제가 천국을 보도록 눈을 뜨게 해주셨습니다. 천국을 보게 된 자로서, 다시는 영적 맹인의 삶을 살지 않도록 하시옵소서. 오직 천국을 바라보면서 살아가게 하시옵소서.
　온갖 미혹된 말들이 넘쳐나는 세상에서 복음을 외치는 삶을 다짐하게 하시옵소서. 지금도 저희들의 귀에 세상의 타락으로 말미암은 신음, 죽음의 소리가 들려옵니다. 이들을 위해 기도하고, 복음을 전하는 용감한 저희들이 되게 하시옵소서. 이제, 저희들은 새롭게 되어, 새해에는 주님의 인자하심을 드러내게 하시옵소서.
　새 은혜를 입게 하시는 예수님의 이름으로 기도드립니다. 아멘.

6월 1주   † 출 15:1

그는 나의 하나님이시니

　우리 민족과 함께 하시는 하나님,
　이 밤에도 ○○ 교회가 여호와께 사랑을 받는 공동체임에 감사합니다. 사랑을 받는 권속들이 다 나와 찬양으로 영광을 드리게 하시니 감사합니다. 그 사랑과 은혜로 겸손히 예배하는 저희들이 더욱 하나님께 영광이 되게 하시옵소서.
　자기 자녀를 사랑하시는 은혜로 늘 도움이 되시고, 황급한 일을 만났을 때, 여호와의 이름 아래로 피하게 하셨음에 감사드립니다. 지금, 성령님의 충만하심으로 하나님께 대하여 깨어있어야 함을 묵상합니다. 우리 주님의 뜻을 따름에 대하여 새롭게 합니다.
　오늘의 말씀으로 저희를 새롭게 지어 주시기를 소망합니다. 간절히 사모하는 중에 구원의 은혜를 맛보게 하시옵소서. 저희들에게 명하신 말씀들에 순종하는데 충성을 다해서 반석 위에 세워지게 하시옵소서.
　○○의 권속에게 여호와 앞에서 오직 성령님의 충만을 구하게 하시옵소서. 언제라도 하나님의 뜻을 놓치지 않으셨던 예수님의 모습이 바로 저의 삶이 되게 해 주시기를 빕니다.
　아버지 앞에서 거룩한 자녀의 삶을 살아드리는 자녀 된 충성을 보이게 하시옵소서. 저희들에게 명하신 말씀들에 순종하는데 충성을 다해서 반석 위에 세워지도록 도와주시옵소서.
　모임 중에 계시는 예수님의 이름으로 기도드립니다. 아멘.

6월 2주 † 욜 2:28

내 영을 만민에게 부어 주리니

하나님 아버지,
 주님의 함께 하심으로 언제나 죄를 거절할 수 있게 하시니, 좋으신 주님을 찬양합니다. 언제나 예수님의 품 안에서 지낼 수 있도록 도와주시옵소서. 하나님의 사랑을 찬양하며 지내게 하옵소서.
 교만한 자를 물리치시고 겸손한 자에게 은혜를 주시는 하나님이심을 고백합니다. 지금, 저희들이 주님께로부터 사랑을 받는다하여 영적으로 교만해지지 않게 하시고, 또한 게으름을 피우지 않게 하시옵소서.
 나이를 먹어 다시 어린 아이로 돌아갈 수 없으나, 하나님 앞에서는 늘 어린 아이가 되게 하시옵소서. 예수님의 만져 주심을 바라서 예수님께 달려오기를 좋아하였던 어린이의 마음으로 저희의 가슴을 채워 주시옵소서.
 시험에 들지 않게 하시고, 죄악 된 세상에서 유혹을 이기며 살게 해주시는 하나님께 찬송으로 영광을 드립니다. 여호와 앞에서 거룩해지기 위해서 복음과 함께 고난을 받음을 두려워하지 않게 하시옵소서. 저희들 각 사람이 거짓이 없는 믿음으로 세워지도록 이끌어 주시옵소서.
 병이 든 이들을 위해서 기도에 뜨거운 교회, 가엾은 이들을 위해서 긍휼의 손길로 섬기는 교회가 되게 하시옵소서. 주님께로부터 거저 받았으니, 거저 베푸는 저희들이 되게 하시옵소서.
 마음을 드리게 하시는 예수님의 이름으로 기도드립니다. 아멘.

6월 3주 † 고전 2:10

하나님의 깊은 것까지도

  복의 근원이신 하나님,
  여호와의 이름이 저에게 가까워 감사하게 하시며, 그 이름의 권세와 능력으로 보호를 받으니 찬미의 제사로 나아가게 하시옵소서. 주님이시면서도 제자들을 섬기셨던 예수님께서, 저희들의 교만을 통렬하게 깨뜨리시는 은혜를 봅니다. 다스려 주시옵소서.
  ○○의 권속에게 성령님의 강권하시는 은혜로 자만이라는 다리를 꺾어 주시옵소서. 우쭐대기를 즐거워하는 고약함을 다스려 주시옵소서. 하나님의 은혜를 나타내시려고, 자기를 낮추신 예수님의 마음을 저의 것으로 삼게 하시옵소서.
  이 나라와 민족을 지켜주시는 은혜가 새로운 시간입니다. 한국전쟁으로 하나이어야 하는 민족이 서로의 가슴에 총부리를 겨누고, 금수강산에 피가 뿌려졌던 땅이었음을 기억해주시옵소서. 인간의 욕심이 전쟁을 불러오고, 그 전쟁으로 수많은 형제들이 피를 흘렸습니다.
  하나님의 은혜를 알기에 이웃을 대할 때, 긍휼히 여김으로 섬기게 하시고, 주님의 이름으로 대접하는 저희들이 되기 원합니다. ○○교회의 권속들이 은혜의 사람들이 되어, 섬기게 하시옵소서.
  이로써 나라와 민족을 향해 그리스도의 사랑을 전하는 저희들이 되게 하시옵소서. 이 민족을 위해서 기도하기를 쉬지 않게 하시옵소서.
  온 몸과 마음을 받으시는 예수님의 이름으로 기도드립니다. 아멘.

6월 4주 † 출 19:6

제사장 나라가 되며

우리 민족을 위하시는 하나님,

언제까지나 선하시며, 자기의 자녀들에게 은혜로 아름다움이 되시는 여호와의 이름에 올려드리는 찬양을 받으시옵소서. 저에게도 예수님이 나의 주님이시며, 하나님의 아들이 되어 주셨음에 감사드립니다. 성경의 말씀대로 주님을 섬기게 하시옵소서.

○○의 권속에게 예수님을 주로 고백하고, 즐거워하며 지내는 한 날이 되기를 빕니다. 저의 믿음이 성경의 말씀에서 비롯되며, 신앙의 내용이 성경의 진리 안에서 증명이 되게 하시옵소서.

6. 25의 한국전쟁을 기억합니다. 전쟁의 아픔을 갖고 있는 이 백성을 위로해 주시기를 원하는 저희에게 하늘의 위로를 경험하게 하시옵소서. 저희를 영화롭게 하시고, 나라와 민족을 위하여 기도하는 삶을 소중히 여기게 하시옵소서.

목사님의 말씀을 통해서 저희 ○○ 교회의 권속들이 들어야만 하는 생명의 말씀이 선포되기를 간절히 원합니다. 그 말씀을 붙잡고, 저희들이 천국에 가서 상급을 받고, 면류관을 받으며, 영원한 복을 누리는 소망으로 충만하게 하시옵소서.

예수님께서 저의 죄 때문에 제물이 되어 주셨고, 하나님을 아버지라 부르게 하셨으니 그 사랑에 감격하며 살게 하시옵소서.

엎드려 경배하게 하시는 예수님의 이름으로 기도드립니다. 아멘.

7월 1주 † 행 4:17

하늘로부터 비를 내리시며

　맥추감사절의 계절을 주신 하나님,
　여기까지 인도해주신 하나님의 은혜를 즐거워합니다. 그 사랑에 응답하여 이 시간의 예배로 찬양을 드리게 하시옵소서. 지금, 하늘의 문이 열려 하나님의 이름에 영광을 드리는 종들로 삼아주시옵소서.
　오늘도 사랑하는 백성들에게 풍성한 소출을 주시는 하나님을 찬양합니다. 저희들이 살아가고 있는 삶의 현장에서 30배, 60배, 혹은 100배로 거두게 하시는 여호와의 손길을 바라봅니다.
　저희들의 손에 첫 수확물이 들려졌음에 감사드립니다. 땅은 기름지고, 골짜기마다 비가 내려 농부가 소산물의 즐거움을 누리듯이, 저희들에게도 거두게 하심에 따라 감사하는 무릎을 꿇었습니다. 풍성함을 이웃들과도 나누게 하시옵소서.
　하나님의 말씀을 사모합니다. 강론하실 목사님께 성령님의 능력을 더하여 주시옵소서. 그 말씀에의 응답으로 ○○의 성도들이 하나님의 품에서 자라는 일에 날로 더 열심을 내고 부지런해지게 도와주시기 원합니다.
　저희들이 풍성해질 때, 감사함을 잊지 않는 ○○의 권속으로 삼으시옵소서. 그리고 하나님의 의를 찾게 하옵소서. 어리석은 농부와 같이 자기 힘으로 얻은 줄 알고 제 뜻대로 살려 하지 않게 하시옵소서.
　맥추감사절을 주신 예수님의 이름으로 기도드립니다. 아멘.

7월 2주 † 시 141:1

내가 주를 불렀사오니 속히 내게

영화로우신 하나님,

이 복된 자리에서, 저희들에게 새 생명을 주신 여호와를 예배할 때, 영과 진정으로 예배하게 하옵소서. 구원의 하나님께 예배드림이 마음을 다하고, 뜻을 다하는 은혜가 되게 하옵소서. 오늘 받을 기도의 응답으로 풍성하게 하시옵소서.

돌아보니, 저희는 못된 행실을 고치려 하지 않았고, 죄를 지을 생각도 고의로 버리지 않았던 악함의 삶이었습니다. 육신이 연약하고 믿음이 부족하다는 핑계로 주님의 말씀대로 살지 못해서 허물뿐이니 용서해주시옵소서.

오늘도, 여호와께서 나의 주가 되셔서 함께 하시고, 원수의 세력들로부터 보호해 주시니 감사의 무릎을 꿇게 하시옵소서. 오직 마음을 다 드리는 지금, 감사로 제사하는 저희들이 되어 여호와의 영광을 인정하도록 이끌어 주시옵소서. 하나님의 이름을 높이고, 세세무궁토록 영광을 바치는 한 시간이 되게 하시옵소서.

기도로 설교를 준비하신 목사님께 말씀의 기름을 부어 주시옵소서. 힘을 더하셔서 권세 있는 말씀을 선포하시도록 하옵소서. 저희에게는 진리의 영으로 충만하게 하셔서 풍성함을 누리게 하시옵소서. 그 말씀으로 주저앉은 저희들이 다시 일어나는 체험을 주시옵소서.

그 이름으로 모이게 하신 예수님의 이름으로 기도드립니다. 아멘.

7월 3주 † 마 28:20

분부한 모든 것을 가르쳐

　날을 구별하고, 시간을 지키게 하시는 하나님,
　하나님의 거룩하신 곳에서 할렐루야 찬송으로 영광을 드립니다. 오늘도 사랑하는 주님의 권속들을 은혜의 자리로 불러 주셔서 영과 진리로 예배하게 하셨으니 영광을 드립니다. 베풀어 주시는 신령한 식탁으로 인해 기쁨을 누리는 한 시간이 되게 하시옵소서.
　○○ 교회의 성도들에게 온유의 생활에 힘쓰게 하시옵소서. 저희를 구원해 주시기 위하여 예수님께서 십자가에 달려 죽으심을 감사 드립니다. 주님께서는 저의 구원을 위하여 자신의 몸을 내어 주셨습니다.
　우리 ○○의 강단에 기름을 부어 주시옵소서. 말씀을 듣고 서신 목사님께서 말씀의 영으로 충만하게 하시옵소서. 저희에게는 하나님의 말씀에 응답하여 그 명령을 충실히 지켜 하나님의 자녀로서 영화롭게 살고자 다짐하게 하시옵소서.
　저희에게는 날마다 하나님의 말씀을 한 마디의 버림도 없이 다 지켜서 행할 수 있도록 은혜를 내려 주시옵소서. 그리고 하나님의 저희들을 향하신 뜻과 의도하심에 대하여 깨닫게 하시옵소서.
　자신의 희생으로 온유를 가르쳐 주신 예수님을 기억하면서 살기를 원합니다. 스스로 온유의 본이 되신 예수님을 따르게 하옵소서. 저희들의 손과 발을 통하여 주님의 온유가 나타나기 원합니다.
　하늘 위에 계신 예수님의 이름으로 기도드립니다. 아멘.

성령의 임재를 뜨겁게 경험하는 예배 종합 대표기도문

7월 4주 † 출 33:13

주의 목전에 은총을 입었사오면

사랑으로 우리를 받아주시는 하나님,

오늘도 사랑하는 주님의 권속들을 은혜의 자리로 불러 주셔서 영과 진리로 예배하게 하셨으니 영광을 드립니다. 저희들에게 헌신된 제물로 살아가기를 다시 한 번 다짐하게 하시옵소서.

이 시간에, 하늘의 문이 열려 구원의 은혜와 평강의 복이 넘치게 하신 하나님의 이름에 합당한 영광을 드리는 예배가 되게 하시옵소서. 주님의 영으로 충만하여 축제의 기쁨으로 예배하게 하시옵소서.

이 시간의 예배로 진정 하나님을 만나게 해주옵소서. 생명의 주님이신 예수를 만나도록 이끌어 주옵소서. 영원토록 주님으로 즐거워하는 삶이기 원합니다.

목사님께서 들려주시는 말씀을 참으로 귀하게 여기며, 그 말씀을 사랑하기를 소망합니다. 온 성도들과 ○○ 교회가 그 교훈을 따름으로써 하나님께 영광을 드리게 하시옵소서. 그리하여 세속적이고 유혹적인 음란과 오색에서 돌이켜 거룩하게 살기에 힘을 쓰게 하시옵소서.

여호와의 시간을 허랑방탕한 것으로 낭비하지 않게 하시고, 주신 재물을 더럽고 추한 것에 사용하지 않게 하시옵소서. 하나님의 것을 하나님 앞에서 사용하지 않는 교만함을 물리쳐 주시고, 여호와께 구별되어진 그대로 지내 영광을 하나님께 드리게 하시옵소서.

복이 되신 구세주, 예수님의 이름으로 기도드립니다. 아멘.

7월 5주 † 잠 12:2

선인은 여호와께 은총을 받으려니와

만유의 주관자가 되시는 하나님,
 여호와의 이름을 찬양하기를 사모하고, 예수님의 삶을 묵상하면서 진리로 새롭게 해 주시니 감사드립니다. 성령님의 임재 안에서 거룩하기를 소원하며 살게 해주시옵소서.
 날씨가 무더워서 나른해지고, 게으름의 유혹에 빠지고 말았습니다. 나태하기 쉬운 계절에, 긴장하지 못하고 게을렀음을 용서해주시옵소서. 뜨거운 햇볕과 같은 은혜로 저희들의 심령을 지켜주시옵소서.
 사람들의 죄악으로 말미암아 사람이 지은 성전을 거절하시는 하나님을 깨닫도록 인도해주시옵소서. 하나님의 진노로 세상에 심판이 내려질 때, 미혹되지 않도록 더욱 자신을 지키는 은혜를 내려 주시옵소서. 바르게 분별해서 믿음에서 떠나지 않도록 지켜 주시옵소서.
 오늘도 시간을 놓치지 않고, 여호와의 이름을 부르게 하셨음에 감사드립니다. 저의 입술에 구할 말을 넣어주셔서 부르짖게 하시니 간절한 마음으로 여쭙니다.
 토기장이와 진흙처럼 하나님은 창조주요 우리는 그의 피조물에 불과함을 고백합니다. 인간이 하나님을 등지고 벗어난다는 것은 있을 수 없으니, 토기장이이신 하나님의 뜻을 이루어드리는 피조물의 사명을 다하게 하시옵소서. 여호와의 영광을 드러내게 하시옵소서.
 존귀하신 주, 예수님의 이름으로 기도드립니다. 아멘.

성령의 임재를 뜨겁게 경험하는 예배 종합 대표기도문

8월 1주 † 요 15:5

나를 떠나서는 너희가

   여름을 살게 하시는 하나님,
   주일이 지나고 사흘 동안, 하나님의 품에서 지내왔습니다. 여호와께서 온 땅의 하나님이 되시며, 그 다스리심을 즐거워하게 하시니 경배를 받으실 이름 앞에 무릎을 꿇게 하시옵소서. 영광, 영광, 영광이 되시는 하나님께 찬송을 드려 영원히 그 영광을 선포하게 하옵소서.
   수요기도회로 모인 ○○ 교회의 지체들에게 삭개오가 품었던 소원을 갖게 하옵소서. 예수님을 보고자 하여 뽕나무에까지 올라갔던 그 열정을 저희들에게도 주옵소서. 그 열정으로 주님을 본 삭개오의 성공이 저희들의 것이 되게 하시옵소서.
   우리를 부르시는 주여, 신앙의 성공으로 세상을 이기는 은혜를 보게 하옵소서. 돈 밖에 모르던 삭개오가 돈보다도 더 좋은 것, 새 생명을 알게 되었듯이, 저희들에게도 이제까지 알지 못하던 것을 알게 하옵소서. 천국의 아름다움을 사모하도록 이끌어 주시옵소서.
   이 시간에도, ○○의 강난에 기름을 부어주시옵소서. 말씀을 준비하시고 강단에 오르신 목사님께 진리의 영이 충만하시기를 소원합니다. 그에게 기름 부으심을 주시옵소서.
   주님만이 저희들에게 의미가 됩니다. 사랑하는 권속에게 하나님 중심, 교회 중심, 말씀 중심의 신앙을 오늘도 다짐하게 하시옵소서.
   영원히 섬길 예수님의 이름으로 기도드립니다. 아멘.

8월 2주 † 광복절 | 겔 37:23

그들의 하나님이 되리라

우리 민족을 사랑하시는 하나님,
원근 각처에서 각자에게 주어진 인생이라는 삶의 길을 가던 저희들이 다시 모였습니다. ○○의 지체들이 하늘로부터 받은 은총을 감사하는 예배의 한 시간이 되게 하시옵소서. 하나님의 사랑을 입은 ○○ 교회의 성도들이 하나님의 이름을 높이는 찬송으로 예배합니다.
저희들의 모습을 돌아보고 회개합니다. 주님께서는 부활하셨으나, 저희들의 신앙은 부활신앙에 모자람이 있음을 용서해 주시옵소서.
하나님은 언제나 자기 백성들을 사랑하시기 때문에 성도들의 눈물어린 기도를 들어 주신 하나님이심을 오래오래 기억하기 원합니다. 이 나라를 사랑하사, 오늘은 우리나라가 해방의 기쁨을 맞이한 지 ○○ 년이 되는 해입니다. 그럼에도 불구하고, 이 해방을 주신 하나님께로 돌아오지 않고 있는 이들이 많이 있어 안타깝습니다.
부활하신 주님으로 말미암아 영생의 소망을 갖고 있는 권속들에게 매일 매일 승리하게 하옵소서. 저희들의 삶이 축제가 되게 하시고, 그 영광은 하나님께 드리게 하옵소서. 죄를 이기셨던 능력이 저희들의 것이 되고, 죽음을 이기신 권세를 누리게 하시옵소서.
죽음의 권세를 이기신 주님을 찬송하는 중에, 천국을 사모하게 하옵소서. 세상을 이기는 믿음으로 살게 하시옵소서.
왕의 왕이 되신 예수님의 이름으로 기도드립니다. 아멘.

8월 3주 † 요일 1:7

우리도 빛 가운데 행하면

사모하게 하시는 하나님,

여호와의 위대하심을 찬송합니다. 예수님 안에서 하나님과 새로운 가족이 되게 하신 뒤부터 지금까지 지켜 주셨습니다. 거룩한 시간에, 세상을 위하여 일을 하신 하나님의 손길을 찬양하는 복된 예배로 시간으로 만들어 주시옵소서.

저희들에게 순종을 통하여 주님의 영광을 보는 은혜를 주옵소서. 여호와의 영광을 나타내심을 이 예배당 안에서 보게 하시옵소서. 이 교회로부터 주님의 영광이 흘러 세상을 덮게 하시옵소서.

간절히 구하니, 저희들은 언제나 순종하게 하시옵소서. 순종의 잔이 채워져 기적이 일어나고, 하나님의 복을 누리게 하시옵소서.

생명의 말씀을 주시려고 목사님을 단에 세워주셨습니다. 설교하시는 목사님께 영력을 더하셔서 생명의 말씀으로 저희들이 배부르게 하여 주시옵소서. 목사님께서 말씀을 강도하실 때, 미쁘게 듣는 귀를 갖게 하시옵소서. 그 말씀을 받아 그대로 지키겠다는 각오를 주시옵소서.

○○의 권속에게 저희들의 시간에 예수님을 모셔 들이게 하시옵소서. 주님을 대접해 드리고, 주님의 말씀도 듣는 시간이 되기를 빕니다. 그 은혜로 회개에 따르는 행동을 하게 하시옵소서. 미워한 사람에게 용서를 구하고, 상처를 준 사람을 찾아가서 화해하게 하시옵소서.

세상의 임금이신 예수님의 이름으로 기도드립니다. 아멘.

8월 4주 † 엡 3:17

그리스도께서 너희 마음에

사랑에 넉넉하신 하나님,

여호와께서 때때로 원통함을 풀어주시고, 사랑을 입은 자녀들에게 넘치도록 위로하시니 찬미의 제사로 나아가게 하시옵소서. 성령님의 충만하심으로 하나님께 드림의 은혜를 맛보게 하시니 감사드립니다. 가난한 여인의 헌금은 바로 주님의 모습이었음을 깨닫습니다.

저희들도 유두고와 같이 신앙적으로 졸 때가 많음을 고백합니다. 세상의 여러 가지 일들로 분주하여 졸게 되는 것을 고백합니다. 그러나 그때마다 잠에서 깨게 하시는 성령님의 은혜에 감사합니다.

저희들이 육신적인 일을 도모하다 지칠 때, 새롭게 하시는 은총을 보게 하시옵소서. 약할 때, 도리어 강하게 해주시는 여호와의 손길을 누리게 하시옵소서.

생명의 말씀을 주시려고 목사님을 단에 세워주셨습니다. 목사님께서 말씀을 강도하실 때, 미쁘게 듣는 귀를 갖게 하시옵소서. 그 말씀을 받아 그대로 지키겠다는 각오를 주시옵소서. 하나님의 자비하심으로 은혜의 길을 열어 주셨음에 감사하며 간구하게 하시옵소서.

○○의 권속에게 자기의 몸을 하나님의 뜻을 위하여 드린 주님의 삶을 자기의 것으로 여기게 하시옵소서. 가난한 여인의 자신의 모든 것을 드렸듯이, 제게 있는 모든 것을 드리는 복을 누리게 하시옵소서.

자기 백성에게 항상 계신 예수님의 이름으로 기도드립니다. 아멘.

9월 1주 † **사 41:10**

내가 너와 함께 함이라

위대하고 강하신 하나님,

은총을 베풀어주시고, 날마다 하나님이 되어 주셨음을 인하여 찬양합니다. 수요기도회에 나온 ○○의 권속에게 하나님의 이름을 높이고, 세세무궁토록 영광을 바치는 한 시간이 되게 하시옵소서.

흑암과 사망의 그늘에서 건져 주시고, 여호와의 인자하심으로 아침마다 풍족하게 하셨으니 좋습니다. 하나님 앞에서 살아가는 삶에 대한 교훈을 받게 하시니 감사드립니다. 예수님께서 다시 오실 때, 의인의 편에 서는 은혜를 주시옵소서.

오늘도 저희들에게 하나님의 말씀을 읽거나 듣는 것으로 만족하지 않고, 그 말씀으로 천국을 사모하게 하시옵소서. 세상의 일에 분주해야 하지만, 심령은 천국에 두게 하시옵소서. 하나님의 나라를 사모하면서, 심판의 주로 다시 오시는 예수님을 기다리게 하시옵소서.

이 시간 이후에, 저희들은 주님의 이름으로 보내져서 삶의 현장에서 살아갈 것입니다. 삶의 현장으로 나아갈 때, 빌레몬이 경험했던 은혜를 받게 하시옵소서.

빌레몬이 자기의 집을 예배처소로 내놓았던 것처럼, 저희들의 모든 것을 드리게 하시옵소서. 성령님의 강권으로 제자가 되기를 결심하게 하시옵소서. 하나님께 영광을 드리고 복음의 증인으로 살게 하시옵소서.

귀한 보배가 되시는 예수님의 이름으로 기도드립니다. 아멘.

9월 2주 † 눅 17:21

하나님의 나라는 너희 안에

하나님 아버지,
 지금, 생명과 빛으로 오신 주님을 즐거워하면서 예배의 자리로 나아가기 원합니다. 신령과 진정으로 예배하게 하시고, 머리를 숙인 권속들을 산 제물로 받으옵소서. 속죄함을 받은 여호와의 자녀들이 그 은총에 감사하여 찬송을 드리게 하옵소서.
 이 복된 자리에서, 저희들에게 새 생명을 주신 여호와를 예배할 때, 신령과 진정으로 예배하게 하시옵소서. 구원의 하나님께 예배드림이 마음을 다하고, 뜻을 다하는 생명의 축제가 되게 하시옵소서. 저희들을 사랑하신다는 주님의 약속은 확실하여 이 밤에도 말씀을 그리워하게 하옵소서.
 말씀으로 풍성한 은혜를 베풀어 주시옵소서. 목사님께서 말씀을 전하실 때 사탄의 권세가 일체 틈 못 타게 하시옵소서. 저희들이 모두 같이 하나님을 향한 믿음이 충성되고, 진실한 자녀로 살게 하옵소서.
 저희 성도들 중에, 힘들게 지내시는 분들을 위해 간구합니다. 사람의 힘으로는 어찌해 볼 도리가 없이 지내는 이들에게 여호와의 구원하심을 보여주옵소서. 성전 문 앞의 앉은뱅이가 주님의 이름으로 일어났던 은혜를 이 시간에 저희들도 경험하게 하시옵소서. 걷고, 뛰면서 하나님을 찬양했던 역사가 저희들의 것이 되게 하시옵소서.
 보배가 되어주시는 예수님의 이름으로 기도드립니다. 아멘.

9월 3주 † **고후 5:17**

그리스도 안에 있으면

　예배하기를 기다리시는 하나님,
　마음의 두 손을 들고 높으신 하나님의 이름을 찬송합니다. 이 시간에, 하늘의 문이 열려 구원의 은혜와 평강의 복이 넘치게 하신 하나님의 이름에 합당한 영광을 드리는 예배가 되게 하시옵소서. 주님의 영의로 충만하여 축제의 기쁨으로 예배하는 무리로 삼아주시옵소서.
　오늘도 사랑하는 주님의 권속을 은혜의 자리로 불러 주셔서 영과 진리로 예배하게 하셨으니 영광을 드립니다. 베풀어 주시는 신령한 식탁으로 인해 천국 잔치의 기쁨을 누리는 한 시간이 되게 하시옵소서.
　주님의 사랑을 입고 있는 ○○ 교회의 권속들이 말씀을 통해서 하늘에 마음을 두게 하시옵소서. 주님이 하나님의 아들이요 그리스도인 것을 믿는 고백을 하면서 살아가게 하시옵소서.
　간절히 구하니, 저희들 모두가 하나님의 교회를 부흥케 하는 일꾼들이 되게 하시옵소서. 선한 일꾼들을 사용하셔서 주님의 교회를 부흥시키셨던 역사가 저희 ○○ 교회에도 나타나기 원합니다.
　예배가 살아있는 교회, 말씀의 가르침이 살아있는 교회가 되게 하시옵소서. 죽어가는 자들을 인도하는 교회가 되게 하시옵소서. 하늘의 신령한 은혜로 감사가 넘치기 원하고 있으니, 예비하신 그대로 복을 내려 주시옵소서.
　엎드리게 하시는 예수님의 이름으로 기도드립니다. 아멘.

9월 4주 † 요 16:22

너희 마음이 기쁠 것이요

믿는 자들에게 상급이 되시는 하나님

황혼의 지금, 하늘에 계신 아버지께 영원히 찬송을 드리며 예배하는 신령한 시간으로 만들어 주시옵소서. 존귀함을 입은 권속이 마음을 합하여 찬송합니다. 거룩한 시간에 천국의 자녀 됨을 풍성히 누리면서 하나님과의 인격적인 만남을 경험하게 하시옵소서.

이 시간에, 예배하는 중에 ○○ 교회의 권속에게 성령님께로 말미암은 하나 되는 은혜를 내려 주시옵소서. 먼저, 기도로 마음과 마음이 하나가 되어 간구하는 공동체가 되게 하시옵소서.

하나님께서 ○○ 교회를 세우시고, 이 지역에서 생명을 살리는 방주가 되기를 기대하시는 일을 저희들이 하나 되어서 감당하게 하시옵소서. 성령님의 도구로 쓰임을 받은 지체들이 되게 하시옵소서.

교회를 사랑하시고, 성도들을 위해 수고하시는 목사님을 저희에게 주셨음에 감사드립니다. 종에게 말씀의 기름 부으심을 기다립니다. ○○의 지체들은 말씀을 귀로 듣는 말씀이 아니라 손으로, 발로 듣게 하시옵소서. 그대로 말씀을 받아 믿음을 세워나가기를 소망합니다.

복음으로 사마리아 성읍에 기쁨이 충만했던 은혜를 저희들도 보게 하옵소서. 저희 ○○ 교회로 말미암아 생명의 샘물이 교회로부터 흘러 넘쳐서 이 지역에 생명의 축제가 나타나기 원합니다.

우리를 구속하신 이름, 예수님의 이름으로 기도드립니다. 아멘.

10월 1주 † 추석 | 마 6:26

기르시는 하늘 아버지

10월을 맞이하게 해주신 하나님,
여호와의 노래를 부르고, 나라마다 그 이름을 사모하게 하시는 은혜에 올려드리는 찬양을 받으시옵소서. 하나님을 사랑하게 하시고, 그 사랑으로 이웃을 사랑하게 하셨음에 감사드립니다. 성령님께서 감동하심에 따라 사랑으로 사는 기쁨을 누리게 하시옵소서.
○○의 권속에게 예수님께서 하나님을 사랑하시고, 이웃을 사랑하셨음을 깨닫도록 성령님의 감화를 빕니다. 주님이야말로 가장 큰 계명을 지키신 분이심을 배우게 하시옵소서. 주님께서 본을 보여주신 그대로 하나님을 사랑하며, 이웃에게도 그 사랑으로 섬기게 하시옵소서.
단군에 의해서 이 민족이 시작되었다는 개국신화를 신앙화하는 일들이 이루어지고 있습니다. 이 민족의 조상인 단군을 신으로 받들어 섬기게 하려는 우상숭배의 더러운 일들이 횡행하고 있음을 보시옵소서. 이 땅 곳곳에 단군에 대한 우상화가 진행되고, 숭배를 조장하고 있으니, 여호와의 손으로 막아주옵소서.
주님의 이름이 주시는 은혜로 저희들을 충만하게 하시옵소서. 이 기쁨으로 저희들뿐만 아니라, 이 지역에서 살고 있는 이들이 생수를 마시는 은혜를 보게 하시옵소서. 저희들이 복음을 전할 때, 말씀을 믿고 따르는 이들이 있도록 이끌어 주시옵소서.
새 은혜를 입게 하시는 예수님의 이름으로 기도드립니다. 아멘.

10월 2주 † 약 4:8

하나님을 가까이 하라

여호와 우리 하나님,
생명을 주셨음에, 그 응답으로서 하나님을 예배하기 원합니다. 대속의 은혜를 입은 자들이 찬송을 드리게 하시옵소서. 세상을 위하여 일을 하신 하나님의 손길을 찬양하는 복된 예배로 인도해주시옵소서. 이 밤에도 하나님의 말씀을 그리워하게 하시옵소서.
저희들도 유두고와 같이 신앙적으로 졸 때가 많음을 고백합니다. 세상의 여러 가지 일들로 분주하여 졸게 되는 것을 고백합니다. 그러나 그때마다 잠에서 깨게 하시는 성령님의 은혜에 감사합니다. 저희들이 육신적인 일을 도모하다 지칠 때, 새롭게 하시는 은총을 보게 하시옵소서. 약할 때, 강하게 해주시는 여호와의 손길을 누리게 하시옵소서.
우리 교회에 진리의 말씀이 풍성하게 하시옵소서. 말씀을 통해서 저희의 심령이 거룩해지게 하시옵소서. 하나님의 말씀으로 소망을 얻는 ○○의 공동체가 되게 하시옵소서. 하늘의 말씀을 소중히 여기고, 은혜를 사모하는 저희들이 되게 하시옵소서.
주님께서는 죄악으로 인하여 하늘과 땅의 통로가 막힌 절망의 역사 속에 오셔서 생명의 길이 되어 주셨습니다. 죽어야 마땅한 이들에게 영생이라는 새 소망의 길을 열어 주셨습니다. 영광을 하나님께 드리는 예배의 한 시간으로 삼아주시옵소서.
엎드려 경배하게 하시는 예수님의 이름으로 기도드립니다. 아멘.

10월 3주 † 엡 1:3

모든 신령한 복을 우리에게

자비로우신 하나님,

교회를 통해서 나타나는 주님의 권세를 찬송하면서 이 밤에 영광을 드리게 하시옵소서. 주일의 은혜로 사흘을 살아온 지체들에게 경건함과 거룩함으로 예배하게 하시옵소서. 생각과 마음을 모아서 여호와께 찬송과 기도를 드리는 한 시간이 되게 하시옵소서.

그 은혜를 알기에 이웃을 대할 때, 긍휼히 여김으로 섬기게 하시고, 주님의 이름으로 대접하는 저희들이 되기 원합니다. ○○ 교회의 권속들이 은혜의 사람들이 되어, 섬기게 하시옵소서.

○○ 교회의 성도들에게 절제의 생활에 힘쓰게 하시옵소서. 오늘, 저희들이 소유하고 있는 모든 것이 주님께서 허락해 주셨으니 하나님의 뜻을 위해 사용하기 원합니다. 하나님의 마음에 합하게 쓰이는 시간이기 원합니다.

하나님의 말씀으로 소망을 얻는 ○○의 공동체가 되게 하시옵소서. 하나님의 나라에 소망을 두고 한 순간, 한 순간을 보내도록 도와주심을 믿습니다. 주님께 영광이 되는 삶을 살도록 인도하시옵소서.

병이 든 이들을 위해서 기도에 뜨거운 교회, 가엾은 이들을 위해서 긍휼의 손길로 섬기는 교회가 되게 하시옵소서. 주님께로부터 거저 받았으니, 거저 베푸는 저희들이 되게 하시옵소서.

예배 중에 계시는 예수님의 이름으로 기도드립니다. 아멘.

10월 4주 † 마 5:3

심령이 가난한 자는

자녀를 기다리시는 하나님,
여호와 앞에서 손을 높이 들게 하시옵소서. 하나님께서 시작하게 하신 지난 월요일부터 어제까지의 삶을 돌아보면서 찬양을 드리게 하시옵소서. 하나님의 이름에 영광을 드리게 하시옵소서.
춤을 추며 기뻐하는 예배로 영광을 받으옵소서. 이제, 기도하는 심정으로 말씀을 들어 승리하는 삶을 살 수 있도록 도와주시옵소서.
이 밤에도 ○○ 교회가 여호와께 사랑을 받는 공동체임에 감사합니다. 이 자리에 기름 부으심을 경험하게 하시옵소서. 사랑을 받는 권속이 다 나와 찬양으로 영광을 드립니다. 그 사랑과 은혜로 겸손히 예배하는 저희들이 더욱 하나님께 영광이 되게 하시옵소서.
○○의 강단이 성령님의 기름을 부으심으로 생명의 샘이 되기를 빕니다. 하나님의 말씀을 구하기에 헐떡이는 마음을 주시옵소서. 단 마음으로 귀를 기울여 말씀을 들을 때, 영안이 열려 진리를 보게 하시옵소서. 주님의 말씀이 엠마오로 가던 제자들의 가슴을 뜨겁게 했던 것처럼, 이 시간의 말씀이 저희들을 뜨겁게 해주시기 원합니다.
교만한 자를 물리치시고 겸손한 자에게 은혜를 주시는 하나님이심을 고백합니다. 지금, 저희들이 주님께로부터 사랑을 받는다하여 영적으로 교만해지지 않게 하시고, 또한 게으름을 피우지 않게 하시옵소서.
마음을 받으시는 예수님의 이름으로 기도드립니다. 아멘.

10월 5주 † 요 8:31

너희가 내 말에 거하면

신실하신 하나님,
수요기도회로 모인 지금, ○○의 권속에게 하나님을 높여 드리게 하시옵소서. 저희들의 작은 입술을 벌려 크신 하나님을 찬송합니다. 저희들의 작은 손을 모아 놀라우신 하나님께 영광을 드립니다.
하늘의 문이 열려 구원의 은혜와 평강의 복이 넘치게 하신 하나님의 이름에 합당한 영광을 드리는 예배가 되게 하옵소서. 주님의 영의로 충만하여 축제의 기쁨으로 예배하게 하시옵소서.
이 시간에, 말씀으로 오셔서 새롭게 지어 주시옵소서. 하나님 앞에 낱낱이 드러 내놓아, 참마음으로 뉘우치며 기도하게 하시옵소서. 이제는 자신의 개혁이 일어나 하나님의 말씀으로 새롭게 지어지기 원합니다.
여기에 모인 형제들, 모두 하나님의 품 안에서 걸어가게 하시며, 자매들 또한 주님의 뜻을 구하며 나아가게 하시옵소서. 저희들을 모아주셨으니, 빌 바를 다 간구하고 돌아가게 하시옵소서.
간절히 구하니, 저희들 모두가 하나님의 교회를 부흥케 하는 일꾼들이 되게 하시옵소서. 선한 일꾼들을 사용하셔서 주님의 교회를 부흥시키셨던 역사가 저희 ○○ 교회에도 나타나기 원합니다.
예배가 살아있는 교회, 말씀의 가르침이 살아있는 교회가 되게 하시옵소서. 죽어가는 자들을 인도하는 교회가 되게 하시옵소서.
엎드려 경배하게 하시는 예수님의 이름으로 기도드립니다. 아멘.

11월 1주 † 시 150:6

호흡이 있는 자마다

  감사절의 계절을 주시는 하나님,
  시온에 계신 하나님께 찬양을 드리게 하시옵소서. 온전히 여호와를 영화롭게 해드리는 순간으로 이끌어 주시옵소서. 시험에 들지 않게 하시고, 죄악 된 세상에서 유혹을 이기며 살게 해주시는 하나님께 찬송으로 영광을 드립니다.
  여호와 앞에서 거룩해지기 위해서 복음과 함께 고난을 받음을 두려워하지 않게 하시옵소서. 저희들 각 사람이 거짓이 없는 믿음으로 세워지도록 이끌어 주시옵소서.
  낮에는 구름을 펴서 덮개를 삼게 하시고, 밤에는 불로 밝히시는 은혜로 지내게 하신 은혜를 좋아합니다. 저를 위하여 예비 된 은혜로 예수님의 삶을 더듬게 하심을 즐거워합니다.
  지난 주일에 이어서 오늘도 목사님께서 전해주시는 말씀에 감격하는 은혜를 누리게 하시옵소서. 한 마디, 한 마디의 말씀에서 진리를 구하게 하시고, 지키고 따를 생명의 길로 받게 하시옵소서.
  ○○의 권속에게 예수님께서 저희들 각 사람에게 주신 권세에 주목하게 하시옵소서. 복음을 전하며, 귀신을 내어 쫓고, 각종의 병든 자들을 위하여 기도하는 권세를 사용하게 하시옵소서. 하나님의 자녀가 된 권위와 성도의 권위로 살아가는 한 날이 되게 하시옵소서.
  성도라 구별해주신 예수님의 이름으로 기도드립니다. 아멘.

11월 2주 † 시 47:1

손바닥을 치고 즐거운 소리로

생명의 삶으로 인도해주시는 하나님,
주님의 함께 하심으로 언제나 죄를 거절할 수 있게 하시니, 좋으신 주님을 찬양합니다. 언제나 예수님의 품 안에서 지낼 수 있도록 도와주시옵소서. 하나님의 사랑을 찬양하며 지내게 하옵소서.
이 복된 자리에서, 저희들에게 새 생명을 주신 여호와를 예배할 때때, 영과 진정으로 예배하게 하옵소서. 구원의 하나님께 예배드림이 마음을 다하고, 뜻을 다하는 은혜의 시간으로 삼아주시옵소서.
이 밤에 주시는 은혜가 넘치는 시간이기 원합니다. 우리 교회의 강단을 축복합니다. 말씀을 들고 단에 서신 목사님께 성령님으로 충만하게 하시옵소서.
예수님의 생명의 영이 저희의 심령을 다스리게 하시옵소서. 그 영께 굴복되어서 하나님의 자녀로 살아드리게 하시옵소서. 하나님께서 성령님에 의하여 저를 인도하시려는 것에 다다르기를 즐겁하게 하시옵소서. 성령님께 저희를 내어드려 하나님의 일을 성취하게 하시옵소서.
이 시간에도 몸이 늙어서 병들어 집이나 병원에서 홀로 있는 이들이 있으니 도와주옵소서. 회복하게 하시는 여호와의 만져주심으로 구원해 주옵소서. 병든 이들에게는 싸매어주시는 은혜로 아픈 부위를 낫게 하시고, 쇠약해진 어르신들께도 강건하게 해주시옵소서.
마귀를 이기게 하시는 예수님의 이름으로 기도드립니다. 아멘.

11월 3주 † 사 9:3

추수하는 즐거움과

감사하게 하시는 하나님,

하나님의 거룩하신 곳에서 할렐루야 찬송으로 영광을 드립니다. 오늘, 이 시간에도 지난 주일의 감사 예배에 이어서 거두게 하신 하나님의 은혜를 기억하여 드리는 감사의 기도회가 되게 하시옵소서.

베풀어 주시는 신령한 은혜로 말미암아 천국 잔치의 기쁨을 누리는 한 시간이 되게 하옵소서. 여호와의 손이 주님의 백성을 창성하게 하셨음에 감사하여 머리를 숙입니다.

저희들이 여호와로 인한 즐거움에 찬송을 부를 때, 하늘에 가득하기를 소망합니다. 하나님의 도우심이 즐거움을 더하게 하셨으므로 추수하는 즐거움에 찬양으로 감사함이 넘치게 하시옵소서.

여호와께서 다스리시니 평안하였고, 여호와의 보호하심을 기다리니 즐거웠음에 찬양을 올려드리게 하시옵소서. 잎이 무성하면 열매가 맺혀져 있어야 하는 무화과나무를 생각하게 하셨음에 감사드립니다. 과실을 맺어야 할 때, 열매를 맺는 삶을 빕니다.

교회에서나 성도들 앞에서 요란하기는 하지만, 하나님께는 작은 열매 하나도 맺지 **못하는** 저희들 자신을 봅니다. 다른 사람들에게 보이는 것은 없어도, 하나님 앞에서 하나의 열매라도 맺도록 은혜를 주시옵소서. 성령님의 은혜로 열매를 맺도록 인도해주시옵소서.

추수감사절의 주, 예수님의 이름으로 기도드립니다. 아멘.

11월 4주 † 합 2:20

그 성전에 계시니

　구원을 이루어주시는 하나님,
　지금, 생명과 빛으로 오신 주님을 즐거워하면서 예배의 자리로 나아가기 원합니다. 신령과 진정으로 예배하게 하시고, 머리를 숙인 권속을 산 제물로 받아주시옵소서. 기도하러 모인 저희들에게 말씀으로 풍성한 은혜를 베풀어 주시옵소서.
　이미 오신 예수님의 생일을 축하하면서 또 다시 오실 예수님을 기다리는 저희들이 되도록 이끌어 주심을 믿습니다. 메시야의 약속이 이루어지던 날, 하나님의 아들은 초라하게 오셨지만 다시 오시는 예수님께서는 하나님의 영광 가운데 오시리라 믿습니다.
　주님께서 다시 오실 때, 죽은 자와 산 자에 대한 심판이 있을 것을 믿습니다. 다시 오실 주님을 사모하는 무리에 들기 원합니다. 그날에, 저희들은 영원한 생명으로 다시 살아나게 하시옵소서. 이 시간에도, 목사님께서 설교하실 때, 능력을 더하여 주시옵소서.
　저희가 주목하여 사탄의 궤계가 틈을 타지 않게 하시옵소서. 이 땅에서 예수님의 사랑을 이웃에게 전하고, 복음을 전파하는 사명에 충성하는 ○○교회가 되기를 원하는 마음을 갖게 하시옵소서.
　저희들에게 주신 것으로 하나님께 영광을 드리고 복음의 증인으로 살게 하시옵소서. 믿음과 사랑, 소망으로 살게 하시옵소서.
　찬송이 되어주시는 예수님의 이름으로 기도드립니다. 아멘.

12월 1주 † 눅 1:69

구원의 뿔을 일으키셨으니

성탄의 계절을 주신 하나님,
지금, 여호와께 존귀함을 입은 권속들이 마음을 합하여 찬송을 올려드립니다. 거룩한 시간에 천국의 자녀 됨을 풍성히 누리면서 하나님과의 인격적인 만남을 경험하는 복을 누리게 하시옵소서.
세상을 위하여 일을 하신 하나님의 손길을 찬양하는 복된 예배로 인도해 주옵소서. 이 밤에도 하나님의 사랑을 그리워하게 하옵소서.
복음으로 사마리아 성읍에 기쁨이 충만했던 은혜를 저희들도 보게 하옵소서. 저희 ○○ 교회로 말미암아 이 지역에 기쁨이 나타나게 하시옵소서. 생명의 샘물이 교회로부터 흘러 넘쳐서 이 지역에 생명의 축제가 나타나기 원합니다. 십자가를 통해서 주님을 알고, 믿게 되었으니 그 십자가의 신앙으로 영광을 드리게 하시옵소서.
강단에 세워주신 목사님께 말씀의 능력을 더하여 주시옵소서. 강림절을 보내야 하는 저희를 진리로 인도해주시는 말씀이 되게 하시옵소서.
메시야의 약속이 이루어지던 날, 하나님의 아들은 초라하게 오셨지만 다시 오시는 예수님께서는 하나님의 영광 가운데 오시리라 믿습니다. 주님의 이름이 주시는 기쁨으로 저희들뿐만 아니라, 이 지역에서 살고 있는 이들이 생수를 마시는 은혜를 보게 하시옵소서. 저희들이 복음을 전할 때, 말씀을 믿고 따르는 이들이 있도록 이끌어 주시옵소서.
모임 중에 계시는 예수님의 이름으로 기도드립니다. 아멘.

12월 2주 † 요 5:39

성경에서 영생을 얻는 줄

말씀으로 다가오시는 하나님,
영과 진정으로 예배하며, 기도하러 모인 이 자리를 경건함과 거룩함이 넘치게 하시옵소서. 생각과 마음을 모아서 여호와를 공경함으로써 예배하는 저희들로 삼아주시옵소서. 이 좋은 시간에 영광을 하나님께 드리며, 간구하는 한 시간을 경험하기 원합니다.
저희들이 행위를 통해서 아기 예수님께 드릴 예물을 드리지 못함을 고백합니다. 하나님을 행해서, 사람들을 향해서 섬기기를 다하지 못한 죄를 용서해주시옵소서. 죄 사함의 복을 받게 하시옵소서.
주님께서는 죄악으로 인하여 하늘과 땅의 통로가 막힌 절망의 역사 속에 오셔서 생명의 길이 되어 주셨습니다. 생명을 주신 주님께 그 응답으로서 합당한 예배를 드리게 하옵소서.
지난 주일에는 성서주일로 지켰습니다. 이 땅에 성경이 많이 반포되게 하옵소서. 성경의 출판과 반포를 위해서 땀을 흘리고 있는 사역자들의 헌신을 거룩하게 하옵소서. 그들이 하나님의 비전으로 일을 하도록 이끌어 주시옵소서.
성탄절을 기다리는 저희들을 복되게 하옵소서. 이미 아기 예수님으로 오신 그 날을 기뻐하면서, 세상을 심판하시는 주님으로 오심을 기다리게 하시옵소서. 성탄의 계절에 하나님의 영광을 구하게 하시옵소서.
오늘도 우리의 왕이신 예수님의 이름으로 기도드립니다. 아멘.

12월 3주 † 시 24:7

문들아 들릴지어다

임마누엘의 영광을 취하실 하나님,
구원의 기쁜 소식을 이루어주신 하나님께 영광과 존귀를 바치는 찬송으로 예배를 시작합니다. 이 밤에, 예수님께 드릴 보배합의 준비보다 사람들과 나눌 선물에 마음을 더 써온 것을 용서해 주시옵소서.
오늘도, 주께 힘을 얻고, 마음에 시온의 대로가 열리게 하시는 여호와의 은총을 기다리게 하시옵소서. 하나님을 섬기기에 소유를 팔아 가난한 자들에게 나누어 주어야 하는 교훈이 새롭습니다.
메시야가 오신 말씀을 통해 하나님의 사랑을 체험하게 하시옵소서. 성탄절을 기다리는 저희들을 복되게 하옵소서. 이미 아기 예수님으로 오신 그 날을 기뻐하면서, 세상을 심판하시는 주님으로 오심을 기다리게 하시옵소서.
하나님의 말씀을 대언하실 목사님께 성령님의 능력이 임하기 원합니다. 하나님의 종이 말씀을 전하실 때, ○○의 지체들에게 그 말씀이 손을 금하여 어떤 모양으로도 악을 금하는 힘이 되게 하시옵소서.
주님의 사랑을 받는 모든 사람들이 다 나와 성탄절을 기다리기 원합니다. 예배하러 모인 저희들은 마음을 다하여, 하나님을 경배하고 나신 아기께 영광을 드리게 하시옵소서. 이제, 성가대원들의 찬양은 하늘의 노래가 되게 하시옵소서.
영광과 존귀의 주, 예수님의 이름으로 기도드립니다. 아멘.

12월 4주 † 눅 2:11

너희를 위하여 구주가 나셨으니

　아들을 세상에 보내주신 하나님,
　성탄절을 맞이한 저희들에게 주님의 생일날로 기념하는 날에서 주님의 강림을 경험하게 하시옵소서. 저희들 개개인의 심령에 예수님의 탄생이 있었던 그 은혜를 경험하게 하옵소서.
　주님의 역사하심이 임하기를 소망합니다. 성탄을 찬송하는 저희들이 하나님께 영광을 드리게 하시옵소서. 아기 예수님을 찾아 하나님께 감사를 드리고, 경배했던 목자들의 은혜를 주시옵소서.
　이 시간에, 강단에서 들려주시는 하나님의 말씀을 사모합니다. 그 말씀에 반응하여 저희는 믿음의 눈으로 예수님을 뵙게 하시옵소서. 주님을 만나 경배하는 성탄절이 되도록 도와주시옵소서. 동방의 박사들이 별을 보고 나섰던 여행길의 경험을 주시옵소서.
　지금, 저의 소유로 지니고 있는 것들을 돌아보게 하시옵소서. 하나님의 은혜를 받은 자로서, 하나님께서 사랑하시는 이들에게 나누어 줄 수 있는 손이 되게 하시옵소서. 행여, 그 소유로 인하여 하나님을 사랑힘에 빙해가 되지 않기를 빕니다.
　저희들에게 있는 달란트를 사용하여 하나님의 영광을 구하는 지혜를 주시옵소서. ○○ 교회에는 우리가 친히 담당하고 섬겨야 할 일들이 많이 있음을 보여 주시옵소서.
　임마누엘로 오신 예수님의 이름으로 기도드립니다. 아멘.

12월 5주 † 고후 5:17

오늘까지 복과 은혜

사랑과 긍휼로 지켜주신 하나님,
금년의 첫 날부터 이 시간에 이르도록 저희들을 인도해주신 여호와의 이름을 찬송합니다. 생명과 빛으로 오신 주님을 즐거워하면서 예배의 자리로 나아가기 원합니다.
지난 한 해 동안에 교회의 성도들에게 나타났던 여호와의 은혜에 감사합니다. 그 은혜로 저희들 모두가 나의 형제요 함께 수고하고 함께 군사 된 자로 주님을 섬기게 해 오셨음을 기억하게 하시옵소서. 저희들 각 사람이 하나님께 꼭 필요한 사람으로 드려지기를 결단하게 하시옵소서.
하나님께서 귀하게 사용하시는 목사님을 단에 세우셨으니, 그의 목소리를 청종하게 하시옵소서. 종에게 기름을 부으시고, 저희들은 하나님의 말씀을 듣는 일에 성실하게 하시옵소서. 그 말씀에, 생명의 빛이 비추어지고, 생수를 마시는 은혜를 받게 하시옵소서.
새해에 새롭게 해주실 하나님의 은혜, 새해에는 이전보다 더욱 넘치게 하실 하나님의 손길을 생각하기 전에 회개의 시간을 주시옵소서. 저희들 각 자와 저희 ○○ 교회가 감당해야 될 일들을 다하지 못한 죄를 용서해주시옵소서. 저희들 자신과 함께 살아가는 이웃들로부터 하나님의 자녀임이 증명되는 삶을 소원하게 하시옵소서.
늘 중보자가 되어주신 예수님의 이름으로 기도드립니다. 아멘.

04

구역예배 대표기도

1월 1주 † 엡 3:17

그리스도께서 너희 마음에

천지를 지으신 여호와여,

새해의 시간을 열어주셨으니 하나님의 영광이 이 땅에 가득하기를 소망합니다. 새해가 되어 첫 모임이 된 구역의 지체들에게 새로운 빛, 이 빛으로 하늘나라를 바라보는 믿음을 주시옵소서.

이 시간에, 저희들의 죄를 고백하니 용서해주시옵소서. 저희들 중에 부정한 입술의 죄를 지은 이들을 용서해주시고, 불순종과 거역했던 일로 괴로워하는 이들의 죄도 용서해주시옵소서.

머리를 숙인 ○○의 식구들을 복 되게 하시옵소서. 저희들이 세상을 바라보고 두려워하고 낙심하지 않도록 성령님께 충만하도록 인도해주시옵소서. 세상의 환경이 두려워보여도 세상보다 더 큰 하나님을 바라보고 믿음으로 일어서게 하시옵소서.

오늘의 말씀을 공부할 때, 지체들의 심령에 하나님을 그리워함을 주시옵소서. 말씀을 배우고자 하는 마음을 뜨겁게 하시옵소서. 어긋난 딴 길로 간 것을 확인하여 하나님께로 돌아오는 은혜를 주시옵소서. 하나님의 붙들어 주심을 믿으며 소망을 갖습니다. 세상의 삶이 때로는 어렵고 고달프더라도 낙심하지 않게 하시옵소서.

새 삶을 시작하면서 새 결심으로 새로운 소원을 품게 하시옵소서. 무엇보다도 먼저, 예배 중심의 삶을 다짐하게 하시옵소서.

참 복이 되어주시는 예수님의 이름으로 기도드립니다. 아멘.

1월 2주 † 마 11:28

다 내게로 오라

하늘에 계신 하나님,

하늘에 계신 아버지의 뜻이 아니고는 우리의 머리카락 하나라도 상하지 않는 것처럼 주님께서 우리를 지켜주심에 감사드립니다. 갈보리의 피로 구속을 받았음에 감사하면서 구역예배로 모였습니다.

지금, 보혈로 적셔진 주님의 십자가를 바라보니, 회개하지 않고는 견딜 수 없습니다. 죄와 온갖 허물로 말미암은 부끄러움에 회개의 눈물이 쏟아짐을 고백합니다. 더러워진 손과 발을 보혈의 은혜로 새롭게 하시고, 용서해주시옵소서.

오늘, 여기에 모인 지체들에게 여호와의 임재를 소망하게 하시니 감사드립니다. 주님의 피로 세우신 믿음의 가정에 구역으로 모인 저희들이 찬양을 드립니다. 이 가정에서 여호와의 이름을 높여드리고, 찬송으로 즐거워하기를 원합니다.

공부를 인도하실 구역강사님께 하늘의 영감으로 덧입혀 주시옵소서. 이제까지보다도 더 뜨겁고, 능력이 있는 말씀을 풀게 하시옵소서. 저희들은 그 말씀이 힘이 되어 기꺼이 주를 위하여 살게 하시옵소서.

저희들에게 주님의 이름을 높이게 하시옵소서. 저희들의 소망은 늘 하나님께 영광이 되는 지체가 되는 것이기를 빕니다. 오늘, 성령님의 충만이 강물처럼 넘치는 것을 보기 원합니다.

기쁨의 근원이신 예수님의 이름으로 기도드립니다. 아멘.

1월 3주 † 갈 2:20

믿음 안에서 사는 것이라

평안으로 이끄시는 하나님,
 저희들의 영혼이 늘 살아 계신 하나님을 갈망하게 하시옵소서. 사슴이 시냇물을 찾기에 갈급함 같이 저희들의 영혼이 주님을 찾기에 갈급하게 하시옵소서. 물이 없어 마르고 곤핍한 땅에서 물을 갈망하듯이 저희들의 메마른 영혼이 주님을 갈망하게 하시옵소서.
 여호와 앞에서 잘못된 생각과 마음으로 살아온 죄를 고백합니다. 육신이 약하다는 핑계로, 세상에 죄가 많이 있다는 핑계로 그 죄를 자연스럽게 저지른 행실을 용서해주시옵소서.
 사랑하는 지체들이, 말씀을 배우면서 자기를 위하시는 하나님의 사랑을 배우게 하시옵소서. 성경의 말씀으로 우리를 사랑하시는 하나님의 마음을 보게 하시고, 즐거워하게 하시옵소서. 나를 사랑하시고, 나를 위하시는 하나님을 배우게 하시옵소서.
 주님을 더 배우고, 주님의 뜻대로 살아가기를 다짐하는 은혜를 누리도록 해주시기를 빕니다. 저희들이 공부하는 이 자리에, 간구의 영을 보내 주시옵소서. 부르짖어 기도하고, 사모하여 매달리게 하시옵소서.
 하나님 앞에서 열매를 맺기 원합니다. 금년의 시간을 보내면서 때를 따라 맺어야 할 열매들이 있어, 여호와를 영화롭게 해드리게 하시옵소서. 착하고 충성된 종이라는 칭찬의 즐거움을 얻게 하시옵소서.
 나를 붙들어주시는 예수님의 이름으로 기도드립니다. 아멘.

1월 4주 † 설날 | 엡 4:23

너희의 심령이 새롭게 되어

환난을 면케 하시는 여호와여,
저희들을 세상에서 완전히 자유롭게 하시고, 하나님 앞에서 의로워지도록 하신 예수님의 사랑을 기억합니다. 갈보리에서 죽으신 주님의 보혈로 죄를 씻음 받아 천국의 백성이 되게 하셨음에 감사드립니다.
벌써 새해로 시작한 시간의 두 달이 지나가는데, 분주하기만 했던 저희들입니다. 입술로만 결심을 하고, 다짐이 있었지, 행함으로는 아무 것도 시작하지 못했음을 용서해주시옵소서. 이제라도 세상을 향해서 하나씩 실천하는 은혜를 주시옵소서.
우리 주님의 이름으로 ○○○ 님의 복된 가정에 찾아왔습니다. 여호와 잎에서 복 된 자들이 이 집을 교실로 삼아 하나님의 말씀을 공부하게 하시옵소서. 하나님의 말씀을 준비하신 구역강사님을 축복합니다. 길이 되고, 진리가 되며, 생명이 되는 말씀을 듣고자 사모하는 심령이 되게 하시옵소서. 그 말씀을 달게 받아, 율례를 쫓으며, 규례를 시기기를 결단하게 하시옵소서.
주님의 팔에 의지하여 살아가도록 인도해주시옵소서. 사랑하는 지체들이 여호와의 이름을 즐거워하게 하시옵소서. 하나님 앞에서 어린 아이와 같은 심령으로 여호와를 찾는 저희들이기를 빕니다. 결코, 한 지체라도 종교적인 형식으로 하나님을 찾지 않게 하시옵소서.
능력 있는 팔을 내어주시는 예수님의 이름으로 기도드립니다. 아멘.

1월 5주 † 고후 6:2

지금은 구원의 날

새해의 첫 달을 살아오도록 하신 주여,
 성령님의 충만하심이 저희들에게 있기를 빕니다. 그래서 하나님의 성품으로 바꾸어지게 하시옵소서. 지금, 머리를 숙인 ○○의 지체들에게 하나님께서 말씀으로 계시하신 모든 것이 진실하다는 것을 알고 믿는 은혜를 경험하도록 도와주시옵소서.
 이 시간에도 사랑하는 지체들이 배우는 말씀으로 그 안에 뿌리를 박는 은혜를 누리게 하시옵소서. 그 말씀으로 세움을 받는 체험을 하게 하시옵소서. 하나님의 말씀으로 배부른 시간이 되기 원합니다.
 오늘도 하나님께서 말씀하시고, 저희들은 그 말씀을 감사함으로 받는 은혜를 누리게 하시옵소서. 그 말씀을 배우는 중에, 송이 꿀의 달콤함을 맛보게 하시옵소서.
 이로써, 교훈을 받은 그대로 믿음에 굳게 서게 하시옵소서. 오직 말씀의 진리에 자기의 믿음을 세워나가게 하시옵소서. 사랑하는 지체들이 되도록, 사람의 생각이나 사람의 말을 버리게 하시옵소서.
 ○○구역의 지체에게 하나님의 영광이 충만히 임재하시기를 빕니다. 그, 영광이 예배하는 이 무리에게 함께 하시어, 하나님께 영광을 드림만 생각하게 하시옵소서. 그 영광에 저희들의 추한 모습을 깨달아 회개하는 한 시간이 되게 하시옵소서.
 사모하게 하시는 예수님의 이름으로 기도드립니다. 아멘.

2월 1주 ✝ **요 14:1**

마음에 근심하지 말라

의지하게 하시는 하나님,
저희들의 구원이 금이나 은으로 이루어진 것이 아님에 감사드립니다. 돌이켜보건대, 저희들의 죄를 고백하니 불쌍히 여겨 주시옵소서. 여호와 앞에서 죄를 지은 것이 많으니, 저희들의 허물과 죄로 더러워진 양심을 주님의 보혈로 씻어 주시옵소서. 알고 지은 죄, 모르고 지은 죄를 깨끗케 하사, 말갛게 된 영혼을 갖게 하시옵소서.
이 시간에, 말씀을 공부하는 지체들에게 주님의 십자가를 바라보게 하시옵소서. 그리스도의 보혈이 저희들에게 하나님의 말씀을 받게 하셨음을 깨닫습니다. 그리고 배운 진리에 의해서 믿음을 강하게 하시옵소서. 그리고 성령님의 감동해주심에 따라 담대하게 하시옵소서.
오늘도, 자녀 된 저희들을 사랑하셔서 우리의 몸과 영혼에 필요한 모든 것을 채워주시는 하나님을 바라봅니다. 저희들이 살아가는 동안에, 원하지 않게 닥친 모든 역경도 선으로 바꿔주실 것을 굳게 믿습니다. 하나님의 신실하심에 따라 좋은 것으로 만족케 하시옵소서.
사랑하는 지체에게 예배하는 한 시간이 복이 되게 하시고, 지체들을 서로 섬기게 하시옵소서. 이로써 성령님으로 충만한 모임의 한 시간이 되기를 빕니다. ○○의 권속에게 오순절의 은혜를 내려 주시옵소서. 성령님의 감동하심을 받아 그대로 따르게 하시옵소서.
순간마다 위로가 되어주시는 예수님의 이름으로 기도드립니다. 아멘.

2월 2주 † 엡 2:4

우리를 사랑하신 그 큰 사랑

우리의 편이 되시는 여호와여,
주님의 이름을 부르기 전에, 저희들의 죄를 고백합니다. 하나님의 영광을 가리는 일을 행한 죄를 용서해주시옵소서. 좀 더 주님께 집중했다면 하나님께 영광을 드릴 수 있었으나 그렇게 하지 않은 게으름을 용서받는 은혜를 경험하게 하시옵소서.
생각해보건대, 지난 닷새 동안에 저희들이 주님께 보여드린 모습은 허물 뿐이었음을 고백합니다. 먹고 사는 일에 매달려 하나님의 뜻을 찾기보다는 저희들이 세워놓은 계획에 몰두했었음을 회개합니다.
오늘 배우는 진리의 권세를 가지고 세상의 유혹을 물리치게 하시옵소서. 스스로를 미혹에 빠뜨리는 것들도 물리치는 능력을 얻게 하시옵소서. 저희들이 공부를 하는 중에, 스스로 성경을 펼쳐 읽으려는 마음을 갖게 하시고, 성경에서 지혜를 구하게 하시옵소서.
더 이상 저희 자신을 위해 살지 않고, 저희를 대신하여 죽으셨다가 다시 사신 주님만을 위해 살게 하시옵소서. 살아도 주를 위해 살고, 죽어도 주를 위해 죽게 하시옵소서.
이 시간에, 아버지의 집에서 품꾼이 되어도 좋다고 결단하고 아버지의 집으로 돌아가기로 결심했던 둘째 아들의 은혜를 저희 것으로 삼게 하시옵소서. 어그러진 시간을 보낸 생활을 청산하게 하시옵소서.
힘과 소망을 주시는 예수님의 이름으로 기도드립니다. 아멘.

2월 3주 † 요일 4:10

사랑은 여기 있으니

바꾸어 주시는 나의 하나님

여호와의 이름을 높여드립니다. 저희들의 구속을 위해 하나님께서 하신 일을 즐거워하면서 그 이름을 높이는 이 시간의 구역모임이 되게 하시옵소서. 저희 지체가 구원의 하나님을 경배하면서 나의 능력과 찬송이 되신 여호와의 이름에 합당한 영광을 드리기 원합니다.

여호와를 가까이 하여 말씀대로 살기를 원하였지만 부끄러운 모습으로 살았음을 고백합니다. 긍휼을 베풀어 주시옵소서. 주님의 영광을 가리는 말을 해왔고, 감정에 따라 행동을 했던 삶을 용서하시옵소서.

오늘도 겸손한 마음으로 여호와께 주목하게 하시옵소서. 구역 강사(구역장)님을 통해서 성경을 공부하는 시간이 지체들에게 복이 되게 하시옵소서. 하나님의 말씀을 배우면서 권능을 받게 하시옵소서. 예배로 모인 지체들에게 꼭 필요한 은혜를 내려 주시고, 평소에 간구하던 기도의 응답을 보는 복을 받게 하시옵소서.

영생을 주시려고 구속제사의 제물이 되신 예수님을 기억하게 하시옵소서. 병으로 인하여 병상에 누어있는 이들을 위해 간구합니다. 사랑의 주님께서 그들을 찾아가 주셔서, 그들의 모든 죄악을 사하시며, 모든 병을 고쳐 주시옵소서. 주님의 손으로 깨끗하게 치료해주시면, 그들이 주님만 섬기겠다고 굳게 다짐하도록 인도해 주시옵소서.

샤론의 꽃, 예수님의 이름으로 기도드립니다. 아멘.

2월 4주 † 딤후 4:17

내 곁에 서서 나에게

2월에도 함께 해주신 하나님,
　지금은, 사순절의 주님을 만난 기쁨으로 저희들의 가슴이 충만해지게 하시옵소서. 주님의 십자가에서 이루어진 사랑에 감격하여 기쁨으로 충만한 저희들이 되어 하나님의 뜻을 찾게 하시옵소서. 예수는 나의 힘이요 내 기쁨이 되심을 찬송하면서 은혜를 누리게 하시옵소서. 저희들에게 회개의 은혜를 주셔서 왕의 자녀로 살지 못했던 죄를 고백하게 하시옵소서. 하나님의 자녀 된 신분으로 세상을 이기지 못하였고, 또한 은혜도 나누지 못했음을 주님의 피로 깨끗케 하시옵소서.
　구역의 지체들에게 하나님의 교회를 위해서 아름답게 섬기도록 하셨습니다. 평생을 주님과 동행하기를 사모하게 하시옵소서. 성령님께 충만해서 주님의 복음을 전하고, 각종 기사와 이적도 나타내기를 원합니다. 주님의 말씀대로 날마다 소성케 되는 은총을 내려주시옵소서. 생명의 말씀을 주시려고 구역강사님을 세워주셨음에 감사드립니다. 가르쳐주시는 말씀 속에서 삼위 하나님의 거룩하심과 전능하심이 선포되게 하시옵소서.
　갈보리의 십자가가 떠올려질 때마다 주님을 생각하게 하시옵소서. 우리가 받아야 할 저주를 주님께서 받으시느라 십자가를 지셨습니다. 저주를 우리 대신에, 죽음으로 받으신 예수님을 바라보게 하시옵소서.
　저를 먼저 사랑하시는 예수님의 이름으로 기도드립니다. 아멘.

3월 1주 † 갈 2:20

자기 자신을 버리신

 귀를 기울이시는 주여,
 저희들 각자가 사순절의 생활을 하다가 성회로 모였으니 하늘로부터 위로가 있기 원합니다. 이 시간에, 오직 성령님의 충만하심으로 예배하는 권속들이기를 소망합니다.
 오늘, 저희들의 죄를 저지른 모습을 봅니다. 절제하지 못하고, 혈기를 일삼으며 살았던 날들을 고백하니 용서해주시옵소서. 하나님을 사랑함에 민감하지 못하고, 눈에 보이는 것들에 마음을 주며 지낸 것을 용서하시옵소서. 하나님이 아닌 것들에게 여호와의 자리를 내어준 죄를 도말해 주시옵소서.
 십자가 위에서 모든 것을 다 이루신 예수님을 찬양합니다. 사랑의 완성을 십자가에서 이루신 주님이 저희들의 주님이심을 고백합니다. 갈보리의 십자가만이 진정으로 저희들의 지혜요, 능력이기를 빕니다.
 저희들을 또 다시 생명의 삶으로 이끄시려고 말씀을 공부하게 하시니 감사드립니다. 오늘, 배우는 말씀이 영혼을 치료하는 약이 되고, 하나님을 사랑하여 굳게 자키는 언약의 말씀이 되게 하시옵소서.
 저희들 각 사람에게 구역을 사랑하는 마음을 주시고, 늘 보고 싶어서 견딜 수 없는 마음으로 인도해주시옵소서. 서로가 섬기면서 마음의 평안을 누릴 수 있게 하시옵소서.
 기쁨이 되어주시는 예수님의 이름으로 기도드립니다. 아멘.

3월 2주 † 빌 1:20

살든지 죽든지 내 몸에서

도움과 방패의 하나님,

주님의 권속이 모인 시간에 하늘의 영광을 버리고 이 땅에 오신 예수님을 바라봅니다. 저희를 구원해 주시려고 십자가를 지시기 위해서 관의 길을 걸으셔야 했던 주님을 바라보게 하시옵소서. 이 시간에, 사랑하는 지체들이 주님의 보혈을 경험하기 원합니다.

마땅히 청지기로 살아야 했던 삶이 죄와 허물로 더럽혀진 것을 봅니다. 용서해주시옵소서. 시간과 물질 그리고, 사람들과의 관계에서 청지기의 위치를 잃고 자고하게 지냈습니다. 사유하시는 은혜의 옷을 입혀 주시옵소서.

오늘, 공부하게 되는 하나님의 말씀을 듣고자 마음의 문을 열어주시옵소서. 성령 하나님의 역사하심이 배우는 말씀에 나타나기를 소원합니다. 그 말씀, 진리의 말씀에 새로워지고, 힘을 얻게 하시옵소서.

사순절을 보내면서 믿음으로 종려나무 가지를 흔들게 하시옵소서. 예수님께서 구원의 주로 오셨으니 기쁨으로 맞아들이게 하시옵소서. 주님께서 고난을 당하셨음이 우리를 위함이시기에 환영하는 마음을 갖게 해주시옵소서.

주님의 고난이 저희들을 믿음의 반석에 세워주시는 은혜가 되게 하시옵소서. 성도로서의 온전함을 구비해가는 기쁨을 보게 하시옵소서.

그의 팔로 안아주시는 예수님의 이름으로 기도드립니다. 아멘.

3월 3주 † 마 22:37

주 너의 하나님을 사랑하라

보좌에 계신 여호와여,
 여기에 모인 권속들이 서로 돌아보고 기쁨으로 섬기면서 하나님 중심, 말씀 중심, 교회 중심적 생활을 힘쓰게 하시옵소서. 하나님의 음성에 순종하여 주님의 사랑 안에 거하기를 소망합니다.
 지금, 하나님의 이름을 널리 전하지 못한 죄를 고백합니다. 그 이름의 향기로움을 땅 끝까지에 전해야했건만 사는 일로 분주해서 전하지 못한 죄를 용서해주시옵소서.
 저희들에게 죽어가는 이들의 생명을 보게 하시옵소서. 하나님께서 구원하시려고 작정하신 영혼들을 보게 하시옵소서. 죄와 저주의 사슬에 매여 신음하고 있는 불신자들의 안타까움을 보게 하시옵소서. 그들을 구하시려는 하나님의 마음을 알게 하시옵소서.
 저희들에게 성경을 공부하는 것을 귀찮아하지 않고, 도리어 사모하는 마음을 주시니 감사드립니다. 생명의 말씀에 대한 기대를 품고 공부에 임하게 하시옵소서. 지체들에게 진리에 따라 행하도록 은혜를 내려 주시옵소서. 저희들의 가정에도 그 은혜가 흘러들어가도록 하시옵소서.
 저희들에게 입을 열어 한 영혼을 구하기 위한 간구를 하게 하시옵소서. 생명의 복음을 전하는 일을 제일 위에 두는 저희들이 되게 하시고, 교회에는 언제나 새 신자들이 있게 해 주시옵소서.
 늘 가까우신 예수님의 이름으로 기도드립니다. 아멘.

3월 4주 † 요 21:15

나를 더 사랑하느냐

  3월, 한 달을 찬송으로 살아오게 하신 하나님,
  하나님을 바라보는 시간이 많아지게 하시옵소서. 삶의 길을 떠나는데, 높은 산이 앞을 가로막을 때 하나님을 소망하게 하시옵소서. 나의 앞길을 가로막는 산을 치워주실 성령님의 도우심을 바라게 하시옵소서.
  저희들의 지난 시간에서 맡겨진 사명을 다하지 못했던 삶을 회개합니다. 순종하지 못한 죄를 용서해 주옵소서. 때로는 자신의 양심을 속이고, 사람 앞에서 보이도록 행한 일들도 있으니 용서해 주시옵소서.
  오늘, 구역의 예배로 이 가정을 드리게 하셨으니 예비 된 복을 받게 하시옵소서. 그리하여 죄와 사망과 질병과 망하는 것과 가난해지는 저주에서 놓여남을 믿습니다. 저희들의 간구에 응답하셔서, 저희들에게 나타날 은혜를 기다리게 하시옵소서.
  사랑하는 지체들이 성경을 공부할 때, 가슴으로 말씀을 대하게 하시옵소서. 성령님의 깨닫게 하시는 은혜로 말씀을 읽게 하시옵소서. 짧은 시간이지만 말씀을 공부하면서 오직 주님의 몸을 이루어 드리는 저희들이 되게 하시옵소서.
  하나님의 우편에 앉아계신 주님께 찬양을 바치게 하시옵소서. 주님께서 성령님을 통하여 저희들에게 하늘의 은사를 부어주심을 기다리게 하시옵소서.
  힘이 되어주시는 예수님의 이름으로 기도드립니다. 아멘.

4월 1주 † 마 16:24

자기 십자가를 지고 나를

천지를 지으신 여호와여,

오늘, 저희들은 평강을 주신 주님을 찬송합니다. 베들레헴에 아기로 오셨던 그날보다도, 세상의 권세를 이기신 오늘, 영광의 주를 찬미하는 저희들이기를 소원합니다. 저희들도 세상을 이기기 원합니다.

주일을 보낸 뒤에, 닷새 동안의 저희들의 모습을 내어 놓습니다. 저희들의 행함에 따라 보지 마시고, 죄를 용서해 주시옵소서. 연약함 때문에, 저지를 수밖에 없었던 죄를 씻어 주시고, 저희들에게는 새로움의 용기를 지니게 하시옵소서.

지금 부딪치는 환경이 고달프고, 어렵다 해도 하나님의 말씀으로 위로를 받게 하시옵소서. 하늘에 계신 그 능력으로 저희들을 모든 원수들로부터 지키고 보호해 주심을 찬양하게 하시옵소서.

오늘도 말씀을 통해서 우리를 사랑하시는 하나님의 사랑을 확인하게 하시며, 위로의 기쁨을 즐거워하게 하시옵소서. 공과를 가르치는 이나 배우는 지체들이 하나님께로 더욱 깊이 안기게 하시옵소서. 깨닫는 진리의 말씀으로 지체들의 가슴에 하늘을 담게 하시옵소서.

말씀이 주는 의미를 통하여 그 지혜로 살아가게 하시옵소서. 오직 하나님의 뜻을 위하여 저희로 소원을 두고 행하게 하시는 우리 하나님께 감사와 영광을 바칩니다.

무엇과도 바꿀 수 없는 예수님의 이름으로 기도드립니다. 아멘.

4월 2주 † 고난주간 | 막 10:28

우리가 모든 것을 버리고

하늘에 계신 하나님,
　이 시간에, 저희를 죄악이 관영한 곳에 머물지 않게 하심을 감사드립니다. 구역 모임을 기다리게 하시고, 여기에 모였으니 하나님께서 준비해주신 대로 은혜를 누리게 하시옵소서.
　주님의 사랑은 측량할 수 없으신데, 저희는 늘 죄짓는 생활뿐이었습니다. 용서해주시옵소서. 모든 죄를 주님의 피로 씻어 주시옵소서.
　저희들의 삶을 고달프게 하는 짐을 주님께 맡겨 버리게 하시옵소서. 우리가 주님의 십자가를 바라볼 때, 저희를 붙들어 주심을 경험하게 하시옵소서. 의인의 요동함을 영영히 허락지 아니하시는 주님께로 나아가게 하시는 은총의 시간이기를 소원합니다.
　말씀과 함께 하는 은혜를 나타내 주시옵소서. 그 은혜가 임하여 저희들이 말씀 안에서 살아갈 것을 믿습니다. 성령님의 도우심을 체험하게 하시며, 성도들이 처한 형편에 따라서 기사와 이적을 보게 하시옵소서. 성도들의 착한 행실로 성령님의 열매들이 맺혀지기를 빕니다.
　저희들이 간구할 때, 소망을 잃지 않고 굳게 잡도록 인도해 주시옵소서. 천국을 바라보고, 하나님의 인도하심을 바라는 소망을 갖기 원합니다. 믿음을 지키고 사는 것이 때로는 어렵게 하고, 힘들기도 하지만 소망으로 이기게 하시옵소서.
　귀하신 주, 예수님의 이름으로 기도드립니다. 아멘.

4월 3주 † 눅 22:32

네 믿음이 떨어지지 않기를

평안으로 이끄시는 하나님,

주님의 십자가를 바라보며 지내게 하셨음에 감사드립니다. 부활하신 주님을 나의 주님으로 고백하는 저희들에게 지옥의 세력을 이기는 복을 누리게 하시옵소서. 흑암의 권세를 물리치는 부활신앙으로 세상을 이기는 성도가 되게 하시옵소서. 우리 구역의 지체들로 말미암아 예수님의 이름이 나타나기를 소원합니다.

다시, 부활절의 시간을 지내면서 저희들의 믿음이 없음을 고백합니다. 부활신앙으로 살아야 했건만, 주님의 부활을 잊고 지낸 시간들이 많았음을 용서해 주시옵소서. 저희들도 부활할 것을 바라보며 살아야 하는데, 먼 후일의 일처럼 생각하는데 그쳤음을 회개합니다.

저희들의 갈급한 심령, 굶주린 심령에 영생의 말씀을 주시옵소서. 구역강사님께서 목숨을 바쳐 말씀을 준비하셨고, 그것을 저희들이 배우게 하실 때, 그 진리를 따를 것을 다짐하게 하시옵소서. 저희들은 그대로 말씀을 받아 지키는 거룩한 무리가 되기를 소망합니다.

세상으로부터 저희들 자신을 깨끗하게 하도록 하시고, 예수님을 사랑하는 데 방해가 될 만한 것들은 거절하는 담대함을 주시옵소서. 여호와께서 저희를 부르심은 거룩하게 하심이라 하셨으니, 주님을 가까이 하는 심령으로 살도록 이끌어 주시옵소서.

부활의 첫 열매가 되어주신 예수님의 이름으로 기도드립니다.

아멘.

4월 4주 † 막 4:37

큰 광풍이 일어나며

　부활의 신앙을 고백하며 4월을 살게 하신 여호와여,
　약속의 말씀으로 무장하여 세상을 이기게 하셨습니다. 그러나 저희들을 돌아보며 부끄러운 고백을 합니다. 하나님의 영광을 위해 살아오지 못했음을 용서해주시옵소서. 교회를 통해서, 이웃을 향해서 주님의 영광을 구하는데 힘을 다하지 못한 죄를 용서해주시옵소서.
　오늘, 새로운 말씀을 학습할 때, 새 진리에 대한 기대로 공부에 임하게 하시옵소서. 지난 시간과 같이 열린 마음으로 말씀을 대하게 하시고, 공부할 때 성실히 임하게 하시옵소서. 이 말씀을 믿음으로 받아서 자유를 얻게 하시며, 평안을 누리게 하시옵소서.
　영생의 말씀이 저희들 각자를 부활 신앙으로 굳게 하시옵소서. 사랑하는 지체들 모두가 그리스도의 향기로 피어나게 하시옵소서. 저희들이 사랑의 공동체를 이루게 하시고, 교회의 머리되신 주님의 뜻을 온전히 이루어 드리는 지체들이 되게 하시옵소서. 그리하여 이 은혜가 저희들의 각 가정에까지 흐르는 것을 경험하기 원합니다.
　이 시간에, 저희들의 삶을 고달프게 하는 짐을 주님께 맡겨 버리게 하시옵소서. 우리가 주님의 십자가를 바라볼 때, 저희를 붙들어 주심을 경험하게 하시옵소서. 의인의 요동함을 영영히 허락지 아니하시는 주님께로 나아가게 하시옵소서.
　사모하는 선한 목자, 예수님의 이름으로 기도드립니다. 아멘.

성령의 임재를 뜨겁게 경험하는 예배 종합 대표기도문

4월 5주 ✝ 딤후 2:3

그리스도 예수의 좋은 병사로

하나님 아버지,

구역 모임을 주셔서 감사드립니다. 주일을 거룩하게 보내고, 닷새째, 늘 함께 하고 싶은 지체들, 한 자리에 모아주셨습니다. 바로 이곳이 성전이며, 사랑하는 주님을 만나는 곳이 되게 하시옵소서.

우리 구역의 지체들에게 "사도의 가르침을 받아 서로 교제하며 떡을 떼며 기도하기를 전혀 힘썼던" 것을 기억하게 하시옵소서. 저희들도 모임을 사모하게 하시고, 지체들이 모이는 것을 좋아하게 하시옵소서.

먹고 살아가는 문제로 분주했던 일들로 여겨졌던 삶의 곳곳에서 죄의 모습들을 들추어내게 하심에 감사드립니다. 지난 한 주간 동안에도 주님을 기쁘시게 못하고, 육신을 위하여 이기적인 욕망과 죄악으로 살아온 죄를 씻어 주시옵소서.

오늘, 공부를 인도하시는 구역강사님께 성령님의 충만하심과 지혜로 인도해주시옵소서. 사랑하는 지체들에게는 하나님의 말씀을 다루면서 진리 안으로 들어가게 하시옵소서. 영생이 약속되어 있고, 천국에서의 삶을 소망하는 진리로 인도해주시옵소서.

저희들이 기도하면서 서로 열심히 사랑하게 하시고, 한 마음이 되어 모이기에 힘쓰게 하시옵소서. 기도에 힘쓸 때, 오순절 성령 강림을 경험하게 하시고, 그 능력으로 땅 끝까지 복음을 전하게 하시옵소서.

임마누엘이신 예수님의 이름으로 기도드립니다. 아멘.

5월 1주 † 엡 6:11

하나님의 전신갑주를 입으라

　우리의 편이 되시는 여호와여,
　이 시간에도 먼저 죄를 회개합니다. 저희들은 어리석어서 부지불식간에 죄를 짓고도 모름을 용서해 주시옵소서.
　저희들에게 하나님의 어린 생명들을 맡겨주셨으니, 좋은 부모가 되도록 도와주시옵소서. 육신적으로는 저희들의 자녀들이지만, 신령한 의미에서 하나님의 자녀이니 유모와 같은 마음을 주시옵소서. 귀한 아이들을 하나님 백성으로 키워내게 하시옵소서.
　하나님 앞에서 아이들을 키우는 동안에 눈물의 기도를 쉬지 않게 하시옵소서. 천국의 백성이며, 하나님의 자녀라는 것을 가르치기 원합니다. 자신의 장래를 하나님께 맡기는 자녀들이 되게 하시옵소서.
　오늘, 모인 구역의 지체들이 공부하는 말씀에 도전을 받아 살아도 주를 위하여 살고, 죽어도 주를 위하여 죽는 인생의 비전을 허락해 주실 것을 믿습니다. 오직 하나님의 말씀이 즐거움이 되게 하시고, 믿음 안에서 살아가도록 하시옵소서.
　하나님께서 저희들을 사랑하시되, 믿는 자에게는 이루지 못할 일이 없다고 선언해주셨으니, 그 복의 주인공들이 되게 하시옵소서. 약속의 말씀을 통해서 우리를 속박하고 있는 열등감의 쇠사슬이 풀려질 것을 믿습니다. 주님의 피로 세상을 이기는 것을 누리게 하시옵소서.
　찬송이 되어주시는 예수님의 이름으로 기도드립니다. 아멘.

5월 2주 † 사 40:31

여호와를 앙망하는 자는

부모를 주신 하나님,
저희를 사랑하셔서 부모와 함께 지내게 해주셨음을 기억합니다. 부모의 수고로운 손길로 오늘, 저희들이 이만한 삶을 살고 있음에 감사드립니다. 사랑하는 부모님을 존귀하게 대접해드리고, 공경하면서 위에서부터 내려오는 은혜로 오늘을 지내게 하시옵소서.
그런데, 저희들 자신은 부모의 은혜를 잊었고, 자녀들에게 수고를 다하지 못하고 있으니 용서해주시옵소서. 우리를 위하여 부모님이 얼마나 수고를 다하셨는지를 잊고 지냈습니다.
부모를 공경하는 삶을 통해서 약속하신 복을 누리는 저희들이 되기 원합니다. "너 낳은 아비에게 청종하고 네 늙은 어미를 경히 여기지 말찌니라"는 말씀을 이루게 하시옵소서.
저희들에게 하나님을 공부하게 하셨음에 감사드립니다. 우리 구역의 지체들이 공부에 소망을 두기를 원합니다. 하나님의 말씀을 갖는 은혜를 맛보게 하시옵소서.
오늘, 부모에게 효노를 다하는 저희들이 되게 하시옵소서. 부모로 인해서 저희들이 있고, 그분들의 은혜로 성장했음에 감사하게 하시옵소서. 저희들이 섬겨야 할 부모님을 주 안에서 살아 계실 때 공경하도록 하시옵소서. 이로써 주님의 참 사랑을 풍성히 누리게 하시옵소서.
세상의 소망, 예수님의 이름으로 기도드립니다. 아멘.

5월 3주 † 히 11:33

의를 행하기도 하며

 의지하게 하시는 하나님,
 구역의 권속을 모아주셨습니다. 이 자리가 성소가 되는 감격을 주시니 감사드립니다. 주님의 이름에 찬양을 드리게 하시옵소서.
 죄가 저희들을 용납하지 못하게 하니, 고백합니다. 성령님의 은혜로 저희들이 죄를 낱낱이 고백하게 하시옵소서. 죄를 속하여 정결케 해주시는 여호와의 은혜를 보게 하시옵소서.
 우리 구역의 지체들에게 하나님 나라의 일을 구하게 하시옵소서. 주님의 십자가를 바라보면서 자기를 거절함에 이르게 하시옵소서. 주님의 이름으로 우리 구역을 축복합니다. 이 모임을 통하여 지체들이 하나님의 백성으로 자라가게 하시옵소서.
 오늘, 저희들이 배워야만 하는 생명의 말씀이 가르쳐지게 하시옵소서. 공부를 준비하신 구역강사님께 성령님의 기름 부으심이 충만하시기를 빕니다. 저희들은 이삭을 줍듯이 겸손한 심정이 되어 말씀에 귀를 기울이게 하시옵소서.
 성령님의 인도하심에 따라 진리를 보게 하시고, 생명의 샘이 솟아나와 마른 복을 축이는 은혜를 누리게 하시옵소서. 지희들에게 은혜를 더하셔서 주님의 편에 서게 하시옵소서. 자기의 평안을 바라기보다는 주님의 고난에 참여하기를 바라게 하시옵소서.
 이름만으로도 반가운 예수님의 이름으로 기도드립니다. 아멘.

5월 4주 † 빌 3:13

앞에 있는 것을 잡으려고

5월에 축복을 누리게 하신 하나님,

주님의 이름 앞에 무릎을 꿇었습니다. 저희들의 더러워진 마음을 살피셔서, 다시 한 번 속사람을 깨끗하게 하시고, 더러운 것은 성령님의 불로 태워 주시니 감사드립니다.

지금, 회개의 영이 임하여 지은 죄를 고백하게 하시옵소서. 저희들을 세상으로 보내면서 하나님의 사람으로 살기를 바라셨던 기대에 미치지 못했던 행실을 용서해 주시옵소서.

오늘, 모임으로 말미암아 하나님께서 원하시고 기뻐하시는 것이 무엇인지 깨닫게 하시옵소서. 구역의 지체들이 주 안에서 한 몸이 되었음을 경험하기를 빕니다. 성령님의 강력한 역사하심으로 예배드리는 모든 사람들이 다 성령님의 충만하심을 받게 하여 주시옵소서.

사랑하는 지체들이 공과를 공부하려 합니다. 성령님께서 저희들의 마음을 주장해 주시옵소서. 하나님의 말씀을 배우면서 주님의 온전하심을 닮아가도록 하시옵소서. 저희들이 성경을 읽는 가운데 하나님만을 섬기는 사람으로 자라기를 소망합니다. 그리스도의 말씀이 풍성히 거하는 은혜를 즐거워하게 하시옵소서.

기도로 근신하고 시험에 들지 않도록 인도해주시옵소서. 그리스도로 옷 입고, 전도의 사명을 감당하게 하시옵소서.

우리의 형편을 아시는 예수님의 이름으로 기도드립니다. 아멘.

6월 1주 † 시 130:1

내가 깊은 곳에서 주께

귀를 기울이시는 주여,

저희들은 지난 시간 동안에 세상에 살면서 주님을 기쁘시게 하지 못하고, 저희들의 육신을 위하여 이기적인 욕망과 많은 죄악에서 살아 왔습니다. 저희들의 회개를 들어주시고 용서해주시옵소서. 이제, 참으로 죄를 거절하며 살 수 있는 믿음의 용기를 주시옵소서.

오늘, 다시 한 번 주님을 따랐던 이들을 본받아 생명을 기꺼이 주님께 바치려는 결단의 은혜를 내려 주시옵소서. 새 영을 허락하셔서 하나님 말씀에 순종하는 삶을 사모하도록 성령님께서 강권해주시옵소서.

이로써, 하나님께 드리는 헌금을 즐거워하는 마음을 갖기 원합니다. 헌금을 준비할 때, 인색함으로 드리려 하지 않게 하시옵소서. 저희들에게 주신 복에 대한 감사함으로 드리기 원합니다. 하나님의 것을 하나님께 돌려드리는데 정직한 저희들로 삼아 주시옵소서.

구역의 지체들에게 성경을 공부하는 시간을 즐거이 여기게 하심을 감사드립니다. 저희들이 하나님의 말씀을 배워 그대로 순종하기를 소망하도록 이끌어 주시옵소시. 이 말씀을 배우는 목표를 오직 순종에 두게 하시옵소서. 순종으로 믿음에서 믿음에 이르게 하시옵소서.

하나님의 영광을 이루기 위해서 크게 생각하게 하시옵소서. 큰 생각을 갖고 있는 사람만이 이루어낼 수 있음을 기억하게 하시옵소서.

생명의 주이신 예수님의 이름으로 기도드립니다. 아멘.

6월 2주 † 시 102:2

내게 응답하소서, 속히

도움과 방패의 하나님,

저희들이 주님의 이름을 찬송할 때, 회개의 영으로 충만하게 하시옵소서. 하나님을 사랑한다 하면서도 고의적으로 사랑을 나타내지 못했던 삶을 고백합니다. 하나님을 최우선의 자리로 모시고, 연약한 이웃들을 섬기지 못한 죄를 용서해주시옵소서.

교회를 사랑하게 하시며, 교회 안에서 주님의 제자로 세워주셨음에 감사드립니다. 우리 구역의 지체들이 주님의 몸 된 ○○ 교회로 말미암아 세상을 향해서 하나님이 보여 지게 하시기를 빕니다.

우리 구역의 지체들에게 하나님의 음성을 사모하는 거룩함으로 인도해 주시옵소서. 날마다의 생활이 분주하지만 따로 시간을 내어 하나님의 말씀을 듣기를 즐거워하게 하시옵소서. 하나님 앞에서 말하기는 더디 하고, 듣기를 속히 하는 은혜로 들어가게 하시옵소서.

이 민족 모두의 가슴을 사랑으로 채워주시기 바랍니다. 서로 사람다운 길에 설 수 있도록 위로하며 권면하도록 도와주시옵소서. 스스로 겸손의 띠로 허리를 동이고 복음의 신발을 신어 화해와 평화의 사도가 되게 하시옵소서.

이 강산의 백성들이 주님으로 인하여 살도록 회개의 영을 부어 주시옵소서. 하나님만 섬기는 은혜의 즐거움을 누리게 하시옵소서.

영혼에 기쁨이 되시는 예수님의 이름으로 기도드립니다. 아멘.

6월 3주 † 요 16:23

내 이름으로 주시리라

영광을 하늘에 두신 여호와여,
빛과 소금으로의 삶에 사명을 감당하지 못했음을 용서해주시옵소서. 저희들의 태만했던 행실을 용서하시고, 거룩한 삶을 향한 결단을 하게 하시옵소서. 주님의 피로 씻음을 받고, 새 힘을 얻기 원합니다.
자기 백성과 함께 하시는 하나님이십니다. 하나님께서 정녕 저희들과 함께 하심을 믿습니다. 이제, 육신의 신을 벗게 하시옵소서. 옛사람의 신도 벗게 하시옵소서. 인간의 신을 벗고, 여호와의 인도하심 안으로 자신을 맡기는 저희들이 되게 하시옵소서.
이제, 구역강사님께서 가르쳐주시는 말씀에 감격하는 은혜를 누리게 하시옵소서. 한 마디, 한 마디의 말씀에서 진리를 구하게 하시고, 지키고 따를 생명의 길로 받게 하시옵소서. 하나님께서 주시는 말씀을 가감 없이 전하시게 성령님께서 역사해 주시기를 소망합니다. 구역의 지체가 함께 말씀을 공부하고, 진리에 서도록 인도해주시옵소서.
자기 백성들을 향하여 선하신 여호와의 은혜를 찬미하며 드려지는 공부의 한 시간이 되기를 소망합니다. 여호와의 백성들에게 영안을 열어 성부 하나님의 손길을 보게 하시고, 성자 하나님의 가르침을 즐거워하게 하시며, 성령 하나님의 도우심을 기뻐하게 하시옵소서. 하나님의 신비를 경험하게 하시옵소서.
저의 형편을 아시는 예수님의 이름으로 기도드립니다. 아멘.

성령의 임재를 뜨겁게 경험하는 예배 종합 대표기도문

6월 4주 † 시 72:6

땅을 적시는 소낙비 같이

6월을 복 되게 해주신 하나님,

이제, 저희들의 죄를 제거해 주시고 자비로써 저희들 마음에 성령의 불을 붙이어 주시옵소서. 그리하여 돌 같은 마음에 새로운 마음을 허락 해 주시옵소서. 기쁜 마음으로 주님을 따르며 즐거워 할 수 있는 귀한 믿음을 주시옵소서.

저희들이 거두어들인 것을 생각할 때, 여호와의 이름을 만방에 알리고 싶습니다. 저희들에게 내려주신 은혜가 커서 영광을 드립니다. 오직 하나님의 이름을 높이는 맥추감사절을 지키게 하시옵소서.

오늘, 성경을 공부하면서 새롭게 깨닫게 된 진리가 저희들의 것이 되게 하시옵소서. 성령님께서 깨달아 알게 하시는 대로 자기의 것으로 삼아 율례를 행하는 성도들이 되게 하시옵소서. 이로써 이 신앙의 열매를 저희들의 가정에서도 보게 하시옵소서.

하나님의 자비하심으로 살아온 날들을 돌아볼 때, 감격하지 않을 수 없습니다. 저희들이 받은 것들이 심히 많으니 그 중에서 일부를 거룩하게 떼어 감사로 예배하는 날들을 주시옵소서.

우리는 실패할 수밖에 없으며, 우리는 망할 수도 있지만, 하나님은 결코 실패하지 않으심을 믿습니다. 사람으로는 불가능한 것까지 하나님께서 이루어 주실 것을 믿고 기다리게 하시옵소서.

이 민족을 사랑하시는 예수님의 이름으로 기도드립니다. 아멘.

7월 1주 † 맥추감사절 | 시 32:7

구원의 노래로 나를

　천지를 지으신 여호와여,
　○○의 지체에게 오직 하나님만 경배하고, 하나님만 섬기는 은혜의 즐거움을 누리게 하시니 감사드립니다. 하나님의 영광을 가릴 만한 죄들을 회개하게 하시며, 용서하심의 은혜로 새롭게 하시옵소서. 저희들이 지은 모든 죄를 고백하고 뉘우치오니 용서해주시옵소서.
　사랑하는 구역의 지체가 영과 진리로 예배하고 말씀을 나눌 때, 하나님의 은총이 크게 나타나게 하시옵소서. 하나님을 향해서 열심을 갖고, 경건하며 올바른 예절과 훈련을 갖추게 하시옵소서. 그 말씀으로 저희들이 성령님의 풍성하심에 들어가게 하시옵소서.
　저희들에게 어려운 밤의 시간이 닥쳐왔지만 하나님의 손길을 바라보게 하시옵소서. 밤의 찬송을 통해서 하나님께 영광을 드리고, 구원하시는 여호와를 소망하게 하시옵소서. 견디기 힘든 밤의 시간이지만, 주님께서 함께 해주심에 소망으로 나아가게 하시옵소서.
　이제부터 새롭게 꿈을 키우게 하시옵소서. 하나님께서 저희를 도우시면 무엇이든지 해낼 수 있다는 담대함으로 새롭게 시작하기 원합니다. 하나님의 영광을 이루기 위해서 크게 생각하게 하시옵소서. 큰 생각을 갖고 있는 사람만이 이루어낼 수 있음을 잊지 않도록 마음을 지켜 주시옵소서.
　맥추감사절을 지키게 하신 예수님의 이름으로 기도드립니다.
　아멘.

7월 2주 ✝ 시 37:5

네 길을 여호와께 맡기라

하늘에 계신 하나님,

이 시간에 저희들의 모습을 돌아볼 때, 주님의 이름을 찬송하기에 합당치 않았음을 회개합니다. 도를 행하는 삶을 살기보다는 듣기만 해서 자신을 속이는 데 지나지 않았던 죄를 용서해주시옵소서. 감사하는 생활로 찬송의 은혜를 누리게 하시옵소서.

오직 마음을 다 드리는 지금, 감사로 제사하는 저희들이 되어 여호와의 영광을 인정하게 하옵소서. 하나님의 이름을 높이고, 세세무궁토록 영광을 바치는 한 시간이 되게 하시옵소서.

하나님의 뜻인 범사에 감사하면서 하나님의 뜻을 이루어드리는 간구를 하게 하시옵소서. 지금까지 생명을 허락하신 것과 가정을 주신 것, 일할 수 있는 재능과 재물 주신 것에 감사합니다.

힘을 다하여 감사하는 지체들에게 더욱 감사가 풍성케 하시옵소서. 베풀어 주신 은혜에 자원하여 예물을 드리고, 봉사하여 주님을 송축하기 원합니다. 기쁨으로 감사하는 저희들이 되게 하시옵소서.

하나님의 영광을 구하는 저희들이 되게 하시옵소서. 삶이 고난하고, 염려와 질고로 인하여 육신의 것을 구하기에 급급한 저희들에게 하늘을 보여 주시옵소서. 땅의 것을 하나님께 맡기고, 하늘의 영광을 구하는 저희들이 되게 하시옵소서.

기쁨이 되어주신 예수님의 이름으로 기도드립니다. 아멘.

7월 3주 † 시 119:117

내가 구원을 얻고

평안으로 이끄시는 하나님,
지난 몇 날 동안에도 여호와 앞에서 부끄럽게 지냈던 모습을 용서해 주옵소서. 고의로 죄를 짓고, 자신의 과실에 유의하지 못한 허물을 용서해주시옵소서. 사유하심을 받은 기쁨에, 부활의 그날까지 십자가를 지고서 주님의 뒤를 따라 가게 하시옵소서.
거룩한 시간에 천국의 자녀 됨을 풍성히 누리면서 하나님과의 인격적인 만남을 경험하는 복을 누리게 하시옵소서. 세상을 위하여 일을 하신 하나님의 손길을 찬양하는 복된 예배로 인도해 주시옵소서.
구역으로 모인 지체들에게 하나님의 예비하신 은혜를 내려 주시옵소서. 여호와 앞에서 존귀한 지체들에게 그들의 형편에 따라 은사와 복으로 충만케 하시옵소서. 몸이 약한 자에게는 강하게 만들어 주시옵소서. 슬픔을 당한 자에게는 하늘의 위로를 받게 하시옵소서. 근심과 탄식의 지체들이 찬송의 사람으로 변화되게 하시옵소서.
언제나 우리보다 앞서 준비해 놓으시고 그것을 믿기만 하면 우리에게 주심에 감사합니다. 하나님을 사랑하는 자에게 미리 대책을 세워 주시는 자비하심이 오늘, 저희들의 것이 되게 하시옵소서. 언제나 간섭해 주시고, 도움의 손을 펴시는 하나님을 찬양합니다. 여호와의 산에서 준비하시는 은혜를 저희들이 보게 하시옵소서.
은혜가 풍성하신 예수님의 이름으로 기도드립니다. 아멘.

7월 4주 † 시 107:14

흑암과 사망의 그늘에서

환난을 면케 하시는 여호와여,

자기 백성에게 선하시며, 환난 날에 산성이 되시는 하나님을 찬양합니다. 저희들 앞에 있는 큰 산 같은 고난도 하나님의 능력과 은혜로 평지같이 되게 해주시옵소서. 저희들이 고난을 당할 때 잠시 근심하게 되지만 끝내는 크게 기뻐하게 하실 줄을 믿습니다.

지금, 저희들을 돌이켜보니, 지난 닷새 동안의 삶에서 죄를 짓고, 길 잃은 양처럼 주의 길에서 벗어나 우리 마음으로 헛된 뜻과 욕망을 따랐으니 용서해주시옵소서. 주님의 거룩하신 율법을 어겼고 마땅히 해야 할 일들을 하지 않은 죄를 용서해주시옵소서.

오늘도 공부를 하는 중에, 지체들이 자신의 영혼에 유익이 되는 것을 놓치지 않게 해 주심을 빕니다. 말씀의 내용에서 선한 본을 발견하게 하시고, 그 본을 따르려는 결단을 하게 하시옵소서. 말씀으로 자기를 세워가는 지체들이 되게 하시옵소서.

저희들이 하늘의 뜻은 모두 이해할 수는 없더라도, 하나님의 뜻에 순종하게 하시옵소서. 하나님께서 우리의 왕이심으로 인해 기뻐하시옵소서. 사랑하는 지체들이 더욱 깊은 은혜 안으로 들어가게 하시옵소서.

주 안에서 저희 구역이 사랑의 공동체로 자라가기를 소원합니다. 저희들의 모둠에서 천국을 경험하도록 이끌어주시옵소서.

사랑에 변함이 없으신 예수님의 이름으로 기도드립니다. 아멘.

7월 5주 † 요 14:27

나의 평안을 너희에게

    소망으로 7월을 지내게 하신 하나님,
    저희들의 걸음을 이 가정으로 인도하셔서 예배하게 하셨음을 즐거워합니다. 사랑하는 ○○○님과 이 가정의 지체들에게 여호와의 임재를 충만히 경험하게 하시옵소서.
    진리의 가르침을 따라 살게 하시는 은혜를 내려 주시옵소서. 성경을 공부하면 할수록 하나님의 은혜가 절실히 요구된다는 것을 깨닫게 하시옵소서. 하나님의 말씀을 대할 때, 지식의 축적으로 간주하지 않게 하시옵소서. 성경의 진리를 깨달아 그 말씀대로 순종해서 자기의 것으로 삼는 지체들이 되게 하시옵소서.
    오늘도 저희들의 모임에 목사님을 세우셔서 천국의 진리를 배우도록 하셨습니다. 구역강사님께 가르침의 능력을 덧입혀 주시옵소서. 성령의 기름을 부어주시옵소서. 말씀을 전해주실 때, 그 말씀이 구역의 지체에게는 손을 금하여 어떤 모양으로도 악을 금하는 힘이 되게 하시옵소서. 영혼을 살리는 말씀이기를 빕니다.
    저희들 가운데는 원하지 않게 황무지를 만난 경우가 있으니 도와주시옵소서. 어려운 일을 당할 때, 담력을 얻게 하심을 믿습니다. 때로는 고통의 황무지, 실패의 황무지, 일터의 황무지가 진보의 기회로 바꾸어지게 하심을 믿고 간구합니다.
    영혼을 만족하게 하시는 예수님의 이름으로 기도드립니다. 아멘.

8월 1주 † 시 62:1

잠잠히 하나님만 바람이여

의지하게 하시는 하나님,
 저희들을 돌아보니, 여호와 앞에 죄송할 뿐입니다. 하나님의 일을 구하는데 소홀했음을 회개합니다. 저희들의 삶이 개인적으로는 거룩함에 이르고, 교회에 유익을 끼치며, 하나님께는 영광이 되어야 하는데, 그렇지 못하였음을 용서해주시옵소서.
 사람의 힘과 능력으로는 되지 않지만, 오직 하나님의 신으로는 될 것을 믿고 소망을 갖게 하시옵소서. 성령님께서 감동해 주신 꿈을 잃지 않는 저희들이 되게 하시옵소서. 주님의 은혜는 저희들에게 꼭 이루어짐으로 나타날 줄 믿습니다. 여호와의 이름으로 저희들이 반드시 승리하게 하시옵소서.
 저희들의 가슴에 구할 바를 품게 하시고, 믿음으로 간구하게 하시는 하나님을 바라보게 하시옵소서. 오늘, 구역의 지체들이 공과를 공부할 때, 우리 주님의 크신 사랑에 젖기를 원합니다. 말씀을 배울수록 우리를 위하시는 하나님의 사랑에 감격하게 하시옵소서.
 우리 교회이 성장을 원하시는 하나님의 마음으로 저희들을 충만하게 하시옵소서. 교회가 구원의 방주가 되어 불신자들이 주님께로 돌아오게 하시옵소서. 구원을 받는 수가 날마다 많아져서 숫자의 성장을 보게 하시고, 온 성도들의 신앙과 삶이 부요해지는 성장을 주시옵소서.
 평안을 주시는 예수님의 이름으로 기도드립니다. 아멘.

8월 2주 † **시 23:6**

선하심과 인자하심이 반드시

우리의 편이 되시는 여호와여,
 한 공동체로 부름을 받은 저희들이 한 목소리로 광복절에의 신앙을 고백하게 하시옵소서. 돌아보니, 그렇지 못했음을 고백합니다. 나라를 사랑하는 데 부족하였고, 이웃을 섬겨야 하는 삶을 살지 못했음을 용서해주시옵소서.
 하나님의 영광을 구하는 저희들이 되게 하시옵소서. 삶이 고단하고, 염려와 질고로 인하여 육신의 것을 구하기에 급급한 저희들에게 하늘을 보여 주시옵소서. 땅의 것을 하나님께 맡기고, 하늘의 영광을 구하는 저희들이 되게 하시옵소서.
 오늘 말씀을 공부하면서 구역장님, 구역 강사님, 그리고 저희들에게 이 나라를 창성케 해 주시는 하나님을 바라보게 하시옵소서.
 사랑하는 지체들이 반석 위에 터를 닦는 심정으로 공과를 대하게 하시옵소서. 하나님의 말씀을 배워 신앙의 집을 잘 짓게 하시옵소서. 오늘, 성경을 공부하면서 저희들에게 하나님의 은총이 절대적으로 필요함을 깨닫게 하시옵소서.
 기도하는 중에 하나님을 두려워하게 하시옵소서. 성령님의 감동 속에서 하나님을 두려워하는 삶을 다짐하도록 인도해 주시옵소서. 하나님을 두려워하여 저희들에게 왕 앞에서의 신하가 된 자세를 주시옵소서.
 이 민족을 위하시는 예수님의 이름으로 기도드립니다. 아멘.

8월 3주 † 요 16:33

내 안에서 평안을 누리게 하려

자비로우신 주여,
　구역의 지체들에게 복 된 시간을 주셔서 감사드립니다. 오늘 저희들은 주님을 사랑하게 하시옵소서. 매일, 십자가를 질 수 있는 은혜를 내려 주셔서 고난도 참을 수 있게 하시옵소서. 나 자신을 부인하지 않으려는 감각, 욕망, 열정을 부인하는 연습을 하게 하시옵소서.
　무더운 날씨 속에서도 영혼과 육체를 지켜주시는 은혜에 찬양을 드립니다. 저희들은 죄를 짓고, 길 잃은 양처럼 주의 길에서 벗어나 마음으로 헛된 뜻과 욕망을 따랐으니 용서해 주시옵소서. 주님의 거룩하신 율법을 어겼고 마땅히 해야 할 일들을 하지 않아 영혼의 건강마저 잃은 것을 회개합니다.
　사랑하는 지체에게 하나님의 말씀을 대하게 하셨음에 감사드립니다. 진리의 말씀을 깨달을 때, 은혜를 더하여 주시옵소서. 하나님의 말씀이 주는 권고를 들으며, 훈계를 받는 은혜를 체험하게 하시옵소서. 이어서, 죄의 소욕을 물리치고, 선을 추구하게 하시옵소서.
　자기 백성에게 선하시며 환난 날에 산성이 되시는 하나님을 찬양합니다. 저희들 앞에 있는 큰 산 같은 고난도 하나님의 능력과 은혜로 평지같이 되게 해 주시옵소서. 저희들이 고난을 당할 때 잠시 근심하게 되지만 끝내는 크게 기뻐하게 하실 줄을 믿습니다.
　자기 백성을 인도해주시는 예수님의 이름으로 기도드립니다.
　아멘.

8월 4주 † **시 17:8**

주의 날개 그늘 아래에

무더위를 견디게 하시는 하나님,

갈보리 십자가의 보혈, 그 뜨거운 피로 저희의 추한 심령을 어루만져 주시옵소서. 신령과 진정으로 예배하는 지금, 이 자리에 모인 무리들에게 경건함과 거룩함으로 예배하게 하시옵소서. 생각과 마음을 모아서 여호와를 공경함으로써 예배하는 저희들이 되게 하시옵소서.

오늘도 예비하신 하늘의 복으로 ○○○님과 이 가정을 둘러 주시옵소서. ○○○님께서 이 모임을 통해서 주님의 몸 된 교회를 사랑하고, 성도의 사명을 감당하도록 은혜를 주시옵소서. 사랑하는 구역의 지체들이 주님의 사랑을 나누게 하시옵소서.

오늘도 말씀을 공부하면서 저희들에게 소망이 되신 하나님을 사랑하게 하시옵소서. 구역강사님께 기름을 부으심이 있어서 말씀을 가르치실 때, 능력을 보게 하시옵소서. 하나님을 가까이 하는 저희들에게 날마다 시간을 구별해서 인자한 말씀을 듣게 하시옵소서.

영원히 갚을 수 없는 구속의 은혜를 기뻐합니다. 주님의 은혜와 하나님의 사랑하심으로 이제 우리의 신분이 바뀌어졌고 우리의 삶도, 질도 바뀌어 졌으니, 기도로 살아가게 하시옵소서. 그 은혜의 풍성함을 따라 이 밤에 기도하게 하시옵소서. 삶의 상황에 관계없이 구속의 은총을 즐거워하며 기도로 살아가게 하시옵소서.

정한 날에 은혜를 주시는 예수님의 이름으로 기도드립니다. 아멘.

9월 1주 † **고후 5:17**

그리스도 안에 있으면

경배를 받으실 여호와여,

머리를 숙인 지체들에게 진심으로 여호와를 경외하여 섬기게 하시옵소서. 저희들의 생각과 말 그리고 묵상을 열납해주시옵소서.

예배를 드리기 전에, 저희들의 과실을 받아 주시옵소서. 죄에 대하여 민감하고, 하나님께 드릴만한 경건에 힘써야 하였으나 삶은 정반대였음을 고백합니다. 죄에 대하여 둔하게 지낸 것을 용서해주시옵소서.

오늘 밤에, 말의 은혜를 보게 하시옵소서. 저희들의 말 속에 믿음이 있어서 기적을 보게 하시옵소서. 믿음이 있는 말은 산이라도 움직이지만 믿음이 없는 말은 아무 힘이 없음을 깨닫습니다.

저희들의 말이 허공을 지는 소리에 불과하지 않게 하시옵소서. 산을 바다에 던지는 말을 하게 하시옵소서. 하나님의 영광을 위해서 기적을 나타내는 말을 하도록 성령님께서 강권해주시옵소서.

저희들을 위한 하나님의 말씀을 즐거움으로 받게 하시옵소서. 그리하여 성경에 계시되어 있는 하나님을 만나게 하시며, 저희들 각 지체들이 자기들에게 배우게 하시는 진리를 얻고자 하시옵소서.

저희들이 하나님께로부터 지혜를 얻으며 교훈을 받게 해주시옵소서. 땅의 지혜를 거절하고, 하늘의 지혜를 갖게 하시옵소서. 하나님 앞에서 떨며 즐거워하게 하시옵소서.

사랑하게 하시는 예수님의 이름으로 기도드립니다. 아멘.

9월 2주 † 행 15:9

그들의 마음을 깨끗이 하사

　귀를 기울이시는 주여,
　이 시간에, 성령님께 충만하게 하셔서 여호와께로 나아가게 하시옵소서. 우리를 사랑하시는 은혜가 임하여 구역의 지체들에게 때마다 놀라운 일을 행하시는 하나님이 되어 주시옵소서. 우리 구역의 가족은 오늘도 승리하게 하시옵소서.
　주님을 영화롭게 해드리며 살지 못했던 행실을 고백합니다. 아직도 옛 사람의 욕심을 버리지 못하여 죄를 지었던 저희들입니다. 자신을 남들에게 비교해서 그 욕심에 모든 것을 내어주었던 어리석은 행동들을 용서해주시옵소서. 사유해주시는 은혜를 경험하게 하시옵소서.
　저희들을 위한 하나님의 말씀을 즐거움으로 받게 하시옵소서. 그리하여 성경에 계시되어 있는 하나님을 만나게 하시며, 저희들 각 지체들이 자기들에게 배우게 하시는 진리를 얻고자 하시옵소서. 하나님께 더욱 가까이 이르는 은혜를 누리게 하시옵소서.
　저희 ○○교회가 복음을 전하는 사명을 다하기 위해 기도하는 시간이 되게 하시옵소서. 예배당 밖에 나가기만 하면, 불신자들을 만나게 되는데, 그들에게 복음을 전하는 교회가 되게 하시옵소서. 불신자들이 구원에 이르기 위해 저희 교회를 찾기 원합니다. 저희들은 전도의 사명을 깨닫고 그러한 역할을 감당하게 하시옵소서.
　기쁨으로 섬기게 하시는 예수님의 이름으로 기도드립니다. 아멘.

9월 3주 † 딤후 2:21

귀히 쓰는 그릇이 되어

도움과 방패의 하나님,

이 시간에, 고백하니 주님의 뜻대로 살지 못하고 주님의 품을 떠나려고 애썼던 교만을 용서해주시옵소서. 그리고 세상과 불의와 타협하며 자신의 죄를 합리화하는 나약한 신앙을 가지고 살아온 것도 용서해 주시옵소서.

교회의 직분자들이 겸손한 자세로 자신을 하나님께 전적으로 맡기게 해주시고, 저들의 손길에 선한 열매들이 많이 쌓이게 하시옵소서. 성도들을 보살피고, 돕는 중에, 믿음이 연약한 이들을 붙잡아 주는 은혜를 주시옵소서.

오늘, 공부하는 말씀이 활력이 있어서 저희들에게 힘이 되어줌을 확신하게 하시옵소서. 말씀의 은혜로 말미암아 저희들의 심령이 새로워지고, 저희들의 가정에도 진리의 생명수가 흘러들어가게 하시옵소서.

구역장님, 구역 강사님, 저희들 모두가 말씀의 공동체가 되어, 같은 신앙으로 하나님을 바라보게 하시옵소서. 말씀을 공부하면서 이 말씀이 살아있는 말씀임을 깨달아 즐거워하게 하시옵소서.

하늘나라에서의 기쁨을 지금, 맛보게 하시는 구원의 하나님을 향하여 즐거이 외치는 예배를 드리게 하옵소서. 성령님의 충만하심이 있어 춤을 추며 기뻐하는 예배로 영광을 받으옵소서.

가을을 주신 예수님의 이름으로 기도드립니다. 아멘.

9월 4주 † 히 10:19

우리가 예수의 피를 힘입어

가을 앞으로 오게 하신 여호와여,
구역 모임의 시간을 주셔서 감사드립니다. 자기의 죄를 숨기는 자는 형통하지 못하나 죄를 자복하고 버리는 자는 불쌍히 여김을 받으리라 하신 말씀을 기억합니다. 사랑하는 권속들의 죄를 용서해주시고, 죄에 대해 죽고, 의에 대해서 사는 다짐의 은혜를 받게 하시옵소서.
인생을 낮출 때도 있고 높일 때도 있으신 하나님이십니다. 부하게도 하시지만 가난하게도 하시는 하나님이심을 믿습니다. 저희들 가운데는 지금, 골짜기를 지나는 지체들이 있습니다. 그들이 여호와의 함께 하심과 보호하심을 믿고 이 어려운 시간을 이기도록 이끌어 주시옵소서. 여호와의 손을 의지하게 하시옵소서.
이 시간에, 성경을 공부하러 모인 지체들을 축복합니다. 시시때때로 저희들을 미혹하는 세상의 지식들로부터 지켜 주시는 진리의 가르침이 되게 하시옵소서. 저희들이 성경을 공부하는 중에, 하나님의 영이 저희들을 붙들어 주심을 경험하게 하시옵소서. 이 패역한 삶 속에서 도사리고 있는 수많은 위험들로부터 보호해 주시옵소서.
사랑하는 지체들이 추석에도 하나님께 영광을 드림에 주목하게 하시옵소서. 우리 구역의 식구들에게 민족 고유의 정서와 부딪쳐서 하나님 앞에서 죄를 짓는 경우가 생기지 않도록 도와주시옵소서.
세상을 이기게 하시는 예수님의 이름으로 기도드립니다. 아멘.

10월 1주 † 마 5:3

천국이 그들의 것임이요

    영원한 찬송의 하나님,
    갈보리에서 흘리신 주님의 피가 저희들을 죄로부터 자유하게 하셨음에 감사드립니다. 오늘도 주님의 교회, ○○ 교회에 복을 내려 주시고, 저희들이 ○○○님의 가정에 모여서 구역(셀)의 교제를 나누도록 하시니 감사드립니다. 복 된 시간이 되게 하시옵소서.
    저희들의 삶이 주님은 흥하시고, 저희는 쇠하는 삶이 아니었음에 회개합니다. 주님의 이름이 영광을 받으시도록 하는 삶이 아니고, 저희들 자신의 유익만을 추구하며 살았으니 용서해주옵소서.
    성경을 공부하러 모인 지체들을 축복합니다. 시시때때로 저희들을 미혹하는 세상의 지식들로부터 지켜 주시는 진리의 가르침이 되게 하시옵소서. 저희들이 성경을 공부하는 중에, 이 패역한 삶 속에서 하나님의 영이 저희들을 붙들어 주심을 경험하게 하시옵소서.
    거룩한 시간에 천국의 자녀 됨을 풍성히 누리면서 하나님과의 인격적인 만남을 경험하는 복을 누리게 하시옵소서. 세상을 위하여 일을 하신 하나님의 손길을 찬양하는 복된 예배로 인도해 주옵소서.
    저희들은 하나님께로부터 지혜를 얻으며 교훈을 받게 해 주시옵소서. 땅의 지혜를 거절하고, 하늘의 지혜를 갖게 하시옵소서. 하나님 앞에서 떨며 즐거워하게 하시옵소서.
    우리로 경배하게 하시는 예수님의 이름으로 기도드립니다. 아멘.

10월 2주 † 시 45:2

영원히 복을 주시도다

천지를 지으신 여호와여,
크신 은총을 베푸시는 자비하심에 찬양을 드립니다. 시험에 참지 못한 죄를 고백합니다. 주님께서는 저희를 단련시키시려고 때때로 시험을 받게 하셨는데, 그 때마다 어려움에 대하여 불평하고, 원망하며 낙심하기까지 했던 과오를 회개합니다. 잘 참고 견디지 못했음을 용서해 주시옵소서.

우리에게 말씀을 주신 하나님을 찬양합니다. 이 시간에 의의 길로 인도하시는 하나님의 말씀을 공부하려 하니, 말씀을 사모하는 마음을 주시옵소서. 성경을 배워서 깨달은 진리에 이르는 지체들이 되게 하시옵소서. 이 진리가 죄를 이기고, 세상을 이기는 능력이 되게 하시옵소서.

저희들의 문제를 갖고 간구하기도 하지만, 담임 목사님과 교역자들을 위해서 기도하게 하시옵소서. 바울이 곤경에 처할 때 좋은 동반자가 되었던 디도와 같이 목회자들과 함께 하는 지체들이 되게 하시옵소서. 담임 목사님과 같은 믿음을 따라 그의 편에 서서 성도의 삶을 살도록 이끌어 주시옵소서.

우리 지체들의 식구들에게도 하나님의 자녀가 되는 권세가 있음에 감사드립니다. 주님의 이름의 권세로 죄를 물리치고, 사탄의 유혹에도 너끈히 이기게 하셨음을 믿습니다.

오늘, 구역 모임에 계시는 예수님의 이름으로 기도드립니다.
아멘.

성령의 임재를 뜨겁게 경험하는 예배 종합 대표기도문

10월 3주 † 마 8:24

바다에 큰 놀이 일어나

하늘에 계신 하나님,

우리 주님의 성호를 찬양하며 구역 모임을 시작합니다. 저희들에게 생명의 빛 가운데서 성도의 기업의 부분을 얻게 하셨으니, 아버지께 충성을 다하기를 원합니다. 주님의 나라를 이루어드리게 하시옵소서.

이 시간에, 아버지의 말씀에 순종하지 않고, 그 명령을 거역하며 살아 온 저희의 허물과 죄를 기억합니다. 탐욕과 이기심으로 더럽혀지고 흐려졌음을 고백합니다. 가슴을 치며 통곡하는 저희의 애통하는 소리를 들어주시기 원합니다.

하나님의 말씀을 공부할 때, 지식의 말씀에 귀를 기울이며, 진리의 말씀을 붙잡고 살아가게 하시옵소서. 사랑하는 지체들이 하나님의 말씀을 대할 때, 성령님의 충만하신 임재를 빕니다. 여호와께 존귀한 지체들이 하나님의 영광을 위한 소원을 갖게 하시옵소서.

구역을 복 되게 하시며, 지체들의 각 가정에도 복의 은혜가 흐르게 하시옵소서. 그리하여 저희들의 가정생활도 하나님 앞에서 무흠하여 그 칭찬과 덕스러움이 교회에 유익이 되게 하시옵소서.

저희들의 영혼을 위해서, 여호와 앞에서 말씀에 순종하는 지체들이 되게 하시옵소서. 성령님의 충만하심 아래로 인도되기 위한 성실함을 소망하도록 이끌어 주시기를 빕니다.

저희들에게 호산나가 되신 예수님의 이름으로 기도드립니다.

아멘.

10월 4주 † 약 4:8

너희를 가까이 하시리라

 평안으로 이끄시는 하나님,
 남들이 받지 못한 은혜를 주신 여호와께 감사드립니다. 그동안에도 저희들이 하나님 영광만을 위해 살지 못했던 죄를 고백합니다. 하나님을 위해 살면 손해 볼 때도 있는데 그것을 받아들이지 못하고 죄를 지었습니다. 순종하고 가면 결국에는 승리하는데 인내하지 못했음을 용서해주시옵소서. 주님의 보혈로 죄를 씻겨주심을 경험하게 하시옵소서.
 사랑하는 지체들에게 말씀을 공부하는 복된 시간을 주시니 감사드립니다. 오늘, 공과를 배우면서 성경의 기록이 저희들의 삶에 그대로 적용되기를 빕니다. 지체들에게 예수님을 향한 사랑과 자기를 향한 사랑에 대한 묵상의 은혜를 주시옵소서.
 저희들의 삶은 여호와께서 목자가 되어주셨다고 고백하는 삶이었습니다. 선한 목자이신 여호와께서 지금도 저의 하나님이심을 고백합니다. 비록, 가난이 죽음의 음침함으로 에워싸지만 지켜 주심을 믿습니다. 성령님의 충만하심으로 재물의 궁핍을 이기고, 하나님의 은혜를 바라보게 하시옵소서. 하나님만이 전부가 되는 것을 경험히기 원합니다.
 주님께서 저희를 위해 목숨을 버리신 사랑을 배우게 하시옵소서. 저희가 이로써 사랑을 깨달아 마땅히 저희가 형제를 위해 목숨을 바치게 하시옵소서.
 온 몸을 드리게 하시는 예수님의 이름으로 기도드립니다. 아멘.

성령의 임재를 뜨겁게 경험하는 예배 종합 대표기도문

10월 5주 † 요 16:22

너희 마음이 기쁠 것이요

  10월을 살도록 해주신 하나님,
  저희들의 죄를 먼저 회개합니다. 주님의 말씀에 순종하기에 게을렀던 행실을 용서해 주시옵소서. 하나님의 영광을 구하기에도 부족했던 허물을 용서해 주시옵소서.
  혹시라도, 거짓말은 아니지만 남의 마음에 상처를 주는 말을 하지 않게 하시옵소서. 덕을 끼치는 말을 하고, 말에 실수가 없기 원합니다.
  여호와 앞에서 하늘에 속한 백성으로 자라갈 것을 바라게 하시옵소서. 성경을 배우는 중에, 믿음과 소망, 사랑에 대하여 깨닫게 하시옵소서. 말씀을 가르치시는 강사님께 지혜의 영으로 충만하게 하시옵소서. 말씀을 배우는 중에, 지체들에게 자신을 책망하시는 하나님의 음성을 듣게 하시옵소서. 저희들이 진리 안에서 온전히 세워지게 하시옵소서.
  말씀의 진리를 깨달으면서 오직 주님을 본받을 수 있게 하시옵소서. 저희들이 누리게 될 영적인 은혜가 저희들 각 지체들이 축복의 통로로 사용되어 가정에까지 흘러가게 하시옵소서.
  ○○의 지체들을 더 많은 이들에게로 흩어주시고, 복음을 전하여 생명을 나누게 하시옵소서. 저희 교회 지체들의 활동들이 전도에 초점을 두게 하시옵소서. 이로 말미암아 주님께서 다시 오시는 그 날까지 하나님의 다스리심 속에 부흥되기를 소망합니다.
  자신을 살피게 해주시는 예수님의 이름으로 기도드립니다. 아멘.

11월 1주 † 딤후 2:123

또한 함께 왕 노릇

전능하신 주 하나님,
믿음으로 산다고 하면서도 실제는 믿음이 없이 행했던 일들이 너무 많아 고백합니다. 하나님께서 해주신다는 믿음의 기다림보다 저희들의 생각과 판단으로 살아온 지난 일들을 돌아봅니다. 용서해주시옵소서. 그리하여 신앙의 성장을 위해 기도하고 참회하도록 하시옵소서. 자신과 이웃을 돌아보는 영적인 훈련기간으로 삼도록 하시옵소서.
구역의 지체들이 하나님을 사모하며 지내게 하셨음에 감사드립니다. 하나님의 말씀을 배우는 중에, 의롭게 되기를 소망하게 하시옵소서. 감각적이며, 쾌락을 쫓으려는 생각을 버리게 하시고, 저희들의 심령에 계시는 주님께 집중하도록 성령님께서 강권해주시옵소서.
사랑하는 구역의 지체들이 진리를 배우게 하시옵소서. 깨닫는 말씀의 한 구절에서 생명의 은혜를 누리게 하시옵소서. 이 말씀으로 죄를 물리치고, 사탄의 유혹에도 담대히 물리치게 하시옵소서. 오늘, 배우는 말씀을 사랑하며 살고, 눈동자처럼 그 진리를 지키게 하시옵소서.
우리 교회가 구원받아야 할 세상 사람들을 위하여 문이 열려진 교회가 되게 하시옵소서. 저희들이 누리는 생명의 복을 거저 받았으니 평안이 필요한 이들에게 거저 줄 수 있게 하시옵소서. 이 땅에서 감당해야 할 종의 직분에 충성을 다하게 하시옵소서.
이 모임 중에 계시는 예수님의 이름으로 기도드립니다. 아멘.

11월 2주 † 눅 17:21

하나님의 나라는 너희 안에

의지하게 하시는 하나님,

여러 가지의 죄와 허물이 많이 있음을 깨닫습니다. 저희들의 모든 죄를 자복하고 회개하니 주님의 깨끗케 하시는 보혈로 씻음 받게 하시옵소서. 하나님 앞에서 착한 일을 하여 모든 이들로 하여금 영광을 드리게 하시옵소서. 성령님의 감화에 따라 순종하게 하시옵소서.

순서에 따라서 ○○○님의 가정에서 셀(구역)로 모이도록 하신 하나님께 찬양을 드립니다. 예배의 성소로 가정을 드린 ○○○님께 복을 내려 주시옵소서. 이곳에서 예배하며 하나님의 말씀을 나눌 때, 성령님의 임재를 보게 하시옵소서.

저희들이 공부할 때, 사랑하는 지체들의 영적인 눈이 열려 지게 하시옵소서. 저희들에게 이 말씀을 하시는 하나님의 의도를 보게 하시옵소서. 깨닫게 하시는 성령님의 은혜에 감사드리게 하시옵소서. 그리하여 저희들의 삶이 여호와께 합당하지 않은 것을 발견하거든 즉시 버리게 하시옵소서. 거절하는 은혜를 내려 주시옵소서.

추수감사절에 지체들이 하나님의 자비로우심에 감사하여 예배를 드리려고 모여왔습니다. 저희들은 거두어들인 것이 많음에 감사드립니다. 그리고 성도들의 가정마다 선물로 주신 자녀들이 잘 자라게 하시고, 자녀들 때문에 행복하게 지내게 하셨음을 기뻐합니다.

감사절을 기다리게 하시는 예수님의 이름으로 기도드립니다.

아멘.

11월 3주 † 사 41:10

내가 너희와 함께 함이라

　감사하도록 절기를 주신 하나님,
　저희들이 지난 시간 동안에도 열심을 다하여 저희에게 맡겨진 사명에 충성하지 못했음을 용서해주옵소서. 이로써 교회의 사명을 다하지 못하고 말았습니다. 담대히 주님의 일을 감당하게 하시옵소서.
　심은 만큼보다도 만 배로 받되, 넘치게 하셨으니, 영광을 드리는 시간을 기다리게 하시옵소서. 날마다 저희 지체들을 보호하시고, 은혜를 베푸시는 하나님을 사랑합니다.
　우리 ○○ 교회의 지체들이 구역모임으로 함께 하게 하셨음에 감사드립니다. 적은 지체들이 모여 주님의 몸이 되었음을 고백하는 이 자리가 하나님께 영광이 되기를 소원합니다.
　오늘, 함께 한 저희들에게 진리를 공부하는 즐거움을 누리게 하시옵소서. 서로를 존중하면서 공부하는 한 시간의 은혜를 보게 하시옵소서. 주님의 사랑을 받으면서 서로 화목하게 공부하도록 이끌어 주시옵소서. 성령님의 은혜로 하나 되게 하시는 주님의 뜻에 순종하는 지체들이 되기를 소망합니다.
　성령님의 권면을 통해서 저희들에게 열매를 맺음에 주목하게 하시옵소서. 먼저 저희 안을 깨끗하게 하여 좋은 나무가 되는 은혜를 주시옵소서. 성령님께서 거하심으로써 아름다운 열매를 맺게 하시옵소서.
　하늘 잔치를 주신 예수님의 이름으로 기도드립니다. 아멘.

11월 4주 † 엡 3:17

그리스도께서 너희 마음에

   감사함으로 지내오도록 하신 하나님,
   자기의 십자가를 지고 주님을 좇는 것을 즐겁게 하시니 감사드립니다. 성령님의 감동하심에 순종하지 못하고, 고의적으로 자신의 생각과 판단을 쫓으며 지낸 죄를 회개합니다. 하나님의 음성보다 자신의 목소리에 귀를 더 기울이려 한 죄를 용서해주시옵소서.
   십자가를 통해서 하나님께로 나아가는 길을 열어주시고, 때를 따라 도우심에 감사드립니다. 주님의 십자가만이 저희들에게 소망입니다. 여기에 모인 지체들에게 날마다 하늘의 신령한 은혜와 이 땅에서의 기름진 것으로 배불리는 삶을 살아가는 은혜를 주시옵소서. 옥토의 심령을 지니고, 반석 같은 믿음의 처소를 이루어 가게 하시옵소서.
   오늘도 성경을 공부하면서 진리를 깨달아 저희들의 가슴이 뜨거워지기를 빕니다. 진리의 깨달음을 통하여 하나님을 향해 살며, 영적인 사람으로 자기를 세워가려는 거룩한 결단을 하게 하시옵소서. 우리 구역의 권속을 먹이시는 하나님의 은혜가 말씀으로 수어지기 원합니다.
   귀하고도 중하신 하나님의 말씀을 대하려 하니, 성령님께서 저희들의 마음을 주장해 주시옵소서. 눈으로 읽는 말씀이 아니고, 마음으로 깨닫는 말씀이 되게 하시옵소서. 오늘의 공부를 통해서 저희들을 훈계하시는 하나님의 음성을 듣게 하시옵소서.
   오늘, 모임을 주신 예수님의 이름으로 기도드립니다. 아멘.

12월 1주 † 롬 2:10

영광과 존귀와 평강이

만유를 다스리시는 하나님,
 저희들의 생명을 지켜주신 은총에 감사드립니다. 성탄의 달을 주시니 아기 예수님을 기다립니다. 저희들의 심령에 오시옵소서.
 오늘, 기도에 게을렀던 지난 시간을 고백합니다. 부족할 때마다 하나님을 찾아야 했건만, 기도보다는 인간적인 수단과 방법에 의지했던 삶을 용서해주시옵소서.
 평생 하나님을 의지한다는 믿음으로 살아가도록 도와주시옵소서. 저희들의 일생이 승리할 줄로 믿습니다. 저희들의 생각이 하나님의 뜻으로 가득 차고, 그 일을 이루어드리려는 설렘으로 가슴이 뜨겁게 되기 원합니다. 하나님의 영광을 바라보게 하시옵소서.
 사랑하는 지체들에게 생명의 진리를 배우게 하신 여호와를 즐거워합니다. 오늘의 말씀을 공부하면서 하나님께서 예비해 주신 생명의 풍성함으로 들어가게 하시옵소서. 저희들이 함께 신령한 은혜를 누리는 잔치의 시간이 되게 하시옵소서. 오늘의 말씀에서, 여호와께 착한 사람이 되기를 다짐하게 하시옵소서. 말씀이 가르쳐 주는 대로 순종하여 하나님의 뜻을 따르게 해 주심을 빕니다.
 하늘의 문을 여시고, 사랑하는 지체들에게 은혜를 더하여 주시옵소서. 그 은혜가 임하여 먹되 풍족히 먹도록 하시고, 때마다 일마다에서 놀라운 일을 행하신 하나님을 즐거워하게 하시옵소서.
 우리에게 왕이신 예수님의 이름으로 기도드립니다. 아멘.

12월 2주 † 롬 8:29

그 아들의 형상을 본받게

예부터 도움이 되신 하나님,

하나님께서 저희를 사랑하시는 것은 변함이 없으셨건만 지난 한 주간 동안은 결코 하나님께 아름답지 못하였음을 용서해주시옵소서. 주님의 보내심으로 빛이요, 소금이 되어야 했건만 그렇게 하지 못한 죄를 깨끗이 씻어 주시고, 새롭게 하시옵소서. 그 소망 가운데, 주님과 함께 풍성한 삶을 살기 원합니다.

구역으로 모인 지체들이 사랑하는 책을 공부하게 하셨음을 즐거워합니다. 주님을 사랑하므로, 주님의 이야기가 기록된 성경을 사랑하게 하시니 감사드립니다.

저희들의 모임을 ○○○님의 가정에서 갖게 하시니 감사드립니다. 세상이 지어지기 전부터 ○○○님을 구원하시기로 작정하신 은혜가 나타났음에 감사드립니다. 우리 주님께서 십자가에서 대신 지불해주신 피 값을 통해서 의롭게 되었으니, 날마다 그 은혜를 찬송하며 지내는 ○○○님이 되시도록 인도해주시옵소서.

겸손한 마음으로 진리를 깨닫고자 하게 하시옵소서. 기도하는 심정으로 공부하는 지체들이 되게 하시옵소서. 새롭게 깨달은 진리의 말씀으로 저희들 각자가 살아가기를 원합니다. 그리고 그 은혜가 저희들의 각 가정에까지 흘러들어가게 하시옵소서.

말씀의 주, 예수님의 이름으로 기도드립니다. 아멘.

12월 3주 † 벧후 3:18

자라 가라, 그를 아는 지식에서

영광을 하늘에 두신 여호와여,

멸망을 받을 수밖에 없는 세상을 위하여 구원의 뿔을 다윗의 집 안에 일으키셨던 하나님의 은혜를 찬미합니다. 저희 인생들을 돌아보사 속량하시려고 구주가 나셨던 그 밤의 은혜를 찬미하게 하시옵소서. 아기 예수님을 경배했던 그 시간을 따르게 하시옵소서.

하나님의 뜻을 거스르며 지냈던 죄를 고백합니다. 성도로 온전하게 세워지기 위해서 말씀을 가까이 하는데 부족하였음을 용서해주시옵소서. 단순히 말씀을 믿고, 따르지 못했음을 용서해주시옵소서.

이제, 금년이 가고, 새해가 오는데 저희들의 심령은 여전합니다. 연초에 드렸던 기도가 지금도 이어지고, 연초에 가졌던 생각을 아직까지도 이루지 못하고 있습니다. 불쌍히 여기시옵소서.

이 시간의 순서를 인도하시는 하나님의 종에게 영력을 더하여주시옵소서. 오늘의 모임을 위해서 봉사하는 손길에도 은혜를 더하여주시옵소서. 성령님의 충만하신 임재를 경험하며, 지체로서의 화목을 즐기게 하시옵소서.

오늘, 저희들이 하나님의 말씀을 공부해야 하는 이유에 대한 깨달음을 주시옵소서. 하나님의 말씀 앞에서 함께 하나님께 귀를 열도록 인도하시옵소서. 진리의 말씀으로 생명의 풍성함을 누리게 하시옵소서.

거룩한 날을 기다리게 하시는 예수님의 이름으로 기도드립니다. 아멘.

12월 4주 † 요 13:15

너희도 행하게 하려 하여

성탄절의 주간에 구역의 지체들을 모아주셨음에 감사드립니다. 성탄절의 예배와 아기 예수님의 나심을 기뻐하는 행사들, 한 해를 마감하는 세밑의 시간으로 마음은 분주합니다. 하나님의 아들이 우리에게 오심을 경험하는 복된 시간을 누리도록 이끌어주시옵소서.

저희들에게 정해진 예배의 순서에 따라 하나님을 경외하게 하시옵소서. 사랑하는 ○○○님의 집에 모인 오늘, 하나님의 말씀을 공부할 때, 이 책은 세상의 지식을 전해 주는 책이 아니라는 것을 잊지 않게 하시옵소서. 이 시간에, 사랑하는 지체들이 말씀을 배움이 하나님을 사랑하는 것으로 이어지게 하시옵소서.

우리 구역에 속한 지체들이 날마다 하늘의 양식으로 배부르게 하셨음에 감사드립니다. 저희들의 가정이 복된 터전이 되게 하셨음에 감사드립니다. 누구보다도 열심을 내어 주님을 사랑하게 하시옵소서. 성도들이 귀한 가정마다 복 되게 하시옵소서.

하나님 앞에서 ○○의 지체들이 전도자로 살아가게 하시니 감사드립니다. 오늘도 자신이 섬겨야 하는 삶의 자리에서 복음 속으로 들어가게 하시옵소서. 세상에 오신 주님의 모습으로 살아드리게 하시옵소서. 이로써 죄를 이기고, 사탄의 궤계를 결박하며, 승리를 거두도록 성령님께서 강권해주시옵소서.

만유의 주, 예수님의 이름으로 기도드립니다. 아멘.

12월 5주 † 요 13:34

새 계명을 너희에게 주노니

영원히 찬송을 드릴 하나님,
구역의 권속을 한 해 동안에 지켜주셨음에 감사드립니다. 주님의 날을 교회에서 보내고 헤어져 자신의 자리에서 지내던 지체들이 다시 모이게 하셨음에 영광을 올려 드립니다. 저희들을 주님의 피로 형제가 되게 하시고, ○○교회의 한 권속이 되어, 구역으로 모이게 하셨음을 묵상합니다. 오직 하나님의 은총입니다.
저희들의 모습을 살펴볼 때, 인내하지 못했음을 고백합니다. 인내를 통해서 온전함을 이루었어야 하는데, 조바심 때문에 그렇지 못했음을 용서해주시옵소서. 주님을 기다리지 못하고, 자기의 생각대로 행하다가 죄를 지은 것뿐입니다. 불쌍히 여겨 주시옵소서.
새해에 새롭게 해주실 하나님의 은혜, 새해에는 이전보다 더욱 넘치게 하실 하나님의 손길을 생각하기 전에 회개의 시간을 주시옵소서. 저희들 각 자와 저희 ○○ 교회가 감당해야 될 일들을 다하지 못한 죄를 용서해 주시옵소서.
여호와 앞에서 존귀한 지체들을 축복합니다. 저희들 각자의 가정에서 한 솥으로 밥을 먹는 식구들은 성령님의 충만하심을 바라게 하시옵소서. 성령님의 도우시는 손길로 승리하게 하시옵소서. 금년의 마지막 시간이 축복이 되게 하시며, 새해를 맞아드리게 하시옵소서.
세상을 다스리시는 예수님의 이름으로 기도드립니다. 아멘.

05

가족축복(토)
새벽기도회
대표기도

1월 1주 † **새해 첫 토요일** | **히 6:14**

내가 반드시 너에게 복 주고 복 주며

벅찬 감격으로 살게 하시는 하나님,

새해를 맞게 하시고, 새 날을 주셨음에 감사드립니다. 여호와 앞에서 온전함을 바라고 자라가기를 소망하는 애들을 볼 때, 감사드립니다. 그들의 하나님을 사랑하는 마음이 변하지 않게 하시옵소서.

지난 해에 우리 가족을 지켜주시고, 날마다 하늘의 복으로 함께 하셨음에 감사드립니다. 그 은혜가 올해로 이어지기를 소원합니다. 날마다 회복의 은혜를 내려 주시고, 여호와의 얼굴을 비춰주심에 찬미의 제사로 나아가게 하시옵소서.

우리를 축복하신 하나님께서 금년에도 그 은혜로 더하실 것을 오늘 종일동안 기억하게 하시옵소서. 이로써 하나님의 일을 이루는 삶을 살라고 저희들, 저희 가정에 복 주실 것을 배우게 하시옵소서.

오늘, 첫 새벽에, 강단에서 말씀이 선포될 때, 마음의 문을 활짝 열어 주시옵소서. 예수님의 십자가로 죄의 문제가 해결되었음을 확인하게 하시옵소서. 천국의 백성으로 살아가려는 다짐을 하게 하시옵소서.

오늘, 저희들의 생각과 말 그리고 행동을 통해서 이루어 드려야 하는 하나님의 의를 묵상하게 하시옵소서. 하나님의 의를 이루기 위해서 굶주리기 원합니다. 주님께 세례를 베풀었던 요한의 마음을 저의 것으로 삼아, 오늘 하나님의 일에 수종을 드는 은혜를 주시옵소서.

구속의 피를 흘려주신 예수님의 이름으로 기도드립니다. 아멘.

1월 2주 ✝ 사 44:21

너를 지었으니 너는 내 종이니라

날마다 새롭게 하시는 하나님,

오늘, 첫 시간에 ○○ 교회에 복을 주시는 하나님이십니다. 저희 자녀들의 장래를 축복합니다. 감사하게도 그들에게 삶의 목적과 목표에 대하여 이해하게 하시고, 자기들의 인생에 대한 확고한 생각을 갖게 하셨음에 감사드립니다.

저희들의 가정에서 부모와 자녀들의 가슴이 하늘로 채워지기를 빕니다. 하나님께 영광이 되는 인생으로 살아가게 하시옵소서. 이제껏 지내오는 것이 여호와의 은택이었음에 찬송을 받으실 이름 앞에 무릎을 꿇게 하시옵소서. 오늘, 하나님께의 영광에 주목하셨던 예수님을 바라봅니다. 주님의 말씀에 그대로 순종했던 하인들의 행동을 묵상합니다.

강단에 세워주신 목사님의 설교를 통해서 주시는 주님의 말씀을 생명의 양식으로 받아 심령이 배부르게 하시옵소서. 그 말씀으로 새 생명을 얻은 기쁨 속에 살아가는 저희들이 되게 하옵소서. 말씀의 성찬이 베풀어진 서룩한 시간에 온 봄으로 주님께 영광을 드리게 하시옵소서.

예수님께서 말씀을 하심과 그 말씀을 받은 이들의 순종을 통해서 하나님의 영광이 나타난 진리를 깨닫게 하시옵소서. 그 영광이, 저의 삶에서도 나타나기를 바라시는 하나님의 뜻을 받아들이게 하시옵소서. 말씀을 받고, 그대로 순종하는 은혜를 내려 주시옵소서.

우리를 친구라 여겨주신 예수님의 이름으로 기도드립니다. 아멘.

1월 3주 † 시 128:5

평생에 예루살렘의 번영을 보며

　생명으로 축복하시는 하나님,
　새 날의 아침에 우리를 위하시는 하나님께 감사로 찬양을 드립니다. 저희 자녀들이 하나님 앞에서 복된 삶을 살게 하시옵소서. 그들이 하나님께서 주신 복에 즐거워하는 것을 보는 부모의 특권을 주시옵소서.
　이 시간에, 축복하는 부모가 되기를 소원합니다.
　오늘을 지내면서 복된 생각, 복된 말, 복된 행동을 하게 하시옵소서. 오직 위로부터 주어진 지혜에 의해서 오늘을 기쁘게 살게 하시옵소서.
　환난 중에 부르짖을 때 응답이 되어주시고, 평안 중에 여호와의 이름을 찬송하게 하셨음에 감사드립니다. 지금, 저에게 물과 성령으로 거듭난 흔적이 있는지를 돌아보게 하시옵소서.
　지금, 사랑하는 지체에게 말씀을 전해주실 목사님을 붙들어 주시옵소서. 강단에서 선포되는 말씀으로 저희들은 믿음을 더욱 굳게 하기 원합니다. 저희들이 천국의 사람으로 살도록 주시는 말씀이매, 순종하려는 결단으로 받게 하시옵소서.
　주님의 보혈로 죄를 씻음 받고, 성령님의 충만하심에 의해서 예수님을 구주로 고백하게 해 주셨음에 감사드립니다. 오늘, 우리 하나님을 머리로 알게 하려 하지 마시고, 믿음으로 알게 해 주시옵소서. 우리 주님을 지식이 아니라 가슴에 모시게 하시옵소서.
　오늘도 종일 함께 해주실 예수님의 이름으로 기도드립니다. 아멘.

성령의 임재를 뜨겁게 경험하는 예배 종합 대표기도문

1월 4주 ✝ 약 3:18

화평으로 심어 의의 열매를

축복의 시간을 주시는 하나님,

새해를 주시면서 언약하신 복을 기다리게 하셨음을 감사드립니다. 주님의 보혈로 죄를 씻음 받고, 영생을 얻게 해주셨음에 찬양을 드리게 하시옵소서. 한 주간 동안, 분주하게 살아온 저희들, 오늘은 부모와 자녀가 함께 하나님께 보이러 나왔습니다.

여호와로 말미암아 기쁨을 감출 수 없고, 즐거워하게 하셨으니, 내 하나님은 위대하시다고 말하게 하시옵소서. 오늘, 친히 하나님의 말씀으로 사셨던 예수님의 삶을 묵상하기 원합니다. 하나님의 말씀이 저의 삶이 되도록 은혜를 내려 주시옵소서.

하나님의 자녀가 되었음에도 여전히 세상적인 가치와 방법으로 사는데 주저하지 않았던 죄를 용서해주시옵소서. 일부러 하나님의 말씀을 외면했던 죄도 고백합니다. 천국의 백성으로서 응당, 천국의 율례와 규례를 삶의 원칙으로 받아들이게 하시옵소서.

말씀을 준비하신 목사님께 성령으로 감동해 주시옵소서. 그의 말씀에서 하나님의 뜻이 온전히 선포되기 원합니다. 그 말씀으로 저희들을 향한 주님의 뜻이 무엇인지 분별하여 새로워지는 은혜를 주시옵소서.

구원의 은혜를 받은 저희 식구들이 자신들의 삶으로 말미암아, 이 복스러운 소식을 다른 이들에게도 전하려는 열망을 주시옵소서.

참 평안이 되어주시는 예수님의 이름으로 기도드립니다. 아멘.

1월 5주 † 시 71:5

주는 나의 소망이시요

  자손으로 번성케 하시는 하나님,
  ○○의 성도들의 가정에 여호와의 은혜가 넘치고 있음에 감사드립니다. 하나님의 계획이 있어 토요 새벽기도를 가족축복으로 정하시고, 한 달이 되게 하셨습니다. 이 시간으로 말미암아 부모와 자녀들에게 축복의 통로가 열려지게 하시고, 가정이 회복되는 것을 봅니다. 부모의 기도를 통하여 자녀들이 하나님의 백성으로 자라게 하시니 감사드립니다. 귀한 자녀들에게 천국 일꾼의 소망을 품게 하시옵소서.
  여호와께 드릴 새 노래를 부르게 하시며, 저에게 베풀어 주신 은혜로 말미암아 무릎을 꿇게 하시옵소서. 영생에 이르는 생수가 되어 주신 예수님을 찬양합니다. 영원히 목마르지 않는 은혜를 주셨으니, 더욱 풍성한 은혜를 소망하게 하시옵소서.
  말씀을 준비하여 강단으로 오르신 목사님을 축복합니다. 하나님의 말씀이 가감 없이 선포되어, 진리가 이 예배당을 덮기 원합니다. 생명력 넘치는, 살아 있는 말씀으로 저희들을 감동케 하시옵소서. 그 말씀으로 우리 교회가 든든히 세워져 기게 하시옵소서.
  오늘, 주님으로 말미암아 생명의 즐거움을 누리게 하시옵소서. 성령님의 은혜로 심령이 촉촉하게 적셔지게 하시며, 기쁨으로 충만하게 해주심을 빕니다. 단비가 내려 물 댄 동산의 한 날을 보게 하시옵소서.
  모든 악에서 구원해주실 예수님의 이름으로 기도드립니다. 아멘.

2월 1주 † 시 132:15

이 성의 식료품에 풍족히 복을 주고

  복된 자로 살게 하시는 하나님,
  저희들을 새벽에 깨워주시니 감사드립니다. 저희 자녀들에게 하나님의 약속을 붙잡게 하시며, 그 약속이 성취될 것을 믿게 하셨음에 감사드립니다. 자기의 자녀들에게 말씀하시고, 약속을 성취하시는 하나님의 은혜를 저희 자녀들에게 내려 주시옵소서.
  여호와의 자비로우심으로 말미암아 감사하게 하시고, 그 거룩하심에 하늘을 사모하게 하심에 찬양하오니 홀로 받으시옵소서. 이 시간에, 예수님의 병자들을 고쳐주셨음에 대하여 묵상하게 하시옵소서. 주님의 자비하심과 하나님의 사랑을 새롭게 봅니다.
  오늘도 목사님을 강단에 세우셔서, 하나님의 말씀을 들려주시니 감사드립니다. 목사님께 말씀의 증거에 대한 기름을 부으심이 있으시기 원합니다. 저희들의 심령에 만족한 말씀을 전하실 목사님에게 영력을 더하여 주시옵소서. 그 말씀을 저희들은 믿고, 순종하기를 즐거워하는 말씀으로 받게 하시옵소서.
  오늘, 예수님께서 저의 인생에 소망이 되셨음을 고백하는 기회를 얻게 하시옵소서. 영적으로 병이 들고, 육적으로도 연약했던 저를 주님께서 고쳐 주셨음에 대하여 전하는 한 날이 되기를 빕니다. 저의 증거를 통해서 불신자들에게 복음이 전해지게 하시옵소서.
  우리를 불쌍히 여기실 예수님의 이름으로 기도드립니다. 아멘.

2월 2주 † 신 18:13

네 하나님 여호와 앞에서 완전하라

여기에까지 도우신 하나님,

새벽에 하나님께 나아와 저희들을 보여드립니다. 주님을 모신 저희 가정이 여호와 앞에서 복 되게 해 주셨음에 찬양을 받아주시옵소서.

찬송과 기도로 지내는 애들에게 하나님께의 열정이 뜨거워지게 하시옵소서. 오늘, 성령님의 충만하심을 통해서 하늘의 사람으로 살아갈 것을 다짐하게 하시옵소서.

주야로 여호와의 이름을 부르며 감사하게 하시고, 그 은혜를 앙망하여 간구하기를 즐거워하게 하시옵소서. 보물을 하늘에 쌓아둠의 진리를 새롭게 깨닫도록 성령님의 감화를 빕니다. 제게 있는 보물을 주님의 이름으로 사용하여, 저의 마음이 하나님께 있게 하시옵소서.

○○의 지체가 무엇을 하든지, 어디를 가든지, 주님의 뜻을 찾는 저희들로 인도해 주시옵소서. 주님의 사랑으로 살던 주님의 자녀들을 보아 주시기 원합니다. 주님의 뜻을 이루기 위해서 온전한 성도로 세워지게 하시옵소서. 내가 먼저 희생하고, 헌신하기를 감사하게 하시옵소서.

오늘, 예수님께서 보물을 하늘에 쌓아둠의 본이 되셨음을 찬양합니다. 주님께서 자신의 시간까지도 하나님의 영광을 위해서 사용하심으로써 보물을 하늘에 쌓아두셨으니, 그대로 따르게 하시옵소서. 제게 있는 재물로 주님의 손이 되어 베풀고 봉사하게 하시옵소서.

우리에게 생명이신 예수님의 이름으로 기도드립니다. 아멘.

2월 3주 † 호 10:1

열매 맺는 무성한 포도나무라

창성케 하시는 하나님,
　○○의 가족을 축복하시는 하나님께로 나아옵니다. 저희 자녀들이 공부하는 생활이 때로는 고단하게 하고, 외롭게도 하지만, 그때마다 넉넉히 이기게 하셨음을 찬양합니다. 그들에게 하나님의 자녀로서 장래에 대한 소망을 품게 하시고, 하늘에 속한 사람으로 삼아 주시옵소서.
　악인들이 자신의 그물에 걸려 넘어지되, 의로운 자는 여호와의 구원하심을 누리게 하셨음에 올려드리는 찬양을 받으시옵소서. 예수님의 영광을 지켜드렸던 세례 요한의 은혜를 저의 것으로 고백하게 하시옵소서. 여호와께서 선물로 주신 하루를 제자로 사는 기쁜 날이 되게 하시옵소서.
　말씀을 전해 주실 목사님께 성령님의 능력이 더하시기 바랍니다. 말씀에 기름을 부어주시옵소서. 그 말씀이 생명이 되어 저희들이 거듭나게 하시옵소서. 진리의 말씀을 반가워하고, 순종함으로써 열매를 맺는 ○○ 교회의 백성들이 되도록 인도해주시옵소서.
　오늘, 헛된 교만으로 하나님께서 받으셔야 하는 영광을 가로채지 않게 하시옵소서. 하나님의 이름이 나타나고, 예수님의 이름이 알려지는 것에 기뻐하는 제가 되기 원합니다. 제가 하는 일들과 사람들을 만남에서 하나님의 영광을 구하는 제자가 되게 하시옵소서.
　존귀하신 주, 예수님의 이름으로 기도드립니다. 아멘.

2월 4주 † 시 34:14

화평을 찾아 따를지어다

  은혜로 함께 해주신 하나님,
  ○○의 가족이 한 마음, 한 목소리로 우리 주님께 찬양을 드립니다. 이 시간으로 저희들의 가정을 회복시켜주시는 은혜에 날로 감사를 드립니다. 저희들을 성소로 구별되게 하시니 영광을 드리게 하시옵소서.
  저희들 부부에게 맡겨진 자녀들이 하나님의 은혜를 생각하는 중에, 기쁨과 감사가 가득하게 하심을 즐거워합니다. 오늘의 행적에서도 그들이 여호와의 은혜의 풍성함을 누리며 천국을 소망하게 하시옵소서.
  여호와의 인자하심에 따라 구원의 은총을 받고, 거룩함으로 살아가기를 사모하게 하시옵소서. 부름을 받고, 예수님을 따라나선 제자들에 대하여 묵상하게 하시옵소서. 그들은 자기들의 것을 버리고 주님을 따랐으나 저는 오히려 얻으려 하였음을 고백합니다.
  거룩한 강단에서 증거 되는 목사님의 설교는 우리를 배불리 먹이시는 하나님의 손길을 선포하는 말씀이 되게 하시옵소서. 성령님의 충만하심이 그 말씀에 담겨 저희들의 심령을 태우게 하시옵소서.
  오늘, 주님의 제자라 하기 전에, 버림을 경험하게 하시옵소서. 이제라도, 저 자신이 소유한 것들을 버리는 은혜를 경험하기 원합니다. 옛 사람의 행실과 욕심을 한 손에 쥐고, 다른 손으로 주님을 붙잡지 않게 하시옵소서.
  인도자가 되어주시는 예수님의 이름으로 기도드립니다. 아멘.

성령의 임재를 뜨겁게 경험하는 예배 종합 대표기도문

3월 1주 † 창 22:17

내가 네게 큰 복을 주고

여호와께 충성되게 하시는 하나님,
저희들의 마음이 편하고, ○○에 속한 가정들마다 평안히 지내도록 하심을 찬양합니다. 오직 여호와의 자비로우심이 저희를 지켜주시고, 평안이 넘치는 주님의 가정이 되게 하시며, 자녀들에게는 미래를 향한 소망으로 살게 하시옵소서.
늘 무엇으로 여호와께 기쁨을 드릴까 생각하게 하시고, 감사함으로 지내니 내 하나님은 은혜로우시다고 말하게 하시옵소서. 이 시간에, 복이 있는 사람에 대한 깨달음을 주시니 감사드립니다. 인생의 복이 하나님께 있음을 알게 하시고, 천국을 사모하게 하시옵소서.
귀한 시간에 목사님을 단에 오르게 하사 말씀을 전하게 하셨습니다. 말씀을 준비하신 목사님께 성령으로 감동해 주시고, 하나님의 뜻이 온전히 선포되기 원합니다. 저희들 모두 순종함으로 듣고 그 말씀을 따르게 하시옵소서. 오늘의 말씀으로 저희를 새롭게 하시옵소서.
오늘, 인생의 복이 세상에서 구해지는 것이 아니고, 천국에 있음을 새롭게 해 주시옵소서. 주님의 말씀을 삶의 원리로 삼고 사는 중에 복을 누리게 하심을 빕니다. 오늘의 말씀에서 주님의 모습을 발견하게 하시고, 주님을 더욱 가까이 따르게 하시옵소서. 저희들의 가슴이 뜨거워져 하루를 시작하게 하시옵소서.
찬송의 제목이 되신 예수님의 이름으로 기도드립니다. 아멘.

05 가족축복 (토)새벽기도회 대표기도

3월 2주 † 출 20:3

다른 신들을 네게 두지 말라

삶을 산 제물로 받으시는 하나님,
오늘 새벽에 하늘의 문이 열려 저희들에게 축복의 은혜를 내려 주시옵소서. 여호와께 제단이 된 저희 가정에 복을 내려 주셨음을 기뻐합니다. 자녀들은 말씀과 기도로 살아가게 하시고, 그 은혜에서 자신들의 삶의 비전을 구하게 하셨음에 감사드리게 하시옵소서.
여호와의 이름을 가까이 하는 중에, 평안하게 하시며, 그 이름에 소망의 힘을 얻게 하시니 감사드립니다. 친히 원수를 사랑하셨던 예수님의 모습을 묵상합니다. 자신을 반대했던 이들, 자신을 십자가에 못을 박은 자들에게도 자비로 대하셨던 주님을 따르게 하시옵소서.
저희들의 심령을 성령님께서 뜨겁게 하셔서 말씀을 기다리게 하시옵소서. 한 말씀도 땅에 떨어지지 아니하고 성도들의 마음 밭에 새겨져 열매를 맺게 하시고, 그 말씀으로 저희들을 향한 주님의 뜻이 무엇인지 분별하여 새로워지게 하시옵소서.
오늘, 성령님의 감동하심에 따라 원수에게 가까이 가도록 하시옵소서. 사람의 감정으로는 그를 미워할 수밖에 없으니, 성령님께서 주장하시는 마음으로 원수에게 손을 내어밀게 해 주심을 빕니다. 하나님께 대하여 원수가 되었던 제가 용납을 받았던 것처럼 저에게도 원수를 용납하는 은혜를 주시옵소서.
보혈을 흘려주신 예수님의 이름으로 기도드립니다. 아멘.

3월 3주 † 시 92:12

의인은 종려나무 같이 번성하며

소원을 주시는 하나님,

○○ 교회를 세워주시고, 이 교회에서 복된 삶을 살게 하시니 감사드립니다. 저희들의 가정을 믿음의 반석 위에 놓아 주시고, 자녀들이 하나님을 경외하며 자라게 하심을 찬양합니다.

저희들의 가정을 축복하시려고 새벽기도의 시간을 주신 여호와의 이름에 감사로 나아갑니다. 헛된 욕망을 이루려 하지 않고, 자기의 유익을 찾아 방황하지 않는 자녀들이 되게 하시옵소서.

여호와의 손으로 구원해주신 은혜를 기리고, 하늘보다 높으신 인자하심이 저를 두르심을 좋아합니다. 이 시간에, 천국의 백성으로서 살아가는 기본적인 생활원리를 깨닫게 하시옵소서. 우리는 세상 나라의 백성이 아니므로 의식주에 대하여 염려하지 말아야 함을 배웠습니다.

오늘도 진리의 말씀으로 저희들의 심령에 새로움을 주시옵소서. 강단 위에 서신 목사님과 함께 하셔서 생명을 구원하는 능력의 말씀을 전하실 수 있도록 인도하시옵소서. 저희들을 긍휼히 여기시는 하나님의 은혜를 소망합니다.

오늘, 하나님의 나라에 속해 있으면서, 세상의 사람들처럼 사는 이중적인 삶을 고백하니, 용서해 주시옵소서. 저에게 필요한 것들은 하나님께서 공급해 주심을 믿고, 염려를 거절하게 하시옵소서.

놀라운 이름이 되어주신 예수님의 이름으로 기도드립니다. 아멘.

3월 4주 † 벧전 3:11

화평을 구하며 그것을 따르라

인생의 항로를 결정하시는 하나님,
하루를 시작하는 첫 시간에 ○○의 권속을 성별해주신 하나님께 경배와 찬양을 드리게 하시옵소서. 주님께 영광으로 삼아주시옵소서.
저희들의 가정을 에덴의 동산처럼 복 되게 하시고, 선물로 주신 자녀들이 믿음의 사람이 되게 하셨음에 감사드립니다. 부모의 하나님을 자기들의 하나님으로 삼은 그들에게 장래를 열어 주시옵소서.
영생의 복으로 생수가 넘쳐흐르게 하시고, 무시로 하나님의 나라를 앙망하게 하셨음에 올려드리는 찬양을 받으시옵소서. 예수님의 생애를 살피는 중에, 비판하지 않으시고, 정죄하지 않으신 주님을 새롭게 묵상하기 원합니다. 주님의 용서와 사랑에 감사드립니다.
목사님께서 하나님의 말씀 선포하실 때 힘 있는 말씀, 능력이 있는 말씀이 되게 하시며, 듣는 성도들이 강단의 메시지에 은혜를 받게 하시옵소서. 말씀을 받음이 교회에 복이 되기 원합니다. 그리하여 세상에 나아가 하나님 말씀으로 승리하는 삶을 살 수 있도록 도와주시옵소서.
오늘, 비판 대신에 자비하심을, 정죄 대신에 불쌍히 여기심을 보이신 예수님을 배우게 하시옵소서. 사람의 생각과 감정으로 남을 대하기 쉬운 저의 어리석음을 깨우쳐 주신 은혜를 새롭게 간직하게 하시옵소서. 주님의 사랑으로 하루를 살아드리게 하시옵소서.
사랑으로 함께 해주시는 예수님의 이름으로 기도드립니다. 아멘.

4월 1주 † 대하 1:12

부와 재물과 영광도 주리니

기쁨을 주시는 하나님,

주님의 몸 된 ○○교회에 속한 가정마다 제사장의 가정이 되게 해 주셨습니다. 저희들을 여호와께 존귀한 자들로 삼아주시고, 응답의 하나님이 되어주심을 찬양합니다.

이제, 저희의 자녀를 축복합니다. 어리면 어린대로, 하나님을 경험하게 하시고, 여호와 앞에서 자기를 다스리는 은혜를 보게 하시옵소서.

여호와의 이름을 즐거워하고, 베풀어 주신 은총을 생각할 때마다 기쁨이 넘치게 하시니 감사드립니다. 육체의 질병을 깨끗하게 치료해 주신 주님에 의해 영혼의 치료도 사모하게 하심에 감사드립니다. 병든 영혼의 의사이신 예수님께 저를 맡기게 하시옵소서.

오늘의 예배에서 하나님의 말씀을 듣게 하시니 감사합니다. 말씀을 들고 단 위에 서신 목사님과 함께 하셔서 생명을 구원하는 능력의 말씀을 전하실 수 있도록 인도해 주시옵소서. 그 말씀 한 마디도 땅에 떨어지지 아니하고 성도들의 마음 밭에 새겨져 열매를 맺게 하시옵소서.

오늘, 저희들의 영혼의 질병에 손을 대어 깨끗하게 해 주실 주님을 바라봅니다. 성령님께서 저희들의 깊은 곳에 있는 더러운 것들을 파헤치시고, 예수님의 치료하심을 앙망하게 하시옵소서. 주님의 은혜가 나타나기를 소망하면서 하루를 지내게 하시옵소서.

우리에게 자기를 내어주신 예수님의 이름으로 기도드립니다. 아멘.

4월 2주 † 출 29:11

여호와 앞에서 그 송아지를 잡고

하나님 아버지,
이 새벽에 주의 사랑하는 백성을 깨우시고, 하나님의 집에 오르게 하셨습니다. ○○의 자녀들을 축복하사 그들이 전에 경험해본 적이 드문, 새벽에 하나님을 찾게 하시니 감사드립니다. 우리 애들이 기도로 자신의 인생을 살아가게 하시옵소서.

하늘의 은혜로 자란 애들이, 여호와의 은혜를 늘 잊지 않고, 무엇으로든지 갚으려는 삶을 소망하게 하시옵소서. 이삭과도 같이 저희 부부에게 즐거움이 된 자녀들을 주신 여호와께 감사드립니다.

날마다 여호와 앞에서 살아가게 하셨음에 감사드립니다. 하나님의 이름을 가까이 하고, 하늘을 바라보는 심정으로 지내게 하시는 중에, 오늘도 주님의 사랑, 주님의 용서, 주님의 기도를 묵상합니다.

이 시간에, 목사님께서 말씀을 선포하실 때, 권능이 있는 강단이 되게 하옵소서. 주님의 ○○ 교회가 하나님과 동행하는 진리의 말씀이 선포되기 원합니다. 오늘도, 주님의 은혜와 지혜로 채워져야 하는 저희들이 귀를 기울여 말씀을 듣게 하시옵소서.

오늘, 기도의 뜻을 배우며, 도전을 받게 하셨음에 감사드립니다. 주님의 기도는 주님 자신의 간구였다는 사실도 확신할 수 있는 벅찬 감격을 경험합니다. 이 기도로 평생 간구하게 하시옵소서.

사랑의 주, 예수님의 이름으로 기도드립니다. 아멘.

4월 3주 † 창 17:2

너를 크게 번성하게 하리라

부활의 신앙으로 살게 하시는 하나님

여호와의 인애하심이 저희들의 가정과 자녀들에게 있음을 찬양합니다. ○○ 교회를 복에 복으로 인도하사, 오늘 새벽에 깨워주셨습니다.

저희들의 가정을 축복합니다. 사랑하는 자녀들이 살아가는 시간에서, 그들을 불쌍히 여기시고, 때를 따라 여호와의 자비하심이 넉넉하게 해 주시옵소서. 부모의 믿음을 자기들의 것으로 여기게 하시옵소서.

종일, 여호와의 이름을 자랑하고, 자기 백성에게 자비로우신 그 이름을 더욱 더 사모하게 하시옵소서. 오직 예수님을 닮기를 소원하여 주님의 자취를 더듬게 하셨음에 감사드립니다. 비록 짧은 시간의 묵상이었으나 시간마다 하늘이 열려지게 하셨습니다.

강단에 서서 주님의 귀한 말씀을 전하실 목사님에게 신령한 능력과 성령으로 충만케 하시옵소서. 그리하여 말씀을 통하여 주의 영광이 드러나게 하시고, 그 영광이 온 성도들에게 임하게 하시옵소서. 주의 백성들에게 성령님의 은총을 소망하게 하시옵소서.

오늘, 성경대로 죽음을 이기신 주님의 부활에서 성경대로 살아야 하는 교훈을 받게 하시옵소서. 저의 믿음과 삶이 성경대로 이루어지는 은혜를 내려 주시옵소서. 성경대로 사는 저의 삶을 통해서 신자와 불신자 모두에게 예수님을 증거하게 하시옵소서.

날마다 위로해주시는 예수님의 이름으로 기도드립니다. 아멘.

4월 4주 † 사 32:17

공의의 열매는 화평이요

우리를 복되게 하시는 하나님,

예수님의 반석 위에서 저희들의 가정이 서 있도록 해주셨음에 감사드립니다. 부모는 주신 복을 누리고, 자녀들은 잘 자라도록 해주시니 찬양을 드립니다. 저희들에게 자녀의 손을 잡고 기도하게 하시옵소서.

어려서부터 하나님께 소망을 둔 그들에게, 여호와의 이름을 구하는 생애의 비전을 허락해주시옵소서. 이 시간에, 감사로 제사를 드리는 심정을 올려 드리고, 지존하신 이에게 영광이 되시도록 무릎을 꿇게 하시옵소서.

오늘, 저희들의 기도가 신앙의 삶이 집을 짓는 이치임을 깨닫게 하시니 감사드립니다. 하나님을 사랑하고, 그 말씀에 순종해서 믿음의 집을 든든히 세워나가게 해주시옵소서.

지금, 말씀을 전하실 목사님을 성령님의 능력으로 붙잡아 주시기 원합니다. 진리의 말씀에 응답해서 주님의 뜻을 따를 때 우리의 의지를 꺾고 겸손히 주님의 뜻과 계획에 온전히 순종하게 하시옵소서. 자녀를 위하여 베푸시는 아버지의 은혜를 지희들 모두에게 내려 주시옵소서.

오늘, 미혹의 영들이 참소하는 것을 예민하게 살피게 하시며, 담대히 물리치게 하시옵소서. 재물과 영광, 서운함과 탐욕을 통해서 마귀가 미혹할 때, 주님의 보혈로 물리치게 해주시기를 빕니다.

평생에 기쁨이 되실 예수님의 이름으로 기도드립니다. 아멘.

4월 5주 † 잠 23:18

네 소망이 끊어지지 아니하리라

우리의 신분을 정하시는 하나님,

토요일 가족축복기도의 시간으로 저희들의 가정이 날로 복되고 있습니다. 감사드립니다. 이 시간으로 부모는 부모대로 은혜를 더하게 하시옵소서. 교회 안에서 자라가고 있는 자녀들을 볼 때, 여호와의 이름을 즐거워합니다. 하나님의 구별하심과 은총으로 복에 복이 더하는 삶을 살게 하셨으니 평생에 감사하게 하시옵소서.

오늘도, 여호와의 백성이며, 여호와의 목장의 양으로 지내게 하셨음을 인하여 찬미의 제사로 나아가게 하시옵소서. 인생의 기쁨이 되어 주신 예수님을 묵상하게 하시옵소서. 38년 동안을 고통으로 살았던 병자가 바로 저의 모습이었음을 깨닫게 하시옵소서.

목사님의 설교에 성령님의 감동하심이 나타나기 원합니다. 순종의 말씀을 받게 하시며, 선포해주시는 생명의 말씀으로 저희들의 생활이 시작되게 하시옵소서. 이로써 새 생명 가운데 살게 하시는 은혜를 바라보게 하시옵소서. 늘 갈보리의 십자가를 바라보게 하시옵소서.

오늘, 저희들에게 나 자신만의 유익을 구하려는 이기주의의 유혹을 거절하게 하시옵소서. 소망이 없는 이들에게 예수님의 기쁨을 전하는 말과 행실의 하루가 되기를 빕니다. 혹시, 저의 이기주의로 말미암아 고통을 받게 되는 이들이 있는가를 돌아보게 하시옵소서.

사모하게 하시는 예수님의 이름으로 기도드립니다. 아멘.

5월 1주 † 창 26:3

너와 함께 있어 네게 복을 주고

소원으로 이끌어주시는 하나님,

저희들, ○○의 가정을 날마다 은혜 위에 은혜로 충만하게 하심에 찬을 드립니다. 성도들 각 지체의 가정마다에서 식구들은 각자가 받은 사명을 감당하도록 하시옵소서. 특히, 이 땅에서 하나님의 나라가 이루어지도록 하시려는 뜻에 충성하는 자녀가 되게 하시옵소서.

여호와의 계명을 즐거워하며, 그 말씀 한 절, 한 절을 마음에 두기를 기뻐하게 하셨음에 찬미의 제사로 나아가게 하시옵소서. 자녀를 사랑하시는 하나님에 대하여 묵상하게 하시옵소서. 이제까지, 구하지 않아 받지 못한 삶을 살아왔음을 용서하시옵소서.

마음의 문을 열어 강단에서 떨어지는 하나님의 말씀을 주목하게 하시옵소서. 주님의 말씀의 교훈과 책망 안에서 날마다 새로워지게 해 주시옵소서. 진리에 순종하고, 진리를 생명처럼 붙잡고 살아가는 ○○ 교회의 성도들이 되게 하시옵소서. 하나님의 말씀으로 저희들의 상한 심령을 어루만져 주시옵소서.

오늘, 저희들에게 필요한 모든 것들에 대하여 기도하는 한 날이 되게 해 주시기를 빕니다. ○○의 지체들의 간구를 통해서 하나님께서 하시려는 일들을 구하게 하시옵소서. 하나님은 저희들에게 좋으신 아버지이시라는 것만으로 즐겁고 복된 하루를 살게 하시옵소서.

어린이들에게 친구이신 예수님의 이름으로 기도드립니다. 아멘.

5월 2주 † 욥 40:10

너는 위엄과 존귀로 단장하며

자기 백성에게 복을 주시는 하나님,
ㅇㅇ의 성도들 가정에서 호주가 되어주시는 주님의 이름에 영광을 드립니다. 부모 된 저희들에게 하나님을 사랑함에 본을 보이게 하셨으니, 그 은혜가 그들에게도 임하여 마음을 다하고, 뜻을 다하여 여호와를 사랑하며 지내기를 다짐하는 자녀들이 되게 하시옵소서.
이 새벽에 나온 ㅇㅇ의 지체들을 축복합니다. 저희들 각자에게 나의 모든 날이 여호와의 이름을 즐거워하게 하시고, 나의 모든 시간이 여호와를 송축하는 것이 되게 하시옵소서. 이 시간에, 말씀을 믿고 가는 신앙의 새로움을 깨닫게 하시니 감사드립니다. 말씀을 그대로 믿고 행하는 것에 부족했던 서를 노선해 주셨습니다.
설교를 준비하신 목사님께 성령의 감동하심이 있기 원합니다. 저희들에게 말씀하시는 하나님의 음성을 듣는 은혜의 시간이게 하옵소서. '지금, 여기에서' 저희들이 듣고 순종해야 하는 진리의 말씀이 온 교회를 넓게 하시옵소서.
예수님을 찾아왔던 왕의 신하의 마음이 저희들의 것이 되어, 하루를 살게 하시옵소서. 저의 지혜와 능력으로 해결할 수 없는 문제에 부딪치더라도, 예수님의 말씀을 믿고, 해결의 역사가 나타날 것을 기대하는 믿음으로 살아가게 하시옵소서.
우리 가정에 호주가 되시는 예수님의 이름으로 기도드립니다.
아멘.

5월 3주 † 시 105:24

자기의 백성을 크게 번성하게 하사

일을 이루어 가시는 하나님,
여호와 앞에서 ○○교회를 복이 되게 해주셨습니다. 이 교회에 속해있는 자녀들을 복 되고, 형통하게 하셨음에 이 시간에 찬양을 드립니다.

사랑하는 자녀들을 육신적으로는 저희들에게 양육을 맡기셨으나 하나님의 긍휼로 자라게 하시니 더욱 하나님의 뜻에 따라 자라기를 소망하게 하시옵소서.

여호와께서 날마다 도움이 되시고, 그 이름을 의지하게 하시니 내 하나님은 반석이라고 말하게 하시옵소서. 하나님을 가까이 하기 위해서 세상을 거절하는 은혜를 새롭게 깨닫습니다. 영혼의 기쁨을 얻기 위해서 육체의 즐거움을 외면하는 거룩함을 갖게 하시옵소서.

설교하시는 목사님께 영력을 더하셔서 생명의 말씀으로 저희들이 배부르게 하여 주시옵소서 하나님의 말씀 앞에서 두려워 할 줄 아는 저희들이 되게 하시옵소서. 말씀이 없어서 방황하는 자들에게 말씀의 위로를 받게 해주시옵소서.

오늘, 살아갈 때, 세상에서 부족한 것이 생겨도 이 길을 가게 하시옵소서. 성령님께서는 더러운 곳에 임하시지 않으심을 믿습니다. 때로는 사람들에게 외면을 당하고, 세상에 대하여 어울리지 않게 될지라도, 오직 하나님을 바라보게 하시옵소서.

선한 목자이신 예수님의 이름으로 기도드립니다. 아멘.

5월 4주 † 히 12:14

모든 사람과 더불어 화평함과

거룩함을 지켜주시는 하나님,
하나님께서 거룩하게 하신 ○○의 권속을 축복합니다. 저희들의 가족에게 오직 믿음으로 살아오게 해주셨음에 감사드립니다.
오늘, 자녀들을 사랑할 때, 그들이 이제까지와 같이 앞으로도 믿음을 놓지 않게 하시옵소서. 그들이 예수님을 주로 모시고 사는 동안 신령한 집으로 세워지는 자신을 경험하게 하시옵소서.
시온에서 복을 받으며, 날마다 예루살렘의 번영을 보는 풍성함을 누리게 하셨음에 감사드립니다. 하나님 앞에서 저희들의 삶을 계획하게 하시려고 새벽을 찾게 하셨으니, 이 꾸준함으로 예수님을 더욱 깊게, 더욱 넓게 가까이 하게 하시옵소서.
저희들을 위하여 말씀을 준비하신 목사님께 성령으로 감동해 주시옵소서. 교회의 성도들을 먹이시는 하나님의 은혜가 말씀으로 주어지기 원합니다. 하나님께서 저희를 사랑하셔서 지키고 따라야 하는 말씀을 주시기 원합니다. 저희들의 가슴에 담아두는 약속이 되게 하시옵소서.
오늘, 이미, 여기에서 이루어진 천국의 삶을 살아가게 하시옵소서. 천국의 백성으로서 예 사람의 행실은 거절하고, 하나님의 영광을 구하게 하시옵소서. 또한, 앞으로 주님의 재림으로 이루어질 천국을 사모하는 마음을 갖게 하시기를 빕니다.
우리를 양으로 대해주시는 예수님의 이름으로 기도드립니다.
아멘.

6월 1주 † 호 2:15

그의 포도원을 그에게 주고

부요하게 하시는 하나님,

새벽의 시간을 영화롭게 하시고, ○○의 권속을 맞아주시니 감사드립니다. 저희들과 자녀들에게 하늘로부터 내려오는 복을 받는 하루가 되게 하시옵소서. 특히, 자녀를 하나님의 사람으로 양육해 주시려고, 교회생활을 하게 하셨음에 감사드립니다. 오늘은 그들이 교회와 목회자 주일학교의 교사들에 대하여 감사하는 하루로 삼아주시기를 빕니다.

성령님의 임재로 정한 마음을 주시고, 정직한 영을 늘 새롭게 하셨음에 영광을 받으실 이름 앞에 무릎을 꿇게 하시옵소서. 소금이 되어 살고, 빛이 되어 살라하신 말씀을 가슴에 담습니다. 소금과 빛은 바로 예수님의 삶이셨음을 깨닫습니다. 맛을 잃은 사람들에게 맛을 내어 주시고, 어둠에 갇힌 이들에게 생명이 되어 주셨습니다.

말씀을 전하시는 목사님께 더욱 성령님의 은혜를 나타내 주시옵소서. 생명을 걸고, 선포하시는 말씀이 온 성도들에게 축복이 되게 하시옵소서. 그 말씀을 마음으로 받아 순종의 다짐이 있게 하시옵소서. 성령님의 권면을 통해서 저희들이 말씀에의 반응에 주목하게 하시옵소서.

오늘, 맛을 잃어서 사람들에게 밟히지 않도록 맛을 내는 삶에 주목하게 하시옵소서. 감추어졌던 것들이 드러나도록 빛의 역할을 감당하게 하시옵소서. 하나님의 영광을 위한 하루의 삶을 주시옵소서.

크신 사랑의 주, 예수님의 이름으로 기도드립니다. 아멘.

6월 2주 † 출 4:17

이 지팡이를 손에 잡고 이것으로

  번영의 복을 주시는 하나님,
  이 새벽이 ○○의 권속에게 축복의 사건이 되게 하시니 감사드립니다. 집에서도 각각 다른 생활시간으로 얼굴을 보기도 힘든 부모와 자녀가 하나님 앞에 모였습니다. 가족에게 축복이 되는 시간이기를 빕니다.
  여호와의 은혜로 저희 자녀들이 좋은 옷을 입혀주시고, 맛난 음식을 먹는 은총을 받게 하셨음을 즐거워합니다. 하나님의 사람으로 자라게 하셨으니 하늘나라의 도구가 되기를 소원하게 하시옵소서.
  여호와의 이름에 합당한 영광을 드리고, 그의 존귀하심을 높여드리도록 무릎으로 나아가게 하시옵소서. 이 시간에, 사람들에게 떠벌림이 없이 하나님과의 관계에서만 살아가도록 하시옵소서. 사실, 주님의 공생애가 그러하셨음을 새롭게 배웁니다.
  은혜와 진리의 말씀을 받게 하시니 감사드립니다. 목사님을 통해서 하나님의 음성을 가까이 하게 하옵소서. 그리스도 안에 있으면 새로운 피조물이라고 약속하심에 따라 강단에서 선포되는 말씀으로 새로워짐이 경험되고, 말씀에 민감하여 새롭게 살아가게 하시옵소서.
  오늘, 하나님을 찾는 저희들의 시간이 사람들로부터 은밀해지기를 빕니다. 아버지와 자녀의 관계 안에서 은밀함이 주는 거룩함을 누리게 하시옵소서. 은밀함으로 옛 습성을 버리게 하시옵소서.
  양의 문이 되신 예수님의 이름으로 기도드립니다. 아멘.

6월 3주 † 시 144:13

들에서 천천과 만만으로 번성하며

소성케 해주시는 하나님,
새벽을 깨우게 하시고, 여기에 모이도록 하셨습니다. 저희들이 입을 벌려 내는 첫 소리가 하나님을 찬양하는 소리이니 감사드립니다.
오늘도, 성령님의 충만하심이 저희들 가족에게 있기를 소망합니다. 이제까지 그를 여호와 앞에서 살아가도록 이끌어 주시고, 하나님의 도우심을 기다리게 하셨음에 감사드리게 하시옵소서.
여호와의 이름이 떠올려지게 하시고, 그 이름의 은혜로 가슴이 적셔지게 하심에 올려드리는 찬양으로 영광이 되시옵소서. 자기를 들어내지 않는 겸손함의 은혜를 저희들의 것으로 삼게 하시옵소서. 은밀한 삶을 통해서 하나님과의 더욱 깊은 교제로 나가게 하시옵소서.
저희들을 사랑하셔서 말씀을 듣게 하시니 감사드립니다. 전해주시는 그 말씀을 사랑하며 살고, 눈동자처럼 그 진리를 지키게 하시옵소서. 이 시간에 한 사람도 '올 때는 거저 왔지만 거저 돌아가는' 자가 없도록 말씀을 통하여 은혜를 내려 주시옵소서.
오늘, 저의 행실이 하나님께 알리기보다 사람들에게 떠벌리기를 좋아하는 것이 되지 않게 하시옵소서. 저의 기도와 봉사가 외식적이 되지 않도록 주의하게 하시옵소서. 하나님만이 아시는 비밀이 더욱 많아지는 은밀함의 은혜를 누리게 하시옵소서.
오늘도 용납해주시는 예수님의 이름으로 기도드립니다. 아멘.

6월 4주 † 엡 2:15

새 사람을 지어 화평하게 하시고

　범사에 복을 주시는 하나님,
　하나님의 자녀로 사는 저희들에게 하나님의 영광을 구하는 삶을 좋아하게 하셨음에 감사드립니다. 오늘, 사랑하는 자녀들에게 하나님의 말씀을 준행하고, 성령님의 감동에 따라 착한 일을 하기를 소망하게 하시옵소서.
　여호와를 전심으로 의지하고, 늘 용감하게 행하게 하시니 내 하나님은 신실하시다고 말하게 하시옵소서. 베드로를 회복시켜 주신 예수님의 사랑으로 제게도 회복의 은혜가 있기를 빕니다. 살아가는 것에 분주하다가 하나님의 자녀로서의 위치를 놓치고 지내온 죄를 회개합니다. 제자가 된 사명을 잊고 지냈음을 용서하시옵소서.
　저희들을 불쌍히 여기셔서 말씀의 꼴로 배부르게 하시옵소서. 영과 진리로 인도하시는 생명의 말씀을 주시옵소서. 말씀을 선포하시는 목사님께 성령님의 충만하심이 있기 원합니다. 성경을 기록하게 하셨던 성령님의 충만하심이 전하는 자와 그 말씀을 받는 저희들에게 동일하게 역사하기를 빕니다.
　오늘, 주님의 사랑으로 새롭게 되기를 빕니다. 주님의 용서하심을 받고, 저에게 주셨던 사명을 새롭게 하게 하시옵소서. '사명'을 덮고 있던 세상이라는 먼지를 털어내고, 충성을 다하게 하시옵소서.
　이 민족을 지켜주시는 예수님의 이름으로 기도드립니다. 아멘.

7월 1주 † 시 115:12

우리를 생각하사 복을 주시되

좋은 것으로 거두게 하시는 하나님,
 부모와 자녀들이 하나님께 나아와 보여드리게 하셨습니다. 세상에서의 삶이, 어두운 죄악의 길이 유혹하지만, 그때, 그때 피할 길을 열어주시고, 자신을 지키게 하셨음을 찬양합니다. 여호와 앞에서 사랑하는 자녀에게 세속에 물들지 않게 하셨음에 감사드립니다.
 여호와께서 행하신 일들로 저의 심령이 기쁘고도 기뻤사오니 그 이름을 높이 외치도록 하시옵소서. 예수님을 부인했던 베드로의 약함이 바로 저의 모습인 것을 깨닫게 하시니 감사드립니다. 자신을 이기지 못하고, 두려움 앞에서 믿음을 감추었던 죄를 회개합니다.
 오늘도 저희들에게 소망이 되신 하나님을 사랑합니다. 강단에서 증언되는 말씀에 엎드리게 하시옵소서. 천상의 소리로 전해지는 말씀을 오직 은혜로 받는 은혜를 주시옵소서. 온 교회가 말씀의 영으로 충만해져서 진리의 풍성함을 누리게 하시옵소서.
 오늘, 하루를 지내면서 혹시라도 베드로와 같이 주님을 부인하지 않도록 담대함을 주시옵소서. 몸은 죽여도 영혼은 죽이지 못할 대상을 두려워하지 않게 하시옵소서. 잠시의 손해를 보지 않으려고, 믿는 자로서의 신앙을 부인하는 행동을 하지 않게 해주심을 빕니다. 성령님으로 충만하여 세상을 이기게 하시옵소서.
 소망의 주, 예수님의 이름으로 기도드립니다. 아멘.

7월 2주 † 잠 3:6

너는 범사에 그를 인정하라

붙들어주시는 하나님,
 새 날을 주시며, 첫 시간에 저희들을 만나주신 하나님이십니다. ○○의 권속에게 하늘의 영복을 맛보는 시간으로 삼아주시옵소서.
 여호와의 자비로우심이 저희들의 사랑하는 자녀들에게 나타나 잘 자라게 하셨음에 감사드립니다. 우리 교회의 다음 세대인 그들이 교회를 중심으로 지내는 중에, 키가 자라고 지혜가 자라게 하시옵소서.
 날마다 출입을 지켜 주시고, 때마다 도움이 되어 주신 여호와를 기억할 때, 감사드립니다. 예수님의 생애에 대한 묵상을 시작하게 하신 은혜가 이전보다 더하여 더욱 큰 은혜를 누리게 하시옵소서. 남은 며칠 동안에 예수님께로 더 가까이 나아가게 하시옵소서. 강단에 목사님을 세우셔서 천국의 음성을 듣게 하셨습니다. 목사님의 대언을 통해서 말씀을 하실 때, 그 말씀이 손을 금하여 어떤 모양으로도 악을 금하는 힘이 되게 하시옵소서. 영혼을 살리는 말씀이기를 빕니다. 땅의 것을 하나님께 맡기고, 하늘을 구하도록 하시옵소서.
 오늘, 자기를 위하여 준비했던 무덤을 예수님께 내어드린 요셉을 배우도록 해주시옵소서. 주님의 장사를 위하여 예물을 준비한 니고데모를 배우기 원합니다. 저에게도 하나님의 일을 위해서 준비함이 있게 하시옵소서. 하나님의 시간에 즐거움으로 드리게 하시옵소서.
 권세가 많으신 예수님의 이름으로 기도드립니다. 아멘.

7월 3주 † 잠 11:28

의인은 푸른 잎사귀 같아서

허락하신 대로 복을 주시는 하나님,

새벽에, 하나님의 성호를 찬양하는 ○○의 권속이기를 소원합니다. 저희들의 가정과 가정에 있는 식구들에게 나타내시는 여호와의 긍휼하심에 찬양을 드리게 하시옵소서.

하나님 앞에서 거룩하고, 흠이 없도록 인도하시고, 늘 겸손하게 하시니 더욱 주님을 의지하게 하시옵소서.

이 새벽의 시간마다 저희를 새롭게 하시는 중에, 여호와로 말미암아 소망을 품게 하시고, 내 주를 찬송하게 하시니 영광을 받으시옵소서. 사람들에게 버린 바가 되신 예수님을 묵상합니다. 하나님의 아들을 거절하는 인간의 죄가 소름이 끼치도록 무서운 것을 발견합니다.

목사님께서 전하시는 말씀에 감격하는 은혜를 누리게 하시옵소서. 한 마디, 한 마디의 말씀에서 진리를 구하게 하시고, 지키고 따를 생명의 길로 받게 하시옵소서. 저희 무리에게 전하시도록 하나님께서 주시는 말씀을 가감 없이 전하시게 성령님께서 역사해 주시기를 소망합니다.

오늘, 저의 생각이나 말, 행실에 있어서 주님을 조롱하는 죄를 짓지 않게 하시옵소서. 하나님의 뜻을 이루어드리기 위해서 제가 겪어야 하는 고난이 있을 때, 즐겨 받기를 빕니다. 한 날의 시간에서, 저의 삶에 들어오시려는 주님을 거절하지 않게 하시옵소서.

우리를 지켜주시는 예수님의 이름으로 기도드립니다. 아멘.

7월 4주 † 딤후 2:22

의와 믿음과 사랑과 화평을 따르라

 손을 내밀어 주시는 하나님,
 새벽을 거룩하게 하셨음에 찬양으로 영광을 드리게 하시옵소서. 삶이 조금은 궁핍할지라도 자녀들이 주안에서 건강하게 자라게 하셨음에 감사드립니다. 저희 자녀들에게 죄와 율법에서 자유를 얻게 하셨으니, 그들을 여호와께 복 된 인생으로 삼아주시옵소서.
 여호와께서 저의 오른손을 붙들어 주시고, 언제나 함께 하셔서 소망을 바라게 하시니 찬미의 제사로 나아가게 하시옵소서. 예수님의 삶을 그리워하게 하시고, 제 안에서 다시 주님의 사심을 보게 하시니 감사드립니다. 묵상의 영광을 하나님께 바치게 하시옵소서.
 하나님의 말씀으로 저희들의 영을 배부르게 하시옵소서. 목사님을 대언자로 삼으셔서 들려주시는 말씀을 아멘으로 받게 하시옵소서. 그 말씀으로 우리 교회가 성령님의 풍성하심에 들어가게 하시옵소서. 생명이 되는 말씀으로 새롭게 꿈을 키우게 하시옵소서.
 오늘, 여호와 앞에서, 주님을 보지도 않고 믿게 해 주셨음에 이 믿음을 담대히 고백합니다. 눈이 열려져 믿음으로 주님을 뵙게 하시고, 믿음으로 주님의 음성을 듣게 하시며, 부활의 증인 되게 하셨으니 감사드립니다. 성령님의 충만하심에 따라, 주님의 부활하셨음을 증거하면서 믿음이 있는 자의 하루를 보내게 하시옵소서.
 발자취를 따르게 하시는 예수님의 이름으로 기도드립니다. 아멘.

7월 5주 † **시 71:14**

나는 항상 소망을 품고

  응답이 되어주시는 하나님,
  영생을 선물로 받은 ○○의 권속에게 축복의 시간을 주셨습니다. 여호와의 은혜가 사랑하는 지체들에게 부족함이 없는 삶이 되게 하셨음에 감사드립니다. 이 시간에, 자녀들을 주목할 때, 그들이 주님을 호주로 모신 가정에서 태어난 거룩한 은총에 감사하게 하시며, 자녀들 각자가 영적으로 레위 지파에 속한 사명을 감당하게 하시옵소서.
  믿음의 눈으로 예루살렘을 사랑하게 하시고, 여호와의 은총을 사모하게 하시니 감사드립니다. 불의한 재판을 거절하지 않으신 예수님에 대하여 묵상합니다. 주님의 하나님의 아들이심을 거절했던 대제사장의 죄가 저에게도 있음을 깨닫게 하시옵소서.
  빈 심령으로 하나님을 찾은 저희들에게 영생의 말씀을 준비해 주시니 감사드립니다. 오늘, 저희 ○○교회의 권속들이 들어야만 하는 생명의 말씀이 선포되기를 간절히 원합니다. 이삭을 줍듯이 겸손한 심정이 되어 말씀에 귀를 기울이게 하시옵소서. 승리를 보장해주시는 약속의 말씀으로 무장하게 하시옵소서.
  오늘, 받아들임의 은혜로 저를 새롭게 해 주시옵소서. 자신의 고정관념에 사로잡혀서 이해하지 못하는 것은 언제나 거절하는 약점이 있음을 고백합니다. 하나님의 일을 보는 눈을 갖게 하시옵소서.
  두려움을 물리쳐 주시는 예수님의 이름으로 기도드립니다. 아멘.

8월 1주 † 신 28:6

들어와도 복을 받고 나가도 복을

　권속의 형편을 아시는 하나님,
　새벽을 깨우게 하신 하나님께 영광과 찬양을 드립니다. ○○의 식구들에게 생명수 샘물의 은혜로 목이 마름이 없는 삶을 살아오게 하셨음을 기억하고 찬양을 드리게 하시옵소서.
　시온에서부터 흐르는 생명수로 강과 같은 평화가 마음에 넘침을 인하여 주님의 이름을 높여드립니다.
　세상에서 지내는 날 동안에 수치를 당하지 않게 하시며, 여호와의 백성으로 존귀하게 하셨으니 더욱 여호와를 찾게 하시옵소서. 이 시간에, 가룟 유다의 생명을 다룸에 대한 죄를 묵상합니다. 자신의 생명을 자기의 것처럼 다루었던 유다의 교만을 봅니다.
　이 시간에, ○○의 지체에게 하나님의 말씀으로 마음을 무장시켜 주시옵소서. 하나님께서 우리를 위하신다고 하신 말씀을 믿어, 누가 나를 대적하랴는 담대함을 품게 하시옵소서. 우리를 속박하고 있는 실패와 두려움의 쇠사슬이 성령님의 역사로 풀려지게 하시옵소서.
　오늘, 하나님 앞에서 교만하지 않는 하루를 살게 하시옵소서. 죄에 민감하여, 악은 모양이라도 버리게 하시옵소서. 예수님을 넘겨준 유다의 죄가 그의 몸까지도 자살하는 죄를 짓게 한 것을 잊지 않게 하시기를 빕니다. 죄는 거절하고, 은혜를 사모하게 하시옵소서.
　모든 것에 넉넉하게 해주실 예수님의 이름으로 기도드립니다.
　아멘.

8월 2주 † 딤후 2:3

나와 함께 고난을 받으라

평안으로 이끌어 주시는 하나님,
　우는 사자 같이 두루 삼킬 자를 찾는 사탄의 공격에서 지켜 주신 은혜에 감사드립니다. 여호와의 은혜로 든든히 세워져 가는 만큼 하나님의 영광을 구하는 은혜를 주시옵소서. 오늘도, 저희 가정이 복의 처소가 되고, 임마누엘의 기쁨을 누리게 하시옵소서.
　자기 백성을 기뻐하시고, 여호와의 이름을 부르는 자들에게 구원의 아름다운 복을 주셨음을 찬양하오니 영광이 되시옵소서. 예수님의 삶을 사랑하면서 지내는 저희들에게 더욱 하나님을 가까이 하게 하시옵소서. 저희들의 심령이 예수님으로 채워져 가고 있음을 고백합니다.
　하나님의 음성에 순종하여 주님의 사랑 안에 거하기를 소망합니다. 그 말씀으로 또 다시 시작되는 저희들의 삶이 생명의 활력으로 넘치게 하옵소서. 주님을 사랑하게 하는 말씀이 되게 하시옵소서.
　그 은혜에 의하여 하나님 중심, 말씀 중심, 교회 중심적 생활을 힘쓰기 원합니다. 여호와께 구별된 거룩한 가정들을 보호해주시옵소서.
　오늘, 하나님의 말씀을 이루신 예수님의 삶이 제 인생의 목표가 되게 하시옵소서. 무엇을 하든지, 어디로 가든지, 누구를 만나든지 하나님의 뜻이 이루어지기를 빕니다. 주님께서 이 땅에 계시면서 하시던 일을 이어가는 거룩함에 참여하게 하시옵소서.
　자비로우신 주, 예수님의 이름으로 기도드립니다. 아멘.

8월 3주 † 시 107:38

그들이 크게 번성하게 하시고

소망이 되시는 하나님,
주님의 교회를 축복의 센터로 삼아주시니 감사드립니다. 자녀를 축복하는 부모, 부모를 사랑하는 자녀를 주셨습니다. ○○의 지체들은 부모와 자녀가 손을 맞잡고 여호와의 은총에 감사하게 하시옵소서.
저희들의 가족이 날마다 이김을 누리게 하셨으니 찬양합니다. 우리 주님의 보혈이 죄의 유혹을 물리치는 힘이 되어 주시고, 식구들에게 정욕의 욕망을 거절하게 하셨음에 더욱 감사드립니다.
여호와의 생각이 저희들에게 보배가 되게 하시고, 그의 행하심이 기쁨이 되게 하심에 올려드리는 찬양을 받으시옵소서. 예수님의 십자가에 못 박히셨음에 대하여 묵상합니다. 받아 마셔야 할 거라면, 마지막 한 방울의 고통이라도 달게 받으시려는 주님을 생각합니다.
강단에서 선포되는 하나님의 말씀을 듣고자 마음의 문을 열어 주시옵소서. 성령 하나님의 역사하심이 강단에서 전해지는 말씀에 나티니기를 소원합니다. 그 진리의 말씀에 새로워지고, 힘을 얻게 하시옵소서.
오늘, 주님의 십자가의 길에서 억지로 십자가를 졌던 시몬의 마음을 저의 것으로 삼게 하시옵소서. 십자가에서의 고통을 감하지 않으시려 하신 예수님을 본받게 하시기를 빕니다. 하나님 앞에서 살기 위해서 제가 해야 될 것을 감하려 하지 않게 하시옵소서.
생명을 약속해주신 예수님의 이름으로 기도드립니다. 아멘.

8월 4주 † 골 1:20

그의 십자가의 피로 화평을 이루사

은혜를 베풀어주시는 하나님,
　여호와의 사랑으로 이제까지 지내온 것에 감사드립니다. 여름의 더위만큼 저희들의 가족사랑도 뜨거워지게 하시옵소서. 부모와 자녀가 하나님을 사랑하고, 교회를 사랑하는 공동체를 누리게 해주시옵소서.
　저희 가정과 식구들 각자에게 주신 사명을 새롭게 하며 살아가게 하시옵소서. 여호와의 뜻이 저희 가정에서 이루어지기 원합니다.
　여호와의 이름에 감사함이 넘쳐나게 하시고, 그 거룩하신 이름에 합당하게 살도록 하셨음에 올려드리는 찬양으로 영광이 되시옵소서. 주님의 부활이 엠마오로 가던 제자들의 인생을 바꾸어 놓은 것처럼, 이 묵상의 은혜로 말미암아 제게도 바꿈의 도전이 되게 하시옵소서.
　저희들에게 또 다시 생명의 삶으로 이끄시려고 말씀을 주시니 감사드립니다. 오늘 주시는 말씀이 영혼을 치료하는 약이 되기를 소망합니다. 하나님을 사랑하는 저희들이 굳게 지키는 언약의 말씀이 되게 하시옵소서. 지희들 지신을 하나님께 감사의 제물로 드리는 삶을 살도록 인도해 주시옵소서.
　오늘, 하나님의 말씀으로 가슴이 뜨거워지게 하시옵소서. 성령님의 감동하심으로 저의 가슴이 뜨겁게 되기를 빕니다. 살아계신 주님을 믿을진대, 저의 믿음도 산 믿음이 되게 하시옵소서.
　마음을 새롭게 해주시는 예수님의 이름으로 기도드립니다. 아멘.

9월 1주 † 대상 17:27

주께서 복을 주셨사오니

자비로우신 하나님,
 먼동이 트는 것처럼, ○○의 가족에게 주님의 은혜가 새롭게 하심을 감사드립니다. 저희들의 삶에 동행해 주시며, 지혜롭게 하시고, 때로는 담대하게 하신 여호와 하나님을 찬양합니다.
 사랑하는 ○○의 권속에게 고달플 때는 쉬게 하시고, 헤맬 때는 길을 열어 주셨으니 늘 여호와를 앙망하며 지내게 하시옵소서.
 홀로 높으신 이름의 여호와, 그의 영광이 땅과 하늘 위에 뛰어나 올려드리는 나만의 찬양을 받아 주시옵소서. 하나님이 뜻 앞에서 자신을 내려놓으신 예수님을 새롭게 묵상합니다. 주님께서는 천군과 천사들을 불러오실 만한 능력이 있으셨으나 그것을 거절하셨습니다.
 생명의 말씀을 주시려고 목사님을 강단에 세워주셨음에 감사드립니다. 겸손한 마음으로 하나님의 말씀에 귀를 기울이게 하시옵소서. 오늘도 생명의 샘에서부터 흘러나오는 은혜와 진리의 풍성함을 누리면서 주님을 위하여 살고자 하는 마음이 더욱 뜨거워지게 하시옵소서.
 오늘, 저의 생각을 거절하는 은혜를 보게 하시옵소서. 제가 마음으로 이루어지기를 바라는 것보다. 하나님의 뜻을 이룸에 더 집중하는 은혜를 주시옵소서. 하나님 앞에서 사는 한 날이, 여호와의 의를 구하는 시간이 되고, 이 땅에서 하나님의 뜻을 이루게 하시옵소서.
 믿음 위에 서게 하시는 예수님의 이름으로 기도드립니다. 아멘.

9월 2주 † 잠 5:15

네 우물에서 물을 마시며

지켜 돌아보시는 하나님,
　오늘 첫 시간에, ○○ 교회에 기도의 시간으로 축복해주시니 감사드립니다. 구속의 은혜로 거듭나게 하시며, 산 소망의 가족이 되게 하셨음을 찬양합니다. 저희 가정에서 날마다 보혈의 공로가 찬양이 되고, 주님의 이름이 높여지게 하시옵소서.
　여호와를 경외하며, 주신 말씀을 아침이면 새롭게 순종하기를 즐거워하게 하셨음에 감사드립니다. 공생애의 삶을 하나님께 맡기셨던 예수님을 묵상하니 은혜롭습니다. 십자가에서 자신의 영혼도 하나님께 맡기셨던 주님의 마음이 저의 것이 되게 하시옵소서.
　지금, 강단 위에 세워주신 목사님께 성령님의 역사가 크게 나타나기를 소망합니다. 강단의 은혜를 통해서 하나님의 말씀을 듣기 원합니다. 하늘나라의 율례를 지켜 행할 것을 다짐하려는 마음으로 진리의 말씀을 받게 하시옵소서. 간절히 사모하는 심령으로 말씀을 받아 ○○ 교회의 권속들이 평생에 지키고 따를 생명의 약속이 되게 하시옵소서.
　오늘, 성령님의 충만하심을 통해서, 저의 인생이 하나님께 맡겨지는 은혜를 보게 하시옵소서. 이 한 날을 살아가면서, 하나님의 뜻이 이루어지고, 하나님의 원하심대로 살아드리는 시간이 되게 하시옵소서. 저의 시간과 물질이 하나님의 것이 되어 살게 하시옵소서.
　소원을 이루어주실 이름, 예수님의 이름으로 기도드립니다. 아멘.

9월 3주 † 신 1:10

너희를 번성하게 하셨으므로

믿음으로 일으켜 주시는 하나님,
 성령님의 도우심을 통해서 저희들의 가정, 가정마다 하나님의 은총을 누리게 하셨습니다. 고난을 당하고, 환난을 겪을 때, 슬픔을 이겨 기쁨을 누리게 하시니 감사드립니다. 그 은혜가 저희들의 가정에 넘쳐서 식구들이 서로 위로하며, 한 몸 된 사랑으로 지내게 하심을 믿습니다.
 초라하기 그지없었던 삶을 여호와의 번성케 하심으로 크게 부하게 하셨음을 즐거워하니 좋습니다. 지금, 하나님 앞에서 떳떳하게 재판을 받으신 예수님과 자기 목숨에 대하여 비겁했던 빌라도를 비교해 보면서 더욱 감사드립니다. ○○의 권속에게 스스로 빌라도에게 자신을 내어주신 예수님에 대한 새로 봄의 은혜를 주시옵소서.
 이 시간에도, 하나님께서 말씀하시고, 저희들은 그 말씀을 감사함으로 받는 은혜를 누리게 하시옵소서. 목사님께서 말씀을 강도하실 때, 미쁘게 듣는 귀를 갖게 하시옵소서. 그 말씀을 듣는 중에, 송이꿀의 딜곰함을 맛보게 하시옵소서. 하나님께서 말씀으로 셰시하신 모든 것을 알고 믿는 은혜를 경험하게 하시옵소서.
 오늘, 하나님 앞에서 사람들 앞에서 떳떳하게 지내는 하루가 되게 하시옵소서. 기도와 행실이 다르지 않고, 기도한 그대로 자신을 하나님께 내어드리는 한 날의 삶으로 살게 하시옵소서.
 오늘, 더욱 의지하게 하시는 예수님의 이름으로 기도드립니다.
 아멘.

9월 4주 † 렘 23:6

이스라엘은 평안히 살 것이며

복을 주시는 하나님,
○○의 가족, 저희들의 가족을 구원에 이르게 해주신 주님의 이름을 찬양합니다. '너와 네 집이 구원을 얻으리라'는 언약의 성취로 저희들이 이 시간에 하나님을 찾았습니다.
오늘도, 십자가에서 흘리신 보혈의 은혜로 하나님께 나아가며, 세상을 이기기 원합니다. 또한 죄를 물리치며 살아가도록 인도해주시옵소서.
여호와의 나무가 되어 물이 흡족한 인생이 되게 하셔서, 평생에 그 이름을 송축하게 하셨음을 좋아합니다. 이 시간에, 예수님을 향한 애끓는 사랑을 가졌던 막달라 마리아가 바로 저의 모습이기를 빕니다. 주님을 향한 저의 사랑을 돌아보게 하시옵소서.
하나님의 말씀을 준비하신 목사님을 축복합니다. 길이 되고, 진리가 되며, 생명이 되는 말씀을 듣고자 사모하는 심령이 되게 하시옵소서. 그 말씀을 달게 받아, 율례를 좇으며, 규례를 지키기를 결단하게 하시옵소서. 말씀에 순종하면서 빛으로, 소금으로 살게 하시옵소서.
오늘, 정녕 ○○의 가족에게 예수님을 사랑함으로써 사는 한 날이 되게 하시옵소서. 주님을 사랑하기에 저희들이 사는 삶의 모든 것보다 주님을 소중히 여기게 하시옵소서. 우리에게 있는 모든 것을 주님께 드려도 아깝지 않게 하시옵소서.
우리 가정을 지켜주시는 예수님의 이름으로 기도드립니다. 아멘.

10월 1주 † 신 26:15

주의 백성 이스라엘에게 복을 주시며

구원의 은총을 내려주신 하나님,
첫 시간에 ○○교회를 하나님께 올려드립니다. 이 교회를 통해서 하나님의 자녀가 되게 하시고, 그 은혜로 이 자리에 섰습니다.

저희들의 가족의 날마다에 여호와의 인도하심이 있으셨음을 찬양합니다. 날마다 하늘의 문을 여시고, 먹이시고, 입히시며, 돌보아주셨음을 새롭게 깨닫습니다. 하나님의 자녀로 복 되게 살기 원합니다.

여호와 앞에서 마음이 견고하고, 오직 여호와를 사랑하기를 날마다 더하게 하셨음에 감사드립니다. 자신을 하나님께 내어드린 예수님의 삶을 묵상합니다. 저의 삶은 주님의 삶과 너무도 달라있어 고백합니다. 하나님께 맡기지 못했던 저를 용서해 주시옵소서.

푸른 초장의 은혜를 경험하기 원합니다. 생명의 말씀을 듣게 하시옵소서. 선지자의 가슴으로 말씀을 외치시는 목사님을 성령님께서 붙들어 주시기를 빕니다. 그 말씀을 귀하게 여겨 마음으로 받아 가르침을 그대로 지키겠다는 각오를 갖게 해주시옵소서.

오늘, 예수님의 기도가 저의 것이 되게 하시옵소서. 어떤 경우에라도 '나의 원대로 마옵시고' 라는 간구를 하게 해 주시기를 빕니다.. 저를 사용하시는 성령님에 의해서 하나님의 뜻을 이루어 드리는 도구의 한 날이 되게 하시옵소서.

죄를 이겨주시는 예수님의 이름으로 기도드립니다. 아멘.

10월 2주 † 욥 22:21

하나님과 화목하고 평안하라

긍휼히 여기시는 하나님,
오늘, ○○교회와 교회에 속한 지체들에게 축복의 한 날이 되기를 소망합니다. 어렵고 힘들었던 시간들을 기쁨으로 바꾸어 주신 은총을 기억합니다. 좋으신 하나님을 더 깊이 알게 하셨음을 즐거워하며, 지금, 사랑하는 식구들이 한 자리에서 감사의 찬양을 바치니 받으시옵소서.
예부터 도움이 되시고, 환난을 만났을 때, 나의 보장이 되시는 여호와를 진심으로 사랑하게 하시옵소서. 지금, 군병들과 여인들을 비교하면서, 예수님의 삶에 대한 깨달음을 주시니 감사드립니다. 자신의 이익에만 집착했던 군병들, 주님의 어머니를 부탁받은 요한에게서 하나님의 사람의 모습을 발견하게 하시옵소서.
말씀을 전해주실 목사님께 하늘의 영감으로 덧입혀 주시옵소서. 이제까지보다도 더 뜨겁고, 능력이 있는 말씀을 풀게 하시옵소서. 그 말씀이 힘이 되어 온 마음을 다하여 기꺼이 주를 위하여 살게 하시옵소서. 이로써 세상의 환경이 두려워보여도 세상보다 더 큰 하나님을 바라보고 믿음으로 일어서게 하시옵소서.
오늘, 예수님으로부터 위임을 받을 만한 신뢰함의 제자가 되게 하시옵소서. 하나님께서 저를 만족해하시며, 일을 맡기실 만한 자세를 갖게 하시옵소서. 마땅히 해야 될 것을 생각하게 하시옵소서.
은혜를 베풀어주실 예수님의 이름으로 기도드립니다. 아멘.

10월 3주 † 창 8:17

땅에서 생육하고 땅에서 번성하리라

 심령에 기쁨을 주시는 하나님,
 ○○교회와 교회에 속한 저희들에게 축복의 시간을 주셨음에 감사드립니다. 저희들의 가정이 ○○교회에 속해 있고, 각 가정에서 부모와 자녀는 작은 교회라는 것에 감사드립니다.
 하나님을 모시고, 살아가는 동안에 하늘의 기쁨을 누리게 하시니 감사드립니다. 성령님의 충만하심이 저희 가족에게 함께 하셔서 여호와의 영광을 구하는 식구들이 되게 하시옵소서.
 여호와께서 종일 나의 자랑이 되시고, 그 이름을 부르면 부를수록 감격이 더하게 하시니 그 이름에 무릎을 꿇게 하시옵소서. 예수님의 기도에서 우리를 중보하시는 은혜를 묵상하게 하시니 감사드립니다. 그 기도로 말미암은 주님의 사랑을 새롭게 깨닫습니다.
 말씀으로 저희들에게 권고하시는 하나님의 음성을 사모합니다. 저희들에게 하나님의 말씀을 들을 귀를 열어 주시옵소서. 목사님의 입을 빌려서 선포되는 주님의 말씀을 듣기 원합니다. 설교를 준비하신 목사님께 힘을 더하셔서 권세 있는 말씀을 선포할 수 있게 하시옵소서.
 오늘, 예수님의 기도와 같이, 세상에서 그리스도의 향기를 나타내는 삶을 소망하게 하시옵소서. 지금, '나의 나 됨'이 오직, 주님의 중보로 말미암음에 감사하면서 거룩하게 하시옵소서.
 우리의 짐을 받아주시는 예수님의 이름으로 기도드립니다. 아멘.

10월 4주 † 대하 14:6

아사에게 평안을 주셨으므로

천국에의 소망을 주시는 하나님,
저희들을 사랑하사, 첫 새벽에 깨워주신 하나님께 영광과 찬미를 드립니다. ○○교회에 하늘로부터 임한 은혜를 생각할 때, 낮이나 밤으로 마음을 다 드린다 하여도 감사의 찬양을 못 다 부를 것입니다.
오직 찬양으로 살아드리는 ○○의 가족, 사랑의 공동체가 되게 하시옵소서. 지금까지 지내오는 동안에 능력이 되어 주셨던 여호와를 기억하며, 나의 주가 되신 여호와께 영광의 찬미를 드리게 하시옵소서.
우리 주님께서 죽음의 권세를 이기신 것을 기뻐합니다. 빈 무덤을 통해서 죽음도 주님을 가두어 둘 수 없었음을 깨닫습니다. 그와 같이 저희들도 세상이 가두어둘 수 없음을 확신하고 감사드립니다.
말씀의 하나님을 사랑합니다. 하나님의 말씀으로 이 시대를 살아가는 저희들이 되게 하시옵소서. 말씀에 참여하는 응답으로 저희들의 힘과 시간과 재능으로 주님을 영화롭게 해드리게 하시옵소서. 말씀을 준비하여 설교를 하시는 목사님께 영력을 더해 주시기 원합니다.
오늘, 죽음의 권세를 이기신 승리가 저의 것이 되기를 소망합니다. 예수님의 부활이 저를 위함이셨음에 감사드립니다. 예수님을 향한 저희들의 믿음은 죽음도 무너뜨리지 못함을 확신하게 하시옵소서. 주님의 부활을 통해서 저의 부활에 대한 보증으로 삼게 하시옵소서.
은밀히 지켜주시는 예수님의 이름으로 기도드립니다. 아멘.

10월 5주 † 롬 8:24

보이는 소망이 소망이 아니니

  신뢰의 대상이 되신 하나님,
  저희들, ○○교회에 속한 권속의 가정을 축복해주셨습니다. 저희들 가가 사람의 삶을 주관하시고, 시간마다 때마다 하늘의 말씀으로 위로해주셨음에 감사드립니다.
  우리 교회에서 흘러나오는 생명수의 은혜로 부모와 자녀 온 식구들이 주님을 모시고 살게 하셨음을 믿습니다. 이로써 오늘, 저희들에게 하나님의 성전이 되는 가정이기를 소원합니다.
  언제나 저를 향하신 여호와의 인자하심이 크고, 또한 은혜로우시기에 내 하나님은 인자하시다고 말하게 하시옵소서. 하나님 안에, 예수님 안에서 신령한 즐거움을 구하게 하시옵소서.
  하나님의 말씀으로 저희들을 위로해주시옵소서. 교훈과 견책의 말씀을 듣게 하시옵소서. 설교를 위하여 단 위에 세우신 목사님께는 영육간의 강건함을 주시옵소서. 그래서 말씀을 전하실 때 능력 있는 말씀 되게 하시며, 저희들은 의로 교육하기에 충분한 은혜를 받게 하시옵소서.
  오늘, 저에게 관계에 집중하는 한 날이 되게 해 주시기를 빕니다. 저의 삶에서 열매를 원하시는 하나님께 대하여 묵상하게 하시옵소서. 열매를 맺게 하는 능력이 되는 예수님과의 관계를 묵상하게 하시옵소서. 주님의 다스리심에서 열매를 바라보게 하시옵소서.
  반석 위에 세워주시는 예수님의 이름으로 기도드립니다. 아멘.

11월 1주 † 시 3:8

주의 복을 주의 백성에게 내리소서

삶을 간섭해주시는 하나님,
○○ 교회와 함께 해주신 은혜를 기억합니다. 이 시간에, 지금까지 저희들의 가정과 식구들에게 내려주신 복에 대하여 감사로 찬양을 드리게 하시옵소서.
꼭 필요한 시간에, 꼭 알맞은 은혜를 내려주셨으니 영광의 찬송을 받으시옵소서. 여호와의 이름을 사모하고, 그에게 가까이 함을 복으로 여기게 하셨음을 인하여 찬미의 제사로 나아가게 하시옵소서.
이 새벽에, 하나님의 뜻을 구하는 저희들이 되기 원합니다. 하나님의 일에 대한 묵상을 하게 하시니 감사드립니다. 주님의 일을 하는 것을 소원으로 삼게 하시고, 더 많은 일에 대한 소망을 품게 하시옵소서.
목사님께서 저희들을 위하여 설교 준비를 하셨음에 감사드립니다. 성령님의 감동하심으로 말씀을 베푸시도록 하시옵소서. 그 말씀 한 마디도 땅에 떨어지지 아니하고, 성도들의 마음 밭에 새겨져 열매를 맺게 하옵소서. 구원에 이르는 진리의 말씀으로 저희들의 부족함을 가르쳐 주시옵소서.
오늘, 예수님께서 지상에서 하셨던 일들을 기억하며, 한 가지라도 실행하게 하시옵소서. '지금, 여기에서' 예수님의 손과 입이 되어 사랑을 베풀게 하시고, 그들을 위해 기도하게 하시옵소서. 하루에 한 번 이상, 하나님의 일에 대한 거룩함으로 살게 하시옵소서.
오늘도 의지하게 하시는 예수님의 이름으로 기도드립니다. 아멘.

11월 2주 † 잠 3:5

마음을 다하여 여호와를 신뢰하고

의의 면류관을 품게 하시는 하나님,

사랑하는 식구들이 하나님의 은총으로 지내는 것을 생각할 때, 감사드립니다. 저희 가정에, 여호와의 인자하심이 함께 하시니, 그 크신 사랑을 찬양하는 가족이 되게 하시옵소서.

성령님의 권고하심에 따라 늘 여호와를 바라되, 그 손을 잠잠히 기다리게 하시니 내 하나님은 소망이시라고 말하게 하시옵소서. 십자가에 달린 죄인에게도 구원의 은혜를 베푸시는 예수님을 묵상하니 감사드립니다. 죽음이 직전에서도 구원을 받은 강도를 생각하여 생의 마지막 순간에 있는 이들에게 복음을 전하게 하시옵소서.

이제, 강단을 통해서 진리의 말씀을 들으려 합니다. 하늘나라의 백성으로 살아가려는 다짐을 새롭게 하게 다짐하도록 은혜를 주시옵소서. 목사님의 저희들을 사랑하시는 애정을 통하여 생명력이 넘치는 말씀을 전하시게 하시옵소서. 저희들은 말씀에 응답하는 다짐이 있게 하시옵소서.

오늘, 죄인들의 구원을 죽기까지 하신 예수님을 본받아, 하나님 앞에서 최선을 다하는 삶의 하루가 되기를 빕니다. 저에게 주어진 사명을 감당하려는 열정을 주시옵소서. 삶의 마지막 순간까지에도 주님의 제자로서의 삶을 놓지 않게 하시옵소서.

감사로 나아가게 하시는 예수님의 이름으로 기도드립니다. 아멘.

11월 3주 † 겔 36:11

그들의 수가 많고 번성하게

　감사함으로 찾게 하시는 하나님,
　새벽에, 하나님을 영화롭게 하셨으니, 경배와 찬양을 드리게 하시옵소서. 오늘에 이르도록 하늘의 신령한 복과 땅의 기름진 것으로 만족하게 하셨음을 찬양합니다.
　저희들의 가정을 의인의 기업이 되게 하시고, 그 자비하심으로 지금까지 은총을 더하셨으니 더욱 주님의 이름을 높이게 하시옵소서.
　전심으로 여호와 앞에서 감사하게 하시며, 그 이름에 무릎을 꿇기를 즐거워하게 하셨음에 올려드리는 찬양으로 영광이 되시옵소서. 우리를 사랑하시되, 말로만이 아닌 몸으로 사랑하신 주님을 새로 만나게 하시니 감사드립니다. 그 거룩하신 살과 피가 저를 새 사람이 되게 하셨음을 고백합니다.
　강단에 세우신 목사님을 붙잡아 주셔서 진리의 말씀을 준비하신 그대로 선포하게 하시옵소서. 목사님께서 하나님의 말씀을 전하실 때, 성령의 능력이 드러나게 하시고, 저희들은 은혜 속에서 듣기를 원합니다. 하나님의 말씀에 저희 모두 아멘으로 대답하게 하시옵소서.
　오늘, 예수님의 몸이 바로 저의 몸인 것을 깨달아 거룩한 행실을 하게 하시옵소서. 예수님의 피가 생명의 힘이 되어 죄를 이기고, 세상을 이기는 삶을 살아가게 하시옵소서.
　찬양을 받으실 주, 예수님의 이름으로 기도드립니다. 아멘.

11월 4주 † 잠 3:23

네가 네 길을 평안히 행하겠고

예배를 원하시는 하나님,

오늘, 첫 시간에 저희들을 만나주시고, 동행을 확신케 하시니 감사드립니다. 한 걸음, 한 걸음을 인도해주셨기에, 저희들이 하나님 앞에서 평안한 것을 감사드립니다. 지금까지도 여호와의 인도를 받는 가정이 되었으니, 하나님의 뜻을 이루어 드리는 식구들이 되게 하시옵소서.

아침에 주의 인자하심이 만족하게 하심을 보게 하시고, 나의 일생을 여호와께 맡기기를 바라게 하셨음에 무릎을 꿇게 하시옵소서. 주님께서 부활하신 사실을 묵상하는 중에, 하나님의 말씀의 성취에 대한 진리를 깨우치게 하시옵소서.

오늘도 진리의 말씀으로 저희들의 심령을 새롭게 하시옵소서. 진리의 말씀에 갈급한 심령으로 나아온 저희들이 온전히 채움을 받는 시간이 되게 해주옵소서. 진리에 대한 응답으로 주님을 저희의 희망과 위로로 삼게 하시옵소서. 말씀을 전하시는 목사님께 갑절의 영감으로 역사하시옵소서.

저희들이 믿음으로 받지 못해서, 그 말씀의 성취를 보지 못하는 죄를 회개합니다. 사람의 생각은 정함이 없고, 사람의 말은 헛될 수 있으나 하나님의 말씀은 성취되고야 만다는 것을 깨닫습니다. 말씀대로 다시 사신 주님의 증인으로 사는 한 날의 시간이 되게 하시옵소서.

십자가에서 만나주시는 예수님의 이름으로 기도드립니다. 아멘.

12월 1주 † 창 24:1

그에게 범사에 복을 주셨더라

성탄절을 기다리게 하시는 하나님,
만물이 아직도 잠들어 있는 시간에, 성탄으로 오신 아기 예수님을 바라보게 하시니 감사드립니다. ○○교회를 축복하시고, 저희들을 가족 단위로 하나님 앞에 서게 하셔서 영광과 찬미를 드리게 하시니 받아주시옵소서.

12월의 첫째 주일의 목전에서 저희들의 시민권을 하늘에 속하게 하신 은총으로 이제껏 지켜주셨음을 찬양합니다. 식구들에게 귀한 세월을 허송하지 않고, 여호와의 뜻을 이루어드리는 가족이 되게 하시옵소서.

대림절을 맞이하여 마리아의 겸손함과 순종을 새롭게 보게 하셨음을 즐거워합니다. 하나님의 하시는 일을 오직 순종으로 받아들였던 마리아의 겸손을 배우게 하시옵소서.

주님의 음성이 그리워 다시 예배당을 찾은 성도들에게 진리의 은혜로 풍성하게 하시옵소서. 목사님의 설교를 통해서 예수님의 십자가로 말미암아 죄의 문제가 해결되었음을 확인하게 해주시고, 하늘나라의 백성으로 살아가려는 다짐을 새롭게 하게 하시옵소서.

그것이 때로는 저희들 자신에게 버거운 일이 되거나 그로 말미암아 사람들로부터 외면을 당한다 해도, 하나님께 쓰임을 받았다는 사실에 더욱 감사하게 하시옵소서.

구주로 오신 예수님의 이름으로 기도드립니다. 아멘.

12월 2주 † 잠 19:20

권고를 들으며 훈계를 받으라

심령을 뜨겁게 하시는 하나님,
지나온 날들, 5일 동안 주님의 품에서 지내던 ㅇㅇ의 백성입니다. 첫 시간에 하나님께 영광을 드리고, 한 날의 삶을 준비하게 하시옵소서.

저희들의 가족을 사랑해주시고, 식구들이 각각 갈 길을 인도해 주신 은혜에 감사드립니다. 여호와를 경외하는 주의 백성들에게 더욱 큰 은혜를 사모하게 해주시니 그 은혜에 감사하게 하시옵소서.

여호와의 이름을 높이고, 존귀하심을 찬양하여 무릎으로 나아가게 하시옵소서. 이 시간에, 몸으로 부딪쳐서 예수님을 더 알기 원하니, 성령님의 충만하심을 기대합니다. 왕이 나셨다는 소식에, 자기들의 눈으로 확인했던 목자들의 자세를 닮기 원합니다.

이 예배에서 하나님의 말씀을 듣게 하시니 감사드립니다. 여호와를 경배하는 마음으로 말씀을 받아 하나님과의 만남을 경험하게 하시옵소서. 말씀을 받음이 이 교회에 복이 되기 원합니다. 그 말씀으로 새 생명을 얻은 기쁨 속에 살아가는 저희들이 되게 하시옵소서.

오늘, 저의 마음을 열어드려 주님을 모시기 원합니다. 그 옛날에, 유대인의 왕으로 오셨다면, 지금은 제 안에 들어오셔서 저의 왕이 되어 주시옵소서. 왕을 모신 영광과 기쁨을 누리는 한 날이 되게 하시옵소서. 왕이 되신 주님을 경배하는 하루로 살게 하시옵소서.

생명의 언약을 주신 예수님의 이름으로 기도드립니다. 아멘.

12월 3주 † 신 30:16

네가 생존하며 번성할 것이요

구별하여 의롭게 해주신 하나님,
　천국의 백성으로 구별된 가정이 되게 하신 여호와의 이름을 찬양합니다. 이 교회에서 지내는 모두에게 서로 돕고 사랑하며 하나님의 영광을 구하게 하셨으니 여호와의 이름을 높여드리게 하시옵소서.
　여호와의 위대하심을 하늘이 찬양할 것인즉, 이 시간에 마땅히 영광을 드려 그 이름을 높이게 하시옵소서. 하나님의 위로를 기다렸던 시몬의 은혜를 누리게 하시옵소서. 하나님의 은혜에 대한 목마름이 저의 전부가 되기 원합니다.
　말씀이 선포되어질 때, 주의 영광이 드러나게 하시옵소서. 말씀을 전하시는 목사님은 주님께서 귀하게 쓰시는 종으로 삼아 주시기 원합니다. 설교를 통해서 저희들의 심령을 새롭게 하시옵소서. 그 말씀에 회개의 영이 임하여 여호와 앞에서 우는 것을 경험하게 하시옵소서.
　메시지를 준비하신 목사님을 성령님께서 함께 해 주시옵소서. 주님께서 오신 날, 저희들이 들어야 하는 하나님의 말씀을 선포하게 하시옵소서. 하나님 앞에 엎드려 말씀을 들으려는 겸손함을 주시옵소서.
　○○의 권속에게 하나님의 약속을 기다리기 위해서 성경을 떠나지 않게 하시옵소서. 오늘, 성경을 가까이 하고, 오직 하나님의 말씀을 묵상하는 것으로 저의 몸을 채우게 하시옵소서.
　임마누엘이 되신 예수님의 이름으로 기도드립니다. 아멘.

12월 4주 † 고후 13:11

마음을 같이하며 평안할지어다

 구원을 기뻐하게 하시는 하나님,
 성탄절의 주간을 영광으로 지내게 하시고, 끝 시간에 여호와께 나왔습니다. 칼바람의 추위가 움츠러들게 하지만 기도하러 나왔으니 복 되게 하시옵소서.
 저희들의 가정을 제단으로 삼아주시고, 사시사철 여호와의 은혜가 강물과 같이 흘러넘치게 하셨음을 찬양합니다. 그 은혜의 하나님을 늘 즐거워하는 저희들이 되게 하시옵소서.
 자기를 경외하는 자들을 기뻐하시고, 그의 인자하심을 바라는 자들에게 자비를 베푸심에 찬양하오니 영광이 되시옵소서. 동방의 박사들에게 아기 예수님을 경배하도록 하신 하나님의 은혜를 저도 누리게 하시옵소서. 그 은혜에 주리기 원합니다.
 말씀을 기다리는 지체들에게 영의 양식을 풍성히 내려 주시옵소서. 강단에서 선포되는 주님의 말씀이 저희를 비추는 거울이 되어 주시기 원합니다. 말씀의 능력으로 말미암아 인간의 연약함에서 벗어나고, 하늘의 용기로 살아가는 나심이 있게 하시옵소서.
 오늘, 저희들의 생활에서, 예수님의 주가 되심의 예물을 드리게 하시옵소서. 제가 소유하고 있는 것들을 살펴서, 우리 주님께 합당한 예물을 드림이 되게 하시옵소서.
 마음의 문을 열게 하시는 예수님의 이름으로 기도드립니다. 아멘.

12월 5주 † 롬 15:13

소망이 넘치게 하시기를

세상의 끝에 주목하게 하시는 하나님,

주일을 성수하기 전날, 첫 시간을 영화롭게 해주셨습니다. 오늘까지 우리 교회와 저희들의 가족을 지켜주시고, 여호와의 얼굴을 저희 가정에 돌리시었음에 감사드립니다. 그 은혜로 평안에서 평안으로 지내온 것을 생각할 때, 하나님의 이름에 합당한 영광을 드립니다.

심령에 거룩함의 옷을 입고, 새벽의 이슬 같은 심정으로 여호와 앞에 서게 하시니 좋습니다. 오늘, 소년 예수님의 자라나심을 기억하면서, 저희들의 삶의 목표에 대한 도전을 받게 하시옵소서. 우리 주님을 닮아 하나님의 성품을 채우게 하시옵소서.

저희들을 사랑하셔서 하늘의 음성을 듣게 하시니 감사드립니다. 마음의 문을 열고 하나님의 말씀을 받게 하시옵소서. 양 무리를 위해서 말씀을 준비하신 목사님께 성령님으로 감동해 주시옵소서. 하나님의 뜻이 온전히 선포되게 하시며, 저희들은 그 뜻이 무엇인지를 분별하게 하는 지체들로 삼아주시옵소서.

이제, 되도록, 사람의 생각이니 사람의 말을 버리게 하시옵소서. 그동안에 저를 지배했던 세상적인 가치를 버리고, 하나님의 성품으로 바꾸어 지게 하시옵소서. 성령님의 감동하심에 자신을 맡겨서 저희들의 인격이 송두리째 바꾸어지기 원합니다.

천국을 약속해주신 예수님의 이름으로 기도드립니다. 아멘.

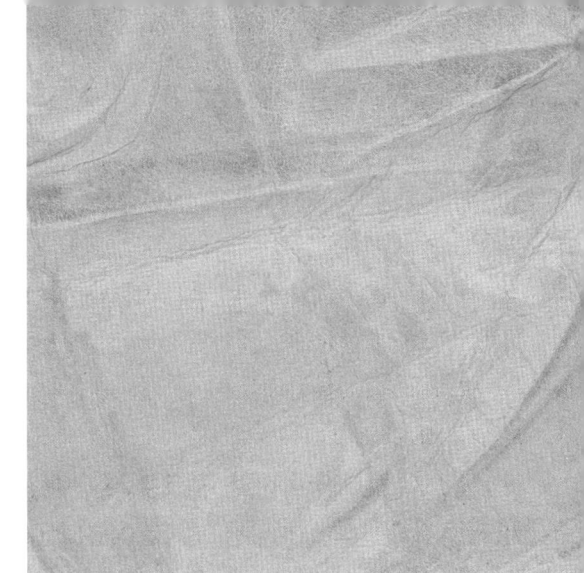

06

교회절기-
국경일
대표기도

신년감사주일_1 † 신 11:12

연초부터 연말까지, 여호와의 눈이

　하나님 아버지, 새로운 해를 여시고, 새 날을 주심을 감사합니다. 지난해는 하나님 보시기에 참으로 부끄러운 삶이었으나, 나무라지 않으시고 새날을 맞게 하시니 감사드립니다. 새해라는 시간을 선물로 받았으니, 금년에도 여호와 하나님은 저희들에게 기쁨이 되어주시옵소서.

　새롭게 지어 주셨으니, 지난해의 삶처럼 유혹의 욕심을 따르지 않도록 도와주옵소서. 저희의 신분이 그리스도 안에서 새로운 피조물이 되었음을 기억하며 살기 원합니다. 갈보리의 십자가 은혜로 성결케 되기 원합니다.

　○○ 교회의 성도들 모두 예배를 제일로 여기는 한 해의 삶을 살게 하시옵소서. 새로 떠오른 해를 바라보면서, 하나님의 마음에 합한 삶의 시간들로 이 한 해를 살아가게 하시옵소서. 금년에는 매일, 매일이 하나님의 시간이기를 소원합니다.

　새날을 주셨으니, 사랑하는 권속은 작년의 실패했던 시간들에 매이지 않게 하시옵소서. 새 일을 이루실 하나님만을 바라보기 원합니다.

　그리하여 "오직 심령으로 새롭게 되어 하나님을 따라 의와 진리의 거룩함으로 지으심을 받은 새 사람을 입으라"는 약속의 말씀으로 살도록 하시옵소서.

　새해에도 동행해주실 예수님의 이름으로 기도드립니다. 아멘.

신년감사주일_2 † 시 92:4

주께서 행하신 일로 나를 기쁘게

자비로우신 하나님,

새해 첫날을 맞이해서 하나님의 이름은 높임을 받으시고 복스러운 시간의 삶으로 들어가게 하옵소서. 여호와 우리 하나님의 이름을 찬송하며 살아가기 원합니다.

여호와의 은총은 저희들에게 새로운 시간을 주셨으나 저희들 자신은 죄악 가운데 지내던 모습으로 예배하러 나왔습니다. 거의 습관이 되어 주일의 시간을 구별하고, 이 전에 모였음을 회개합니다. 형식적이며, 종교적인 습관만 남은 저희들의 죄를 용서해주시옵소서.

하늘의 백성들에게 은혜를 주시려고 목사님을 단에 세우셨음에 감사드립니다. 그의 입술을 성령님께서 주관하셔서 이 백성들이 말씀을 듣게 하옵소서. ○○ 성가대원들이 하나님께의 사랑과 믿음으로 어우러진 기도의 찬양을 드리기를 소망합니다. 아울러 예배의 진행을 돕는 손길들에게 은혜를 더하여 주옵소서.

이 시간에, 하나님의 인도하시는 음성을 듣고 순종하게 하옵소서. 이스라엘 백성이 요단강을 건널 때 언약궤를 좇으라 그리하면 요단 물이 마르리라 하셨음이 저희들의 것이 되게 하옵소서. 금년에는 주님께서 저희들에게 행하신 일로 기쁘게 해주시옵소서. 예배하는 시간 내내 새해를 시작하신 하나님의 영광에 합당한 경배를 드리게 하시옵소서.

우리 갈 길을 인도해주실 예수님의 이름으로 기도드립니다. 아멘.

삼일절_1 † 에 4:16

민족을 위하여 기도하는 심령

사랑에 풍성하신 하나님,

이 민족에게 구원의 소망을 갖게 해주셨던 삼일 독립만세의 외침을 느끼는 지금, 우리 하나님께 영광을 바칩니다. 삼일절을 맞이해서 정의와 사랑의 하나님을 보여주시니 감사드립니다. 대한민국을 여호와께 복을 받은 나라로 삼아주시옵소서.

하나님의 사람으로 민족 앞에서 사명을 다하지 못했음을 용서하옵소서. 나라의 독립을 위해서 구국의 제단을 쌓던 선조들의 신앙을 물려받지 못한 죄를 고백합니다.

이 나라의 평안이 하나님께 있음을 깨닫지 못하고 나라를 위한 기도에 부족했음을 용서하시고 호국의 믿음을 주시옵소서. 오늘, 민족을 위해서 기도하는 교회가 되기를 다짐하게 하시옵소서.

이 교회를 위하여 주의 종을 보내셨으니, 진리의 말씀을 듣게 하시옵소서. 그에게 성령님의 충만하심과 지식을 더하셔서 천국의 말씀을 선포하게 하시옵소서. ○○ 성가대원들이 하나님을 찬양할 때, 이 예배당이 천상의 자리가 되기를 원합니다. 그 찬양으로 저희들에게는 예배하려는 마음이 더욱 간절해지게 하시옵소서.

이 나라를 붙잡아 주시옵소서. 삼일절을 기뻐하는 이 시간에 나라와 민족을 위해 기도했던 선조들의 신앙을 경험하게 하시옵소서.

이 민족을 위하시는 예수님의 이름으로 기도드립니다. 아멘.

삼일절_2 † 레 19:13-14,

오직 주를 경외하는 민족

　우리 민족을 위해주시는 하나님,
　이 민족의 아픔과 질곡의 역사에 간섭하셨음에 감사드립니다. 하나님의 섭리가 나타나서 ○○년 전의 이 날, 독립만세를 외치게 하셨습니다. 괴로움으로 신음할 때, 주저앉지 않게 하시고 민족을 위해서 일어나 외치게 하셨음에 감사드립니다.
　하나님께서는 이 나라를 사랑하시는데, 백성이 된 저희들은 나라를 위해서 기도하지 못한 죄를 용서해주시옵소서. 일제의 만행과 식민지 백성의 고달픈 삶을 보다 못하여 일제에 항거했던 선조들의 애국애족을 따르지 못한 죄를 회개합니다.
　○○ 교회의 성도들이 예배할 때, 하나님께 영광이 되기를 소망합니다. 하나님의 종으로 기름을 부어주신 목사님을 세워주심에 감사드립니다. 종을 통해서 전해지는 말씀을 달게 받아 순종하게 하시옵소서. ○○ 성가대원들이 성령님께 감동되어서 드리는 찬양으로 온 교회에 영광이 넘치기를 원합니다. 이 찬양이 곡조가 있는 기도기 되이 주를 경외하는 민족이 되게 해주시옵소서.
　신앙 선배들이 나라의 주권회복과 자유를 얻기 위하여 헌신하게 하셨음을 배우게 하시옵소서. 우리 민족문화의 자주성과 주체성을 수호하고자 하게 하셨음을 배우게 하시옵소서.
　우리를 사랑하시는 예수님의 이름으로 기도드립니다. 아멘.

사순절_1 † 딤전 2:6

그가, 자기를 대속물로 주셨으니

하나님 아버지,
　사순절을 맞이하게 하셨습니다. 하나님의 크고 위대하심에 영광을 드리게 하시옵소서. 이 시간에, 십자가에서 이루어진 구속의 은혜를 감사하면서 예배하는 저희들이 되게 하옵소서. 주님의 십자가로 저희들의 구원을 이루신 하나님께 영광의 예배가 되게 하시옵소서.
　이 자리에 모인 저희들에게 사순절의 신앙을 통해서 감사할 줄 아는 마음을 지니도록 하시옵소서. 감사할 줄 아는 마음을 가지면 모든 것이 감사로 받아들여짐을 믿습니다. 그리하여 비가 오면 비가 와서 감사하고, 눈이 오면 눈이 와서 감사하게 될 줄로 믿습니다.
　저희들에게 말씀을 대언하실 목사님께서 단에 오르셨으니 생명과 진리의 말씀을 선포하게 하옵소서. 이 예배를 아름답게 하는 ○○성가대의 찬양을 통해서 하나님께는 영광이 드려지고, 혹시 찬송의 힘을 잃은 회중들은 힘을 얻기를 원합니다.
　지금, 예배하는 동안에 귀한 지체들의 섬김으로 예배를 아름답게 하시니 감사드립니다. 그들이 은총을 입게 하시옵소서. 우리 교회는 전 성도들이 예배에 주목하며 하나님을 영화롭게 해드리게 하시옵소서.
　○○교회를 지켜 주심에 감사드립니다. 오늘도 하나님의 뜻을 이루어 드리고, 구원의 방주 역할을 다하게 하시옵소서.
　십자가를 지신 예수님의 이름으로 기도드립니다. 아멘

사순절_2 † 행 2:36

너희가 십자가에 못 박은 이 예수를

여호와 우리 하나님,

사순절에 주님의 사랑을 묵상합니다. 죄인들의 구속을 위해서 피를 흘리신 주님의 사랑에 감격합니다. 하나님의 아들이 죄인의 옷을 입으시고 십자가에서 죽으셨음을 감사하면서 지내는 저희로 삼아주시옵소서.

오늘, 사순절의 영광을 드리게 하시옵소서. 주님의 십자가를 바라보는 저희들에게 사순절의 예배를 드리면서 예수님의 고난에 담겨져 있는 하나님의 사랑을 누리게 하옵소서. 저희들의 영혼이 십자가에서 나타난 주님의 은혜만을 갈망하게 하옵소서.

여기에 모인 여호와의 권속이 주님께 용서를 받았듯이 서로를 용시하며 살아가는 은혜를 누리게 하옵소서. 주님의 용서에 감격하면서 하나님의 영광을 구하는 공동체가 되기를 소망합니다. 사순절에 저희 ○○ 교회가 용서의 은혜를 누리게 하옵소서.

주님을 영화롭게 해드리는 예배로 진행되도록 권능을 나타내시옵소서. 담임 목사님을 붙드셔서 성령의 능력으로 하나님의 말씀을 전하게 하시옵소서. 오늘의 말씀이 저희들의 심령을 새롭게 하는 결단이 되게 하시옵소서. ○○ 성가대원들이 하나님의 영광을 찬양하게 하시옵소서. 그 찬양으로 하나님의 영광이 가득하게 하시옵소서. 거룩한 예배로 오직 하나님께 영광이 되고, 마귀가 틈을 타지 않게 하옵소서.

보혈을 흘려주신 예수님의 이름으로 기도드립니다. 아멘.

종려주일_1 † 막 11:9

주의 이름으로 오시는 이여

　종려주일을 주신 하나님,
　ㅇㅇ의 지체들이 종려주일을 맞이합니다. 주님께서 우리를 위하여 고난을 당하셨음을 기억하면서 찬양을 드리며 경배합니다. 저희들을 죄와 멸망으로부터 구원해 주시려고 친히 십자가에 달리신 주님께 찬양을 드리게 하시옵소서.
　주님의 고난을 통해서 저희들에게 베풀어지는 속죄와 구원의 은총을 감사로 받게 하옵소서. 이 시간에 영으로 구속의 십자가를 매만지는 은혜를 경험하게 하옵소서. 저희들을 하나님과 화목케 하시기 위해서 짊어지신 십자가를 경험하기 원합니다.
　목사님을 저희들에게 주셨음에 감사드립니다. 종의 입술을 통해서 전해지는 말씀을 사모하게 하옵소서. ㅇㅇ 성가대원들이 찬양을 드릴 때, 영광을 받아주시옵소서. 복된 예배로 실망과 근심으로 좌절에 빠진 사람들은 용기를 갖게 하시옵소서. 예배의 진행을 돕고, 성도들의 편의를 위하여 봉사하는 지체들을 축복합니다. 저들이 맡은 자리에서 몸으로 드리는 예배를 경험하게 하시옵소서.
　이 시간에, 지희들에게도 호산나를 부르며 예수님을 친송하는 은혜를 누리게 하시옵소서. 이 거룩한 예배당에 주님의 이름을 호산나로 찬송하는 소리가 가득하기 원합니다.
　찬송을 받으실 예수님의 이름으로 기도드립니다. 아멘.

종려주일_2 † 요 12:13

종려나무 가지를 가지고 맞으러 나가

구원에 이르게 해 주시는 하나님,
 종려주일 아침에 영화로우신 그 이름을 영원히 찬송하기 위하여 머리를 숙였습니다. 저희들에게도 호산나를 부르며 예수님을 찬송하는 은혜를 누리게 하옵소서. 이 거룩한 예배당에 주님의 이름을 호산나로 찬송하는 소리가 가득하기 원합니다.
 주님의 보혈로 말미암아 죄를 씻음을 받았음에도 그 보혈의 은혜를 잊고 살았음을 회개합니다. 하나님께 저희들의 소망이 있음을 말하면서도, 눈에 보여 지는 것들에 마음을 두고 지냈습니다. 지금, 마음을 돌이켜 자복하니 사유해주시옵소서.
 저희들에게도 주의 이름으로 오신 예수님을 찬송하게 하시옵소서. 그리고 종려나무 가지를 흔들게 하시옵소서. 예수님께서 구원의 주로 오셨으니 기쁨으로 맞아들이는 저희들로 삼아주시옵소서.
 종려주일에 주님의 백성들을 위해서 말씀을 준비해주셨습니다. 목사님께 영력을 더하여 주셔서 왕으로 오신 예수님을 경배하는 복된 시간이기를 원합니다. ○○ 성가대의 찬송으로 하나님의 영광이 예배당에 가득하며, 그 은혜로 회중은 하나님께 가까이 나아가게 하시옵소서.
 마귀의 훼방을 멸하시고, 오직 하늘의 하나님을 영화롭게 해드리는 순서로 예배가 진행되게 하옵소서.
 사랑의 주, 예수님의 이름으로 기도드립니다. 아멘.

고난주간_1 † 사 53:5

그가 찔림은 우리의 허물 때문이요

긍휼에 풍성하신 하나님,
주님께서 대속의 죽으심으로 구속을 이루신 위대하심에 영광을 드립니다. 저희들의 구원하심과 영광이 하나님께 있음에 감사하는 저희들이 되게 하시옵소서.

예배하러 모인 이 백성에게 저주와 멸망으로부터 저희들을 구속하시려고 독생자를 버리신 은혜를 새롭게 하시옵소서. 주님께서 고난의 잔을 거절하지 않으시고, 받으심으로써 저희들은 영생에 이르게 되었습니다. 저희들에게 갈보리 산의 십자가를 바라보게 하시옵소서.

목사님을 강단에 세우셨음에 감사드립니다. 그의 입술을 성령님께서 주관하셔서 이 백성들이 말씀을 듣게 하시옵소서. ○○ 성가대원들이 신령과 진정의 예배와 수준이 있는 음악으로 어우러진 최상의 찬양을 드리기를 소망합니다.

오늘도 자원하는 심정을 가지고 봉사하는 일꾼들이 있습니다. 맡은 자리에서 예배의 진행을 돕는 손길들에게 은혜를 더하여 주시옵소서.

하나님의 은혜로 값없이 의롭다하심을 얻게 되었으니 주님의 십자가를 찬양하게 하시옵소서. 골고다의 길은 주님께 치욕이었지만 저희들은 그곳에서 영생의 소망을 갖게 되었으니 감사드립니다. 저희들의 눈을 밝게 해 준 영광의 십자가로 나아가게 하시옵소서.

우리 안에 항상 계신 예수님의 이름으로 기도드립니다. 아멘.

성령의 임재를 뜨겁게 경험하는 예배 종합 대표기도문

고난주간_2 † 골 1:24

그리스도의 남은 고난을

살아계신 하나님,

이 거룩한 아침에 하늘의 영광을 버리고 이 땅에 오신 예수님을 바라봅니다. 저희를 구원해 주시려고 십자가를 지시기 위해서 관의 길을 걸으셔야 했던 주님을 바라봅니다. 십자가에서 흘리신 피로 저희들은 죽음에서 생명을 누리게 되었고, 오늘 예배하게 되었습니다.

입술로는 주님을 따르고, 십자가를 바라본다 하면서도, 저희들의 마음을 채울 세상의 일들에 주목하여 지내왔습니다. 주님보다는 저희들을 만족하게 해주는 세상의 일들을 더 바라보면서 지냈음을 자복하니 용서해주시옵소서.

저희들을 구속하심은 죄에서 떠나라 하심임을 믿습니다. 그리고 자녀로 삼아주심은 하나님께 영광을 드리는 삶을 살라하심임을 믿습니다.

주님의 귀한 교회를 위해서 세우신 담임 목사님께 신령한 은혜를 더하여서 생명의 말씀으로 저희를 새롭게 하시옵소서. 여호와의 영광이 예배당에 선포되노록 성가대를 세워주셨으니, 그들이 하나님을 예배하는 저희들을 대신하여 찬양하는 역할을 귀하게 감당하게 하시옵소서.

이 시간에, 예배를 위해서 성실히 맡은 직분의 자리에서 봉사하는 지체들을 기억해주시옵소서. 저들의 수고를 통해서 더욱 영화롭게 예배를 드리게 하셨음에 감사드립니다.

소망을 주시는 예수님의 이름으로 기도드립니다. 아멘.

부활절_1 † 고전 15:20

죽은 자 가운데서 다시 살아나사

주님을 살려내신 하나님,
부활절의 아침에 찬양을 드리며 경배합니다. 저희들을 위하여 대신 죽으시고, 저희들에게 부활의 보증이 되시려고 다시 살아나신 주님이십니다. 주님께서 다시 살아나셨음을 감사하며, 죽음의 권세를 무찌르신 영광을 찬양하는 예배가 되게 하시옵소서.

머리를 숙인 ○○의 지체들에게 부활의 주님을 영원부터 영원에까지 찬양하는 복된 시간으로 이끌어 주시옵소서. 이 시간에 예수님의 이름만이 높여지는 경배를 드리는 저희들로 삼아주시옵소서.

하나님께서 세워주신 종을 통해서 전해지는 말씀에 귀를 기울이게 하시옵소서. ○○ 성가대원들이 성령님께 감동되어서 드리는 찬양으로 온 교회에 영광이 넘치기를 원합니다. 이 시간에도, 예배의 진행을 돕고, 성도들의 편의를 위하여 봉사하는 지체들의 헌신을 받으시고, 예배의 시종에, 사탄의 세력이 얼씬거리지 못하게 하시옵소서.

하나님께는 영광을 선포하고, 주님의 부활을 기뻐하면서 예배하기 위해 보인 권속을 축복합니다. 다시 사심으로써 저희들을 억누르고 있는 절망을 거두어주신 예수님을 즐거워하게 하시옵소서. 이 땅이 아무리 어둠이 심하고, 저희들에게 희망이 보이지 않는다 해도, 전혀 낙심하지 않게 해 주셨음에 소망 중에 주님을 바라봅니다.

죽음을 이기신 예수님의 이름으로 기도드립니다. 아멘.

부활절_2 † 고전 15:4

사흘 만에 다시 살아나사

　부활절에 영광을 받으셔야 하실 하나님,
　구원의 하나님을 영원히 찬송하기 위하여 머리를 숙였습니다. 예수님이 무덤을 깨드리게 하신 하나님의 이름에 합당한 영광을 드리기 원합니다. 이 시간에 모인 거룩한 백성들이 아버지 하나님의 이름을 영화롭게 해드리게 하시고, 신령과 진정으로 예배하게 하시옵소서.
　다시 사신 주님을 믿음으로 천국을 소망하게 하심에 감사드립니다. 어둠을 이기신 주님을 경배하는 복된 은혜를 누리게 하시옵소서. 부활이 영광을 찬송하면서 예배할 때, 영안이 열려 하늘을 보기 원합니다. 스데반이 돌에 맞아 죽을 때 하늘을 바라보는 눈이 열리게 하셨던 은혜로 저희들에게도 하늘을 보는 눈이 열리기를 소망합니다.
　부활절의 주님을 묵상하는 저희들에게 말씀을 대언하실 목사님께서 단에 오르셨으니 목사님께 기름의 부으심이 있기를 소원합니다. 이 예배를 아름답게 하는 ○○ 성가대의 귀한 지체들의 찬양을 받아주시옵소서. 이들의 찬양을 통해서 하나님께는 영광이 드려지게 하시옵소서. 지금, 저희들이 예배하는 동안에 예배당의 안팎에서 봉사하는 종들이 있음에 감사드립니다.
　이미 시작된 예배가 하나님의 영광 속에 진행되게 하시옵소서. ○○ 교회의 성도들을 하나님께의 영광으로 삼아주시옵소서.
　성경대로 다시 사신 예수님의 이름으로 기도드립니다. 아멘.

성령강림절_1 † 요 14:16

다른 보혜사를 너희에게 주사

　성령을 보내주신 하나님,
　성령강림절을 맞이하여 크고 위대하심에 영광을 드립니다. 성령님께의 충만하게 하심으로 저희들을 하나님의 품으로 이끄시고, 풍성한 은혜를 누리게 하셨음에 감사하면서 예배로 나아가게 하시옵소서. 성령님의 오심으로 말미암은 영광을 받으시옵소서.
　이 복된 자리에서 하나님을 향한 찬송과 간구가 샘물이 되어 솟아나기를 소망합니다. 성령님을 맞아들인 저희들의 심령에 은혜가 가득히 넘치게 해주시옵소서. 그 은혜로 성령님을 기쁘시게 해드리는 종들이기를 소망합니다.
　담임 목사님을 붙드셔서 ○○의 권속에게 하나님의 말씀을 전하게 하시옵소서. ○○성가대원들이 예배하는 회중을 대표해서 하나님의 영광을 찬양하게 하시옵소서. 저희들이 경건을 다해 예배하는 동안에 몸을 다 드려서 섬기는 이들이 있음에 즐거워하며 그들을 축복합니다.
　성령님께서 임마누엘로 함께 해주시니 감사드립니다. 예수님처럼 우리를 사랑하시고 인생들에게 오셔서 우리와 함께 계시는 분이심을 믿을진대 더욱 감사드립니다. 예배하는 이 자리에 하나님의 자비하심을 찬양하는 소리가 가득하게 하옵소서. 이 예배의 은혜로 삶에 지친 이들에게는 소망의 시간이 되게 하시옵소서.
　은혜와 진리 되신 예수님의 이름으로 기도드립니다. 아멘.

성령강림절_2 † 요 14:26

내 이름으로 보내실 성령

언약을 성취하시는 하나님,

○○ 교회의 성도들이 한 마음으로 머리를 숙인 이 시간이 하나님께 영광이 되기를 소망합니다. 진리의 영으로 충만하기를 소망하는 저희들에게 성령강림절의 예배를 드리는 은혜를 내려 주시옵소서.

여호와 앞에서 참회하는 심령으로 고백하니 저희의 죄를 용서해 주옵소서. 회개하는 음성을 들으시고, 용서해주시옵소서. 죄인들을 향하신 주님의 궁휼을 지체하지 마시옵소서. 하나님 자신을 위하여 저희들을 용서하시고, 성령님께 순종하여 영광을 드리게 하시옵소서.

근심과 슬픔과 두려움에 쌓여 있던 제자들에게 약속하셨던 그대로 오신 보혜사를 기뻐하게 하시옵소서. 이미 오신 성령님께서 영원토록 저희와 함께 있으심을 믿을 때, 심령이 든든해짐을 고백합니다. 오늘 예배하는 저희들에게 진리의 영으로 충만하기를 소망합니다. 성령님의 인도를 받음에 목말라 하는 심령이 되게 하시옵소서.

교회를 위하여 주의 종을 세우셨으니, 생명의 말씀을 듣게 하옵소시. ○○ 성가대원들이 아름다운 찬양으로 영광을 드릴 때, 온 성도들에게는 예배하려는 마음이 간절해지게 하시옵소서. 예배를 위해서 여러 모양으로 수종을 드는 종들을 세우셨음에 감사드립니다. 하나님의 영광을 나타내려는 모든 이들에게 벅찬 감격의 시간이 되게 하시옵소서.

굳게 세워주시는 예수님의 이름으로 기도드립니다. 아멘.

삼위일체주일_1 † 요 17:22

우리가 하나가 된 것 같이

거룩하신 성삼위의 하나님,
저희들을 죄에서 구원해 주셨음에 찬양을 드리며 경배합니다. 삼위의 신비함으로 저희들을 보호해 주심에 감사드립니다. 성삼위 하나님의 은혜로 저희들이 거룩함을 입게 하시니 찬송을 드리게 하시옵소서.
거룩한 시간에, 여호와를 찬양하며, 경배하는 저희들이 되게 하시옵소서. 성령님의 확증으로 저희들의 마음에 부어진 하나님의 사랑이 천국을 소망하게 하셨음에 감사드리게 하시옵소서. 하나님 나라, 하나님의 영광에 참여할 소망을 품게 하셨으니, 이 예배 한 시간이 더욱 거룩해지기를 빕니다.
주님의 백성들을 위해서 말씀을 준비해 주셨음에 감사드립니다. 말씀을 전하실 목사님께 영력을 더하여 주시옵소서. ○○성가대를 세우셨으니, 예수님을 구주로 믿는 무리들이 한 마음으로 하나님을 찬양하며 예배하도록 하시옵소서. 예배하러 나오기를 기다리면서 준비한 예물을 감사함으로 드리기 원합니다. 이 시간에도 예배를 위해서 봉사하는 종들이 있으니, 그들이 더욱 충성스럽게 감당하게 하시옵소서.
삼위일체주일에 하나님의 은총을 사모하는 지체들을 축복합니다. ○○ 교회와 이 거룩한 공동체에 속한 지체들이 성삼위 하나님으로 말미암는 복을 누리게 하시옵소서.
늘 안식을 얻게 하시는 예수님의 이름으로 기도드립니다. 아멘.

삼위일체주일_2 † 마 28:19

아버지와 아들과 성령의 이름으로

 구원을 이루어주시는 하나님,
 영화로우신 그 이름을 영원히 찬송하기 위하여 머리를 숙였습니다. 그 영광의 팔로 저희들의 오른손을 붙잡아주심에 즐거워합니다. 예배의 자리로 저희를 부르시고, 위로를 주시는 하나님의 은혜를 찬송합니다.
 삼위 하나님의 역사를 즐거워하게 하옵소서. 성부 하나님은 인간과 세상의 구원을 뜻하고 계획하셨고, 성자 예수님은 당신의 몸과 생명으로 인간 구원을 성취하셨으며, 보혜사 성령님은 인간 속에서 그 구원을 적용하시고 완성해 나가십니다. 그러므로 하나님의 구원하심에 감격하여 예배하는 회중으로 삼아주시옵소서.
 삼위일체주일로 온 성도들이 여호와의 이름에 경배합니다. 이 시간의 예배로 진정, 하나님을 만나게 하시옵소서. 저희들이 예배할 때 갈보리 십자가의 보혈로 예배당이 적셔지기를 소망합니다. 목사님을 대언자로 세우셔서 하늘 양식의 말씀을 진설하게 하심을 감사드립니다.
 ○○ 성가대원들이 마음과 몸을 드려 찬양할 때, 주님의 은혜를 체험하는 복된 자리로 인도해주시옵소서. 주님의 피 묻은 손으로 어루만져 주심을 경험하게 하시옵소서. 성령님의 질서와 말씀이 예배 중에 흥왕해지는 교회가 되도록 복 주시옵소서. 예배를 위한 봉사자들이 순종함으로 섬기고 있으니 복된 봉사가 되게 하시옵소서.
 믿음 위에 서게 하시는 예수님의 이름으로 기도드립니다. 아멘.

현충일_1 † 렘 31:7

하나님의 권능을 나타내 보여 주옵소서.

신실하신 하나님,
저희들이 순국선열과 전몰장병의 후손이 되게 하셨음에 감사드립니다. 현충일을 기념하여 예배하는 지금 선조들의 숭고한 호국정신을 추모하게 하시옵소서. 조국을 위해 희생하신 분들을 따르게 하시옵소서.
저희들에게는 민족을 위해 기도할 사명이 있음에도 간구하지 못했음을 용서해주시옵소서. 대통령을 위해서 기도하고, 나라의 질서와 평화를 위해 기도하는 책임이 있음을 잊고 지냈음을 회개합니다.
현충일에 이 나라를 향하신 하나님의 은혜에 감사하고, 영광을 드리게 하시옵소서. 이 민족 앞에서 나라를 위해 기도하기를 쉬지 않는 ○○의 공동체로 삼아주시옵소서.
오늘도 목사님을 단에 세우셨음에 감사드립니다. 그의 입술을 성령님께서 주관하셔서 이 백성들이 말씀을 듣게 하시옵소서. ○○ 성가대원들이 신령과 진정의 최상의 찬양을 드리기를 소망합니다. 예배의 진행을 돕고, 성도들의 편의를 위하여 봉사하는 지체들을 세워주셔서 감사드립니다.
이 자리에서, 나라를 사랑하겠노라 결단하는 저희들이 되기를 소망합니다. 조국을 사랑했던 희생자들의 숭고함을 본 받아 저희들도 하나님께서 주신 조국을 사랑하게 하시옵소서.
평안으로 지켜주시는 예수님의 이름으로 기도드립니다. 아멘.

현충일_2 † 시 53:6

주의 구원을 즐거워하게

애국애족의 마음을 주시는 하나님,

하나님의 백성을 거룩하게 하시고, 마음을 다 바쳐 예배하도록 하심에 감사드립니다. 현충일에 주님의 구원을 즐거워하여 감사로 예배하여 영광을 드리게 하시옵소서.

민족을 위해서 자신의 목숨을 내어던진 그 고귀함을 잊고 지내온 저희들을 용서해주시옵소서. 식구를 나라에 내어주고 어렵게 지내는 유족들을 위로해주시옵소서. 이 땅을 위해 눈물로 부르짖게 하시옵소서.

하나님의 이 민족을 사랑하심에 강권해서 자신의 목숨을 조국을 위하여 한 줌의 제물이 된 이들이 있어 감사드립니다. 그들의 애국 정신이 저희들의 것이 되게 하시옵소서.

세워주신 담임 목사님께 신령한 은혜를 더하여서 생명의 말씀으로 저희를 새롭게 하시옵소서. ○○ 성가대원들이 하나님을 예배하는 저희들을 대신하여 찬양하는 역할을 귀하게 감당하게 하시옵소서. 오늘도 예배를 위해시 성실하게 봉사하는 지체들의 수고로 더욱 영화롭게 예배를 드리게 하셨음에 감사드립니다.

이 나라와 민족이 구원받기 위해 모세처럼 민족을 사랑하면서 깨어 있는 믿음으로 살아가는 저희들 되게 하시옵소서. 세계와 나라와 가정과 개인의 평화를 꿈꾸며 기도하는 삶을 살게 하시옵소서.

이 민족에게 위로가 되시는 예수님의 이름으로 기도드립니다.

아멘.

한국전쟁일_1 † 미 4:3

칼을 쳐서 보습을 만들게

온 성도들이 우러러 하늘을 바라보며 여호와의 이름에 경배합니다. 칼을 쳐서 보습을 만드는 마음을 소망하면서 6. 25 사변일의 예배를 드리는 회중에게 은혜를 내려 주옵소서.

동족상잔의 비극을 휴전으로 종식시켜 주신 여호와의 은혜를 묵상하며 기도하지 못한 죄를 고백합니다. 민족을 위하여 기도하기를 쉬지 말게 하옵소서. 6.25 사변의 재앙이 이 민족의 죄에서 기인되었음을 깨닫습니다. 한국전쟁 후 ㅇㅇ년을 맞아 지금 이 시대에 그때의 범죄한 모습들이 우리 주변에 있지 않은지 잘 살펴보게 하옵소서.

이 날에 평화의 복음이 선포되는 강단을 허락하셔서 진리와 생명의 말씀을 듣게 하옵소서. 성가대원들이 아름다운 찬양으로 영광을 드릴 때, 온 성도들에게는 예배하려는 마음이 더욱 간절해지게 하옵소서. 이 한 시간의 예배에, 여러 모양으로 수종을 드는 종들을 세우셨음에 감사드립니다. 하나님의 영광을 나타내려는 모든 이들에게 벅찬 감격의 시간이 되게 하옵소서.

하나님께 영광을 드리고 여호와의 인자하심에 소망을 두고 살기를 원합니다. 하나님 앞에서 새롭게 살려는 다짐이 이 민족에게 부흥의 불길처럼 번지게 하시옵소서.

우리나라를 지켜주신 예수님의 이름으로 기도드립니다. 아멘.

한국전쟁일_2 † 시 34:14-15

악을 버리고 선을 행하게

이 나라를 불쌍히 여겨주신 하나님,
여호와의 사랑을 입은 이 백성들에게 안온히 살게 하셨음을 즐거워하며 예배합니다. 6. 25 사변의 아픔을 딛고 재건하게 하신 은혜에 감사드립니다. 오늘, 다시 일으켜진 우리나라를 보면서 감사와 감격으로 예배하게 하시옵소서.
휴전 상태에서 언제 다시 전쟁이 일어날지 모르는데 기도하지 못했음을 회개합니다. 우상화 정권의 휘둘림 속에서 고통을 당하고 있는 북쪽의 형제들을 잊지 않게 하시옵소서. 그들을 위하여 눈물로 기도하지 못한 죄를 용서해주시옵소서.
반목과 갈등으로 위기에 처한 이 땅을 불쌍히 여기사 주님의 용서와 사랑이 넘치도록 도우시옵소서. 아무리 암울한 현실이라 할지라도 하나님은 믿음으로 꿈꾸는 자들의 기도를 외면하지 않으심을 믿습니다.
성령님의 인도하심에 따라 이미 시작된 예배를 기뻐합니다. 한국전쟁일에 주님의 백성들을 위해서 말씀을 준비해 주셨음에 감사드립니다. 말씀을 전하실 목사님께 영력을 더하여 주셔서 그 말씀의 감화로 악을 버리고 선을 행하기를 다짐하는 복된 시간이기를 원합니다. 주님을 영화롭게 해드리는 ○○ 성가대를 세우셨으니, 저희들이 한 마음으로 하나님을 찬양하며 예배하도록 하시옵소서.
우리 민족의 주, 예수님의 이름으로 기도드립니다. 아멘.

맥추감사절_1 † 출 23:16

밭에 뿌린 것의 첫 열매를

맥추감사절의 하나님,
우리 하나님의 이름이 위대하심에 영광을 드립니다. 자기 백성을 돌아보시는 자비로우심이 크셨음에 영광을 드리고 저희들은 무한 감사로 즐거워하게 하시옵소서. 거두어들인 것들로 인하여 감사할 때, 여호와께 합당한 영광을 드리는 한 시간이 되게 하시옵소서.

맥추감사절에 ○○교회로 하여금 우리를 사랑하시는 주님을 세상에 전하는 공동체가 되게 하시옵소서. 수고의 땀을 흘린 대로 첫 열매를 거두게 하셨음을 세상에 드러내게 하시옵소서. 저희들에게 주신 것들의 일부를 떼어 가난한 자들과 나누도록 하시옵소서.

우리 교회에 주의 종을 보내셨으니, 진리와 은혜의 말씀을 듣게 하시옵소서. ○○성가대원들이 하나님을 찬양할 때, 예배당이 천상의 자리가 되기를 원합니다. 그 찬양으로 저희들에게는 예배하려는 마음이 더욱 간절해지게 하시옵소서. 예배를 위하여 여러 모양으로 수종을 드는 종들을 세우셨음에 감사드립니다.

하나님 앞에서 복된 지체들이 풍성한 감사를 드리고 즐거워하게 하시옵소서. 저희들이 억지로나 인색함으로 드리지 않음에서 더욱 감사드립니다. 오늘, 주님께는 감사하고 저희들에게는 서로가 즐거움으로 기쁘게 하시옵소서.

넉넉하게 채워주시는 예수님의 이름으로 기도드립니다. 아멘.

맥추감사절_2 † 시 65:13

골짜기는 곡식으로 덮였으매

크게 은혜로우신 하나님,
 자비의 하나님이시며 위로의 하나님께서 주님의 백성들을 번성하게 하셨음을 즐거워합니다. 여호와 앞에서 성실히 지내왔더니 큰 기쁨을 누리는 시간을 주셨습니다.
 지나온 시간 동안에 크신 팔로 감싸주신 여호와의 은혜를 깊이 새길 수 있게 하옵소서. 자기 백성을 긍휼히 여기시는 하나님의 은혜로 살아왔음을 오늘의 예배를 통해 선포하게 하시옵소서. 광야에서의 이스라엘 백성들이 만나와 메추라기로 배부르게 지냈던 것처럼, 하나님이 자녀들을 보호해 주셨음에 감사드립니다.
 하나님의 말씀을 기다립니다. 세워주신 종을 통해서 전해지는 말씀을 단 마음으로 받게 해주시옵소서. 베푸신 손길을 찬양하는 ○○ 성가대원들을 축복합니다. 그들이 마음과 몸을 드려 찬양할 때, 이 자리에 성령님이 임하시게 하시옵소서. 저희들 모두 하나님의 은혜를 체험하는 복된 자리로 인도해 주시옵소서.
 온 성도들이 맥추감사절을 기뻐하여 예배할 때, 여호와의 이름을 참으로 높이 찬미하게 하시옵소서. 여호와께 예배를 드린 후에는 이 즐거움을 어렵게 지내는 이들과도 나누게 하시고, 거두어들인 것을 베풀게 하시옵소서. 함께 하라고 주신 줄로 믿습니다.
 감사의 이름이 되어 주신 예수님의 이름으로 기도드립니다. 아멘.

광복절_1 † 렘 18:8-9

악에서 돌이키는 민족

사랑과 자비가 풍성하신 하나님
 우리 하나님께서 이 나라를 사랑해주시고, 지켜주셨음에 여기까지에 왔음을 선포합니다. 이제로부터 앞으로도 소망을 주시는 하나님의 손길을 바라봅니다.
 광복절을 맞이해서 예배하러 모인 성도들에게 신령과 진정으로 경배하게 하옵소서. 오늘은 1945년 8월 15일에 우리 민족이 해방을 맞은 지 ○○주년이 되는 광복기념주일입니다. 하나님께서 이 백성들의 역사에 찾아오셔서 설움을 씻어 주셨음을 기뻐합니다.
 민족이 수난을 당하는 모진 역경 속에서도 선조들은 기도하였는데, 저희들은 안일하게 지냈습니다. 하나님께 대하여 무딘 죄악을 용서해주시옵소서. ○○ 교회의 성도들이 광복절에 한 마음으로 머리를 숙였으니 하나님께 영광이 되기를 소망합니다.
 악에서 돌이키는 민족이 되는 은혜를 주시려고 목사님을 단에 세우셨음에 감사드립니다. 그의 입술을 성령님께서 주관하셔서 저희들이 하나님께로 돌아가는 말씀을 듣게 하시옵소서.
 ○○ 성가대원들이 신령과 진정의 기도가 표현된 찬양으로 최상의 영광을 드리기를 소망합니다. 함께 한 저희들도 화답하는 심정으로 여호와의 임재를 바라보게 하시옵소서.
 구원의 길이 되시는 예수님의 이름으로 기도드립니다. 아멘.

광복절_2 † 시 67:3

민족들이 주를 찬송하게 하시며

전능하신 하나님,

여호와의 구원하심이 민족적으로, 국가적으로 나타내어주셨음에 감사드립니다. 하나님께서는 수많은 선조들이 감옥에 갇히고, 모진 고문을 당하고 심지어 죽임을 당함으로써 나라를 사랑하도록 하셨습니다.

광복을 기념하면서 우리가 사랑해야 할 대상이 하나님과 이웃임을 확인하게 하옵소서. 하나님께서 우리에게 주신 조국도 사랑해야 할 이웃이라는 사실을 늘 기억하며 지내기를 소망합니다. 신앙 선배들의 국가관을 저희들의 것으로 삼게 하옵소서.

한 공동체로 부름을 받은 저희들이 한 목소리로 광복절에의 신앙을 고백하게 하시옵소서. 오늘 예배를 드리면서 이 나라를 창성케 해 주시는 하나님을 바라보게 하옵소서. 강단에서 생명과 진리로 이끄실 목사님께 성령님과 지혜에 충만케 하셔서 하나님의 말씀으로 흥왕함을 누리는 교회가 되게 하시옵소서.

○○ 성가대원들을 준비시키셨음에 감사드립니다. 하나님 앞에서 찬송을 맡은 이들이 벅찬 감격으로 찬양을 부르게 하시고, 저희들은 예배하려는 마음이 더욱 간절해지게 하시옵소서. 오직 성령님의 충만하심이 있기를 소망합니다. 조국의 광복 ○○ 년을 맞이하면서 이 나라에 대사를 행하신 여호와의 손길을 기뻐하게 하시옵소서.

믿음을 더해주시는 예수님의 이름으로 기도드립니다. 아멘.

추수감사절_1 † 시 65:12

작은 산들이 기쁨으로 띠를

신실하신 주, 하나님,
  온 성도들이 우러러 하늘을 바라보며 여호와의 이름에 경배합니다. 추수감사절에 하나님께서 받으실만한 영광을 드리게 하시옵소서. 마음에 감사하는 저희들에게 기쁨을 경험하게 하시옵소서.
  거두어들임의 은혜에 찬송을 부르며 예배하러 모인 성도들을 받으시옵소서. 믿음으로 감사의 예물을 드리고 하나님의 영광을 드러내게 하시옵소서. 저희들을 감사하는 주의 백성들로 삼아주시옵소서.
  목사님을 강단에 세워주시고, 그의 입술을 통해서 말씀을 전하시려는 하나님께 주목하게 하시옵소서. ○○성가대원들이 찬양을 드릴 때, 영광을 받아주옵소서. 이 시간에, 예배의 진행을 돕고, 성도들의 편의를 위하여 봉사하는 지체들에게 몸을 드려 헌신하게 하시옵소서.
  추수감사절에, 하나님의 은총을 사모하는 지체들을 축복합니다. ○○ 교회와 이 거룩한 공동체에 속한 지체들이 한 해 동안의 생활 속에서 베풀어 주신 복을 누리게 하시옵소서. 때마다, 일마다 간섭하시고 가장 좋은 것으로 만족하게 하신 은혜로 감사의 삶을 살게 하시옵소서.
  감사의 예배로 말미암아 실망과 근심으로 좌절에 빠진 사람들은 용기를 갖게 하시옵소서. 그리고 육신적으로 연약한 사람들에게 치유의 은혜를 입게 하시옵소서.
  익은 곡식을 보게 해주신 예수님의 이름으로 기도드립니다. 아멘.

추수감사절_2 † 신 16:13

틀의 소출을 거두어들인 후에

영화로우신 하나님,

추수감사절에 하나님의 은총을 사모하는 지체들을 축복합니다. ○○ 교회와 이 거룩한 공동체에 속한 지체들이 한 해 동안의 생활 속에서 베풀어 주신 복을 누리는 자들로 삼아주시옵소서. 저희들이 살아가고 있음은 하나님의 은혜입니다.

하나님의 종으로 구별되신 목사님을 저희들에게 주심에 감사드립니다. 담임 목사님을 붙드셔서 ○○ 교회의 권속에게 하나님의 말씀을 전하게 하옵소서. 종의 입술을 통해서 전해지는 말씀을 사모하도록 인도해 주시옵소서. 오늘의 말씀이 저희들의 심령을 새롭게 하여 추수하는 즐거움을 누리는 삶을 사는 결단이 되게 하시옵소서.

○○ 성가대원들이 예배하는 회중을 대표해서 하나님의 영광을 찬양하게 하옵소서. 귀한 지체들이 몸을 드려 준비한 찬양이 이 자리를 하나님의 영광으로 가득하게 하시옵소서. 거룩한 예배로 오직 하나님께 영광이 되고, 마귀가 틈을 타지 않게 하옵소서.

지금, 복된 예배로 실망과 근심으로 좌절에 빠진 지체들은 용기를 갖게 하시옵소서. 그리고 육신적으로 연약한 사람들에게 치유의 은혜를 입게 하옵소서. 때마다, 일마다 간섭하시고 가장 좋은 것으로 만족하게 하신 은혜로 감사의 삶을 살게 하시옵소서.

수확의 희락을 주시는 예수님의 이름으로 기도드립니다. 아멘.

대림절_1 † 사 11:1

이새의 줄기에서 한 싹이 나며

구원을 약속해주신 하나님,
 여호와의 이름을 높여드립니다. 죄인들의 구원을 위해서 메시야를 보내 주신 여호와의 이름을 송축합니다. 사람의 몸을 입으신 하나님의 아들이 오심으로써 흑암에 있던 이들이 큰 빛을 보게 되었으니, 하나님의 이름을 높이는 예배를 드리게 하시옵소서.
 하나님께서 영광으로 임재하사 이 예배를 영화롭게 하시고, 하나님만이 만물의 주 되심을 선포하게 하시옵소서. 저희들을 부르셔서 대림절에 영광을 드리게 하심을 즐거워합니다.
 보혈의 피로 구속함을 입은 하나님의 자녀들에게 대림절의 은혜를 내려 주시옵소서. 목사님께서 진리의 말씀으로 저희들을 인도하실 때, 영안이 열려서 우리를 구원할 메시야를 보게 하시옵소서. 그리고 ○○ 성가대의 찬송으로 하나님의 영광이 예배당 안에 가득하게 하시옵소서. 예배위원들로 하여금 봉사하도록 하셨으니 감사드립니다. 오직 하나님을 영화롭게 해드리는 순서로 예배가 진행되게 하시옵소서.
 이 한 시간의 예배로, 죄를 범한 우리 인간에게 구원의 왕으로, 기쁨의 존재로 찾아 오셨던 아기 예수님께 합당한 영광을 드리게 하시옵소서. 들에서 양을 치던 목자들이 기뻐하며 아기 예수께 달려가서 경배했던 그날이 오늘이기 원합니다.
 죄악에서 건져주시는 예수님의 이름으로 기도드립니다. 아멘.

대림절_2 † 미 5:2

네게서 내게로 나올 것이라

영광의 시간을 주시는 하나님,
하나님께서 구원을 약속해주시고, 이 백성에게 언약의 성취를 기다리게 하셨습니다. 저희들은 이미 임마누엘로 오신 주님을 기뻐하며 아기 예수님께서 나신 날을 기다립니다. 죽음과 멸망의 어두움에 있던 인류에게 소망의 빛을 비추어주신 하나님을 바라보게 하시옵소서.
성탄절을 기다리는 저희들에게 여호와를 소망하게 하시옵소서. 거리마다 성탄절을 기다리는 축제의 분위기는 있으나 진정 마음에 왕으로 예수님을 모시지 못한 죄를 고백합니다. 성탄절의 기쁨이 우리의 것이 되지 않게 하옵소서. 주께 패역한 어리석음을 용서해주시옵소서.
하나님의 약속은 변함이 없으심에 찬송을 하며 영광을 드리게 하시옵소서. 그 옛날, 베들레헴에 한 아기가 우리에게 났음을 즐거워하여 예배하는 저희들에게 은혜와 진리로 충만하기를 소원합니다. 베들레헴에서 나신 예수님을 기뻐하게 하시옵소서.
대림절에 천국의 백성을 위해서 말씀을 준비해주셨음에 감사드립니다. 말씀을 전하실 목사님께 말씀의 영력을 더하여 주시옵소서. 그 말씀으로 예수님을 찬양하게 하시옵소서. 예배하러 나오기를 기다리면서 준비한 예물을 감사함으로 드리게 하시옵소서.
우리를 위해 오신 예수님의 이름으로 기도드립니다. 아멘.

성서 주일_1 † 렘 34:12

여호와의 말씀이 여호와께로부터

말씀을 이루어주시는 하나님,
언약의 말씀대로 이루어 주시는 참 좋으신 하나님을 찬양합니다. 생명의 말씀으로 영원히 살게 된 ○○교회의 권속들이 성서 주일을 기념하여 예배드리고자 머리를 숙였습니다.
여기에 모인 저희들 모두에게 생명의 말씀을 밝히는 일에 헌신할 것을 다짐하게 하시옵소서. 이로써 복음에 나타난 의를 모든 사람들에게 알게 하는데 헌신하게 하시옵소서.
세계를 사랑하시는 하나님의 마음이 성경에서 나타나기를 소망합니다. 아직까지도 복음이 전해지지 않은 이들에게 성경이 반포되어서 자기들의 말로 하나님의 사랑을 듣게 하시옵소서.
오늘, ○○의 지체들은 성경의 반포사업을 위해 특별히 헌금을 마련했습니다. 이 작은 헌신으로, 한 부족의 성경이 더 만들어지기 원합니다. 아직도 복음이 전파되지 않은 부족을 위한 성경이 만들어 주시옵소서. 이로써 한 권의 성경이 생명을 얻게 하는 복음이 되게 하시옵소서.
생명의 복음을 한 사람에게라도 더 전달하려고 부름을 받은 이들이 있습니다. 성경의 보급을 위하여 번역으로 수고하는 종들을 기억해주시옵소서. 말은 있으나, 글이 없는 이들을 위해서 글을 만들고 성경을 번역하는 사역이 완수되어 성경이 만방에 전해지게 하시옵소서.
구원을 약속해주신 예수님의 이름으로 기도드립니다. 아멘.

성서 주일_2 † 행 6:7

하나님의 말씀이 점점 왕성하여

　땅 끝에까지 복음을 전하시는 하나님,
　언약하신 말씀대로 이루어 주시는 참 좋으신 하나님을 찬양합니다. 생명의 말씀으로 영원히 살게 된 저희들, 성서 주일을 기념하여 예배드리고자 머리를 숙였습니다.
　이 시간에, 여기에 모인 저희들 모두에게 생명의 말씀을 밝히는 일에 헌신할 것을 다짐하게 하소서. 이 땅에 복음이 들어 올 때 성경을 주셨던 것처럼, 또 다른 이들에게 성경을 주는 일에 관심을 기울이게 하시옵소서. 복음에 나타난 의를 모든 사람들에게 알게 하여 그들이 믿고 구원함에 이르도록 하는데 헌신하는 종들로 삼아주시옵소서.
　세계를 사랑하시는 하나님의 마음이 성경에서 나타나기를 소망합니다. 이 지구상에는 오늘도 2억이 넘는 이들이 약 6천 여 곳의 방언으로 말을 하고 있습니다. 하나님의 말씀이 모든 민족에게, 그들의 말로 전해지기 원합니다.
　저희들은 여러 가지로 부족시만 성서공회를 허락하신 하나님의 뜻에 순종하여, 성서의 보급사업을 위해 기도하기 원합니다. 아직까지도 복음이 전해지지 않은 부족들에게도 성경과 함께 생명의 말씀이 선포되기 원합니다. 성경이 반포되어서 어떤 사람이든지, 자기들의 말로 하나님의 사랑을 듣게 하시옵소서.
　영생의 말씀이신 예수님의 이름으로 기도드립니다. 아멘.

성탄절_1 † 눅 2:11

너희를 위하여 구주가 나셨으니

메시야를 보내주신 하나님,
　성탄절의 거룩한 아침에, 영화로우신 그 이름을 영원히 찬송하기 위하여 머리를 숙였습니다. 찬양을 드리며 경배를 드리게 하시옵소서. 하나님께서 사람의 모습을 갖고 이 땅에 오신 기쁨을 서로 나누면서 예배로 영광을 드리게 하시옵소서.
　하늘의 보좌를 버리고 죄인들의 세상에 오신 예수님께 감사드립니다. 저희들을 위한 구세주가 오셨으니 기쁨으로 예배하게 하시옵소서. 주님의 오심으로 죄와 저주 그리고 멸망, 사탄의 권세로부터 벗어나게 하셨으니 찬미를 드리는 예배를 받으시옵소서.
　강단에서 생명의 말씀을 주실 목사님께 성령님과 지혜에 충만하게 하시옵소서. 예배를 위하여 ○○성가대원들을 준비시키셨음에 감사드립니다. 하나님 앞에서 찬송을 맡은 이들이 벅찬 감격으로 찬양을 부르게 하시고, 저희들은 예배하려는 마음이 더욱 간절해지게 하옵소서. 이 시간에도 영광스러운 예배를 위해 여러 모양으로 수종을 드는 종들에게 복을 내려 주시옵소서.
　오늘, 예배를 드리면서 성도들에게 사람이 되신 하나님을 보게 해 주시옵소서. 하나님의 아들이 저희들에게 오셨음에 감사하며 하늘의 하나님께 영광을 드리는 한 시간이 되게 하시옵소서.
　생명의 주, 예수님의 이름으로 기도드립니다. 아멘.

성탄절_2 † 마 1:23

그의 이름은 임마누엘이라 하리라

  임마누엘로 복을 주신 하나님,
  다시, 성탄절을 맞게 해주셨습니다. 에덴동산에서의 언약을 성취시켜 주셔서 처음 성탄을 맞이하게 하셨습니다. 그때로부터 인류에게는 해마다 성탄절이 선물이 되고 있습니다. 이 시간에, ○○의 권속에게 메시야를 기다리던 그날의 은혜를 누리게 하시옵소서. 젖먹이들로부터 어르신에게까지 베들레헴에서 나신 예수님을 기뻐하게 하시옵소서. 아기 예수님께서 떡집의 동네에서 주님이 생명의 양식이심을 보여주는 증거였습니다.
  벳새다 광야에서 배고파하는 수천 명 무리들에게 육신의 떡을 먹이시고, 디베랴 바닷가에서 고기잡이로 지친 제자들에게도 떡을 먹여 주신 주님을 기억합니다. 영생에 이르는 생명이 떡을 주시는 예수님을 찬양하게 하옵소서.
  천국의 백성을 위해서 말씀을 준비해 주셨음에 감사드립니다. 말씀을 주실 목사님께 영력을 더하여 주셔서 아기 예수님을 기뻐하며 경배하는 복된 시간이기를 원합니다. ○○ 성가대를 세우셨으니, 예수님을 구주로 믿는 무리들이 한 마음으로 하나님을 찬양하며 예배하도록 하시옵소서. 예배하러 나오기를 기다리면서 준비한 예물을 감사함으로 드리게 하시옵소서.
  임마누엘의 복을 주신 예수님의 이름으로 기도드립니다. 아멘.

송년주일_1 † 시 136:26

하늘의 하나님께 감사하라

복을 주시는 하나님,
저희들의 삶이 물댄 동산과 같이 모자람이 조금도 없게 하셨으니 감사드립니다. 오늘, 송년 주일의 예배는 주님께서 주신 그 모든 것들을 헤아려 보는 시간이기 원합니다. 이제, 새 해를 맞이하면서, 저희들도 새롭게 되어 새 해에는 새로운 모습의 삶을 다짐하게 하시옵소서.
저희들의 죄를 고백합니다. 이 자리에서 주님께서 십자가의 고난 당하셨던 아픔을 함께 느끼기 원합니다. 얼마나 수없이 주님을 십자가에 못 박는 일을 해왔던 저희들이었습니까? 용서하시옵소서.
하나님의 임마누엘로 여기까지 이르게 하셨음에 감사드립니다. 한 해의 마지막 순간까지 함께 해주셨음에 큰 영광을 드립니다. 여호와의 인자하심을 즐거워하고, 베풀어주신 기이한 일들로 말미암아 영광을 나타내는 저희들로 삼아주시옵소서.
주의 백성에게 은혜를 주시려고 목사님을 단에 세우셨음에 감사드립니다. 그의 입술을 성령님께서 주관하셔서 이 백성들이 말씀을 듣게 하옵소서. ○○ 성가대원들이 신령과 진정으로 찬양하게 하옵소서. 그들이 여호와 앞에 최상의 찬양을 드리기를 소망합니다. 오늘도 자원하는 심정을 가지고, 봉사하는 일꾼들이 있습니다. 맡은 자리에서 예배의 진행을 돕는 손길들에게 은혜를 더하여 주시옵소서.
신실하신 주, 예수님의 이름으로 기도드립니다. 아멘.

송년주일_2 † 골 3:15

너희는 또한 감사하는 자가 되라

영광의 시간을 주신 하나님,
 우주를 만드신 하나님의 위대하심을 찬양을 드립니다. 이 넓고 넓은 지구에서 한쪽 끝의 반도인 이 나라를 사랑하셔서, 복음을 듣게 하신 하나님께 찬양을 드립니다. 이 나라 어디를 가나 교회를 볼 수 있고, 교회마다 열심히 모여서 예배드리는 성도들이 있게 하셨습니다.
 지금 겸손한 마음으로 죄를 자복하는 자리가 되게 하시옵소서. 여호와의 용서해 주심을 의지하여 회개합니다. 무엇보다도 지난 한 해의 시간에 하늘의 뜻을 이루어드리는 삶을 살지 못했음에 회개합니다.
 신령과 진정으로 시작된 예배에 성령님의 역사하심이 나타나기를 소망합니다. 담임 목사님을 붙드셔서 ○○교회의 권속들에게 송년주일을 지키는 말씀을 전하게 하옵소서. 오늘의 말씀이 저희들의 심령을 새롭게 하여 부지런한 개미의 지혜로 살겠다는 결단이 되게 하시옵소서. ○○ 성가대의 아름다운 찬양이 있는 예배로 하나님께 영광을 돌리게 되며 찬송의 능력을 체험하게 하옵소서. 이 자리를 하나님의 영광으로 가득하게 하시옵소서.
 언제나 하나님께서는 사모하는 영혼을 만족하게 해주셨습니다. 주린 영혼을 좋은 것으로 채워주셨습니다. 그 은혜에 진실로 감사하여 마지막의 예배를 드리는 심정으로 경배하게 하시옵소서.
 지금까지 지내오게 해주신 예수님의 이름으로 기도드립니다.
 아멘.

송구영신_1 † 신 11:12

여호와께서 돌보아 주시는

하나님 아버지,
금년의 마지막 시간 그리고 새해를 맞아드리는 첫 시간에, 하나님을 예배하러 나왔음에 감사드립니다. 하나님의 백성이 아버지를 찾게 하셨으니 모두에게 기쁨과 감사입니다.

일 년을 하루 같이 날마다 사랑하여 주시고, 하늘의 양식으로 살아오게 하셨으니, 모든 영광을 하나님께 드리게 하시옵소서. 겸손한 마음으로 모인 ○○ 교회의 공동체가 되게 하시옵소서. 곧 새해의 첫 시간을 맞이합니다.

거룩한 시간을 맞이하기 전에, 죄를 고백하게 하시옵소서. 저희들이 낱낱이 아뢰며, 통회할 때, 용서해주심을 빕니다. 지난 12달의 시간에서 단 하루도 하나님은 변함이 없으셨건만 저희들은 그러하지 못하였습니다. 아버지께 신실함을 드리는 자녀로 살지 못하였습니다. 용서해주시옵소서. 주님의 보혈로 죄를 씻겨주시옵소서.

하나님의 자비로써 저희들 마음에 성령의 불을 붙여 주시기 원합니다. 그리하여 짧은 시간이지만 지금, 태울 것은 태우고, 쳐내어야 할 것은 쳐내도록 성령님으로 강권해주시옵소서.

연초부터 연말까지 여호와의 눈이 항상 저희들 위에 있음을 주목하게 하시옵소서. 하나님께 주목하므로 복된 시간을 준비하게 하시옵소서.

새해를 맞게 하시는 예수님의 이름으로 기도드립니다. 아멘.

송구영신_2 † 대상 16:34

그 인자하심이 영원함이로다

인생에게서 영광을 받으실 하나님,

○○의 식구들에게 시간의 정점에서 하나님을 뵙게 하시니 감사드립니다. 한 해를 살아오다가 맞이한 시간의 끝 그리고 새해를 맞이하는 첫 시간에 서게 하셨습니다. 참으로 감격할 뿐입니다.

지금, 감사의 눈물이 흘러나옵니다. 하나님의 은혜로 살아왔던 순간순간들을 어찌 말로 다 표현할까요? 그리고 새로 맞게 되는 해에도 그렇게 도와주시고, 지켜주실 하나님께 무어라 감사를 다 나타낼까요? 참으로 고맙습니다. 하나님이 저희들의 기쁨입니다.

○○의 공동체는 이 예배를 시작으로 금년 내내 여호와께 영광이 되는 교회가 되게 하시옵소서. 새 시간의 벅찬 감격으로 예배하는 저희들에게 하나님의 영으로 충만하게 하시옵소서. 성도들에게 '힘찬 한 해', '밝은 한 해', '인생이 반올림되는 한 해'가 되게 해주심을 빕니다.

오늘, 저희들은 하나님께서 새 일을 행하실 것을 기대합니다. 이제, 저희들을 위하여 계획하셨던 새 일이 나타날 것을 믿게 하시옵소서. 광야에 길이 나고, 사막에서 강물이 흐를 것을 믿습니다.

목사님께서 말씀을 전해주실 때, 새 일을 행하시는 하나님을 간절히 사모하게 하시옵소서. 그 말씀을 붙잡고 한 해를 살아가는 저희들이 되게 하시옵소서.

만세반석이 되어주신 예수님의 이름으로 기도드립니다. 아멘.

07

교회기관
헌신예배
대표기도

당회-항존직_1 † 딤후 4:11

그가 나의 일에 유익하니라

하늘과 땅을 다스리시는 하나님,

우리 ○○교회가 당회원들의 헌신으로 말미암아 부흥되고 있음에 감사드립니다. 오늘, 헌신예배를 드림으로써 당회원들을 여호와께 더욱 착한 일꾼들로 삼아주시옵소서. 존귀하신 분들이 하나님과 교회 앞에서 유익을 끼치는 종들이 되기를 다짐하고 있습니다.

기름을 부어 세워주신 종들에게 ○○의 권속들을 위하여 수고하고, 하나님의 뜻을 받들어 섬기는 일꾼이 되게 하시옵소서. 교회 안을 두루 살피고, 어려움에 처한 이들을 섬기는 구제와 봉사에도 힘쓰게 하시옵소서. 오직 성령님께 충만해서 섬기게 하시옵소서.

헌신을 새롭게 하는 당회를 위하여 하나님께서 귀하게 쓰시는 종을 보내주셨습니다. 강사로 오신 ○○○ 목사님께 말씀의 영이 충만하게 해주시기를 빕니다. 이미, 하나님의 일을 위해서 쓰임을 받으신 목사님이시라 저희 교회에도 크게 은혜를 끼쳐주실 것을 기대합니다. 세워주신 강사 목사님의 말씀으로 당회원들이 격려를 받게 하시옵소서.

교회의 안과 밖에서 주님의 일꾼 된 모습을 잘 보여줄 수 있는 일꾼들이 되기를 결단하게 하시옵소서.

당회원들이 담임 목사님께 좋은 동역자가 되어 ○○ 교회를 받들고, 교회의 사명을 자기의 일처럼 여기는 종들이 되게 하시옵소서.

참 복이 되어주시는 예수님의 이름으로 기도드립니다. 아멘.

당회-항존직_2 † 느 9:8

그의 마음이 주 앞에서 충성됨을 보시고

성령을 보내 주신 하나님,
 교회의 사역을 위해 당회를 만들어 주시니 감사드립니다. 당회원으로 부름을 받은 장로님들의 기도와 헌신을 통해 ○○교회가 하나님께 영광이 되고 있음을 믿습니다. 여호와 앞에서 존귀한 자로 쓰여 지게 하시니 감사드립니다.
 목사님께서 교회를 위하여 기도하시고, 말씀을 전하시도록 당회를 세워주셨으니 하늘나라의 일을 담당하도록 협력하게 하시옵소서. 하나님의 나라를 위하여, 교회를 위하여 특별히 구별되신 종들에게 은혜와 진리로 충만함을 경험하는 헌신예배의 시간이 되게 하시옵소서.
 당회원들이 기쁨으로 교회를 섬기기 원합니다. 저희들은 늘 그분들이 하나님께 충성을 다하는 일꾼들이 되도록 기도하게 하시옵소서. 오늘도 성령님께서, 그들의 마음을 다스리시고, 어떤 명예를 위한 제직이 되지 않도록 도와주시옵소서.
 사랑하는 장로님들의 심령을 성령님께서 주관하사, 그 성령의 이끄시는 대로 생각하게 하시고, 성령님이 인도하시는 입술로 말을 하게 하시옵소서. 마음을 드려 간절히 기도드리니 믿음과 성령님이 충만한 제직회가 되어서, 교회를 부흥시키게 하시옵소서.
 이 모든 말씀을 예수님의 이름으로 기도드립니다. 아멘.

제직회_1 † 골 1:29

소망의 수고로 말미암아

살아계신 주 여호와여,
주일을 구별하여 종일을 찬송과 기도로 보낸 지체들이 다시 머리를 숙였습니다. 영화로운 시간에, 하나님의 은총을 받고 있는 주님의 자녀들이 모였습니다. 오늘은 제직회 헌신예배를 드리려 합니다.
금년에도 ○○ 교회를 위하여 제직들을 세워주시고, 헌신예배를 드리게 하셨음에 감사드립니다. 이 복된 밤에, 산 제물로 저희를 드리고자 하니 하늘의 하나님께 영광을 바치게 하시옵소서.
저희들 자신을 돌아볼 때, 부끄럽기 그지없습니다. 가정의 사정과 직장의 일 등으로 핑계를 가지고, 하나님의 일에 열심을 다하지 못했음을 용서해주시옵소서.
헌신을 다짐하여 감사로 예배하는 이 시간에, 은혜를 내려 주시옵소서. 말씀을 전해주시기 위해서 강단에 오르신 목사님께 영력을 더해 주시옵소서. 말씀에 권고를 받아, 제직들은 하나님을 공경했던 루디아를 닮기 원합니다. 그래서 목사님을 돕는 종들이 되게 하시옵소서.
주님의 몸이 된 교회, 하나님의 나라의 일을 섬기라고 직분을 맡기셨으니 최선을 다하게 하시옵소서. 믿음으로 봉사하는 제직들이 되게 하시고, 그들의 소망의 수고로 말미암아, 사랑이 가득한 교회가 되게 하심을 믿습니다.
일꾼을 세우시는 예수님의 이름으로 기도드립니다. 아멘.

제직회_2 † 행 6:3

쓰임을 받는 종들이기를

　흥왕하게 하시는 여호와여,
　하나님의 영광이 이 자리에 있는 것을 보고 엎드려 경배합니다. 성전을 통해서 주의 백성들과 함께 하시는 하나님의 선하심을 찬양합니다. 이 저녁에도 인자하심이 영원하심에 대하여 경배를 드립니다.
　저희들의 악함을 회개합니다. 죄 사함의 은총을 내려주시옵소서. 겉으로 드러나지는 않으나 마음에 품은 죄악을 용서해주시옵소서. 예배를 드릴 때 뿐, 언제나 순종에 부족한 저희들이었습니다. 예배를 시작하면서 하나님 은혜와 사랑으로 죄를 씻음을 받게 하시옵소서.
　거룩한 날에 하나님의 사랑을 입은 주님의 권속들이 모였습니다. 지금은 제직회의 헌신예배로 다시 한 번 머리를 숙였으니, 오직 하늘의 하나님께 영광을 드리게 하시옵소서. 성도들의 마음을 열어주시고, 그 입술이 하늘을 향하여 열리게 하옵소서.
　제직들이 새롭게 하나님 앞에서 헌신을 다짐하는 시간에 격려의 말씀을 들으려 합니다. 말씀을 전해 주시려고 ○○○ 목사님을 저희 교회에 보내주셨음에 감사드립니다. 하나님의 사자를 통하여 저희 교회와 제직들에게 꼭 필요한 메시지가 선포되기를 소망합니다. 예배를 위하여 성가대를 세워주셨으니 귀한 지체들이 주님의 이름을 영화롭게 해드리게 하시옵소서.
　영광과 존귀의 주, 예수님의 이름으로 기도드립니다. 아멘.

남전도회_1 † 고전 10:31

하나님의 영광을 찾는 일꾼들

하늘에 계신 아버지,
지금, ○○ 교회의 남전도회원들이 여호와께 마음을 바칩니다. 이 예배로 말미암아 하나님의 영광을 찾으려는 소원이 뜨겁게 하시옵소서. 먼저, 저희들을 받아 주시옵소서.

회원들은 하나가 되어, 주님께로부터 받은 바의 사명을 감당하려는 소원에 불타는 심령들이 되게 하시옵소서. 교회의 한 지체들이 하나님의 동역자로 섬기기 위한 다짐을 하려 합니다.

오늘의 헌신예배가 하나님께는 큰 영광을 돌리며 저희들에게는 한없는 은혜가 되게 하시옵소서. 이로써 복음의 역군들에게 성령님의 능력과 지혜와 명철이 내려지는 은혜를 보게 하시옵소서.

저희들에게 생명의 말씀을 전해 주시는 목사님을 강건하게 하시옵소서. 귀한 종의 입술을 통해서 남전도회원들에게 소망을 갖게 하시고, ○○ 교회를 살리는 말씀이 전해지게 하시옵소서.

귀한 종들을 축복합니다. 오늘의 예배로 헌신을 새롭게 하는 ○○ 남전도회 회원들이 더욱 큰 힘을 얻게 하옵소서. 노령의 나이에도 불구하고, 물러서지 않았던 갈렙의 은혜를 주시옵소서.

주님의 교회에서 연장자들의 모범적인 헌신으로 봉사하는 ○○ 남전도회로 만들어 주실 것을 믿으면서 예수님의 이름으로 기도드립니다. 아멘.

남전도회_2 † 행 11:23-24

교회를 든든히 하는 종들

큰 무리를 더하시는 하나님,
 이 시간에, 저희들이 굽혀 경배합니다. 저희의 생명을 지으신 여호와 앞에 무릎을 꿇는 예배를 드리려 합니다. 참 좋으신 하나님 아버지이신 그 이름을 영화롭게 하기 위하여 경배를 드립니다.
 주님의 사람으로 부름을 받아 섬기고 있는 ○○○ 남전도회의 헌신예배로 산 제물을 드립니다. 영원토록 감사하며 살 수 있도록 도와주시는 하나님께 감사를 드립니다. 손으로 발로, 머리로 가슴으로, 마음으로 생각으로 춤추며 주님께 영광을 드리게 하시옵소서.
 자기의 죄를 숨기는 자는 형통하지 못하나 죄를 자복하고 버리는 자는 불쌍히 여김을 받으리라 하신 말씀을 기억합니다. 다시금 다짐하오니, 죄에 대해 죽고, 의에 대해 살겠습니다. 굽어 살피셔서 헌신을 새롭게 하는 남전도회의 다짐에 은총을 더하여 주시옵소서.
 하나님이 친히 예배를 주관해주시옵소서. 순서를 담당한 이들에게 영과 진리로 임하게 하시옵소서. 오늘, 하나님의 말씀을 듣고, 단 위에 서신 목사님을 축복합니다. 하나님의 종이 들려주시는 말씀이 헌신을 다짐하는 이들이나 같이 예배하는 성도들에게 놀라운 역사를 나타내 주시기 원합니다. 성가대원들의 찬양이 하늘에 상달되고, 저희들에게는 성령님의 감동하심이 더하기 원합니다.
 마음을 받으시는 예수님의 이름으로 기도드립니다. 아멘.

여전도회_1 † 단 6:4

그가 충성되어 아무 그릇됨도 없고

보좌에 앉으신 하나님,
○○교회를 사랑하셔서, 어머니들의 모임으로 여전도회를 만들어 주심을 감사드립니다. 여전도회원들의 기도로 교회가 부흥되고, 저희 동네 사람들로부터 칭찬받는 교회가 되게 하신 은혜에 찬양을 드립니다.
우리 여전회원들이 헌신을 재 다짐하는 시간을 주셔서 감사드립니다.
사랑하는 지체들이 주님의 자녀가 된 기쁨 속에서 봉사할 일을 찾게 해 주시옵소서. 저희들의 마음을 바쳐 교회에 유익을 끼치게 하시옵소서. 저희들의 이기적인 마음을 온유한 마음으로 새롭게 하시고 정직한 성령을 허락하여 주셔서, 주님의 뜻에 어긋나지 않는 삶을 살 수 있도록 이끌어 주시옵소서.
이제, 저희들을 위하여 말씀을 듣고 단에 서신 목사님께 은혜와 역사를 더하시옵소서. 저희들에게 말씀을 주시려고 이곳으로 오셨으니, 하늘의 문이 열리는 역사를 보게 하시옵소서. 큰 능력으로 붙드셔서 신리와 은혜로 인도하시도록 도와주시기를 원합니다.
○○○ 여전도회를 성삼위 하나님의 이름으로 축복합니다. 이 예배를 시작으로 ○○○ 여전도회가 교회의 기둥답게 여러 모습으로 섬기기를 충성하게 하시옵소서. 복음을 드러내는 교회로서의 사명을 다하기에 부족함이 없도록 도와주시기 바랍니다.
예배 중에 계시는 예수님의 이름으로 기도드립니다. 아멘.

여전도회_2 † 벧전 4:10

교회를 세우는 지혜로운 배필들

인생의 주인이신 하나님,

하나님 앞에서 일꾼이요, 교회 앞에서 돕는 자로서 부름을 받은 여전도회의 지체들이 헌신예배로 나아갑니다. 여호와께만 영광이 되기를 소망하는 이들이 자신을 제물로 드리니 받아 주시옵소서.

지금, 우리 ○○ 교회의 여전도회가 헌신을 다짐할 때, 성도들도 함께 하였습니다. 헌신을 약속하는 지체들을 격려하고, 함께 하나님께 제물이 되어 드리기를 원할 때, 은혜를 내려 주시옵소서.

이 시간의 예배를 통해서 저희들에게 큰 도전이 되게 하시옵소서. 봉사를 원하는 회원들에게 성령님의 충만한 능력과 뜨겁게 신앙을 고백하는 은혜가 내려지게 하시옵소서.

복된 예배에서 말씀을 선포하시는 목사님, 기도하는 성도들에게 주님의 역사를 나타내 주소서. 성가대원들이 찬양을 드리려고 세워졌음을 즐거워합니다. 영광의 찬양을 부르게 하시고, 헌신을 각오하는 ○○○ 여전도회 회원들이 아멘으로 응답하는 복을 누리게 하시옵소서.

귀한 지체들이 많은 열매 맺게 해 주심을 빕니다. 저들이 각 가정에서 살림을 할 때도 슬기로움과 지혜로 규모 있는 생활인이 되게 하시옵소서. 이제, 지체들에게 성령님으로 충만하게 하시고, 하나님의 나라 확장을 위해서 사용되어지는 ○○○ 여전도회로 삼아주시옵소서.

우리를 구속하신 이름, 예수님의 이름으로 기도드립니다. 아멘.

청장년회_1 † 시 109:30

여호와께 크게 사용되는 은혜

만유의 주 하나님,

하나님의 나라와 교회를 위하여 청장년회를 세워주셨습니다. 여호와께 드려지기를 결단하는 청장년의 지체들을 축복합니다. 헌신예배를 드릴 때, 저들을 산 제물로 받아 주시옵소서. 몸과 마음을 다하여, 하나님을 기쁘시게 하는 삶을 결단하게 하시옵소서.

이미 하나님께 드려져서 살아가는 청장년 지체들이 헌신을 재결심을 합니다. 하나님의 도구로 살아가기를 소망하는 지체들에게 복을 더해주시옵소서. 청장년회 회원들 각자에게 주신 사명과 맡겨주신 직업에 땀을 흘려 봉사하게 하시옵소서.

저들의 인생을 받으시고, 하나님의 뜻이 이루어지기 위하여 사용해 주시옵소서. ○○교회에서 주님의 일이 성취되는 일에 크게 사용되는 영광을 주시옵소서.

오늘, 헌신예배의 은혜로 저들을 새롭게 하여 할 일이 많은 역사의 현장으로 보내 주시옵소서. 강단에서 선포되는 말씀을 받고, 거룩한 삶에 도전하는 청장년들이 되게 하시옵소서.

헌신을 다짐하는 회원들을 축복합니다. 몸을 드려 헌신할 때마다 저들의 심령 속에 주님 사랑하는 기쁨이 충만하게 하시옵소서. 충성을 바쳐서 성령님의 권능으로 쓰임을 받는 종들로 삼아주시옵소서.

엎드리게 하시는 예수님의 이름으로 기도드립니다. 아멘.

청장년회_2 † 딤후 2:21

부름을 받은 지체들의 헌신

끝까지 사랑하시는 하나님,

태초에 세상을 지으신 그때부터 오늘에 이르기까지 우주만물을 다스리시고, 연약한 인생을 보호하여 주심에 찬양과 경배를 드립니다. 이스라엘의 구속자에게 영광을 드립니다.

주님께 기도하며 자복할 수 있는 은혜를 원합니다. 저희들이 지은 모든 죄를 고백하고 뉘우치오니 용서해주시옵소서. 저희들이 주님의 마음을 닮지 못하고 허영과 시기와 미움으로 살아왔으니, 고쳐주시기 원합니다. 사유하시는 은혜로 거듭나는 밤이 되기 원합니다.

영화로운 시간에 하나님의 은총을 받고 있는 주님의 자녀들이 모였습니다. 이 복된 밤에, 청장년회의 헌신예배로 모여 산 제물로 저희를 드리고자 하니 하늘의 하나님께 영광을 바치게 하시옵소서.

오늘 예배에서 은혜와 진리의 말씀을 전해주시려고 ○○○ 목사님을 단에 세워주셨음에 감사드립니다. 이 시간에 전해주시는 말씀이 하나님께 영광을 드리고, 청장년회 회원들에게는 크게 은혜를 끼치는 말씀이기를 소망합니다.

부름을 받은 지체들의 헌신으로 교회는 더욱 부흥되기를 소망합니다. 그들이 모든 성도들 앞에서 주님께의 헌신을 새롭게 하고, 교회의 유익을 위하여 쓰이기를 다짐하는 삶이 복이 되게 하시옵소서.

귀한 보배가 되시는 예수님의 이름으로 기도드립니다. 아멘.

구역장·셀 리더_1 † 고전 7:25
충성스러운 자가 된

은혜를 주시는 여호와여,

주일의 시간을 성전에서 보내고, 황혼의 시간을 맞이하게 하시니 감사드립니다. 찬양예배 시간인 이 저녁에는 저희 구역장(셀 리더)들이 헌신예배를 드릴 수 있도록 불러 모아 주신 은혜를 감사드립니다.

지난해에도 게으름과 핑계 사업과 가정에 대한 핑계로 주님 앞에서 충성을 다하지 못하고 주의 일을 성실히 하지 못한 저희들이온데 책망하지 않으시고, 금년에 또다시 직분을 맡겨 주시니 감사드립니다.

주님의 몸 된 교회를 위하여 죽도록 충성하라고 구역장의 직분을 주셨으니 감격할 뿐입니다. 이제껏 게을렀던 저희들을 용서해주시고, 주님께서 주신 귀한 직분을 잘 감당하도록 하시옵소서.

오늘, 헌신예배의 순서에 성령의 능력으로 함께 해주시옵소서. 이 시간에, 찬양을 준비했습니다. 하나님께 입술로만 드리는 찬양이 되지 않게 하시고, 중심을 드리게 하시옵소서. 이 시간을 위하여 강사 목사님을 모시게 해주셨습니다. 강시 목시님께서 섬기시는 교회 위에도 성령이 함께 하셔서 그곳에서도 영혼을 뒤흔들어 깨우는 은혜의 밤이 되게 하시옵소서.

구역장의 섬김을 통해서 성도들을 온전하게 세워주시고, 흠이 없는 하나님의 사람으로 세워주시옵소서.

자기 백성에게 항상 계신 예수님의 이름으로 기도드립니다. 아멘.

구역장 · 셀 리더_2 † 대하 32:1

이 모든 충성된 일을 한 후에

하늘에 계신 아버지여,

하늘로부터 은혜가 내리는 시간에 천국을 사모하는 거룩한 자녀들이 모였습니다. 주님의 성소에서 하나님을 찬양하며, 그의 권능의 궁창에서 그를 찬양합니다. 하루를 복스럽게 지내게 하시고, 육신의 안식을 주신 그 은총을 묵상하며 구역장 헌신예배에 임하게 하시옵소서.

구역장 헌신예배로 머리를 숙이니 저희들의 죄를 떨쳐 버릴 수 없어 용서를 구합니다. 하나님의 양떼를 맡은 자로서 빛이요, 소금이 되어야 하지 못하였음을 용서해 주시옵소서. 육신이 연약하고 믿음이 부족하다는 핑계로 주님의 말씀대로 살지 못하였음을 회개합니다.

예배의 순서에 따라 목사님께서 말씀을 전하실 때, 큰 위로와 능력이 덧입혀지기를 소망합니다. 하늘에서 쏟아지는 폭포수와 같은 말씀으로 강한 용사가 되게 하시옵소서.

구역장들이 충성을 다하여 사명을 감당하는 힘을 누리기 원합니다. 그들의 헌신이 교회로 하여금 빛과 소금이 되라 하신 주님의 뜻대로 봉사하는 공동체가 되게 하시옵소서. 그리하여 악을 물리치고 하나님을 기쁘시게 하는 것을 사모하는 주님의 몸이 되기 원합니다.

구역장들을 축복합니다. 위로부터 내려주시는 은총으로 승리하는 종들이 되게 하시옵소서.

세상의 임금이신 예수님의 이름으로 기도드립니다. 아멘.

성가대_1 † 대상 29:13

교회의 예배를 위해서

    시온에서 복을 주시는 하나님,
    찬양사역에 부름을 받은 종들이 헌신을 다짐하게 해 주심에 감사드립니다. 이 시간의 예배로 말미암아 저들에게 성가대원으로서의 섬기는 일이 무릎으로 하는 것임을 깨닫게 하시옵소서.
    귀한 지체들이 여호와께 봉사하는 동안에, 어떤 경우에도 주일을 범하는 일이 없게 해 주심을 빕니다. 하나님의 은혜로 주일을 성수하는 것에 모범이 되게 하시옵소서. 생명의 구주가 되시는 예수님을 찬양하고, 하나님을 영화롭게 해드리는 교회에 은혜를 더하옵소서.
    오늘도 강단에 세워주신 강사 목사님을 성령의 능력으로 붙들어 주시옵소서. 하나님께서 ○○ 교회의 성가부원들에게 하실 말씀을 남김이 없이 전하는 은혜를 보게 하시옵소서.
    주님의 귀한 말씀을 듣는 저희들이 주님의 음성을 듣는 시간이 되게 하여 주시옵소서. 하나님의 말씀에 도전을 받아 다시 한 번 결단할 수 있는 이 밤이 되게 하여 주시옵소서.
    오늘, 새로운 마음으로 헌신을 약속한 ○○○ 성가대로 말미암아 크게 영광된 교회가 되기를 소망합니다. 그들의 찬양으로 성도들의 심령이 은혜의 단비로 늘 적셔지게 하시옵소서. 그리고 그들과 똑같은 마음으로 예배하는 성도들이 되게 하시기를 원합니다.
    존귀하신 주, 예수님의 이름으로 기도드립니다. 아멘.

성가대_2 † 사 43:21

하늘에 영광을 선포하는

자비로우신 하나님,

이 좋은 시간에, ○○○ 성가대원들이 헌신을 다짐하는 예배를 드립니다. 하나님 앞에서 아름다운 직분을 받은 그들을 복스럽게 하옵소서. 그동안에도 교회에 은혜를 끼치고 그 헌신이 아름다웠으나 오늘의 예배로 ○○○ 성가대원들이 새로워지게 하옵소서.

이 시간에, 용서해주시기를 기다리시는 주님의 품에 죄악을 내려놓습니다. 주님의 영광을 위하여 저희들의 모든 것으로 섬긴다 하면서도 게으름과 나태함으로 지내온 모습을 볼 때, 회개합니다. 추한 모습을 갖고 있으면서도 회를 칠한 무덤처럼 살아온 죄를 용서해 주시옵소서.

이 예배를 위하여 목사님을 보내 주시고, 말씀을 전하게 하심에 즐거워합니다. 존경하는 목사님의 입술에서 하나님의 말씀이 떨어지게 하시고, 그 말씀 한 절, 한 절을 받을 때, 저희들에게 벅찬 감격이 있기를 소망합니다.

○○○ 성가대를 축복합니다. 내장을 비롯해서 보는 대원늘에게 은혜와 진리로 충만하게 하시옵소서. 부족한 입술로 그들을 위하여 기도드립니다. 오직 주님께서 성가대의 감독이 되어 주시고, 성령님께서 거룩한 지체들을 인도하셔서 찬양의 직무를 정성껏 섬기게 하시옵소서. 하나님의 나라에 영광을 드리는 ○○○ 성가대로 삼아 주시옵소서.

일꾼을 세워주시는 예수님의 이름으로 기도드립니다. 아멘.

예배위원회_1 † 벧전 5:3

항상 모범이 되는 일꾼들

임마누엘의 하나님,
이 교회를 위하여 선택을 받은 예배위원회 지체들을 축복합니다. 귀한 지체들이 헌신을 결단하니, 이 예배로 말미암아 몸과 마음을 드리게 하시옵소서.
예배위원회의 사역에 헌신해서 교회를 아름답게 하는 일에 성령님의 인도하심이 강력하시기를 빕니다. 교회의 일에 동참하고 힘쓸 수 있는 지체들이 되게 하시옵소서. 저들이 하나님의 일에 최선을 다하도록 가정과 일터마다 풍성함이 있게 하시옵소서.
여호와께 존귀한 지체들이 교회를 섬길 때, 하늘로부터 내리시는 은사를 더하여 주시옵소서. 귀한 일꾼들이 주님의 교회를 섬기고, 예배의 사역에 수종을 들 때, 부족함이 없게 하시옵소서.
교회의 예배하는 일에 앞장서서 헌신하게 하시며, 항상 모범이 되는 일꾼들이 되기를 원합니다. 이로써 제직회 안의 여러 지체들에게 도전이 되는 지체들로 삼아 주시옵소서.
하나님의 말씀을 주시려고 강사 목사님을 보내주신 하나님을 찬양합니다. 이 예배의 시간을 위해서 말씀이 준비된 줄로 믿으니, 저희들이 평생에 듣던 말씀 중에 가장 기억될 말씀이게 하시옵소서. 목사님께서 복된 말씀을 전해주실 때, 축복과 위로가 되게 하시옵소서.
하늘 위에 계신 예수님의 이름으로 기도드립니다. 아멘.

예배위원회_2 † 눅 19:17

주인이 이르되 잘하였다 착한 종이여

만물을 다스리시는 하나님,

예배위원회 지체들이 하나님의 사랑에 응답하여 헌신하기를 결단하게 하시니 감사드립니다. 여호와 앞에서 존귀한 지체들이 주님의 교회를 위하여 레위의 직분을 감당하기 원합니다. 믿음으로 감당하시는 일꾼들이 되도록 이끌어 주시옵소서.

사랑하는 지체들이 주 안에서 섬김으로 봉사할 때, 혹시 알아주는 사람 없이, 드러나는 일 없이 수고하는 그들을 주님의 격려해 주시옵소서. 예배위원회 지체들이 소금과 빛 된 사명으로 섬기도록 인도해 주시옵소서. 그분들이 모여서 일을 하실 때, 사랑이 넘쳐나는 사귐을 나눌 수 있게 하시옵소서.

말씀을 준비하신 목사님께 성령님의 충만하심이 더하시기를 소망합니다. 말씀에 기름을 부어 주시옵소서. 자기 백성을 돌아보시는 주님의 사랑이 말씀을 통해서 생명의 메시지로 들려지게 하시옵소서. 오늘 헌신을 다짐하는 지체들에게 크게 격려가 되는 메시지이기를 원합니다.

하나님께서 세우시고 축복하시는 우리 교회 위에 항상 하나님의 은혜로 함께 하시어 기쁨과 찬양이 넘치는, 하나님이 보시기에 심히 좋은 교회, 사람들이 보기에 모든 아름다움으로 본이 되는 교회로 섬김과 나눔이 있는, 상식이 통하는 교회로 인도해주시옵소서.

엎드려 경배하게 하시는 예수님의 이름으로 기도드립니다. 아멘.

선교위원회_1 † 대상 16:23-24

복음의 전파를 위해 드리는 은혜를

선포하시는 하나님,
　예배하러 모인 저희들로 주께 영원히 감사하게 해주시옵소서. 이 밤에는 하나님을 사랑하고 교회를 위하여 충성을 다하려는 선교위원회의 헌신예배로 영광을 드리려 합니다.
　이 시간에, 저희들을 돌아볼 때, 부끄럽습니다. 복음의 전파가 저희들의 일이라 하였으면서도 선교에 가진 것을 다 드리지 못한 죄인의 손을 봅니다. 복음의 전파를 위해 수고하기를 인색했던 죄를 용서해 주시옵소서.
　예배를 위하여 ○○○ 목사님을 보내 주셨음에 감사드립니다. 오늘 밤에, 예비 된 종의 입술을 통해서 진리의 말씀을 듣고 새로워짐의 은혜를 보게 하시옵소서. ○○○ 목사님께서 섬기시는 교회에도 은총이 더하기를 간절히 원합니다. 주님께서 성가대원들을 이 밤에도 세우셨으니, 거룩한 찬양, 기도로 불리어지는 찬양, 몸이 드려지는 찬양을 하게 하시옵소서. 그 찬양의 은혜가 선교를 위한 헌신에 격려가 되게 하시옵소서.
　주님의 명령에 따라 땅 끝에까지 복음이 전파되는 일에 헌신하는 선교위원회의 지체들에게 복스러운 예배가 되기를 소망합니다. 그들이 선교에 헌신할 때, 하늘의 문이 열려져 신령한 복을 누리기 원합니다.
　마음을 드리게 하시는 예수님의 이름으로 기도드립니다. 아멘.

선교위원회_2 † 수 14:8

여호와께 충성하였으므로

인자하심이 영원하신 주여,

하나님께서 우리 교회에 선교의 사명을 허락해주시고, 이 일을 받들어 섬기던 종들이 이 밤에, 헌신을 새롭게 다짐하게 하시니 감사드립니다. 선교로 말미암은 영광은 오직 하나님의 것이 되기를 소원합니다. 찬양과 영광을 받으시옵소서.

이제, 생명을 살리는 일을 감당하기 위해서 복음을 들고 땅 끝으로까지 달려가고, 먼 섬에 전파하려는 소망을 품고 기도하는 지체들을 구별해주셨음에 감사드립니다. 이 지상에는 아직도 복음이 전해지지 않고, 사탄의 지배 아래 놓여 있는 사람들이 많이 있습니다. 그들에게 주님의 사랑을 전해야 하는 비전을 허락해주시옵소서. 불쌍한 영혼들에게 사랑의 주님이 전해시노록 선교의 눈을 열어 주시옵소서.

거룩한 시간에 하나님의 말씀으로 저희들을 심령을 새롭게 해주시옵소서. 오늘을 위하여 준비된 종을 저희 교회에 보내주셨으니 감사드립니다. 강사 목사님께서 섬기시는 교회에도 이 시간에, 동일한 은혜를 부어 주시옵소서.

강사 목사님의 입을 성령님의 능력으로 붙들어 주시옵소서. 주님의 말씀을 사랑하여 간절한 마음으로 듣게 하시고, 진리를 배워 보화를 지니게 하시옵소서. 선교위원회에 성령님으로 충만케 하시옵소서.

겸손히 서게 해주시는 예수님의 이름으로 기도드립니다. 아멘.

구제위원회_1 † 신 10:18-19

어려운 이들을 돌아보게

　인생을 도우시는 주여,
　하늘의 위로를 받은 날에 하나님의 사랑을 입은 ○○ 교회의 성도들이 모였습니다. 주일을 복 되게 하신 하나님께 나아오게 하시니 감사로 찬양을 올려드리게 하시옵소서.
　주님 앞에 정한 시간에 모여 찬양으로 영광을 드리는 지금은 구제를 위한 헌신예배로 머리를 숙였습니다. 먼저, 구제를 담당하고 있는 종들에게 은혜를 더하셔서 그들 자신이 헌신되게 하옵소서.
　고의적으로 교만에 빠져 예배할 사람으로 살지 않았음을 회개합니다. 이웃을 내 몸과 같이 사랑해야 했건만 그렇게 하지 못 하였음을 용서하옵소서. 목마른 자들에게 냉수 한 그릇의 공궤를 하지 못 하고 자신의 주머니만을 붙들고 살아온 죄를 용서해주시옵소서.
　이 시간에, 함께 구제 헌신예배를 드리는 성도들을 축복합니다. 여호와 앞에서 헌신을 다짐하는 아름다움이 경험되게 하시옵소서.
　목사님께서 말씀을 전하시기 위해 단에 오르셨으니, 그 말씀이 능력이 있어서 ○○○ 여전도회 회원들이 하늘의 힘을 얻게 하시옵소서. 예배의 순서를 주님께서 다스리시고, 영화롭게 하시옵소서.
　저희 교회가 하나님의 손이 되어 섬김의 사역을 다할 때, 성도들에게 풍성케 하시는 역사와 부요하게 하시는 은혜가 임할 것을 믿습니다.
　능력과 권세로 다스리시는 예수님의 이름으로 기도드립니다.
　아멘.

구제위원회_2 † 잠 25:13

그 주인의 마음을 시원하게

하늘과 땅의 여호와여,
　이 시간에, 우리 교회에 맡겨주신 구제사역에 부름을 받은 종들이 헌신을 결단합니다. 하나님께서 사랑하는 지체들에게 헌신의 재 결단을 다짐하게 하시고, 예배로서 영광을 드리게 하셨으니 감사드립니다. 사랑하는 구제위원회의 지체들에게 사랑의 가슴으로 불타오르게 하시옵소서. 주님의 손과 발이 되는 은혜를 경험하게 하시옵소서.
　저희들의 삶을 하나님께 드리려고 헌신예배로 머리를 숙였으니 받아주시옵소서. 이미, 저희 지체들은 하나님의 영광을 위하여, 교회를 위해서 살기를 작정하였으나 오늘, 귀한 예배로 말미암아 거룩한 결단을 합니다. 저희들에게 드림의 은혜를 주시옵소서.
　믿는 자와 믿지 않는 자를 무론하고 하나님의 사랑으로 섬겨야 하는 이웃들을 돌아보지 않은 죄를 고백합니다. 가끔의 어려운 이들을 섬긴다는 것은 수동적이었습니다. 위선적인 사랑을 용서하시옵소서. 하나님의 사랑을 보여주신 주님의 마음을 배우게 하시옵소서.
　가난한 이들과 함께 하시는 여호와의 이름을 높여드립니다. 곤란 중에 있는 이들에게 소망을 품게 하시고, 여호와의 도우심을 기다리게 하셨음에 주님의 이름을 찬송합니다. 저희들로 하여금 어렵게 지내는 지체들에게 마음을 두게 하시는 하나님의 은혜에 감사드립니다.
　믿는 자들을 구속하신 예수님의 이름으로 기도드립니다. 아멘.

장학회_1 † 딤전 3:11

모든 일에 충성된 자라야

늘 돌아보시는 여호와여,

우리 교회에 육영사역의 비전을 주셨음에 감사드립니다. 이 시간에, 장학회 헌신예배로 하나님께 영광을 드리게 하시옵소서. 장학회의 일을 맡은 종들과 우리 교회의 모든 지체들이 함께 헌신의 시간을 경험하게 하시옵소서.

장학회 사역에 많은 성도들이 동참하여 풍성한 장학기금이 마련되게 하시고 많은 학생들에게 인생역전의 디딤돌이 되게 하시옵소서. 저희들이 십시일반의 마음으로 학생들의 학업을 돕게 하시니 이것이 바로 주님의 일이심을 깨닫습니다.

오늘도 주님께 엎드려 회개합니다. 장학회의 일을 기쁨으로 부담하지 못하고, 주님의 뜻대로 행하지 못한 죄를 용서하여 주시옵소서. 저희들의 죄를 사하여 주시고 온전하고 깨끗한 마음으로 성령의 충만함 입어 예배하기 원합니다.

말씀을 대언하실 목사님께 성령님께서 역사하여 주시옵소서. 갈급한 저희들의 심령에 성령님의 은혜를 단비처럼 내려 주시옵소서. 녹수리 날개 쳐 올라감 같은 새 힘과 결단의 시간이 되게 하여 주시옵소서.

하나님 앞에 일꾼으로 쓰임을 받을 다음 세대를 길러내는 일에 사랑으로 헌신하게 하시옵소서.

그 앞에 엎드리게 하시는 예수님의 이름으로 기도드립니다. 아멘.

장학회_2 † 시 101:6

완전한 길에 행하는 자

　이름이 아름다우신 하나님,
　오늘을 거룩하게 하시고, 주의 백성들이 한 자리에 부복하게 하심을 찬양합니다. 오늘은 찬양 예배의 시간을 장학회 헌신예배로 영광을 돌리려 합니다. 귀한 예배를 통해서 장학회에 부름을 받은 종들이 아버지 하나님께 헌신을 결단하고, 함께 한 성도들에게도 동일하게 결단하는 시간이 되게 하시옵소서.
　저희들은 너무나 안일하게 살면서 주님의 은혜를 잊어버리고 살 때가 많았습니다. 용서해주시옵소서. 주님의 보혈로 죄를 씻어 주시옵소서. 불쌍히 여겨 주심으로 세상에서 성도의 직분 잘 감당하여 칭찬 받는 자들이 되게 하시옵소서. 장학회의 사역이 우리 모두의 것인데도 영적인 부담을 갖고 시내지 못한 것이 사실입니다. 용서해주시옵소서.
　장학회 지체들이 헌신을 다짐할 때, 저희들을 도전해주시려고 말씀의 종을 보내셨으니, 진리의 말씀을 듣게 하시옵소서. 그에게 성령님의 충만하심과 지식을 더하셔서 천국의 말씀을 선포하게 하시옵소서. 말씀을 들려주실 때 은혜가 되고, 저희들에게 신령한 생명수의 말씀이 되게 하여 주시어서 영원한 생명을 받게 하여 주시옵소서.
　그 말씀으로 장학회의 일꾼들에게 선한 일꾼이 되기를 다짐하게 하시옵소서. 주신 사명, 맡겨진 일에 충성을 다하게 하시옵소서.
　늘 함께 하시는 예수님의 이름으로 기도드립니다. 아멘.

주일학교 교사회_1 † 잠 22:6

아이에게 가르치라, 그리하면

　은혜를 주시는 여호와여,
　교회를 인도하시는 하나님, 저희들에게 맡겨주신 어린양 떼들을 자원하는 마음으로 보살피게 하심에 감사드립니다. 저희들을 교사로 부르시고, 어린 생명들이 주님께로 가는 길로 이끌기에 부족함이 없도록 믿음을 더하여 주심에 즐거워합니다.
　교사들에게 자신의 직분을 가지고, 헌신을 결단하게 하셨음에 감사드립니다. 주님께서 그들의 마음을 주관하셔서, 그들을 하나님의 사랑으로 불붙여 주시옵소서. 그리하여 교회를 통하여 하나님께서 받으시고자 하시는 열매를 맺어드리게 하시옵소서.
　오늘, 헌신예배의 말씀을 위해서 ○○○ 목사님께서 이 곳에 와주셨습니다. 강단에 세워주신 강사 목사님을 대언자로 세우신 하나님께 주목하게 하시옵소서. 저희들은 깨우쳐 주시는 말씀으로 새 교훈을 받게 하시옵소서. 하나님의 말씀에 대해서, 아멘으로 받고, 순종하려는 감격으로 가슴이 뜨거워지게 하시옵소서.
　교사들이 모여서 주일학교의 사역에 대하여 논의할 때, 성령님께서 도와주시옵소서. 한 분, 한 분의 교사들이 하나님의 섭리에 순종함으로 귀한 직분을 섬기게 하시옵소서. 이로써 교회에서 자라나는 어린이들이 믿음의 사람으로 커 가게 하시옵소서.
　왕의 왕이 되신 예수님의 이름으로 기도드립니다. 아멘.

교사 헌신_2 † 잠 20:11-12,

온전히 드림의 충성을 각오

예배하게 하시는 여호와여,

하나님을 찬미하려고 다시 머리를 숙였습니다. 이 시간의 예배는 교사 헌신예배로 드리니 영광을 받아주시옵소서. 교사들에게 어린 심령들을 위하여 좋은 교사가 되려고 다짐하는 예배를 드리게 하시옵소서.

혹 부지중에라도 보여 진 저희들의 잘못된 모습으로 말미암아 어린 생명들이 상처 받고 낙심할 수도 있으니 언제나 주님 앞에서 산다는 저희들의 신앙 의식이 흐트러지지 않게 도와주시고, 먼저 저희들 자신을 주님의 말씀으로 잘 갈고 닦을 수 있도록 이끌어 주시옵소서.

말씀을 들고 단 위에 서시는 강사 목사님을 성령의 능력으로 붙들어 주셔서 목사님의 선포하시는 말씀을 통해 모든 교사들이 영적으로 결단하는 시간이 되게 하여 주시옵소서. 예배의 순서를 맡은 분들에게도 함께 하셔서 성령의 인도함을 받게 하시옵소서.

영혼을 귀하게 여길 줄 아는 교사들이 되기를 원합니다. 맡겨진 영혼들을 한 영혼이라도 곁길로 나가지 않도록 잘 살필 수 있는 교사들이 되게 하여 주시옵소서.

함께 머리 숙인 모든 성도들도 영적인 교육의 중요성을 깨닫기를 원합니다. 온 성도들이 일치가 되어서 자녀들의 신앙교육에 전념할 수 있도록 하시옵소서.

복 되신 구세주, 예수님의 이름으로 기도드립니다. 아멘.

청소년부-중고등부_1 † 딤전 4:11

이것들을 명하고 가르치라

임마누엘의 하나님,

우리 교회에 중, 고등부를 허락하셔서 저희들이 그리스도의 장성한 분량에까지 자라가도록 하신 은혜에 감사를 드립니다. 어려서부터 주님을 알게 하셨으니 믿음으로 자라게 하시옵소서.

주님께서 함께 하시면, 하나님의 나라를 이루어 드리는 중, 고등부가 될 줄로 믿습니다. 이 헌신 예배로 인하여 고귀하고 성스러운 믿음으로 주님을 향한 사랑을 소중히 간직하기를 원합니다.

오늘, 청소년부의 지체들을 격려하고자 ○○○ 목사님을 세워주시니 감사드립니다. 귀한 말씀을 들려주시는 목사님께 성령님의 영력이 갑절이나 더하게 하시옵소서. 하나님의 사자가 선포하시는 말씀으로 학생들이 새로워지게 하시옵소서.

헌신을 다짐하는 학생들을 축복합니다. 저희들에게 주님의 풍성한 지혜를 허락해 주시옵소서. 늠름한 십자가의 군병들이 되게 하시옵소서. 저희들의 마음을 열어서 진리를 받아들이게 하시옵소서.

청소년들이 교육을 통해서 신앙의 내용을 배우고, 제자가 만들어지도록 계획하신 하나님의 의도에 순종하게 하시옵소서. 예배의 시간조차도 저희들에게 교육의 기회가 되게 하셨으니 교회 안에서 배우기에 열심을 내게 하시옵소서.

찬송하게 하시는 예수님의 이름으로 기도드립니다. 아멘.

중·고등부 학생회 헌신_2 † 딤후 3:15

하나님께 드리는 삶이 되도록

진리로 이끄시는 하나님,

저희들을 믿음 안에서 자라게 하심을 감사드립니다. 이 교회에 중, 고등부를 허락하셔서 저희들이 그리스도의 장성한 분량에까지 자라가도록 하신 은혜에 감사를 드립니다. 어려서부터 주님을 알게 하셨으니, 이 믿음으로 자라게 하시옵소서.

하나님 앞에서 지은 죄를 고백합니다. 공부하기에 분주한 시간을 보내고 있다는 핑계로 말씀에 순종하는 삶에 부족했음을 용서해 주시옵소서. 주님께서 하라고 하신 말씀을 따르지 않았고, 하지 말라고 하신 말씀도 지키지 못한 생활을 용서해주시옵소서.

저희들은 서로 사랑하며 소망으로 열매를 맺는 중, 고등부를 만들어 나가기 위해 헌신하게 하시옵소서. 이 헌신 예배로 인하여 고귀하고 성스러운 믿음으로 주님을 향한 사랑을 소중히 간직하기 원합니다.

오늘, 귀한 말씀을 들려주시는 목사님께 성령님의 영력이 갑절이니 더하게 하시옵소서. 하나님의 사자가 선포하시는 말씀으로 학생들이 새로워지게 하시옵소서.

저희들을 깨우치셔서, 중, 고등부에서 이루어야 하는 목적을 달성하게 하시옵소서. 저희들이 중, 고등부에 머무는 동안에, 저희들의 삶을 주님의 거룩하심으로 채우도록 이끌어 주시옵소서.

친히 인도해주시는 예수님의 이름으로 기도드립니다. 아멘.

대학부-청년회_1 † 전 11:9

청년의 날들을 마음에 기뻐하여

대사를 행하시는 하나님,
 주일의 은혜를 받으며, 풍성한 생명의 만나로 배불렸던 저희들이 이 시간에 무릎을 꿇습니다. 헌신예배에 무릎을 꿇은 청년들이 주님의 십자가로 말미암아 죄의 문제를 해결을 받는 은혜를 누리게 하시옵소서.
 저희들의 삶을 하나님께 드리려고 헌신예배로 머리를 숙였으니 받아주시옵소서. 오늘, 대학부의 젊은 지체들이 거룩한 결단을 합니다. 저희들에게 드림의 은혜를 주시옵소서.
 저희들에게 믿음과 지혜를 더욱 주시기 원합니다. 그래서 하나님께는 영광을 드리고 교회에는 유익한 기관이 되도록 성령께서 이끌어 주시기 원합니다.
 간절한 마음으로 대학부를 위해 기도드리니, 하나님의 나라와 저희 교회에 꼭 필요한 기관이 되게 하는 능력과 용기를 주소서. 또한 배우고 연구하는 학생 신분의 그들에게 건강과 함께 지혜와 총명을 허락해주시옵소서.
 거룩한 시간에, 하나님의 말씀으로 저희들을 심령을 새롭게 해주시옵소서. 강사 목사님의 입을 성령님의 능력으로 붙들어 주시옵소서. 주님의 말씀을 사랑하여 간절한 마음으로 듣게 하시고, 진리를 배워 보화를 지니게 하시옵소서.
 영원히 사모할 이가 되시는 예수님의 이름으로 기도드립니다.
 아멘.

대학부-청년회_2 † 시 16:3

여호와께 존귀한 청년들

하늘과 땅의 다스리시는 하나님,
 하늘나라의 백성이 되게 하신 하나님의 이름을 높이는 고백을 하게 하옵소서. 새벽의 이슬 같은 주님의 청년들을 축복합니다. 어느 모로도 부족한 지체들이지만, 저희들의 헌신을 받으시는 하나님의 능력이 나타나 크게 쓰임을 받는 종들이 되게 하시옵소서.
 오늘, 여호와께 존귀한 청년들이 헌신예배를 드려서 자신을 하나님께 올려 드립니다. ○○의 청년들이 하나님께 사용되기를 소망합니다. 교회와 성경에서 배운 진리를 가지고 삶의 자리로 나아가게 하시옵소서. 가정과 사회와 세계를 향하여 새 교훈을 외치게 하시옵소서.
 목사님께서 기도하시는 중에 준비하신 말씀을 다 전하실 수 있도록 성령님의 도우심을 간구합니다. 오늘 저희 ○○교회의 권속들이 들어야만 하는 생명의 말씀이 선포되기를 간절히 원합니다.
 사랑하는 청년들이 혹시라도, 그들이 젊었다고 하는 오만에서 노인들의 말을 소홀히 여긴다거나 또한 어린 아이들을 아무 것도 모른다는 식으로 대하였다면 그 교만도 버리게 하시옵소서. 그들이 하나님 앞에서 자신의 인생을 살기에 조금도 부족함이 없게 하시옵소서.
 젊어서부터 자신의 인생을 하나님과 주님의 나라에 드린 이들이 생애를 영화롭게 하시옵소서.
 생명이 되어주시는 예수님의 이름으로 기도드립니다. 아멘.

08 교회행사 대표기도

교회창립주일_1 † 마 16:18

교회를 즐거워하는 성도

　○○교회를 세우시고, 지켜주시는 하나님,
　이곳에 주님의 교회를 세우시고 ○ 년 동안 베풀어 주신 은혜를 즐거워합니다. 이 척박한 땅에 여호와의 집을 세우시고, 신실한 종들의 헌신으로 사명을 감당하게 하셨음을 감사드립니다. 교회를 통해서 하나님은 선하시며, 그 이름이 아름다움을 선포하셨음에 감사드립니다.
　지금까지 은혜와 사랑으로 성장하게 하셨음에 감사드립니다. 교회는 주님의 몸으로 음부의 권세가 이기지 못함을 믿습니다. 지옥의 권세, 사탄의 권세, 죽음의 권세도 교회를 이기지 못함을 믿습니다.
　저희 교회가 이 땅에 세워진 지 ○ 년을 지내오면서 교회의 사명을 감당하지 못하였음을 회개합니다. 이 교회를 통해서 많은 이들이 구원을 얻고 새 생명의 복된 삶을 살아야 하는데, 그 사명을 감당하기에 부족하였음을 용서하옵소서. 생명을 구원하는데 헌신하게 하옵소서.
　하나님의 종으로 기름을 부으신 목사님을 저희들에게 주심에 감사드립니다. 종의 입술을 통해서 전해지는 말씀을 사모하게 하옵소서. ○○ 성가대원들이 찬양을 드릴 때, 영광을 받아주옵소서. 복된 예배로 실망과 근심으로 좌절에 빠진 사람들은 용기를 갖게 하옵소서.
　세상을 이기는 믿음을 주신 하나님을 찬양하는 중에 교회를 즐거워하며 살아가게 하옵소서.
　우리 교회를 세워주신 예수님의 이름으로 기도드립니다. 아멘.

교회창립주일_2 † 행 11:20-21

뭇 사람들을 주께로 이끄는 교회

○○교회가 구원의 방주로서 사명을 다하게 하시는 하나님,

주님의 피로 세우신 교회를 ○ 년 동안 지켜 주셨으니, 영광을 하나님께 드립니다. 오늘, 창립기념주일을 맞이해서 전 성도들이 마음을 드리기 원합니다.

여호와 보시기에 악을 행하여 교회를 부흥시키는데 부족하였음을 용서하옵소서. 저희들 모두가 이 교회에 주어진 사명을 깨닫고, 교회의 부흥을 위해서 더욱 수고를 다하는 마음을 주옵소서.

하나님의 교회를 위해서 직분자들을 따로 구별하셨음에 감사드립니다. ○○교회가 복음을 전하고, 주님의 제자를 삼는 일을 해오는 동안 이름도 없이, 빛도 없이 섬긴 일꾼들에게 은총을 더해주시옵소서. 그들이 하나님께 착하고 믿음과 성령님께 충만하기를 원합니다.

목사님께서 진리의 말씀으로 저희들을 인도하실 때, 생명을 살리는 사명으로 뭇 사람들을 주께로 이끌려는 열정을 품게 하시옵소서. ○○ 성기대의 찬송으로 하나님의 영광이 예배당 안에 가득하게 하시옵소서. 오늘도 하나님께서 받으실 만한 예배가 되기 위해서 예배위원들로 하여금 봉사하도록 하셨으니 감사드립니다.

이제, 지나온 역사보다도 오늘을 시작으로 다시 주님 앞에서 새 교회로 세워지고, 사명을 다하는 교회가 되게 하옵소서.

교회를 지켜주시는 예수님의 이름으로 기도드립니다. 아멘.

제직회_1 † 고전 16:17-18

좋은 일꾼이 되기를 소원

　○○교회의 제직회를 축복하시는 하나님,
　제직회로 모이게 하신 여호와의 이름을 높여드립니다. 하나님의 교회를 위해서 제작이 된 저희들에게 주님을 영화롭게 해드리는 소원을 품게 하신 여호와의 이름을 높여드립니다. 이 모임의 시간에 성도들을 섬기고 교회를 위해서 충성하는 은혜를 받게 하시옵소서.
　교회 앞에서 일꾼으로 부르신 여호와의 마음을 시원케 하는 일꾼이 되게 하옵소서. 주님께로부터 받은 바의 사명을 감당할 때도, 제직들이 서로 섬기면서 각자의 마음을 시원하게 하는 모습을 나타내게 하옵소서. 이로서 함께 있을 때 기쁨을 주는 제직이 되고 하나님께는 영광이 되게 하옵소서.
　주님의 ○○ 교회를 위해서 충성을 다하지 못하였음을 뉘우칩니다. 저희들의 생활에 골몰하다가 제직이 된 직분에 소홀했음을 회개합니다. 하나님은 미쁘셔서 저희들이 죄를 고백할 때, 용서하심을 믿고 감사드립니다.
　목사님께서 말씀으로 격려하실 때, 진리와 은혜의 말씀을 듣기 원합니다. 그에게 성령님의 충만하심과 지식을 더하셔서 제직들에게 꼭 필요한 말씀을 선포하게 하옵소서. 이 한 시간의 제직회가 거룩하게 진행되도록 여러 모양으로 수종을 드는 종들을 세우셨음에 감사드립니다.
　제직회의 주가 되시는 예수님의 이름으로 기도드립니다. 아멘.

제직회_2 † 요 6:9

주님을 위하여 드리는 손

 제직회로 교회를 세워 가시는 하나님,
 제직회로 모여 먼저 예배를 드리니 영광 가운데 받으시옵소서. 하나님께 내어드릴 것이 없음에도, 주님께서 저희들을 사용해주시니 참으로 기쁩니다. 이 교회를 통해서 하나님의 나라가 이루어지는 역사에 저희들이 쓰임을 받게 하시니 감사드립니다.
 이 모임이 거룩한 제직회가 되게 하시옵소서. 이 회의를 주재하시는 담임 목사님을 붙들어 주시고, 성령님께 충만한 저희들이 되게 하옵소서. 오늘 논의되는 모든 일들이 하나님의 일들이 되기를 소망하고, 즐거움으로 섬기는 저희들로 삼아주시옵소서.
 제직회가 진행되는 동안에 주님을 위하여 드리는 손을 사모하는 제직들이 되게 하시고, 교회의 부흥을 소망하게 하시옵소서. 회의가 진행되면서 저희들 다 같이 하나님의 은혜를 체험하는 복된 자리로 인도해 주시옵소서.
 예수님이 떡이 필요하다고 말씀했을 때 자신의 도시락을 선뜻 내어 놓을 수가 있었던 어린아이의 은혜를 저희들에게도 수시옵소서. 하나님 앞에서 저희들이 소유한 것이 쓰여 질 필요가 있을 때, 선뜻 내어드리는 은혜도 주시옵소서. 온 제직들이 주님의 일을 기뻐하여 모였을 때, 여호와의 이름을 참으로 높이 찬미하게 하시옵소서.
 제직과 함께 하시는 예수님의 이름으로 기도드립니다. 아멘.

전도주일_1 † 빌 2:16

주님의 날에 자랑할 것이 있는

○○교회에 전도의 사명을 주신 하나님,

복음을 전하게 하시는 여호와의 이름을 높여드립니다. 주님의 사랑이 저희들에게 구원의 복음을 전하게 하시니 그 이름을 송축합니다.

초대 교회의 사도들이 전도의 위대한 일생을 살게 하셨음에 찬양합니다. 우리 ○○교회의 성도들마다 교회로 모일 때, 죽어가는 자들을 예수님의 이름 앞으로 데려오게 하시고, 전도를 받아 교회에 온 그들이 주님을 믿어 영생에 이르는 것을 보여주시옵소서.

지금은 전도주일을 맞이해서 잃은 자식을 도로 찾으시려는 하나님의 심령을 사모하지 않고, 개인적인 복락에만 관심을 기울였음을 회개합니다. 저희들을 깨우쳐, 주님의 손이 되어, 죽어가는 생명을 구해내는데 헌신하게 하시옵소서.

전도의 문을 열기 위해 기도하는 수고를 하게 하시옵소서. 전도자를 위해서 기도하라 하신 말씀을 받게 하시옵소서. 이 땅에 있는 동안에 지옥불로 던져지는 이들을 구하는 교회로 삼아주시옵소서.

전도주일에 주님을 묵상하는 저희들에게 말씀을 대언하실 목사님께서 생명과 진리의 말씀을 선포하게 하시옵소서. ○○ 성가대의 귀한 지체들의 찬양을 받아주옵소서. 오늘도 자원하는 심정을 가지고, 맡은 자리에서 예배의 진행을 돕는 손길들에게 은혜를 더하여 주시옵소서.

잃은 자를 찾으시는 예수님의 이름으로 기도드립니다. 아멘.

전도주일_2 † 고전 9:16

부득불이라도 복음을 전하려는 결단

영혼의 구원에 사명을 주시는 하나님,
○○교회를 통해서 생명의 복음이 전파되게 하시니 즐겁습니다. 우리 하나님께 생명의 열매를 맺혀드리는 사명을 충성스럽게 감당하게 하시옵소서. 십자가에서 이루어진 사랑을 불신자들에게 증거하는 구령의 열정을 주시옵소서.

주님은 죄악 가운데 있던 영혼을 구원하시기 위해서 이 땅에 오셨습니다. 본질상 진노의 자녀였던 저희들을 하나님의 자녀로 삼아주셨으니 그 사랑에 감격하여 그 은혜의 주님을 전파하게 하시옵소서.

생명의 열매를 맺혀드리는 것을 귀하게 여기지 않았던 죄를 고백합니다. 부득불이라도 복음을 전해야했건만 그렇게 하지 못한 죄를 회개합니다. 전도하지 않은 죄를 용서해주시고, 전도자로 세워 주시옵소서. 강단에 세워주신 목사님께 신령한 은혜를 더하여서 생명의 말씀으로 저희를 새롭게 되도록 하시옵소서. 설교하시는 시간에, 기름을 부어주시옵소서. ○○ 성가대원들이 하나님을 예배하는 저희들을 대신하여 찬양하는 역할을 귀하게 감당하게 하시옵소서. 예배를 위해서 성실히 맡은 직분의 자리에서 봉사하는 지체들을 기억해주시옵소서.

저희 성도들에게 구원받아야 할 죄인들을 붙여 주옵소서. 주님을 전하는 일에 헌신하는 아름다운 교회로 이끄시고, 영광이 되게 하옵소서.

전도를 기뻐하시는 예수님의 이름으로 기도드립니다. 아멘.

선교주일_1 † 렘 31:10

땅 끝까지 복음을 전하는 비전

　복음을 들고 먼 곳으로 가게 하시는 하나님,
　한 사람의 생명도 멸망받기를 원치 않으시는 하나님 아버지의 사랑에 감사드립니다. 저 죽어가는 자들을 구원하시려고 오늘도 세계 곳곳에 선교사들을 보내신 하나님께 감사로 예배하게 하시옵소서.
　오늘, 총회가 제정한 선교주일을 맞이하여, 이 사역에 동참하고 있음을 즐거워합니다. 한국 교회에 넘치게 채우신 하나님의 축복을 감사하며 해외 선교에 적극적인 참여로 보답하게 하시옵소서.
　그동안에, 선교사들을 잊고 지내왔던 죄를 회개합니다. 특히, 그들의 가정을 염려하면서 기도하지 않았음을 용서해주시옵소서. 또한 그들의 자녀들을 위하여 도고하지 못하였음도 회개합니다.
　땅 끝까지 복음을 전하는 비전을 품기를 원하는 저희들에게 성령님의 충만하심을 경험하게 하시옵소서. 목사님을 저희들에게 주심에 감사드립니다. 종의 입술을 통해서 전해지는 말씀을 사모하도록 감화해주시옵소서. ○○ 성가대원들이 찬양을 드릴 때, 영광을 받아주시옵소서.
　이 지구상에는 아직도 예수 그리스도의 복음을 듣지 못한 사람들이 많습니다. 모든 교회의 사명이며, 그리스도인들에게 주어진 지상명령을 따르게 저희들로 만들어 주시옵소서. 세계 도처에서 목숨을 아끼지 않고 선교 사역을 감당하는 선교사들을 붙들어주시옵소서.
　땅 끝까지 보내시는 예수님의 이름으로 기도드립니다. 아멘.

선교주일_2 † 시 65:5

선교에 불타는 마음

땅 끝까지라도 찾아서 복음을 전하시는 하나님,
　선교주일에 뭇 사람들이 여호와께로 돌아오는 모습을 바라보면서 주님의 이름을 찬송합니다. 먼 데, 또는 가까운 데서 하나님을 아버지로 부르며 구원을 받는 일들이 불 일듯 일어나게 하시옵소서.
　저희들에게 흑암에 살고 있는 이들을 보여주시옵소서. 그리스도를 알지 못하고, 복음을 들어보지 못한 수많은 영혼들이 땅 끝 곳곳에 있음을 보게 하시옵소서. 그들의 불쌍함으로 가슴이 아프게 하시옵소서.
　낯선 땅에서, 낯선 사람들에게 복음을 전하는 위대한 일을 위해 기도하지 못한 죄를 고백합니다. 언어와 문화가 다른 이들에게 복음을 전할 때, 여러 가지의 어려움과 장벽들이 있는데, 저희들의 기도가 부족하였음을 용서해주시옵소서.
　보혈의 피로 구속함을 입은 주님의 자녀들에게 선교주일의 은혜를 내려 주시옵소서. 목사님께서 진리의 말씀으로 저희들을 인도하실 때, 선교에 불타는 마음을 갖고 아멘으로 듣게 하시옵소서. ○○ 성가대의 찬송으로 하나님의 영광이 예배당 안에 가득하게 하시옵소서. 저희들에게 이방인의 땅과 그곳에 살고 있는 이들을 위해 기도하게도 하시되, 아프리카의 한 나라를 위해서, 유럽과 아시아를 위해서, 북미와 중남미를 위하여, 한 나라를 정하고, 그 나라를 위해 빌게 해주시옵소서.
　선교에 동행해주시는 예수님의 이름으로 기도드립니다. 아멘.

교회교육주일_1 † 엡 4:13

하나님을 아는 지식으로 자라감

다음 세대를 일으키시는 하나님,
오늘은 교회교육주일로 지키면서 교회의 교육에 대해 묵상하는 시간을 주셨음에 감사드립니다. 교회의 가르치는 사역으로 많은 주의 일꾼들이 길러지게 하시니 영광을 받으시옵소서.

자기 백성을 하늘에 속한 사람으로 세우시려고 선지자들의 입을 통해서 가르치셨던 하나님이 열심을 저희들에게 주시옵소서. 저희들의 수고를 통해서 이 교회 안에서 자라는 이들이 그리스도를 닮는 온전함의 분량에까지 성장하기 원합니다.

교육을 통해서 이 교회에 갖고 계시는 주님의 뜻을 살피지 못한 죄를 회개합니다. 성도들에게 진리를 가르치고, 어린이들을 가르쳐 다음 세대를 준비하는 일에 부족했던 죄를 용서해주시옵소서.

하나님의 종으로 세워주신 목사님께 말씀을 준비시켜주셨음에 감사드립니다. 그의 입술에서 선포되는 말씀을 달게 받게 하시옵소서. ○○ 성가대원들이 성령님께 감동되어서 드리는 찬양으로 온 교회에 영광이 넘치기를 원합니다.

가르치는 일을 생각할 때, 교사들을 위하여 간구합니다. 사람을 복음의 증인으로 세우는 귀한 사역에 쓰임을 받는 교사들을 먼저 세워주시옵소서. 가르치기에 조금도 부족함이 없도록 하시옵소서.

교회를 세우시는 예수님의 이름으로 기도드립니다. 아멘.

교회교육주일_2 † 신 31:12

하나님 여호와를 경외하는

신앙의 대물림을 원하시는 하나님,

오늘, 교회교육주일을 맞이하여 어린아이로부터 노인에 이르기까지 전 교인이 한자리에 모여 함께 예배를 드리게 인도하시니 그 이름을 즐거워합니다. 주님의 이름을 부르며 찬양을 드리게 하시옵소서.

이제까지도 ○○ 교회의 각 기관을 통해서 천국의 일꾼을 양성하게 하셨음에 감사드립니다. 하나님의 은혜는 교회가 교육에 전적으로 힘을 쏟게 하시고, 사람을 키우는 일을 기뻐하게 하시옵소서.

저희 교회에서 아이들이 자라게 하셨으나 그들에게 가르치는 사역에 부족했음을 용서해주시옵소서. 그들이 교회에서 자라나는 동안 창조자를 기억하게 하는데 부족했음을 회개합니다. 교육을 위해서 많은 일꾼들이 자원하고, 아낌이 없이 재정을 지원하도록 하시옵소서.

말씀을 대언하실 목사님께서 단에 오르셨으니 생명과 진리의 말씀을 선포하게 하시옵소서. 이 예배를 아름답게 하는 ○○ 성가대의 귀한 시체들의 찬양을 받아주시옵소서. ○○의 성도들이 한 마음으로 머리를 숙인 이 시간이 하나님께 영광이 되기를 소망합니다.

이 교회에 맡겨주신 어린이들이나 청소년들의 양육을 위하여 날마다 기도하는 성도들이 되게 하시옵소서. 그들이 그리스도를 닮아 예수님처럼 생각하고, 말하면서 예수님처럼 살도록 가르치게 하시옵소서.

보혈을 흘려주신 예수님의 이름으로 기도드립니다. 아멘.

사회봉사주일_1 † 시 112:9

가난한 이들을 향해 여는 마음

자비로우신 하나님,
  곤란 중에 있는 이들에게 소망을 품게 하시고, 여호와의 도우심을 기다리게 하셨음에 주님의 이름을 찬송합니다. 어렵게 지내는 이들에게 마음을 두게 하시는 은혜에 감사하는 지체들이 되게 하시옵소서.
  사회가 급변하는 이 시대에 소외되어 가는 이웃은 오히려 더 많아지고 있습니다. 이에, 우리 ○○교회는 섬김과 나눔의 영성을 가지고 사회봉사를 실천해 나가도록 하시옵소서. 성도들이 개인적으로 주머니를 드려서 사회봉사를 위해 사용하도록 하시옵소서.
  하나님의 사랑으로 섬겨야 하는 이웃들을 돌아보지 않은 죄를 고백합니다. 가끔의 어려운 이들을 섬긴다는 것은 위선적인 사랑이었으며, 착한 열매를 맺지 못함을 용서해주시옵소서.
  이 예배로 진정, 하나님을 만나게 하시옵소서. 목사님을 대언자로 세우셔서 하늘 양식의 말씀을 진설하게 하심을 감사드립니다. ○○성가대원들이 마음과 몸을 드려 찬양할 때, 하나님의 은혜를 체험하도록 인도해주옵소서. 주님의 피 묻은 손에 의해서 가난한 이들을 향해 마음이 열어지게 하시옵소서.
  하나님의 사랑을 보여주신 주님의 마음을 배우게 하옵소서. 참된 그리스도인으로서 봉사와 공생의 삶을 살기를 소망합니다.
  자비로우신 주, 예수님의 이름으로 기도드립니다. 아멘.

사회봉사주일_2 † **요삼 1:11**

선을 행하도록 이끌어 주심을 바람

　어려운 이들을 안아주시는 하나님,
　오늘 저희들에게 교단의 총회가 사회봉사주일을 정하여 지키게 하심을 감사드립니다. 객과 고아와 과부들을 보살펴 주시는 여호와를 즐거워합니다. 저희들에게 주신 것들에서 일부를 어렵게 지내는 지체들과 나누게 하시며 이웃을 섬기게 하심에 찬송을 드리게 하시옵소서.
　이웃에게 봉사하지 못하였음을 용서해주시옵소서. 주님께서 보여주신 대로 십리의 길도 같이 가주고, 겉옷까지도 내어주어야 하였으나 인색하였습니다. 저희들의 남을 섬기지 못하는 죄를 용서하시고, 욕심을 버리게 하시옵소서.
　저회들의 주변에는 아직도 장애인과 노인, 실직자와 노숙자, 외국인과 조선족 근로자들, 소년소녀가장과 가난한 여성들이 있습니다. 가난과 소외 가운데 고통을 당하는 이웃들을 섬기게 하시옵소서.
　이 나라에도 복지정책이 있지만, 그것이 그들의 고통을 해결하기에는 너무나 부족합니다. 그러기에 저희들의 봉사석 사명에 대한 요청이 더욱 절실하니 잘 감당하게 하시옵소서.
　담임 목사님께 신령한 은혜를 더하여 주시옵소서. 그의 말씀을 순종함으로 받게 하시옵소서. ○○ 성가대원들이 하나님을 예배하는 저희들을 대신하여 찬양할 때, 예배당에 여호와의 영광이 넘치게 하시옵소서.
　이웃사랑에 본을 보여주신 예수님의 이름으로 기도드립니다. 아멘.

사경회(부흥회)_1 † 행 2:40-41

가르침 받기를 사모하는 심령

심령을 풍성하게 해주시는 하나님,
메마른 저희들의 심령을 위해 하나님께서 사경회를 계획하셨으니 감사드립니다. 말씀으로 말미암은 진리의 은혜가 충만하기를 소망하게 하시옵소서. 시간, 시간에 하나님의 말씀을 받아 감사드릴 때마다 저희들의 심령을 진리로 시원하게 해주시옵소서.
의인이라 칭함을 받았음에도 의롭게 살지 못했던 죄를 고백합니다. 불신자들과 어울리는 것을 가볍게 여겼고, 때로는 오만하기도 하였음을 자복합니다. 이 집회에서 어떻게 살아야 할지도 가르쳐 주시옵소서.
시간, 시간마다 찬송으로 무딘 심령을 갈아엎게 하시옵소서. 애통하는 기도로 심령을 갈아엎게 하시옵소서. 강단에서 떨어지는 말씀을 가지고 성령의 능력으로 갈아엎기를 소망합니다.
사경회에 모인 저희들이 가르침을 받기를 사모하면서 예배에 임하게 하시옵소서. 저희들을 깨우시려고 강사 목사님을 보내주셨으니, 은혜를 더하여서 생명의 말씀으로 저희를 새롭게 해주시옵소서.
거룩한 사경회로 모인 주님의 백성들에게 초대 교회에 부어졌던 오순절의 은혜를 경험하게 하시옵소서. 그래서 오직 성경으로, 오직 믿음으로, 오직 하나님의 영광으로 살게 하시옵소서. 저희들의 심령을 옥토로 만드시고, 생명의 씨앗을 뿌리시는 하나님의 이름을 찬송합니다.
진리로 인도해주시는 예수님의 이름으로 기도드립니다. 아멘.

사경회(부흥회)_2 † 시 106:48

은혜를 인하여 영광을 드림

    하늘 양식을 내려주시는 하나님,
    구원의 은혜로 말미암아 영광을 드리려는 소망을 품고 사경회로 모였음을 기뻐합니다. 깨어있는 생명의 삶을 주시려고 사경회로 모이게 하심을 믿습니다. 열심히 찬송하며 기도하는 가운데 위로부터 부어지는 은혜에 목마르게 하시옵소서.
    이 시간에, 저희들의 심령이 가난해지게 하시고, 지난날의 더럽고 추한 모습을 기억하며 애통해 하게 하시옵소서. 거룩한 예배당에 모이게 하셨음을 즐거워하면서 찬송과 기도로 말씀을 받게 하시옵소서.
    열심히 찬송하는 중에, 은혜를 가로막고 있는 사탄의 세력도 물리치게 하시고, 마음을 바쳐 기도하는 중에 신령한 복을 받지 못하도록 훼방하는 마귀의 흉계를 물리치도록 성령님께서 강권해주시옵소서.
    이 예배를 영화롭게 하시고, 은혜를 내려 주옵소서. 강사 목사님을 통해서 영생복락의 말씀을 듣게 하옵소서. ○○ 성가대원늘이 아름다운 찬양으로 영광을 드릴 때, 온 성도들에게는 예배하려는 마음이 더욱 간절해지게 하시옵소서.
    세상살이에 분주했던 저희들이 여호와 하나님께 집중할 수 있게 하셨음에 감사드립니다. 사경회를 허락하셨으니 단비 같이 내리는 성령님의 은혜를 누리는 복된 시간이기 원합니다.
    말씀을 사모하게 해주신 예수님의 이름으로 기도드립니다. 아멘.

어린이주일_1 † 마 18:3

천국을 바라보는 소망

어린이주일을 맞이하게 하신 하나님,
　어린이들을 선물로 주신 여호와의 이름을 높여드립니다. 어린이들을 보면서 하늘나라에 들어갈 것을 소망하게 하시고, 그들을 통하여 주님을 영접하게 하심에 감사드립니다. 저희들에게 어린 아이들의 심령을 갖고 살아가게 하신 주님의 이름을 찬송합니다.
　살아가는 시간이 많아질수록 하나님보다는 인간적인 욕망에 더욱 끌려가고 있음을 용서해주시옵소서. 주님께서 어린이와 같이 되라 하심은 그들의 순수함과 단순, 정직함을 지니라 하심인 줄 믿습니다.
　어린아이들과 같이 되지 아니하면 천국에 들어갈 수도 없다고 하셨습니다. 이 시간에, 어린아이의 순수한 믿음을 갖도록 성령님께서 강권해주시옵소서. 어린아이의 순수한 소원을 갖게 해주시옵소서. 어린아이의 순수한 사랑을 갖게 해주시옵소서.
　○○ 교회가 천국을 바라보는 소망의 공동체가 되기를 바라면서 어린이주일의 예배를 드리는 회중에게 은혜를 내려 주시옵소서. 이 교회를 위하여 주의 종을 보내셨으니, 진리와 생명의 말씀을 듣게 하옵소서. ○○ 성가대원들이 아름다운 찬양으로 영광을 드릴 때, 온 성도들에게는 예배하려는 마음이 더욱 간절해지게 하시옵소서.
　어린이들이 하나님을 사랑하는 소망으로 가슴을 채우게 하시옵소서. 날마다 천국을 바라보면서 하나님의 사람으로 성장하도록 하시옵소서.
　어린이들의 주, 예수님의 이름으로 기도드립니다. 아멘.

어린이주일_2 † 신 6:7

성경을 부지런히 배우는 아이들

어린이를 사랑하시는 하나님,
　어린이주일을 맞이해서 여호와의 베풀어주신 은혜를 기뻐합니다. 저희들에게 어린이들을 주시고, 어린이와 같아 천국을 소망하게 하셨음에 감사드립니다. 아이들로 말미암아 언제나 웃음이 넘치는 가정을 주셨음에 감사하여 예배하는 이 시간이 되게 하시옵소서.
　어린이들을 키우는 순간, 순간에는 힘들고 지칠 때도 있으나 그들이 주는 인생의 기쁨을 즐거워합니다. 어린이들의 가슴을 통해서 저희들에게 하나님의 나라를 보게 하시고, 저희들 또한 하나님 앞에서 어린 자녀가 된 모습으로 살게 하시니 찬양을 받으시옵소서.
　어린이를 통해서 이루어지는 다음 세대에 소망을 두기에 부족하였음을 용서해주옵소서. 저희들이 어른으로서 그들을 대할 때, 하나님의 형상을 가진 인격체로 섬기지 못했음도 회개합니다.
　목사님을 대언자로 세우셔서 하늘 양식을 진설하게 하심을 감사드립니다. 그 말씀으로 성경을 부지런히 배우는 삶으로 감화해주시옵소서. ○○ 성가대를 세워주시고, 오늘도 그들이 마음과 몸을 드려 찬양할 때, 하나님의 은혜를 체험하는 복된 자리로 인도해주시옵소서.
　이제, 우선하여 성경을 가르치고 신앙심을 심어주도록 결단하는 부모가 되게 하시옵소서. 그들에게 신령한 복을 내려 주시옵소서.
　어린이의 친구이신 예수님의 이름으로 기도드립니다. 아멘.

어버이주일_1 † 출 20:12

부모에게 효도하기를 결단

어버이주일을 지키게 하신 하나님.
오늘, 부모님에 의해서 베풀어 주신 은혜를 즐거워합니다. 하나님께서 노년이 부모님을 보호해 주셨으며, 그들에게 약속하신 은혜와 복을 자손들이 받아 누리게 하셨음에 감사드립니다.
어버이주일에 하늘 어버이이신 여호와께 감사하고, 육신의 부모가 계셨음에 찬미의 제사를 드리게 하시옵소서. 예배하면서 부모에게 공경하기를 다짐하게 하시옵소서.
저희들은 하나님께 충성하지 못했음과 같이 부모에게도 효도를 다하지 못하고 이 주일을 맞이했습니다. 부모에게 효도하기보다는 노년이 부모를 섬기는 것이 때때로 귀찮게 여겨지기도 했던 죄악을 고백합니다. 부모를 섬기고 돌보아드리는 것이 짜증나기도 했던 패륜의 죄를 용서해주시옵소서.
말씀을 들고 단에 서신 목사님께 사자의 권위와 감화하는 말씀의 능력을 나타내 주시옵소서. ○○ 성가대의 아름다운 찬양이 있는 예배로 하나님께 영광을 돌리게 되며 찬송의 능력을 체험하게 하시옵소서.
하나님의 은혜로 살아오고 있음에 그에 대한 응답으로 예물을 준비해 왔으니 믿음으로 드리게 하시옵소서. 오늘, 저희의 예배가 부모님께 더욱 효도하기를 다짐하면서 하나님의 이름을 나타내게 하시옵소서.
부모를 공경함에 본이 되신 예수님의 이름으로 기도드립니다.
아멘.

어버이주일_2 † 엡 6:1-3

부모에게 순종하는 신앙

　부모를 공경하라 하신 하나님,
　하나님께서 부모의 손길을 사용하심에 감사드립니다. 찬양과 영광을 받으시옵소서. 이 좋은 날에 머리를 숙인 성도들이 영원한 아버지이신 하나님께 대한 섬김의 다짐을 고백하게 하시옵소서.
　육신의 부모에 의해서 하나님께로 나아가게 하시고, 여호와 우리 하나님을 공경하고, 온전히 영광을 드리게 하시옵소서. 하나님의 사랑이 부모를 통해서 저희들에게 나타났습니다. 효도하면서 하나님의 영광을 나타내게 하시옵소서.
　부모를 공경하라는 말씀에 순종하지 않아 하나님께 큰 죄를 얻었습니다. 부모가 무엇을 해주었는가에만 집중을 했지, 효도해야 하는 저희들의 의무에는 어리석었던 죄를 용서해주시옵소서.
　부모에게 순종하는 삶을 다짐하는 은혜를 주시려고 목사님을 단에 세우셨음에 감사드립니다. ○○ 성가대원들이 신령과 진정한 찬양으로 최상의 영광을 드리기를 소망합니다. 함께 한 저희들도 화답하는 심정으로 여호와의 임재를 바라보게 하시옵소서.
　어버이주일을 즐거워하며 예배하는 저희들에게 부모를 공경하는 은혜를 내려 주시옵소서. 부모를 즐겁게 하며 어미를 기쁘게 하게 하옵소서. 부모님을 공경하고 부모님의 가르침을 따르는 사람은 잘되고 아름다운 이름과 존귀를 얻게 해주신다는 약속도 소망하게 하시옵소서.
　우리에게 복이 되신 예수님의 이름으로 기도드립니다. 아멘.

어린이 성경학교_1 † 잠 8:17-18

하나님의 사랑을 입음

진리의 길로 이끌어주시는 하나님,
여호와의 이름을 높여드립니다. 저희 교회에서 자라는 어린이들을 위하여 ○○ 성경학교를 열게 하신 주님의 이름을 찬송합니다. 이 귀한 사역에 목사님을 비롯해서 교사들과 여러 모양을 섬길 일꾼들을 준비시키셨으니 복된 시간으로 삼아주시옵소서.
교사들과 어린이들 모두가 진리의 말씀을 가르치고 배우는 중에 하나님을 찾는 마음을 배우게 하시옵소서. 하나님을 찾을 때, 그들의 가슴이 사랑으로 부요하게 될 것입니다. 저희들이 하나님을 사랑하면 복을 받는 풍성한 사랑으로 나타날 것을 믿습니다.
금번 성경학교를 통해서 저희 아이들이 하나님을 가까이 하게 하옵소서. 우선적으로 하나님을 사랑하여 지혜에 풍성하게 하시옵소서.
보혈의 피로 구속함을 입은 하나님의 자녀들에게 성경학교의 은혜를 내려 주시옵소서. 목사님께서 진리의 말씀으로 저희들을 인도하실 때, 어린이들 모두가 하나님의 사랑을 입은 바를 확신하게 하시옵소서.
이 기간에, 하나님을 더욱 깊이 알아가고 예수님을 더 많이 배울 수 있게 하시옵소서. 저희 교회는 이 기간에 임할 여호와의 은혜를 바라기 원합니다. 며칠 동안 집중해서 성경을 배움으로써 그들의 심중에 여호와를 바라게 하시옵소서.
사랑이 많으신 예수님의 이름으로 기도드립니다. 아멘.

어린이 성경학교_2 † 대하 6:27

마땅히 행할 선한 길을

성경을 배우게 하신 하나님,

○○ 성경학교를 시작하게 하셨음을 즐거워합니다. 어린이들이 전심으로 성경을 배우고 하나님의 은혜를 소망하게 하심에 기뻐합니다. 복된 말씀의 잔치로 말미암아 성경학교에 참여하는 모든 이들이 예수님을 더욱 깊게 배우고 반석의 믿음을 지니게 하시옵소서.

어린이들이 날마다 하나님의 말씀을 사랑하고, 그것을 종일 묵상하도록 깨우쳐주지 못했음을 고백합니다. 저희가 하나님께 대하여 우둔했던 탓에 그들을 인도하지 못했음을 용서해주시옵소서.

이 기간에, 교사들은 주님의 말씀을 잘 가르치고, 어린이들은 배운 말씀을 평생에 지키겠다는 다짐을 하게 하시옵소서. 성경학교의 시간이 비록 짧을지라도 성령님의 인도하심으로 말씀을 배우는 풍성한 은혜를 누리게 하시옵소서.

하나님의 말씀을 전해주실 목사님을 위하여 간구합니다. 저희들을 감화하는 말씀의 능력을 나타내 주시옵소서. ○○ 성가대의 아름다운 찬양이 있는 예배로 하나님께 영광을 드리게 하시니 감사드립니다.

이번 성경학교에서는 교사들이나 곁에서 협력하는 이들, 어린이들 모두가 하나님을 향한 믿음에 집중하기 원합니다. 믿음에서 믿음에 이르도록 하시옵소서.

영원히 사모할 예수님의 이름으로 기도드립니다. 아멘.

청소년 수련회_1 † 시 34:17

주를 경외하는 자

다음 세대를 양육해주시는 하나님,

저희 교회의 학생들을 주님의 사람으로 키워주시려고 베풀어 주신 은혜에 감사드립니다. 집과 예배당을 떠나 자연의 품에서 하나님의 은혜를 소망하는 ○○부의 지체들을 축복합니다.

○○ 수련회의 시간을 주셨으니 경건에 이르는 훈련을 하게 하시고, 하늘의 의로운 규례를 배우게 하시옵소서. 이들이 젊어서부터 하나님을 사모하게 하시고, 하늘에서 내려오는 은혜에 갈급하게 하시옵소서.

사랑하는 친구들에게 경건에 이르는데 연습할 수 있게 하기에 부족하였음을 고백합니다. 교사들이 경건에 이르는 삶을 사는데 소홀하여 이들에게 거룩함에의 동기를 제공해 주지 못하였으니 용서해 주시옵소서.

지체들을 위해서 세우신 강사 목사님께 신령한 은혜를 더하여 주옵소서. 그의 말씀을 순종함으로 받도록 성령님께서 강권해주시옵소서. 오늘도 ○○ 성가대를 세워주셨습니다. ○○ 성가대원들이 찬양할 때, 여기에 여호와의 영광이 넘치게 하시옵소서.

여호와의 선하신 은혜를 맛보는 기회가 되기를 원합니다. 지금, 하늘의 문을 여시고 이곳에 성령님의 임재를 경험하게 하시옵소서. 수련회가 진행되는 동안에, 여호와를 찾는 자는 모든 좋은 것에 부족함이 없다고 하신 복을 누리게 하시옵소서.

은혜를 기다리게 하시는 예수님의 이름으로 기도드립니다. 아멘.

청소년 수련회_2 † 시 81:8-9

하나님의 말씀을 듣기 원함

중·고등부와 함께 해주시는 하나님,

하나님께서 은혜를 주시려고 예비하신 땅에 모인 ○○ 지체들을 축복합니다. 은혜의 동산에서 주님의 사랑을 입어, 하나님을 사모하는 학생들로 삼아주시옵소서.

귀한 지체들이 수련회라는 하나님의 성회에서 하나님을 보다 더 배우고 사모하기를 소망합니다. 성령이 충만을 경험하게 하시고, 수련회가 진행되는 기간이 곧 예배가 되게 하시옵소서. 여호와 하나님의 이름에 합당한 영광을 바치게 하시옵소서.

저희들의 성령님께 충만하지 못했던 행실을 회개합니다. 하나님의 말씀에 순종하는 것에도 지극히 형식적이었음을 회개합니다. 수련회로 인하여 용서를 받고 새로워짐을 누리도록 인도해주시옵소서.

생명의 말씀을 공부하게 하시옵소서. 말씀을 배우면서 하나님을 바로 알고, 자신을 알게 하옵소서. 나아가 이들이 하나님의 자녀로 살 되, 조금도 부족함이 없기 위하여 부르짖음의 은혜를 받게 하시옵소서.

강사 목사님께 성령님의 충만하심과 지식을 더하셔서 천국의 말씀을 선포하게 하시옵소서. ○○ 성가대원들이 하나님을 찬양할 때, 이곳이 천상의 자리가 되기를 원합니다. 예배하는 저희들에게 임마누엘의 지혜를 소망하도록 성령님께서 강권해주시옵소서.

언제라도 좋으신 이름, 예수님의 이름으로 기도드립니다. 아멘.

교회기관 총회_1 † 딤후 2:21

주님이 원하시는 일꾼

총회를 거룩하게 하시는 하나님,
○○○회를 금년 한 해 동안에 지켜주셨음을 감사드립니다. 귀한 종들이 하나님의 일을 맡아 한 해 동안에 수고하게 하셨음에 감사드립니다. 여호와의 인도로 금년에는 선한 일을 많이 했음에 감사드립니다.

지금은 일 년 동안을 지내온 것에 대한 정리를 하고, 새로운 임원을 선출하려 합니다. 새해의 사역을 위하여 새로운 일꾼을 세우게 하시옵소서. ○○○회를 복 주셔서 좋은 일꾼들이 선출되게 하시옵소서.

맡은 자들이 구할 것은 충성이었음에도 충성하지 못한 모습을 회개합니다. ○○○회가 부흥되지 않았음을 회개합니다. 지금 예수님의 피로 깨끗케 하옵소서. 임원의 직분을 맡은 이들과 평회원으로 섬겼던 이들 모두가 회개하는 심정으로 있습니다.

총회를 시작하기 전에 주님의 백성들이 말씀을 듣게 해 주셨음에 감사드립니다. 말씀을 증거하실 목사님께 영력을 더하여 주셔서 주님이 원하시는 일꾼이 되기를 다짐하게 하시옵소서. 주님을 영화롭게 해드리는 특송의 순서를 준비하셨으니 예수님을 구주로 믿는 무리들이 한 마음으로 하나님을 찬양하며 예배하도록 하시옵소서.

주님의 교회에 일꾼을 세우는 것이 중요한데, 주님의 마음에 합한 자가 일꾼으로 세워지도록 우리 교회를 도와주시옵소서.

일꾼을 세우시는 예수님의 이름으로 기도드립니다. 아멘.

교회기관 총회_2 † 빌 2:30

희생을 각오한 사람

　교회를 든든하게 하시는 하나님,
　하나님 앞에서 성총회로 모인 저희들로 말미암아 영광을 받으시옵소서. 해마다 좋은 일꾼이 선출되어 교회에 봉사하고 하나님의 나라가 확장되는 일에 헌신하게 하셨습니다.
　하나님 앞에서 신실한 일꾼이 되어드리지 못했던 지난 시간들을 봅니다. 게으름과 세상의 가시덤불로 말미암아 스스로를 옥토로 가꾸지 못하여 알곡을 맺지 못한 죄를 고백합니다.
　저희 ○○○회에 일꾼을 세울 때 예수님처럼, 초대 교회처럼 철저히 기도하고 하나님이 원하시는 일꾼들이 세워지도록 성령님께서 크게 역사하여 주시옵소서. 성경이 말하는 조건을 가진 일꾼을 세워 주시고, 하나님의 일꾼들로 인하여 교회에 부흥이 일어나게 하시옵소서.
　총회를 시작하면서 드리는 예배로 진정, 하나님을 만나게 하옵소서. 저희들이 갈보리 십자가의 보혈로 적셔지기를 소망합니다. 목사님을 내언자로 세우셔서 하늘 양식의 말씀을 진실하게 하심을 감사드립니다. 사랑하는 지체들이 주님의 피 묻은 손에 의해서 희생을 각오한 사람이 되게 하시옵소서.
　오늘, 부름을 받았을 때, 하나님의 일에 충성하는 이를 선택해주시옵소서. 이로써 주님의 역사가 날마다 새로워지게 하시옵소서.
　헌신하게 하시는 예수님의 이름으로 기도드립니다. 아멘.

교육기관 졸업예식_1 † 시 42:1-2

주를 찾기에 갈급하게

졸업식의 영광을 주신 하나님,
교회에 교육의 사명을 허락하시고, 기쁨과 헌신으로 봉사하여 젊은이들을 성령님께 충만한 사람들도 키우게 하신 주님을 송축합니다. 이제, 이들을 쓰셔서 만들어 가실 하나님의 나라를 바라봅니다.
오늘, 본인들에게도 영예스러운 졸업장을 받는 이들을 축복합니다. 이들이 소정의 교육기간을 마치기까지 노력을 기울였으며, 하나님 앞에서 온전함에 이르렀음을 감사드립니다.
저희들이 여호와 앞에서 다음 세대를 내다보는 지혜가 부족했음을 회개합니다. 하나님께서 이 아이들을 자라게 하시는데, 저희들은 이들을 축복하는 것이나 가르치는 것에 게을렀습니다. 이들을 통해서 이루어지는 하나님의 나라를 바라보지 못한 죄를 용서해주시옵소서.
오늘, 예식에서 아이들에게 주를 찾기에 갈급한 심령이 되도록 가르치는 다짐을 하게 하시옵소서. 강단에서 생명과 진리로 이끄실 목사님께 성령님과 지혜에 충만케 하셔서 하나님의 말씀으로 흥왕함을 보게 하시옵소서. 이 시간에도 한 시간의 예식을 위해 여러 모양으로 수종을 드는 종들에게 복을 내려 주시옵소서.
하나님께서 존귀한 이들이 더 배워서 주님의 마음으로 사회에 이바지하고, 남을 돕고 사랑하는 삶의 청지기가 되기 원합니다.
천국 백성으로 삼아주시는 예수님의 이름으로 기도드립니다.
아멘.

교육기관 졸업예식_2 † 행 10:2

하나님을 경외하는 경건

사람을 키우시는 하나님,

교육기관이 졸업예배를 드리는 시간에 ○○ 교회의 권속들로부터 영광을 받으시옵소서. 하나님 앞에서 성도로서의 온전함을 갖추게 하셨음에 만족해합니다. 이들이 말씀을 잘 배우고, 신앙인격을 구비하도록 하셨으니, 하나님께 영광을 드립니다.

교회에서 성장하는 동안에 진리를 깊게 배우고, 은혜의 풍성함을 누리게 하셨음을 즐거워합니다. 저희들은 졸업예배를 드리면서 이들을 통해서 하나님이 받으실 영광의 일들을 내다봅니다. 주님의 말씀으로 격려를 받았으며, 주님께서 계신 곳에 이들이 서 있게 되었습니다.

주일학교의 사역을 담당자들에게만 맡기고, 때로는 방관했던 죄를 고백합니다. 아이들을 하나님의 사람으로 키우는 일은 저희 교회의 일임에도 열심을 다하여 참여하지 못했고, 몸과 물질을 드려야 하는 헌신에도 부족하였음을 회개합니다.

온 성도들이 교육기관의 졸업을 기뻐하여 예배할 때, 여호와의 이름을 참으로 높이 찬미하게 하시옵소서. 나아가 하나님을 온전히 사랑하고 성령님의 감화로 마음의 생각을 깨끗하게 하여 예배하기를 원합니다. ○○ 성가대원이 찬양할 때, 여기에 성령님이 임하시게 하시옵소서. 과정을 성실히 마치고, 졸업을 하는 이들에게 은혜를 내려주시옵소서.

늘 가까이 해주신 예수님의 이름으로 기도드립니다. 아멘.

세례예식_1 † 엡 2:19-20

하나님의 권속임을 고백하는 심령

세례를 제정하신 하나님,
주님의 피 흘리심으로 구원을 얻어 하나님의 자녀가 된 이들이 세례를 받게 하셨으니 여호와의 이름을 송축합니다. 믿음을 고백하고, 성도들 앞에서 자기의 신앙을 고백하려는 이들을 축복합니다.
세례를 받음으로 그리스도와 함께 다시 태어나는 형제와 자매들에게 은혜를 내려 주옵소서. 귀한 지체들이 왕 같은 제사장이요, 거룩한 백성의 반열에 서게 되었음을 즐거워합니다. 거룩한 물로 세례를 베풀게 하셨으니, ○○ 교회에 주님의 영광이 가득하기를 소원합니다.
세례예식으로 말미암아 자신이 교회의 일원이 되었음을 확인하게 되었으니 주님의 몸을 이루어드리며 사는 꿈을 주시옵소서. 세례예식을 거행할 때, 영광으로 임재하사 영화롭게 하시기를 원합니다.
목사님을 대언자로 세우셔서 하늘 양식의 말씀을 진설하게 하심을 감사드립니다. ○○ 성가대원들이 마음과 몸을 드려 찬양할 때, 하나님의 은혜를 체험하는 복된 자리로 인도해 주옵소서. 주님의 피 묻은 손 앞에서 하나님의 권속임을 고백하게 하시옵소서.
오늘, 교회의 회중은 세례를 받음으로써 예수님을 구주로 고백하고 하나님의 자녀가 된 형제와 자매를 가족으로 받아들이고, 이들의 성장을 위하여 도고하기를 기뻐하게 하시옵소서.
세례를 제정해주신 예수님의 이름으로 기도드립니다. 아멘.

세례예식_2 † 벧전 3:21

오늘도 하나님을 찾는 마음

  신앙을 공표하게 하신 하나님,
  오늘, 저희 ○○ 교회에 주님의 이름으로 세례를 베푸는 예식을 허락하심에 감사드립니다. 하나님의 사랑을 입은 이들이 믿음으로 잘 자라서 세례를 받게 되었습니다. 이제, 이들은 교회 앞에서 하나님의 자녀가 되었음을 공표하게 되었으니, 천국에 더 가까이 간 심정으로 반석 같은 믿음으로 살아가기 원합니다.
  성삼위 하나님의 이름으로 세례를 받는 이들에게 하늘의 문을 여시고 은혜를 베풀어 주옵소서. 저희들이 이들을 새 형제로 받아들여 함께 신앙생활을 해오게 하셨으니 오늘의 예식을 더욱 기쁘게 하옵소서.
  강단에서 생명과 진리로 이끄신 목사님께 성령님과 지혜에 충만케 하셔서 하나님의 말씀으로 흥왕함을 보게 하시옵소서. ○○ 성가대원들을 준비시키셨음에 감사드립니다. 하나님 앞에서 찬송을 맡은 이들이 벅찬 감격으로 찬양을 부르게 하시옵소서. 한 시간의 예배를 위해 여러 모양으로 수종을 드는 종들에게도 복을 내려 주시옵소서.
  이제, 이들은 물과 성령으로 거듭나서 이미 예수님을 주로 고백했던 저희와 한 몸을 이루었습니다. 이들이 이 세상을 살아가는 동안에 예수님의 제자로서 살고, 성령님을 인한 열매를 맺으며 하나님이 영광을 소망할 때, 하늘로부터 능력을 내려주시옵소서.
  왕의 왕이신 예수님의 이름으로 기도드립니다. 아멘.

성찬예식_1 † 마 26:26-27

주님의 몸에 참여하는 지체들

성찬을 주신 하나님,

우리 주님을 십자가에 못 박아 죽으시도록 했던 죄인들이지만, 주님의 살과 피를 기념하러 모이게 하시니 감사합니다. 지금, 성도들이 주님의 이름으로 모여 성찬에 참여합니다.

저희들이 떡을 먹고, 잔을 마실 때, 신령한 의미에서 주님이 몸에 참여함을 감사드립니다. 주님의 생명의 일부를 저희들의 몸 속에 받아 드리게 하심을 기뻐합니다. 성령님의 감화를 통해서 마음의 생각을 깨끗하게 하여 주님의 몸에 참여하는 은혜를 누리게 하시옵소서.

이 시간에, 주님께서 베풀어주신 떡과 잔의 선물을 귀하게 받아들이게 하시옵소서. 이 거룩한 식탁을 통해서 온 성도들이 예수 그리스도 안에서 한 몸을 이루게 하셨으니 그 성호를 찬양합니다.

이 시간에, 목사님을 대언자로 세우셔서 하나님의 말씀을 전하게 하셨으니, 왕 앞의 신하와 같이 겸손함으로 듣게 하옵소서. 주님의 몸을 찬양하는 ○○ 성가대원들을 축복합니다. 저희들 다 같이 하나님의 은혜를 체험하는 복된 자리로 인도해주시옵소서.

○○교회의 성도들이 주님의 몸에 참예하였으니 예수님만으로 만족하며 살게 하시옵소서. 매일 매일의 삶에서 믿음의 주가 되시고, 저희들을 온전케 하시는 예수님만 바라보게 하시옵소서.

자기를 내어주신 예수님의 이름으로 기도드립니다. 아멘.

성찬예식_2 † 고전 11:26-27

새 언약을 누리는 공동체

거룩한 식탁에 초청해주신 하나님,
하나님의 나라를 사모하면서 성찬예식에 참여하게 하심에 감사드립니다. ○○의 지체들이 십자가를 달게 지고 주님께 몸과 마음을 드리기 원하며 성찬예식에 참여합니다. 저희들은 떡과 함께 잔도 듭니다.

이 성례로 말미암아 하나님의 교회가 든든하게 세워져 가고, 떡과 잔이 주는 은혜로 인하여 거룩한 결단을 하게 하시옵소서. 떡을 먹고 잔을 마신 자마다 주님을 위한 삶을 살게 하시옵소서. 그리고 이웃을 위한 삶을 살도록 성령님께서 강권해주시옵소서.

성찬의 식탁 위에서 저희들이 하나의 공동체로 만들어졌음에 감사드립니다. 나아가 주님께서 오시는 재림의 그날까지 자기를 죽여서 제물로 드리는 헌신의 삶을 살도록 이끌어주시옵소서.

하늘의 백성들에게 은혜를 주시려고 목사님을 단에 세우셨음에 감사드립니다. 그의 입술을 성령님께서 주관하셔서 이 백성들이 말씀을 듣게 하시옵소서. 자원하는 심징을 가지고, 봉사하는 일꾼들이 있습니다. 예배의 진행을 돕는 손길들에게 은혜를 더하여 주시옵소서.

주님을 몸을 나누어 가졌으니, 이 땅에서 지내는 동안에 주님을 따르는 삶으로 삼아주시옵소서. 예수님의 분신이 되어 세상에서 그리스도를 나타내게 하시옵소서.

복 되신 구세주, 예수님의 이름으로 기도드립니다. 아멘.

09

자신과 회중을 위한 예배 전 회개기도

1월 1주

자신을 내려 놓으라

  정죄함이 없게 해주시는 하나님,
  평강을 원하면서도 하나님이 아닌 다른 데서 평강을 찾았던 죄를 고백합니다. 교회를 통해서 배우고, 받고, 듣고, 본 바를 행하기만 하면 하나님의 평강이 저희들과 함께 한다는 것을 잊었습니다. 용서해주시옵소서.
  은혜의 시간을 주셔서 그리스도의 십자가를 바라보며, 하나님을 가까이 하고, 말씀에 순종하도록 이끌어 주시옵소서. 여호와를 앙망하는 자에게 새 힘을 주심을 믿고, 그 능력에 저희들 자신을 내어 드리게 하시옵소서. 오직 하나님께만이 저희들의 소망이 있음을 믿습니다.
  오늘, 저와 우리 교회의 ○○의 지체들에게 주님의 삶과 태도를 본받음에 대하여 자신에게 도전하게 하시옵소서. 주님을 따를 때, 어두움에 다니지 않는다고 하셨습니다.
  우리가 살아가는 시간은 곧 주님의 삶을 명상하여 배우는 것이 되기를 원합니다. 이로써 저희들 자신의 생활이 주님의 삶과 전적으로 일치되는 경험이 되게 하시옵소서.
  예수님의 이름으로 기도드립니다. 아멘.

1월 2주

거저 받았으니 거저 주라

깨끗하게 하시는 하나님,
　지금, ○○의 사랑하는 지체들이 죄를 고백할 때 용서해주시옵소서. 돌이켜 보건대, 하나님의 말씀을 버리고, 더 채우려는 욕심으로 분주했던 죄를 용서해주시옵소서. 하늘의 아버지께서 주신 것들이 많았음에도 이를 이웃을 향해서 거저 주고, 베풀기에 힘쓰지 못한 욕심을 회개합니다.
　주님의 용서를 확신할 때, 감사드립니다. 생명의 영으로 오신 주님의 사랑으로 용서를 받고, 십자가 아래에서 참 소망을 얻었음에 감사드립니다. 여호와께 존귀한 ○○의 지체들이 하나님을 사랑하는 것에 인생의 가치를 두게 하시옵소서. 성경 전체를 마음으로 깨닫고, 안다 할지라도 하나님께의 사랑이 없으면 그 지식이 아무런 유익도 없음을 알게 하셨습니다.
　하나님께 대한 사랑과 하나님의 뜻을 이루어드리는 봉사 외에는 모든 것이 헛되다는 것을 깨닫게 하시옵소서. 세상을 기절함으로써 하늘나라로 나아가는 삶이 되도록 성령님께서 강권해주시옵소서.
　예수님의 이름으로 기도드립니다. 아멘.

1월 3주

옛 사람의 행위를 버려라

구원의 즐거움을 주시는 하나님,
불신자들은 자기를 사랑하며, 돈을 사랑하며, 자긍하며, 교만한데 저희들의 모습이 그러하였습니다. 하나님을 섬긴다고 하면서도 주님께서 베풀어주신 것들에 감사하려 하지 않고, 거룩하지도 않았던 행실을 용서해주시옵소서.
여전히 마귀에게 종노릇을 하던 품성에 따라 남을 참소하고, 사납게 행한 죄를 용서해주시옵소서. 주님의 피로 씻음을 받고, 하나님의 나라를 바라보면서 살아가도록 이끌어 주시옵소서.
오늘, ○○의 지체들에게 주님의 삶과 태도를 본받음에 대하여 자신에게 도전하게 하시옵소서. 주님을 따를 때, 어두움에 다니지 않는다고 하셨습니다.
우리가 살아가는 시간은 곧 주님의 삶을 명상하여 배우는 것이 되기를 원합니다. 이로써 저희들 자신의 생활이 주님의 삶과 전적으로 일치되는 경험이 되게 하시옵소서.
예수님의 이름으로 기도드립니다. 아멘.

1월 4주

거스르는 세대에서 빛들로 나타내라

회개로 이끄시는 하나님,
 주님의 대속으로 죄에서 구원을 받은 바, 항상 복종하여 두렵고 떨림으로 구원을 이루어야 했던 저희들입니다. 그러나 저희들의 삶은 구원을 이루려 하기보다, 자신의 욕심을 구하려 급급하였고, 그 욕심에 스스로 유혹을 받기도 했었음을 회개합니다.
 저희들 안에서 행하시는 하나님의 뜻을 거절하고, 저희들의 생각과 마음에 원하는 것을 구하며 살았음을 용서해주시옵소서. 주님의 피로 다시 한 번 저희들을 씻어주시고, 의롭게 해주시옵소서.
 간절히 빕니다. ○○의 지체들에게 헛됨에 대한 깨달음을 주시옵소서. 썩이질 부를 추구하고 거기에 의지하는 것의 헛됨을 확인하게 하시옵소서. 명예를 좇고 높은 지위에 오르려고 발버둥 치는 것 역시 헛됨을 확인하게 하시옵소서.
 육체의 소욕을 따르며, 장차 더 크고 비통한 처벌을 초래하게 될 것들을 위해 수고하는 일은 허망할 뿐입니다.
 예수님의 이름으로 기도드립니다. 아멘.

1월 5주

자신을 제물로 드려라

새 길을 열어주시는 하나님,
여호와 앞에서 자신을 드리는 삶을 살지 못한 죄를 고백합니다. 저희들이 누리고 있는 모든 것이 주께로부터 왔음에 하나님께 드리는데 인색하지 말았어야 하는데, 그렇게 하지 못하고 지내온 것을 용서해주시옵소서.
신분이 새로웠지만 이직도 옛 사람을 거절하지 못하고, 자신의 욕심을 채우려는 습관에서 벗어나지 못하여, 땅의 것들을 더 가지려는데 애쓰는 삶이었습니다. 죄를 고백할 때, 주홍 같이 붉었던 죄가 씻어지고 흰 눈처럼 희어진 것을 믿습니다.
속히 지나가 버리는 것을 사랑하고, 영원한 희락이 거하는 곳에는 서둘러 가려 하지 않는 어리석음을 불쌍히 여겨주시옵소서. 눈은 보아도 족함이 없고 귀는 들어도 차지 않는다는 말씀은 기억하면서도 여전히 마음은 보이는 것에 두고 있습니다.
성령님의 강권으로 보이는 것들에 대한 사모에서 돌이켜 보이지 않는 깃들을 향하게 하시옵소시.
예수님의 이름으로 기도드립니다. 아멘.

2월 1주

부지런하며 오래 참으라

보혈로 씻겨주시는 하나님,

주님께서는 저희들이 끝까지 소망의 풍성함에 이르기를 원하셨으나 그렇게 하기에 부족했음을 고백합니다. 게으르지 아니하고 믿음과 오래 참음으로 살아야 하였지만, 나태하였고, 쉽게 분노하고, 쉽게 짜증을 내며 지내온 죄를 용서해주시옵소서.

천국의 약속들을 기업으로 받는 자들로서의 모습에서 많이 흐트러졌음을 용서해주시옵소서. 이제, 세상을 떠나지 못하여 저지르게 되는 육신의 생각과 소욕에 매이는 죄를 벗어버리도록 인도해주시옵소서.

오늘, 하나님 앞에 서기를 원합니다. 만일, 하나님을 믿는다하면서 개인적으로 하나님과의 관계를 갖지 못한다면 종교적인 신앙에 불과할 것입니다. 하나님께 대한 경외심 없는 삶이 저의 인생에 어떤 유익이 있겠습니까?

우리 ○○의 지체늘이 하나님 앞에서의 자신을 깨달아 알게 하시옵소서. 이로써 하나님께 스스로 겸손하기를 원합니다. 만일, 하나님께서 받으실 만한 것이 못된다면 사람들이 칭찬을 한다 해도 기뻐하지 않도록 다스려 주시옵소서.

예수님의 이름으로 기도드립니다. 아멘.

2월 2주

기도에 감사함으로 깨어있으라

  죄를 버리게 하시는 하나님,
  주님께서는 저희들에게 기도에 힘쓰도록 하셨으나 무엇에 그리도 바빴던지 기도하지 못하는 삶을 살아왔습니다. 저희들 자신의 영생에 이르는 삶을 위해 기도해야 하였으나 깨어있지 못하였습니다.
  기도를 하지 않으니 감사하는 것도 잊고 지냈습니다. 전도할 문이 열리기를 간구해야 하는 거룩한 의무에도 소홀한 죄를 용서해주시옵소서. 사유하시는 은총을 받았으니, 옛 사람의 행실을 버리고, 새롭게 다짐하여 여호와를 앙망하게 하시옵소서.
  사람들에게 자신을 보이려는 유혹을 거절하게 하시옵소서. 사람에게 초점을 둘 때, 거기에는 혼란과 기만이 있을 뿐입니다. 다른 사람들에게 유식하고 지혜롭게 보이기를 원하는 마음이 들어올 때, 거절하게 하시옵소서.
  세상이 주는 지식에는 영혼에는 소용이 없음을 깨닫게 하시옵소서. 자신의 구원에 유익한 것들은 제쳐두고, 다른 것들에만 몰두하는 어리석음을 버리게 하시옵소시.
  예수님의 이름으로 기도드립니다. 아멘.

2월 3주

남을 헤아리지 말라

긍휼의 옷을 입히시는 하나님,
전에는 자기중심으로 살았습니다. 그러나 주님은 이웃중심이셨습니다. 주님의 자녀가 되던 날에, 주님을 따르겠다는 약속을 드렸습니다. 그러나 주님을 따르지 못하였음을 고백합니다.

이웃을 대접함으로써 사랑으로 섬기라고 황금률의 말씀을 주셨으나, 저희들은 그것과는 먼 생활을 해왔습니다. 이웃으로부터 선한 대접을 바라면서, 남들에게는 인색하게 했던 죄를 고백합니다.

남을 비판하는 그 비판으로 비판을 받는다고 하신 말씀을 잊고 지내었던 죄를 용서해주시옵소서. 주님의 용서함을 받고 이웃을 섬기게 하시옵소서. 남을 헤아리지 않고, 사랑하는 저희들에 되기를 소망합니다.

저희들이 살아가면서 많이 알면 알수록, 잘 깨달으면 깨달을수록 그대의 삶이 그만큼 하나님께 거룩해지기를 소원합니다. 아는 것이 많아졌다고 해서 자긍하는 마음을 갖지 않도록 다스려 주시옵소서.

오히려 지식으로 말미암아 스스로 더욱 겸허하고, 하나님께 두려운 마음을 지니게 하시옵소서. 더욱이 다른 사람들 앞에서 자신의 우월함을 과시하지 않도록 막아주시옵소서.

예수님의 이름으로 기도드립니다. 아멘..

2월 4주

하나님께 마음을 두라

　의를 이루게 하시는 하나님,
　주님께서는 고난을 당하게 될 때, 기도하라 하셨고, 즐거워하는 일을 만났을 때는 찬송하라 하셨으나 저희들은 그렇게 하지 않았습니다. 고난 앞에서 하나님을 불평하고 원망했으며, 즐거움 앞에서는 자신의 잘 함만을 누렸습니다.
　이 미련함과 어리석음의 죄를 용서해주옵소서. 금수와 버러지 같은 저희를 용서해 주시고, 믿음의 사람으로 살아가도록 기름을 부어주시옵소서. 성령님께 드려 지내면서 세상에서는 나그네의 삶을 경험하는 중에, 오직 주님과 동행하도록 인도해주시옵소서.
　책을 읽는 것처럼 자기 자신을 읽는 지혜에 대하여 경험하기를 원합니다. 하나님의 면전에서 자신을 읽을 때, 참된 지식과 성찰을 얻을 거라고 믿습니다. 이때, 자신은 정말로 아무것도 아니고, 이웃의 나음이 보이게 될 것입니다.
　이로써 만일, 남들이 과오를 저질러도 그들보다도 자신이 더 부족히다는 인식에 동의히게 히시옵소서. 그리고 과오를 지지른 사람보다 결코 자신이 의롭지 않음도 깨닫게 하시옵소서.
　예수님의 이름으로 기도드립니다. 아멘.

3월 1주

땅에 있는 지체를 죽이라

정직하게 하시는 하나님,
저희들의 신분이 바뀐 것처럼, 생각이나 말과 행동에서 하늘에 속한 사람으로 살지 못했음을 회개합니다. 대속의 은혜로 그리스도와 함께 다시 살리심을 받았으니 위엣 것을 찾게 하옵소서. 하나님의 자녀로 살아간다는 것이 곧 하늘에 속해있다는 증거가 되게 하시옵소서.

입술로는 위에 것을 찾는다면서 손과 발로는 여전히 땅에 것을 구하는 불신앙의 삶을 용서해주시옵소서. 여호와를 양망하는 자에게 새 힘을 주심을 믿고, 그 능력에 저희들 자신을 내어드리게 하시옵소서.

진리에 의해 가르침을 받는 자는 복이 있다고 하셨습니다. 진리가 아닌 것에 호기심이 생겨나고, 유익하고 필요한 것들은 무시하는 생각을 성령님께서 거절해주시옵소서. 잠깐일지라도 신기하고, 영적으로 해로운 데로만 쏠지 잃도록 믹아주시옵소서.

진리의 말씀이 어리석은 지식으로부터 자유롭게 해주실 것을 확신합니다. 그 말씀이 없는 자는 올바르게 깨닫지도 판단하지도 못한다는 것을 잊지 않게 하시옵소서.

예수님의 이름으로 기도드립니다. 아멘.

3월 2주

세상에 취해 잠들지 말라

죄를 도말하시는 하나님,
 예수님을 구주로 영접했던 그날, 죄에서 떠나라 하셨음에도 여전히 죄와 함께 있습니다. 오히려 세상에 있는 동안에 죄를 어쩔 수 없다고 여기기도 합니다. 용서해주시옵소서.
 마귀가 우는 사자가 되어 삼킬 자를 찾으려고 두루 다니는 때에 깨어있지 못했음을 고백합니다. 사탄이 언제 틈을 탈까 주의해야 하였건만, 자신의 즐거움에 취해 살아오았음을 용서해주시옵소서.
 스스로 유혹에 미혹되지 않기 위하여 기도하며 지내야 했건만, 삶의 일들에 분주해서 자신을 내어놓고 지내온 죄를 용서해주시옵소서. 이 시간에 주님의 사랑으로 용서를 받고, 참 소망을 얻게 하시옵소서.
 지금도 하나님께서 세상을 다스리고 계심을 잊지 않게 하시옵소서. 사람들은 생각하기를 정치인의 한 마디, 권력자의 한 행동이 세상을 이끄는 줄로 알고, 그들에게 귀를 기울입니다.
 하나님께서 계획하신 대로 이 세상이 움직여짐을 고백하게 하시옵소서. 그리고 사람들의 목소리가 시끄럽게 들릴수록 하나님을 주목하기를 원합니다. 이로써 저희들을 평안하게 하시옵소서.
 예수님의 이름으로 기도드립니다. 아멘.

3월 3주

자신의 행실을 어거하라

　허물을 사유하시는 하나님,
　주님께서는 우리가 다 실수가 많으므로 주의하도록 하셨건만, 실수에 민감하지 못했음을 회개합니다. 몸 밖으로 나오게 하는 것에 실수가 더하다 하셨는데도 저희들은 말에 민감하지 못했습니다.
　한 입으로 찬송과 저주가 나는 이 버릇을 그리스도의 보혈로 용서해 주시옵소서. 육신의 생각과 소욕에 매이는 죄를 벗어버리고, 오직 성령님의 충만하심으로 옷을 입어 주님과 동행하도록 인도해주시옵소서.
　○○의 지체들에게 단순함의 은혜를 경험하게 해주시옵소서. 사람의 생각이 복잡해서 하나님의 의도를 읽지 못할까 염려스럽습니다. 하나님의 뜻에 사람의 생각이 섞여져서 하나님께 온전히 서지 못할까 두렵습니다.
　하나님께 어린아이의 심정으로 서게 하시옵소서. 어린아이와 같은 단순함으로 하나님께 시도록 하시옵소시. 그리하여 성령님께서 강권하사, 하나님께 순전하도록 하시옵소서. 결코 어린아이와 같지 않으면 천국으로 들어갈 갈 수 없다는 것을 잊지 않게 하시옵소서.
　예수님의 이름으로 기도드립니다. 아멘.

3월 4주

망령되고 허탄한 것을 버려라

새롭게 해주시는 하나님,
 주님을 알지 못하던 때에 가졌던 삶의 일들을 버리고, 하나님의 사람으로 살라 하셨으나, 그렇게 하지 못했습니다. 여전히 이전에 즐기던 것에서 떠나지 못하고, 어정쩡하게 지내고 있음을 용서해주시옵소서.
 여호와의 거룩하심을 닮기 위해서 경건에 이르기를 연습하라고 하셨는데 옛 생활의 즐거움 때문에 미적거리고 말았습니다. 주님을 생각할 때만 '거룩'이라는 단어를 떠올릴 뿐입니다.
 이제는 성령님께서 강권해주셔야 하겠습니다. 땅에 속하여 눈에 보이는 것에 마음을 빼앗기지 않고, 여호와의 은총을 구하면서 은혜의 바다로 나아가게 하시옵소서.
 하나님을 두려워하는 경외함으로 지내도록 해주시옵소서. 정의가 옳지만 하나님보다 정의를 찾으려 하지 않게 하시옵소서. 규범이 누구에게나 받아들여지지만 하나님보다 규범을 앞세우지 않게 하시옵소서.
 지식이 선하지만 하나님보다 지식에 의존하지 않게 하시옵소서. 하나님이 저희들에게 모든 기준의 우선이 되게 하시옵소서. 그리고 하나님의 계획하심을 찾게 하시옵소서.
 예수님의 이름으로 기도드립니다. 아멘.

4월 1주

주 안에서 온전하라

   용서를 구하게 하시는 하나님,
   하나님의 아들을 믿는 것과 아는 일에 온 성도가 하나가 되지 못함을 회개합니다. 저희들이 그리스도의 장성한 분량이 충만한 데까지 이르지 못함을 용서해주시옵소서.
   세상의 일들로 즐거움을 찾는 데는 열심이지만 온전한 사람을 이루어 가는데 게으른 것을 주님의 보혈로 용서해주시옵소서. 이제부터라도 사랑 안에서 참된 것을 하여 범사에 그리스도에게까지 자라도록 인도하시옵소서.
   우리 ○○의 지체들은 언제나 주님의 심판을 주목하며 지내기를 원합니다. 주님께서 다시 오신 그 날이든지, 저희들이 주님 앞에 서는 날이든지 그때, 심판이 있음을 기억하며 지내게 하시옵소서.
   심판의 시간에, '무엇을 하였느냐' 로 추궁을 받을 것입니다. '얼마나 잘 하였느냐' 가 아니라 '얼마나 순종을 하였느냐' 에 따라 판단을 받을 것입니다. 사랑하는 성도들은 이 심판에 단 한 명의 낙오자도 없게 하시옵소서.
   예수님의 이름으로 기도드립니다. 아멘.

4월 2주

사람을 중심으로 취하라

위로해 주시는 하나님,
삶의 여행을 위하여 동반자로 주신 이웃을 행해 외모로 대하였던 죄를 회개합니다. 습관적으로 서로 구별하며 악한 생각으로 판단하는 자가 되고 말았습니다. 그들의 외모에 따라 저희들의 태도가 달라지고, 주님의 사랑으로 섬기지 못한 죄를 용서해주시옵소서.
성령님을 주목하는데 민감하지 못하고, 성령님께 자신을 내어맡김에 게을러서 육신적으로 살았습니다. 이제, 지금 이후부터는 육신의 생각과 소욕에 매이는 죄를 벗어버리고, 오직 성령님의 충만하심으로 옷을 입어 주님과 동행하도록 인도해주시옵소서.
저희들에게 선택의 지혜를 주시옵소서. 이 땅에서 살아가는 시간이 바로 세상이냐, 아니면 하나님이냐를 선택해야 하는 긴장의 연속이라는 것을 잊지 않게 하시옵소서.
오늘, 예배당으로 들어서면서도 하나님을 섬기는 데는 관심이 없고, 이 세상의 헛된 영광만을 추구하는 이들을 보았습니다. 이 세상은 속히 지나가고, 하나님은 영원하심을 확인하게 하시옵소서. 성령님의 강권으로 하나님께 겸손하게 해주시옵소서.
예수님의 이름으로 기도드립니다. 아멘.

4월 3주

선한 싸움을 싸우라

　죄를 깨닫게 해주시는 하나님,
　하나님의 자녀가 되었으니, 우선은 옛 사람이 싸움의 대상이었어야 하는데, 그러하지 못하였습니다. 옛 사람을 거절해내는 싸움으로 자심을 이기는 데 실패하였습니다. 용서해주시옵소서.
　주님께서는 우리를 지도해주는 예언을 따라 그것으로 선한 싸움을 싸우라 하셨건만, 저희들은 하나님의 말씀을 가까이 하지 않았습니다. 주님의 원하심대로 믿음과 착한 양심을 갖으려 하지도 않았습니다.
　오히려 불신자들과 똑같은 방법으로 살기를 더 좋아했으니 용서해주옵소서. 이제는 땅에 속하여 눈에 보이는 것에 마음을 빼앗기지 않고, 여호와의 은총을 구하면서 은혜의 바다로 나아가게 하시옵소서.
　저희를 불쌍히 여기사, 하나님을 종교의식의 대상으로만 여기지 않도록 도와주시옵소서. 하나님을 찾으면서도 하나님을 섬기지 못하고 자신에게 집착해있는 이들이 있다면 불쌍히 여겨 주시옵소서.
　성령님께 충만하여 하나님을 하나님으로 경험하게 하시옵소서. 저희들에게도 그리스도를 얻기 위해 세상의 모든 것을 분토와 같이 여기는 은혜를 경험하도록 이끌어 주시옵소서.
　예수님의 이름으로 기도드립니다. 아멘.

4월 4주

네 직무를 다하라

사유의 은혜를 베푸시는 하나님,

주님께서 이 땅에 계시는 동안, 복음을 전파하시고, 죽어가는 이들에게 생명을 주셨듯이 말씀을 전파하라고 하셨으나 그렇게 하지 못했음을 용서해주시옵소서. 불신자의 영혼에 대한 사랑을 생각하지도 못하였습니다. 복음을 전하는 데 시간을 사용하려 하지 못하였습니다.

때를 얻든지 못 얻든지 항상 복음을 증거하기에 힘을 썼어야 하였건만, 저희 자신의 이기심과 자존심을 앞세우며 살았습니다. 주님의 피로 용서해 주시고, 모든 일에 근신하여 고난을 받으며 전도인의 일을 하게 하시옵소서.

저희들에게 사람의 말과 하나님의 말씀을 구별해서 따르도록 하시옵소서. 하나님은 먼 데 계신 것 같고, 사람은 바로 옆에서 떠들어댑니다. 어떤 경우에라도 사람의 말에는 귀를 기울이지 않는 담대함을 지니기를 원합니다.

인간은 연약하여 쉽게 악에 빠지고, 또한 유혹에 자기를 내어줌을 방심하지 않도록 막아주시옵소서. 조금은 더딜지라도 인내와 조심성을 갖고 하나님의 뜻에 따라 숙고하도록 하시옵소서.

예수님의 이름으로 기도드립니다. 아멘.

4월 5주

회개하고 복음을 믿어라

   저희들의 죄를 용서해 주시는 하나님,
   주님께서 말씀하시기를 하나님의 나라가 가까 왔다고 하셨음에도, 이 땅에서의 삶에 분주했던 죄를 고백합니다. 늘 자신을 돌아보아 죄와 잘못을 찾아내어 회개하기에 힘써야 했건만 죄에 대하여 무디었던 지난 시간을 용서해주시옵소서.
   입술로는 복음을 믿는다고 하면서도 그 말씀에 약속되어 있는 소망을 붙잡기보다는 자신의 생각을 앞세웠던 죄를 회개하니 용서해주시옵소서. 자기를 거절하는 은혜로 살아가기를 원합니다.
   오늘, 예배하는 시간에 진리를 만나도록 하시옵소서. 한 단어라 할지라도 하나님의 말씀을 대할 때, 그 말씀을 기록하도록 하신 성령님의 역사를 경험하게 원합니다. 말씀을 우리에게 주신 성령님께 충만해서 그 감동으로 예배하게 하시옵소서.
   성경을 기록하게 하시고, 그 성경을 오늘, 깨닫게 하시는 성령님을 체험하게 하시옵소서. 말씀을 주신 성령님, 그 말씀을 깨닫게 하시는 성령님께로 나아가게 하시옵소서.
   예수님의 이름으로 기도드립니다. 아멘.

5월 1주

성경을 가까이 하라

　애통의 눈물을 거두어 주시는 하나님,
　배우고 확신한 일에 거하여 지냈어야 마땅한데, 그렇게 하지 못한 지난 시간들을 회개합니다. 성경을 읽고, 묵상함으로써 구원에 이르는 지혜를 구해야 하는데 게을렀음을 용서해주시옵소서. 하나님의 말씀만이 저희를 죄로부터 떠나게 하심을 다시금 확신하게 하시옵소서.
　이제는 땅에 속하여 눈에 보이는 것에 마음을 빼앗기지 않으며, 자신을 지키도록 성령님께 맡깁니다. 여호와의 은총을 구하면서 은혜의 바다로 나아가게 하시옵소서.
　설교를 듣기 위해서 성경을 펴는 것이 습관이 되어버렸습니다. 용서해주시옵소서. 설교를 듣기 전에 성경을 펼칠 때, 기록해주신 하나님의 말씀을 먼저 듣게 하시옵소서. 하나님의 영에 이끌려서 기록된 글에서 하나님의 음성을 듣게 하시옵소서.
　때로는 우레 소리와 같기도 하고, 때로는 바람소리처럼 들려오는 하나님의 음성에 귀를 기울이기 원합니다. 이로써 왕의 명령을 기다리는 신하와 같게 하시옵소서.
　예수님의 이름으로 기도드립니다. 아멘.

5월 2주

주 앞에서 구원을 이루라

생명에 이르게 하시는 하나님,

하나님께서 저희들을 자녀로 삼아주심은 주 안에서 항상 기뻐하도록 하심이셨으나 기뻐하지 못하였습니다. 순간, 순간에 눈으로 보이는 환경에 마음을 내어주고 말았습니다.

기쁨보다는 분노와 화로 지내왔고, 그리스도인의 관용에서는 먼 생활을 해왔음을 용서해주시옵소서. 이제, 그리스도의 보혈로 말미암아 회복되어 아무 것도 염려하지 말고 오직 모든 일에 기도와 간구로 살아가게 하시옵소서.

심령이 가난한 자는 복되다고 하셨습니다. 무엇인가에 대한 갈망을 절제할 때, 마음에 평안이 찾아오는 것을 배우게 하셨습니다. 교만하고 싶거나 탐욕스러움에 유혹이 올 때, 밀어내게 하시옵소서. 그래서 마음의 평안을 지키도록 도와주시옵소서.

남들 앞에서 나서지 않고, 남들로부터 자신을 낮춤으로써 평안을 간직하게 하시옵소서. 육적인 생활방식에 젖어서 감각적 쾌락을 즐기려 하지 않도록 막아주시옵소서.

예수님의 이름으로 기도드립니다. 아멘.

5월 3주

자기를 깨끗하게 하라

보혈의 옷을 입혀주시는 하나님,
성령의 사람으로 살아야 한다는 분부가 있으나 그러하지 못하였습니다. 주님께서는 모든 선한 일에 예비함이 되도록 자기를 깨끗하게 하라고 하셨으나 그렇게 하지 못했음을 용서해주시옵소서. 돌이켜 보건대 지난 시간의 삶도 육신의 정욕을 피하지 못하고 지냈습니다.

성도들과 함께 의와 믿음과 사랑과 화평을 좇는 데도 게을렀던 죄를 용서해주시옵소서. 주님의 보혈로 씻음을 받아 귀히 쓰는 그릇이 되어 거룩하고 주인의 쓰심에 합당하게 하시옵소서.

○○의 지체들이 살아가면서 언제나 밀어내야 할 것이 있습니다. 바로 육체의 소욕이니 소욕이 일어날 때마다 거절하게 하시옵소서. 죄의 본성이 그대로 남아 있어 때로는 활화산처럼 타오르는데, 성령님께 충만하여 싸우게 하시옵소서.

참된 마음의 평정은 욕정에 순종함으로써가 아니라 저항함으로써 얻어진다는 것을 기억하게 하시옵소시. 육신의 깃이 싸움이 대상이라는 것을 늘 기억하게 하시옵소서. 하나님 앞에서 전혀 무익할 뿐이니 싸워서 물리치게 하시옵소서.

예수님의 이름으로 기도드립니다. 아멘.

5월 4주

주님을 기쁘시게 하라

　죄 없다 공포하시는 하나님,
　저희들이 지난 주간에 그리스도 예수 안에 있는 은혜 속에서 강해지는 삶을 살지 못했음을 회개합니다. 그리스도 예수의 좋은 군사로 주님과 함께 고난을 받는 것도 거절하기를 좋아했음을 회개합니다.
　신분이 하늘에 속했다면 당연히 마음과 생각이 하늘의 것으로 충만해야 하였지만 그러하지 못하였습니다.
　주님께서는 저희들이 자기 생활에 얽매이지 않기를 바라셨지만, 생활에 얽매이며 지냈음을 용서해주시옵소서. 갈보리의 보혈로 저희를 새롭게 해주셔서 부끄러울 것이 없는 일군으로 인정되게 하시옵소서.
　하나님 앞에서 살아가는 동안에, 성령님께서 다스려 주시옵소서. 교만이 충동해 올 때, 반응하지 않도록 도와주시옵소서. 또한 자신의 유익을 구하느라 사람이나 피조물을 의지하려는 생각을 품지 않게 하시옵소서. 땅의 것, 잠시 후에는 없어질 것을 거절하게 하시옵소서.
　자신의 지혜에도 의뢰하지 않도록 하시옵소서. 그와 같은 의지는 허망할 뿐이라는 사실을 깨닫습니다. 소망을 오직 하나님께 두도록 강권해주시옵소서. 하나님의 은총을 소망하게 하시옵소서.
　예수님의 이름으로 기도드립니다. 아멘.

6월 1주

부탁을 받은 삶을 살라

  자비하심으로 새 힘을 주시는 하나님,
  그리스도 예수 안에 있는 믿음과 사랑으로 살라고 하셨으나 저희들의 생각과 고집으로 지내온 한 주간이었습니다. 주님께서 들려주신 바른 말을 지키는 삶에도 모자랐습니다.
  성령으로 말미암아 부탁을 받은 순종의 아름다운 것도 지키지 못했음을 고백하오니 용서해주시옵소서. 십자가에서 흘리셨던 그 뜨거운 피로 저희를 사하시옵소서. 이제는 여호와의 은총을 구하면서 은혜의 바다로 나아가게 하시옵소서.
  여호와 앞에서 ○○의 지체들이 오늘, 기쁨이나 즐거움 또는 만족함이나 자랑을 하나님께 두기를 원합니다. 현재의 상황으로 말미암아 기뻐하지 말게 하시고, 남들에게 없는 것을 소유했다 하여 자랑하려 않게 하시옵소서.
  이 땅에서 경험되는 것은 잠시일 뿐임을 잊지 않게 하시옵소서. 하나님께서 잠깐 동안 누리라고 주신 것들로 말미암아 오래오래 행복하려 하지 않게 하시옵소서. 그것들로 말미암아 하나님께 멀어져 오히려 하나님을 노엽게 해드리지 않을까 주의하게 하시옵소서.
  예수님의 이름으로 기도드립니다. 아멘.

6월 2주

보좌 앞으로 나아가라

은혜의 손을 내미시는 하나님,

날마다 은혜의 보좌 앞으로 나아가는 삶을 살지 못했던 죄를 고백합니다. 자녀가 그의 부모를 의지하고, 부모 앞에서 지내는 것처럼 저희들 역시 하나님 앞에서 살아야 하였으나 그렇게 하지 못한 죄를 용서해주시옵소서.

때로는 주님의 간섭이 귀찮고, 자신의 이기심으로 살아보려 한 죄를 용서해주시옵소서. 이제는 하나님의 긍휼하심을 받고, 때를 따라 돕는 은혜를 얻는 것에 목마르게 하시옵소서.

오늘을 지내면서 하나님께 정한 마음을 두게 하시옵소서. 저의 손에 있는 재물 때문에 즐거워한다거나 낙심하지 않기를 원합니다. 저의 신체적인 조건이나 용모로 말미암아 우쭐댄다거나 뒤로 숨지 않기를 원합니다.

저나 우리 교회의 지체들이 누리고 있는 재능으로 자신을 과시한다거나 다른 사람을 무시하시 않기를 원합니다. 서는 오늘도 어호와께 청지기일 뿐이라는 것을 기억하게 하시며, 하나님께 죄를 짓지 않도록 막아주시옵소서.

예수님의 이름으로 기도드립니다. 아멘.

6월 3주

육신에 지지 말라

    죄에서 벗어나게 해주시는 하나님,
  시험에 드는 일들이 많아 시험에 들지 않도록 깨어 있으라 하셨건만, 깨어있는 삶을 살지 못했음을 고백합니다. 세상의 일들에 마음을 빼앗겨 시험에 들기도 했었습니다. 염려와 두려움 때문에 시험에 들기도 했었음을 용서해주시옵소서.
  주님의 피로 저희를 새롭게 하시고, 성령님께 자신을 드려 성령님의 충만을 유지하게 하시옵소서. 이로써 성령님께 대하여 늘 기도를 함으로써 깨어있는 삶을 살게 하시옵소서. 하나님께 대하여 가슴을 열게 하시고, 사탄의 유혹을 물리치게 하시옵소서.
  천국 시민으로 삼아주셨으니, 천국의 삶을 경험하게 하시옵소서. 이 땅에 있는 사람들보다는 하나님을 가까이하며 지냄에 주목하게 하시옵소서. 작은 문제만 생겨도 이웃을 찾고 이웃에게 묻고 하던 버릇을 거절하고, 하나님께 여쭙는 습관을 갖도록 해주시옵소서.
  그리고 함께 천국 시민 된 지체들과 기도를 나누게 하시옵소서. 까까이 해야 될 존재는 하나님과 하나님의 백성들이라는 것을 잊지 않기를 원합니다.
  예수님의 이름으로 기도드립니다. 아멘.

6월 4주

주 앞에서 낮추라

사유의 은혜를 베푸시는 하나님,
하나님이 교만한 자를 물리치시고 겸손한 자에게 은혜를 주신다 하셨음에도 저희들은 교만한 모습으로 지냈습니다. 자신을 드러내어야 마음이 편하고, 남들보다 뒤로 물리면 두렵고 화도 내었습니다.
주님을 따른다 하면서도 주님의 겸손을 따르지 않은 죄를 용서해 주시옵소서. 이 죄는 스스로 성령님을 떠나서 온 것입니다. 마음으로는 하나님을 가까이 하고 싶으나 성령님의 인도를 거절함 때문입니다. 하나님으로부터 멀어짐에 대하여 슬퍼하며 애통하고, 울게 하시옵소서.
함께 ○○의 공동체가 된 형제나 자매를 여호와께 존귀한 지체로 받아들이기를 원합니다. 저희들 각자에게 지체의 관심이나 조언을 하나님이 도구로 받아들이게 하시옵소서. 때때로 성령님께서는 사람을 사용하사 저희들을 가르시시고, 인도하심을 믿습니다.
성령님께 자신을 내어드리기를 원합니다. 그리고 자신이 마음에 들어 하는 사람에게만 귀를 기울이지 않고, 누구에게라도 경청하는 귀를 갖게 하시옵소서. 저희들은 서로에게 공동체를 이루게 하시옵소서.
예수님의 이름으로 기도드립니다. 아멘.

7월 1주

단순하게 믿어라

의롭게 하시는 하나님,
하나님 앞에서 자녀로 살아야만 했던 저희들이 자녀의 신분을 잊고 지낸 죄를 고백합니다. 하나님을 아버지로 부르면서 마음에 거짓된 것이 없었어야 함에도 불구하고, 솔직하거나 정직함과는 무관하게 지내온 죄를 용서해 주시옵소서.
어린 아이와 같이 유혹의 욕심을 거절하게 해주시옵소서. 사람의 다짐보다 성령님께서 이끌어주시는 대로 순종하게 하시옵소서. 그리하여 주님께서 지신 십자가가 저희들의 것이 되게 해주시고, 주님의 승리로 온갖 더러운 죄를 이기게 하시옵소서.
○○의 지체들에게 하나님을 찾게 하시옵소서. 누구라도 붙잡고 이야기를 하지 않으면 불안할 때가 있습니다. 무슨 말이라도 하고 싶을 때, 하나님께로 향하도록 해주시옵소서. 성령님께서 마음과 생각을 강권하사, 하나님을 찾게 하시옵소서.
하나님께 말씀을 드리고, 때로는 하나님을 기다리기를 원합니다. 하나님께의 속삭임, 하나님과의 시간이 즐겁도록 해주시옵소서. 이제, 마음을 하나님께 쏟게 하시옵소서.
예수님의 이름으로 기도드립니다. 아멘.

7월 2주

죽은 자들에게 기웃거리지 말라

　자기 백성을 찾으시는 하나님,
　"죽은 자들로 자기의 죽은 자들을 장사하게 하고 너는 가서 하나님의 나라를 전파하라"라고 하셨던 주님의 말씀을 외면하였고, 천국의 백성으로서 살아야 하는 의무가 있음에도 순종하지 못한 것을 용서해주시옵소서. 성령님의 인도보다는 자신의 생각에 따라 행동해왔음을 고백합니다.
　오히려 세상 사람들이 저희들로부터 멀어질까를 염려하기도 했던 어리석음을 용서해주시옵소서. 지금, 생명의 영으로 오신 주님의 사랑으로 용서를 받고, 참 소망을 얻게 되었음에 감사드립니다.
　성령님의 다스리심과 통제 안으로 끌어당겨 주시옵소서. 성령님께서 마음을 주장해주시고, 생각과 말을 제어해주신다면 거룩함에 이르리라 믿습니다. 만일, 하루에 하나씩이라도 옛 사람의 생각을 거절하여 하나님께로 가깝게 하시옵소서.
　만일, 한 달에 한 번이라도 죄성을 뽑아내어 의인의 품성을 지니게 하시옵소서. 성령님께 속한 자가 되어 하나님의 사람으로 살아가도록 강권해주시옵소서.
　예수님의 이름으로 기도드립니다. 아멘.

7월 3주

여호와 앞에서 구별하라

눈물의 기도를 받으시는 하나님,
스스로 하나님께 예민하기를 거절하며 지냈습니다. 주님의 편과 세상의 편에서 어정거리며 지냈던 시간을 회개합니다. 가이사의 것은 가이사에게, 하나님의 것은 하나님께 드려야 하였으나 구별하는 데 실패하고 말았습니다.

사실, 가이사의 것도 어찌 보면 하나님의 것인데, 그걸 놓치고 말았습니다. 욕심에 미혹되고, 손해를 볼까 두려워서 적당히 지낸 삶을 용서해주시옵소서. 주님께서 지신 십자가가 저희들의 것이 되게 해주시고, 주님의 승리로 온갖 더러운 죄를 이기게 하시옵소서.

생각하지도 못했던 상황이 펼쳐지고, 원하지 않게 만나는 어려움이 잇습니다. 선한 동기에서 시작한 일이 부당하게 여겨져 당혹스럽기도 합니다. 그때, 감사하게 하시옵소서. 어려움에 직면했을 때, 하나님을 다시 한 번 찾게 하십니다.

때때로 고난과 시련이 하나님의 시간이라는 것을 깨닫게 하시옵소서. 자신을 돌아보게 되며, 헛된 영광에 빠지지 않도록 막아주시는 하나님의 기회라는 것을 배우게 하시옵소서.

예수님의 이름으로 기도드립니다. 아멘.

7월 4주

하나님의 일을 생각하라

용서를 즐겨하시는 하나님,

저희들이 살아가면서 감당해야 하는 하나님의 일들이 많았지만, 그때마다 다른 생각과 일들이 겹쳐져서 정작 주님의 일은 놓쳐버렸음을 회개합니다. 베드로를 꾸짖어 하나님의 일을 생각지 아니하고 도리어 사람의 일을 생각한다고 하신 나무람은 저희들이 들어야 했습니다.

용서해주시옵소서. 십자가에서 흘려주신 주님의 피를 바라보게 하시옵소서. 그 피가 지금도 나의 죄를 씻어주심을 믿습니다. 지금, 생명의 영으로 오신 주님의 사랑으로 용서를 받고, 참 소망을 얻게 되었음에 감사드립니다.

살아가는 중에, 하루에 한 번이라도 자신을 보는 은혜를 갖기 원합니다. 다른 사람의 행위를 판단하려 하게 될 때, 그것이 자신에게도 있는지를 보게 하시옵소서. 남을 판단하는 자는 헛되이 수고하게 될 뿐, 도한 죄를 짓게 한다는 것을 깨닫습니다.

그러나 자신을 판단하고 검토하는 자는 항상 그 수고의 열매를 풍성히 거둔다는 것을 믿습니다. 오늘, 자신을 먼저 봄으로써 한 날을 지내도록 도와주시옵소서.

예수님의 이름으로 기도드립니다. 아멘.

7월 5주

인내를 온전히 이루라

긍휼의 손길로 잡아 주시는 하나님,
저희들을 조금도 부족함이 없게 하시려는 주님의 사랑은 인내를 온전히 이루라 하셨으나 그렇지 못하였음을 고백합니다. 오직 인내를 통해서 하나님 앞에서 온전함이 구비되는 데도 인내하기를 괴로워하였습니다. 용서해주시옵소서.
할 수 만 있으면 인내하지 않고서도, 하나님께 인정받기를 원했던 삶을 회개합니다. 사람으로서는 되지 않고, 오직 하나님의 은혜로만 가능하다는 것을 생각하지도 못하였습니다. 이 교만함을 고백합니다.
은혜가 아니라면 아무 것에도 의미가 없음을 알게 해주셨습니다. 사람들을 대할 때, 사랑으로 쳐다보게 하시옵소서. 교회 안뿐만 아니라 교회 밖의 사람들에게 사랑의 눈으로 쳐다보게 하시옵소서. 궁핍에 처한 사람에게는 그가 바로 자신이라는 심정으로 섬기기를 원합니다.
이 시간에, 예배하러 오는 지체들을 축복합니다. 지희들에게 무엇을 했느냐보다 얼마나 사랑했느냐를 물으시는 하나님 앞에 서게 하시옵소서. 사랑을 원하시는 하나님의 의도에 순종하게 하시옵소서.
예수님의 이름으로 기도드립니다. 아멘.

8월 1주

오직 거룩함을 좇으라

회개를 받아주시는 하나님,

주님께서는 저희에게 모든 사람으로 더불어 화평함과 거룩함을 좇으라 하셨으나 순종하지 못했음을 기억합니다. 하나님과의 화평에도 열심을 내지 못하였습니다. 자신이 하나님의 은혜에 이르지 못하는가를 돌아보는 데도 예민하지 못한 죄를 용서해주시옵소서.

쓴 뿌리가 나서 괴롭게 하는 데도 기도하지 못한 죄를 용서해주시옵소서. 주님께서 흘리신 갈보리의 보혈로 우리를 새롭게 하시고, 은혜를 소망하면서 뜨거운 가슴으로 살게 하시옵소서.

저희로 혼자 살지 않고, 더불어 지내게 하셨음에 감사하게 하시옵소서. 삼위 하나님께서 하나가 되신 것처럼 저희에게도 하나가 되도록 지체들을 주셨습니다.

설령, 그들 중에 어떤 사람에 대하여 마음이 불편할 때, 오히려 너그러이 받아들이게 하시옵소서.

허물이 있거나 과오가 있을 때는 나무라거나 드러내려하기보다는 그를 용납하려는 마음을 갖게 하시옵소서. 하나님이 너그러우심을 공유하게 하시옵소서.

예수님의 이름으로 기도드립니다. 아멘.

8월 2주

의의 후사가 되어 믿음을 좇으라

    허물을 사해주시는 하나님,
    믿음이 없이는 기쁘시게 못함을 알면서도 믿음이 없는 이들과 같이 지내온 죄를 고백합니다. 하나님께서 살아계신 상을 주시는 이심을 믿는데 소홀했던 죄를 내어놓습니다. 하나님이 없다는 이들과 다를 바 없이 지냈고, 하나님의 상보다는 세상의 유익에 마음을 두었습니다. 하나님의 영에 충만하지 못하고, 세상의 것에 몰두했기 때문이었음을 회개합니다. 용서해주시옵소서. 이제, 육신의 생각과 소욕에 매이는 죄를 벗어버리고, 성령님의 충만하심으로 옷을 입어 주님과 동행하도록 인도해 주시옵소서.
    이 시간에, 저와 우리 ○○의 지체들에게 '자신을 꺾음'의 은혜를 누리게 하시옵소서. 남들과 싸워서 이기는 것보다 자신을 쓰러뜨리는 승자가 되기를 원합니다. 만일, 제가 자신을 꺾지 못한다면 다른 사람들과의 화평은 경험하지도 못할 것입니다.
    자신을 꺾음으로써 하나님께 대하여서도 꺾어짐의 은혜를 나의 것으로 삼게 하시옵소서. 교회의 안팎에서 하나님께서 주신 이들과 아무런 불평도 없이 서로 관계를 유지하도록 도와주시옵소서.
    예수님의 이름으로 기도드립니다. 아멘.

8월 3주

허영으로 하지 말라

은혜를 베푸시는 하나님,
저희들이 주님을 섬기면서 봉사할 때, 다툼이나 허영으로 하지 말라고 하셨으나 사실은 정반대로 행했던 죄를 고백합니다. 다른 사람과 비교하게 되고, 생각했던 기대에 못 미치면 그를 비난하곤 하였습니다.
오직 겸손한 마음으로 각각 자기보다 남을 낫게 여기라는 말씀과는 거리가 멀었던 행동을 용서해주시옵소서. 저희들의 봉사를 통하여 주님의 기쁨을 충만케 해드리는 것에 부족했음을 용서해주시옵소서.
주님의 겸손을 사모하기를 원합니다. 주 예수님의 보혈로 교만했던 죄를 씻음을 받고, 주님의 마음을 품게 하시옵소서.
○○의 지체들에게 자신의 삶이 덕으로 단장되도록 이끌어 주시옵소서. 남들이 볼 수 없는 내부적인 모습에 민감하게 하시옵소서. 사람들은 외면적인 것을 보지만 하나님께서는 우리들 각 사람을 지켜보고 계십니다.
저희들은 언제나 하나님께 최고의 경배를 드리게 하시며, 정결하게 행하도록 하시옵소서. 오늘도 하나님이 저희들에게 전부가 되신다는 것을 고백하게 하시옵소서.
예수님의 이름으로 기도드립니다. 아멘.

8월 4주

선한 일에 온전케 하라

　상한 마음을 기다리시는 하나님,
　빛이며, 소금이 된 신분으로 살 되, 오직 선을 행하라 하셨으나 이기적인 욕심에 이끌려 자신의 유익만을 구하는 삶을 살았음을 회개합니다. 서로 나눠주는 삶을 기쁘게 제사로 받으시는 하나님을 잊고, 습관적으로 욕심을 구하며 지냈습니다.
　이제, 주님의 보혈로 죄를 씻음 받고, 모든 선한 일에 너희를 온전케 하게 하시옵소서. 주님으로 마음과 생각을 채워주시옵소서. 주님의 보혈로 메마른 심령을 적셔주시옵소서.
　하나님의 나라를 바라보면서 날마다의 삶을 살아가도록 이끌어 주시옵소서. 하나님과의 교제를 그리워하게 하시옵소서.
　사람들을 만난다거나 세상의 여러 가지 것들에 분주하지 않게 하시옵소서. 그러한 것들은 잠시만 즐거움을 줄뿐, 영원에 대해서는 아무 것도 아닙니다.
　하나님과의 만남을 위해서 시간을 따로 떼어두게 하시옵소서. 다른 사람이나 세상으로부터의 방해를 받지 않는 시간을 구별하기를 원합니다. 그 시간을 하나님께 드려 아버지의 음성을 듣게 하시옵소서.
　예수님의 이름으로 기도드립니다. 아멘.

9월 1주

자신을 속이지 말라

뉘우쳐 돌아오기를 기다리시는 하나님,
　주님의 온유하심을 닮아 듣기는 속히 하되 말하기는 더디 하며, 성내기도 더디 해야 하였으나 그렇지 못했음을 고백합니다. 기분이 상하게 될 때는 습관적으로 예민해져 화를 내곤 하였습니다. 주님의 사람은 던져버리고 인간적인 모습만 남아서 분노했던 죄를 회개합니다.
　성내는 것이 하나님의 의를 이루지 못한다는 말씀은 머리로 외웠으나 저희들의 입에는 모든 더러운 것과 넘치는 악이 남아 있었습니다. 주님의 보혈로 깨끗하게 씻어주시고, 우리를 새롭게 하시옵소서.
　오늘, 성령님께서 강권해주셔서 양심에 귀를 기울이게 하시옵소서. 그 소리가 얼마나 크게 들리는 지를 경험하기를 원합니다. 죄를 감추었을 때는 책망하시는 줄로 믿습니다. 사람들의 평가보다는 양심이 식고하는 소리를 귀에 남게 하시옵소서.
　사랑하는 ○○의 지체들이 자신의 영혼을 둘러 싼 수많은 위험을 제대로 직시한다면 이보다 경건한 복이 어디에 있겠습니까? 성령님께서 심령을 주장해주시옵소서. 이로써 저에게 들어오는 외부적인 감각을 제어하고, 양심이 책망하는 소리를 받게 하시옵소서.
　예수님의 이름으로 기도드립니다. 아멘.

9월 2주

모든 사람을 위하여 기도하라

애통해 하도록 하시는 하나님,

주님께서 모든 사람을 위하여 기도하셨듯이, 저희들은 이웃을 위하여 간구와 기도와 도고와 감사를 해야 하였는데, 그렇게 못했습니다. 다른 사람이나 다른 일들에는 마음을 두지 못하였습니다. 때로는 시간이 아까워 자신을 위한 삶에만 분주했는데, 이를 회개합니다.

특히, 높은 지위에 있는 모든 사람을 위하여 기도하지 않는 대신에 그들에 대한 불평이 많았음을 용서하시옵소서. 그들을 위하여 기도하기보다는 그들을 판단하는데 익숙해져 있음을 회개합니다. 하나님의 나라를 바라보면서 주님의 뜻을 이루어드리는 저희로 삼아 주시옵소서.

원하지 않는 상황들이 나타나 어려움에 처할 때, "자신의 소원대로 모든 일을 이룰 수 있는 자가 어디 있는가"(전 6:2)라는 전도서의 구절을 생각하게 하시옵소서. 오히려 어려움이 나를 찾아주시는 하나님의 시간으로 여기게 하시옵소서.

하나님께 오만했던 사람을 회개하게 하시옵소서. 어려움에서 피할 길 요청하게 하시옵소서. 채워주심을 간구하게 하시옵소서. 이기게 해주시도록 부르짖게 하시옵소서.

예수님의 이름으로 기도드립니다. 아멘..

9월 3주

성령님의 인도를 따르라

　회개를 기뻐하시는 하나님,
　성령님의 감동하심에 저희들을 내어드리지 못한 죄를 고백합니다. 저희들에게 이루어지는 모든 상황에서 기뻐하지도 못하였고, 쉬지 않고 기도하는 데도 게을렀음을 용서해주시옵소서. 기도가 없으니, 범사에 감사하지도 못했습니다.
　성령을 소멸치 말며, 좋은 것을 취하고 악은 모든 모양이라도 버리게 하시옵소서. 여호와를 앙망하는 자에게 새 힘을 주시는 능력에 저희들 자신을 내어드리게 하시옵소서.
　사람은 오늘 있다가 내일 사라져 버린다는 말씀을 기억합니다. 이 세상에서의 시간이 곧 끝이 날 것이라는 것을 잊지 않게 하시옵소서. 세상에서 어떤 일이 닥칠지를 생각하기를 원합니다. 사람의 마음이 얼마나 우둔하고 완악한지요?
　현재의 것만 생각하고 다가올 것에 대해서는 전혀 준비도 하지 않고, 염려하지도 않음을 용서해주시옵소서. 내일이 없을 수도 있음을 주목하고, 오늘 최선을 다하게 하시옵소서.
　예수님의 이름으로 기도드립니다. 아멘.

9월 4주

하나님을 아는 것에 자라라

희게 하시는 하나님,
 모든 신령한 지혜와 총명에 하나님의 뜻을 아는 것으로 채우게 하시기를 기도해야 하였지만, 바쁘다는 핑계로 간구에 소홀했음을 고백합니다. 하나님의 음성보다 눈에 보이는 것들에 마음을 빼앗기고 지내야 하였습니다. 용서해주시옵소서.
 주께 합당히 행하여 범사에 기쁘시게 하고 모든 선한 일에 열매를 맺음을 소원으로 삼지 못하고 삶의 일들에 매달려 지낸 죄를 용서해주시옵소서. 저희들은 연약하지만 우리 안에 하나님의 형상이 있으니, 주님의 뜻에 마음과 몸을 내어드리게 하시옵소서.
 오늘이라는 한 날을 지내면서 하나님 앞에서 서게 도리 시간을 묵상하게 하시옵소서. 하나님께 어떤 모습으로 설 것인지를 두려워하게 하시옵소서. 하나님께는 어느 것도 숨길 수 없으며, 어떤 핑계도 통하지 않음을 기억하기 원합니다.
 인생의 악함을 아시는 하나님께 무슨 대답을 드려야하는지요? 하나님께 설 때, 오직 공평과 정의로 심판하실 것입니다. 심판의 시간을 준비하게 하시옵소서.
 예수님의 이름으로 기도드립니다. 아멘.

10월 1주

하늘에 속하여 살라

갈보리의 은혜를 주시는 하나님,

생명을 허락해주신 시간 동안에 믿음의 선한 싸움을 싸우지 못했음을 회개합니다. 의와 경건과 믿음과 사랑과 인내와 온유를 좇는 대신에 돈과 명예와 이기심을 구하며 지냈습니다.

영생을 취하라고 부르심을 받았음에도 영생이 없는 이들과 함께하는 즐거움에 만족했던 저희들입니다. 십자가에서 흘리신 주님의 보혈로 용서해주시옵소서. 주님께서 다시 오실 때까지 책망 받을 것이 없게 해주시옵소서.

오늘, "하나님의 나라는 너희 안에 있느니라."는 말씀을 새로이 들은 말씀을 받아들이게 하시옵소서. 온 마음으로 주님께 돌이키도록 은혜를 내려주시옵소서. 하나님의 나라를 잊고 지내게 했던 이 세상을 버리게 하시옵소서.

저의 심령에 주님께서 거하실 만한 거처를 마련해드리게 하시옵소서. 오직 그리스도는 모셔 들이되 다른 것들은 절대 받아들이시 않게 하시옵소서. 주님께서 거처를 함께 해주시옵소서.

예수님의 이름으로 기도드립니다. 아멘.

10월 2주

주를 닮아 자라가라

인자하심이 더하시는 하나님,

하나님의 성령으로 말미암아 속사람이 강건해지기를 기도해야 하였으나 저희들의 마음은 세상의 일들도 분주하였습니다. 그리스도께서 저희들의 마음에 계시기를 구하지도 못하고 눈으로 보는 것들로 마음을 채우기에 바빴음을 고백합니다.

볕이 뜨면 사라지고 마는 안개와 같은 것들을 영원한 것과 바꾼 죄를 용서해주시옵소서. 이제, 하나님의 모든 충만하신 것으로 충만하기를 구하게 하시옵소서.

겸손함의 은혜를 주사, 자신을 낮추게 하시옵소서. 다른 사람이나 혹시 다른 일들에 대하여 생각하지 않고, 다만 자신이 어떠한 사람인지 생각하기를 원합니다. 그리고 모든 일에 있어서, 하나님께서 함께 해주실 것인지에 대하여 염려하게 하시옵소서.

우리를 도우시고, 모든 혼란에서 건지시는 것이 하나님의 의도이시라는 것을 붙잡게 하시옵소서. 마땅히 자신을 하나님께 의탁하는 한 날로 삼아주시옵소서.

예수님의 이름으로 기도드립니다. 아멘.

10월 3주

믿음의 도리를 굳게 잡으라

　평강을 주시는 하나님,
　하나님의 자녀가 되게 하시고, 하늘나라를 바라보게 하셨으나, 여전히 땅의 것을 구하며 지냈던 지난 시간을 회개합니다. 땅의 것에 집착해서 저희들의 소망이 되신 주님을 붙잡는 데는 무관심한 죄인들이었습니다.
　○○의 지체들을 천국 백성으로 삼아주셨으나 그 삶의 원리에 따라 서로 돌아보아 사랑과 선행을 격려하지 못한 죄를 용서해주시옵소서. 이제, 주님의 보혈로 새롭게 하시며 영생의 은혜를 소망하면서 살게 하시옵소서.
　교회 안에서 함께 사랑하고 섬기게 하신 지체들을 주셔서 감사합니다. 제가 그들에게 받아들여지기를 원하듯이, 먼저 그들을 받아들이게 하시옵소서. 그들이 저에 대하여 참아주기를 원하는 만큼 제가 먼저 그들에게 참게 하시옵소서.
　그들이 저와는 마음이 맞지 않더라도 그들을 사랑하며 지내기를 원합니다. 결코 그들에게 화를 내거나 노여워하지 않고, 오직 자기 자신에게만 화를 내게 하시옵소서.
　예수님의 이름으로 기도드립니다. 아멘.

10월 4주

성령님께 자신을 맡겨라

영을 새롭게 해주시는 하나님,
하나님은 저희들 각 사람이 주 안에서 성전이 되어가기를 바라셨으나, 성전이 되는 삶을 거절하며 지냈습니다. 성령님께서 감동하시고, 인도하실 때마다 오히려 귀찮게 여기고 자행했던 죄를 용서해주옵소서.
주님의 피로 죄 사함을 받고, 저희들 자신이 성령 안에서 하나님의 거하실 처소가 되는 것을 즐거워하게 하시옵소서. 성령님을 모셔 들이고, 예수 안에서 함께 지어져 가게 하시옵소서.
성령님을 모시고, 성령님께 자신을 내어드리도록 강권해주시옵소서. 성령님의 사람으로 지어져 가게 하시옵소서.
저희들이 살아가는 환경이 너무 요란합니다. 그 요란함에 마음과 생각마저 분주해 자신을 잃지 않게 하시옵소서. 성령님께 충만하지 못해서 정작 살펴야 될 자신의 모습은 보지도 못하고 있습니다.
먼저, 자신이 하나님의 사람으로 세워져 있는가를 염려하게 하시옵소서. 자신에게 부지런히 다이르고 다른 사람들에 대해시는 말을 아끼게 하시옵소서.
예수님의 이름으로 기도드립니다. 아멘.

10월 5주

하나님을 기쁘시게 하라

마음을 헤아리시는 하나님,
하나님의 옳게 여기심을 입어 복음 전할 부탁을 받고, 예배당을 떠났으나 저희들의 삶은 복음을 전하는 것과 멀었던 것을 고백합니다. 천국 시민으로서 거룩한 의무가 있음을 알면서도 불신자들의 눈치를 살피는 생활을 해왔습니다.
다시 한 번, 마음을 감찰하시는 하나님을 기쁘시게 하려는 다짐을 합니다. 십자가에서 흘려주셨던 주님의 보혈로 심령을 새롭게 해주시옵소서. 여호와를 앙망하는 자에게 새 힘을 주심을 믿고, 그 능력에 저희들 자신을 내어드리게 하시옵소서.
오늘, 하나님께서 저에게 기쁨이 되시고, 영광이 되어주시기를 구합니다. 사람도 기쁨이 될 수 있지만 그 기쁨은 온전하지 못함을 압니다. 예수님께서 나의 구세주이시라는 사실, 그 하나로 기쁨이 충만하게 해주시옵소서.
주님의 십자가 밑에서 누리는 기쁨으로 오늘, 만족하기를 원합니다. 의인의 즐거움은 하나님으로부터 나오며, 하나님 안에 있음을 늘 기억하게 하시옵소서. 하나님이 영광이 되게 하시옵소서.
예수님의 이름으로 기도드립니다. 아멘

11월 1주

하나님을 저버리지 말라

자비를 베푸시는 하나님,

저희들을 향하신 하나님의 뜻이 거룩함이라 하셨으나, 아직도 옛 사람의 더러운 일들과 음란을 버리지 못하고 있음을 고백합니다. 색욕을 좇는 더러움에서 손을 떼지 못하니 용서해주시옵소서.

비록 연약하고, 보잘 것이 없는 존재로 여겨질지라도, 우리 안에 하나님의 형상이 있으니, 담대히 세상을 버리게 하시옵소서. 성령님의 충만하심으로 나아가 주님의 뜻에 마음과 몸을 내어드리게 하시옵소서.

자신을 버리지 못하여 스스로 허우적거리고 있습니다. 구원은 소망하지만 예수님을 주님으로 모시지 않고 있습니다. 용서해주시옵소서.

이 시간에, 주님을 사랑하는 것이 무엇인지를, 주님을 사랑하기 때문에 자신을 거절하는 것의 의미에 대한 깨달음을 주시옵소서. 주님을 사랑한다는 증거로 주님 외에 사랑할 수 있는 것들을 거절하도록 성령님께서 강권해주시옵소서.

예수님은 우리가 사랑을 드려야 될 첫째 분이시라는 것을 스스로 결단하게 하시옵소서. 세상에서 사는 날 동안에, 예수님을 사랑하고 그를 친구로 삼게 하시옵소서.

예수님의 이름으로 기도드립니다. 아멘.

11월 2주

행함으로 믿음을 보이라

　보혈로 새롭게 하시는 하나님,
　믿음으로 의롭다하심을 얻은 저희들이기에, 행함을 통해서 믿음을 나타내는 것에 게을렀음을 고백합니다. 저희들의 믿음이 있음을 행함으로 이루어야 하는데, 실패하고 말았습니다. 가난한 이들에게 쓸 것을 주는 것이 손해될까 두려워서 그들을 피하였습니다.
　주님께서는 행함의 기회를 주셨는데도 그것을 거절한 저희들의 삶을 용서해주시옵소서. 머리로는 신자, 행위로는 불신자였습니다.
　이제, 새롭게 하시며 영생의 은혜를 소망하면서 살게 하시옵소서. 스스로의 힘만으로는 신자의 삶을 살 수 없다는 것을 깨달았습니다. 보혈의 은총으로 새롭게 해주시옵소서.
　주님께서 함께하시면, 모든 것이 순조롭고, 어떠한 일도 힘들어 보이지 않는 것을 경험하게 하시옵소서. 만일, 예수님이 계시지 않으실 때, 모든 일이 어려운 것을 확인하게 하시옵소서. 주님께서 내적으로 말씀하지 않으시면 다른 모든 위로는 아무 가치도 없음을 깨닫습니다.
　그렇지만 주님께서 한마디라도 말씀하시면 저에게는 큰 위로가 됩니다. 늘 주님의 말씀을 경험하면서 지내게 하시옵소서.
　예수님의 이름으로 기도드립니다. 아멘.

11월 3주

창조하신 자의 형상을 바라라

　죄를 고백하게 하시는 하나님,
　지난 주간에, 보내심을 받은 삶의 현장에서 주님의 말씀이 풍성히 거하도록 하지 못한 죄를 회개합니다. 하나님을 사모하는데 게을렀고, 자신의 욕망에 매달리며 지내왔음을 고백합니다. 용서해주시옵소서.
　저희들은 주님의 이름으로 모이기를 즐거워하고, 시와 찬미와 신령한 노래를 부르는 것에 게을렀음을 용서해주시옵소서.
　마음에 감사함으로 하나님을 찬양하는 것을 잊고 지냈습니다. 모든 죄를 용서해 주시고, 이제는 무엇을 하든지 말에나 일에나 다 주 예수의 이름으로 하는 삶을 살게 하시옵소서.
　하나님께 속한 자녀가 되게 하셨음을 다시 한 번 생각하게 하시옵소서. 지금, 세상에서 살아가는 것은 잠시일 뿐, 세상을 구하지 않게 하시옵소서. 천국을 얻기 위해서 자신을 비우기를 원합니다.
　자기를 거절하는 만큼 하나님의 나라를 소유하게 될 거라 믿습니다. 세상에서의 욕망을 배설물로 여길 때, 주님이 보화로 보여 질 것을 믿습니다. 오늘, 자신은 거절하고 주님을 구하는 한 날로 삼게 하시옵소서. 예배하는 중에, 주님을 만나 가슴을 뜨겁게 하시옵소서.
　예수님의 이름으로 기도드립니다. 아멘.

11월 4주

용서를 나누며 살라

  자유를 주시는 하나님,
  주님께서는 저희들을 지옥불에서 건져주시며 서로 용서하라 하셨건만 용서를 못하고 살아왔음을 회개합니다. 마음을 상하게 한 이들에 대하여 이해해 주지 못하고, 너그럽지 못한 태도를 보였습니다. 탕감을 받은 빚진 자라는 것을 잊고 지낸 죄를 회개합니다.
  용서를 받았으니, 마땅히 용서해야 하는데 마음에 분을 담고 있음을 용서해주시옵소서. 내가 남에게 불의를 행한 것은 살피지 못하고, 남이 내게 화나도록 한 것에만 매달리고 있습니다. 불쌍히 여겨 주시옵소서. 예배하러 나오기 전에 용서하지 못한 것을 용서해주시옵소서.
  쾌락이 주는 즐거움보다 하늘로부터 임하는 즐거움을 사모하게 하시옵소서. 쾌락을 구하려 하지 않고, 성령님께 자신을 내어드리는 은혜를 경험하게 하시옵소서. 성령님의 동행을 바라면서 십자가를 지기에 힘쓰는 삶을 구하기를 원합니다.
  제가 짊어져야 될 십자가를 단 마음으로 바라보게 하시며, 능히 짊어지게 하시옵소서. 그 시간이 길다 해도 인내로서 참게 하시고, 하나님의 영광을 구하게 하시옵소서.
  예수님의 이름으로 기도드립니다. 아멘.

12월 1주

보혈에 죄를 씻어라

십자가를 보게 하시는 하나님,

거룩한 백성으로 살아야 하는 저희들이기에 죄에 민감해야 하지만, 그렇지 못했음을 회개합니다. 때로는 죄인 줄 알면서 순간의 유익을 위해 눈감은 적도 있습니다. 고의로 하나님을 거절하고, 세상을 선택한 죄를 용서해주시옵소서.

성경에서 보여 졌던 죄인들의 행실이 그들만의 것이 아니고, 바로 나의 것이란 사실을 깨달았습니다. 애통하는 자는 복이 있다고 하셨으니, 예배하러 나온 이 자리에서 통회의 눈물을 흘리게 하시옵소서.

주님의 보혈로 깨끗이 씻음을 받고, 거룩함에의 기쁨을 회복하게 하시옵소서. 주님께서 지신 십자가가 저희들의 것이 되게 해 주시옵소서.

솔직하게 여쭈어서, "자기를 부인하고 자기 십자가를 지고 나를 좇을 것이니라."는 주님의 말씀은 실천하기 어렵습니다. 그렇지만 십자가를 지는 것이 주님의 제자가 되는 길이라면 감당하도록 도와주시옵소시.

성령님께서 십자가를 지도록 해주시옵소서. 주님께서 다시 오셔서 심판하실 때, 이 십자가가 하늘나라에 들어가는 표징이 될 것임을 믿습니다. 주님의 제자들이 갔던 길을 뒤따르게 하시옵소서.

예수님의 이름으로 기도드립니다. 아멘.

12월 2주

부르심을 받은 대로 살라

평안을 주시는 하나님,
 성령님께 자신을 내어드렸어야 하는데 그러하지 못하였습니다. 그 결과, 주님께서는 저희들에게 부르심을 입은 부름에 합당하게 행하여 살라 하셨으나 그렇게 살아오지 못하였습니다. 용서해주시옵소서.
 저희들 자신과 이웃을 향해서 모든 겸손과 온유로 하지 못한 죄를 용서해주시옵소서. 오래 참음으로 사랑 가운데서 서로 용납하는데 부족했습니다.
 평안의 매는 줄로 성령의 하나 되게 하심을 힘써 지키는 것과는 멀었던 행실을 용서해주시옵소서. 저희들의 죄를 주님의 보혈로 씻김을 받게 하시옵소서. 이로써 평안을 누리게 하시옵소서.
 "내가 하나님 여호와의 하실 말씀을 들으리라.(시 85:8)"는 다윗의 노래를 고백하게 하시옵소서. 하나님의 음성을 들을 수 있는 귀를 갖기를 원합니다. 하나님의 말씀을 받는 영혼이 되게 하시옵소서.
 작은 속삭임으로 말씀을 하시는 하나님께 귀를 기울이게 하시옵소서. 그리고 세상에서 들려오는 큰 소리에는 전혀 주의하지 않게 하시옵소서. 저의 심령을 진리의 말씀에 민감한 귀로 삼아주시옵소서.
 예수님의 이름으로 기도드립니다. 아멘.

12월 3주

믿음의 진보를 보여라

널리 용서해주시는 하나님,

성도로서의 품격을 지키며 신앙의 형제들에게 본이 되라 하신 말씀을 잊고 지낸 죄를 용서해주시옵소서. 불신자들로부터 업신여김을 받지 말라 하셨으나 세상의 조롱거리가 되기도 하였습니다.

갈보리의 십자가에서 나타난 은혜로 새롭게 하시며, 오직 말과 행실과 사랑과 믿음과 정절에 대하여 본이 되게 하시옵소서. 이를 통해 진보를 나타내고, 하나님의 나라를 바라보는 삶을 살아가도록 이끌어 주시옵소서. 주님의 다스리심에 주목하게 하시옵소서.

오늘을 지내면서 여호와 앞에서 진실 되게 행하고, 하나님을 찾을 때는 소박한 마음을 갖게 하시옵소서. 여호와께 정직할 때, 악한 자들로부터 공격을 받지 않을 것을 확신합니다. 이로써 진리가 자유롭게 해주는 것을 경험하게 하시옵소서.

그 자유로 스스로 유혹을 받지 않으며, 죄에 자신을 넘겨주지 않음을 확인하게 하시옵소서. 하나님의 말씀이 저와 ○○의 지체들의 삶에서 이루어지는 것을 보게 해주시옵소서.

예수님의 이름으로 기도드립니다. 아멘.

12월 4주

하나님께 소망을 두라

회개의 영을 보내주시는 하나님
하나님께서 저희들의 아버지이신지라 마땅히 하나님의 공급해주심을 믿고 지냈어야 하는데, 염려하고, 두려워하므로 피곤하게 살아온 죄를 고백합니다. 하나님께 맡기지 못한 죄를 용서해주시옵소서.
아울러, 우리가 먹을 것과 입을 것이 있음에도 족한 줄로 여기지 못하고, 더 갖으려는 욕망에 끌려 살아온 죄를 용서해주시옵소서. 주님의 피로 저희들의 죄를 씻어주시고, 죄의 짐을 내려놓았듯이, 삶의 짐도 주님 앞에서 내려놓게 하시옵소서.
하나님 앞에서 산다고 하지만 여전히 불완전합니다. 성령님의 강권하시는 지배 안으로 들어가게 하시옵소서. 믿음으로 행한다고 하는 것들에 약함을 인정합니다. 성령님께서 저를 주장하사 성령님께 사용되게 하시옵소서.
저와 우리 ㅇㅇ교회 지체들의 심령을 거룩하게 하시며, 하나님을 닮기를 소원하게 하시옵소서. 악한 열정과 마음의 온갖 혼란스런 애증에서 자유롭게 되기를 원합니다. 하나님의 은혜로 세워짐에 이르게 하시옵소서.
예수님의 이름으로 기도드립니다. 아멘..

12월 5주

지내온 시간이 죄뿐이었음을

　감사로 여호와를 찾게 하시는 하나님,
　한 해를 거룩하게 살아가라고 시간을 주셨으나 그렇게 하지 못하였습니다. 이 땅에서 지내는 동안에 빛이며, 소금이 되어 살라고 하셨지만 주님의 말씀보다 나의 생각에 분주해서 지냈습니다. 발자국으로 남겨진 모습을 보니 죄의 흔적뿐입니다. 용서해주시옵소서.
　그래도 낙심하지 않고, 새 해를 맞이함은 용서의 은총이 있기 때문입니다. 간음을 하다가 현장에서 잡혀 온 여인에게, 정죄를 하지 않는다고 말씀하셨던 그 음성이 저에게도 들려지게 하셨습니다. 이처럼 용서해주심은 다시 시작해보라고 기회를 주심이라 믿습니다.
　여호와께 대하여 혼동하지 않도록 지혜를 구합니다. 구원의 선물을 주신 예수님과 구원이라는 선물을 따로 떼어놓지 않게 하시옵소서. 복을 주시는 하나님과 받아 누리게 될 복을 따로 떼어놓지 않게 하시옵소서.
　구원의 선물보다 예수님을, 누리게 되는 복보다 하나님께 주목하게 하시옵소서. 설령, 받지 못한다 해도 주시는 하나님께 주목하게 하시옵소서. 주시고, 누리게 하시는 하나님을 사랑하게 하시옵소서.
　예수님의 이름으로 기도드립니다. 아멘.

phd
10
예배 시 헌금 봉헌기도

1월 1주

측량할 수 없는 은혜

성소에서 찬양을 받으실 여호와여,
여호와께서 베풀어주신 것이 셀 수 없이 많아 감사의 예물을 드립니다. 여호와의 은혜를 노래하여 그 행사를 선포하는 예물이 되게 하시옵소서. 하나님의 것을 구별하여 돌려드립니다. 이 헌금이 하나님의 뜻에 따라 쓰여 져 주님께 영광이 되기를 원합니다. 이제, 예물을 다루는 종들에게는 성물을 귀하게 관리하도록 복을 내려주시옵소서.
우리 구주 예수님의 이름으로 봉헌 기도드립니다. 아멘.

1월 2주

주께 너그러운 연보

도움을 삼게 하신 여호와여,
저희들의 지난 한 주간의 삶을 지켜주셨음에 감사드립니다. 모든 일에도 부요하게 하셨기에 예물을 드림이 너그럽게 하셨습니다. 하나님께 감사하는 마음이 바쳐지고, 저희들 자신을 드림이 되기 원합니다. 하나님의 나라와 교회를 위하여 거룩하게 쓰이기를 빕니다. 예물을 다루는 종들에게도 은혜를 보게 하여 주시옵소서.
우리 구주 예수님의 이름으로 봉헌 기도드립니다. 아멘.

1월 3주

넘치도록 복을 주시는 여호와

땅을 기름지게 하신 하나님,
오늘, 빈손으로 하나님께 나오지 않게 하셨음에 감사드립니다. 여호와를 기쁨으로 섬기며 지내는 중에 소산이 넘치게 하시고 좋은 것들로 채우셨기에 마음을 다하여 예물을 드리니 받으옵소서. 은혜를 받은 권속들이 여호와를 위하여 손을 펴게 하시옵소서. 저희들이 드린 예물이 이 땅에서 하나님의 일을 성취하는 데 쓰여 지게 하시옵소서.
우리 구주 예수님의 이름으로 봉헌 기도드립니다. 아멘.

1월 4주

기쁨과 즐거움으로 드리는 예물

때를 따라 식물을 주신 하나님
하늘에서 내려 온 복을 누린 지체들이 그 사랑에 보답하여 예물을 드렸습니다. 저희들 각자의 삶의 자리에서 받은 은혜에 따라 자원하여 바칩니다. 주님께 바칠 예물을 구별하게 해주셨으니, 사랑하는 구주 앞에 모두 드리는 예물이 여호와께 영광이 되기를 소망합니다. 거룩하게 구별되어서 하나님의 영광을 구하는 데 사용되기를 빕니다.
우리 구주 예수님의 이름으로 봉헌 기도드립니다. 아멘.

1월 5주

모든 만물은 여호와의 것

어미의 품으로 보호해주시는 하나님,
 여호와께서 내려주신 은혜를 기리려고 예물을 드릴 때 받으시옵소서. 무릇 즐거운 마음으로 내는 저희들의 손길이 되게 하시고, 하나님이 도우셨음을 만방에 알리게 하시옵소서. 저희들의 손에 있는 것이 다 주님께로부터 왔으니 받으시고, 영광을 취하시옵소서. 비록 적은 예물이어도 하나님께 30배, 60배, 혹은 100배로 사용되게 하시옵소서.
 우리 구주 예수님의 이름으로 봉헌 기도드립니다. 아멘.

2월 1주

흠이 없는 온전한 예물

출입을 지켜주시는 하나님,
 지금 주님의 자녀들이 자신이 가진 모든 것을 우리 아버지 앞에 내어놓습니다. 아무 흠이 없는 온전한 것이 되게 하시옵소서. 그 받은 귀한 선물을 다 주님께 바치기를 소망합니다. 이 헌금에 복을 내려 주옵소서. 귀한 예물을 다루는 종들에게도 복을 주시옵소서. 드려진 예물로 하나님의 일이 시원하게 이루어지게끔 사용되게 하시옵소서.
 우리 구주 예수님의 이름으로 봉헌 기도드립니다. 아멘.

2월 2주

여호와를 위하여 펴는 손

새벽마다 도움이 되시는 하나님
땅의 기름진 것으로 만족하게 하셔서서 곡식으로 풍성하게 하시어 기근이 너희에게 임하지 않게 하심을 즐거워합니다. 사실, 하나님의 것으로 지내왔습니다. 이에, 주신 것들 중에서 일부를 드림은 바침이 아니라 '돌려드림' 입니다. 이에, 기쁨으로 섬기며 여호와를 위하여 손을 펴게 하시옵소서. 감사하는 손길마다 복을 더하여 주시옵소서.
우리 구주 예수님의 이름으로 봉헌 기도드립니다. 아멘.

....

2월 3주

크고, 크신 여호와의 은혜

즐겁고 기뻐하게 하신 여호와여,
저희들을 향하신 여호와는 은혜로우시며 자비하셨습니다. 지난 주간에 저희들에게 다가오신 하나님은 인자하심이 크신 아버지이셨습니다. 이에, 은혜가 크고, 감사함이 넘쳐서 예물을 드립니다. 주신 것에 비하여 보잘 것이 없으나, 하나님의 영광을 드러내게 하시옵소서. 그리고 이 예물로 하나님께 더 큰 영광을 드리는 일들이 성취되게 하시옵소서.
우리 구주 예수님의 이름으로 봉헌 기도드립니다. 아멘.

2월 4주

마땅히 받으실 주의 예물

복락의 강수로 마시게 하신 하나님,
주님의 자녀들을 고아처럼 버리지 않고, 보호해 주셨음에 감사드립니다. 그 사랑에 감격하여 마땅히 경외할 이에게 예물을 드리니 받으옵소서. 지금 저희들의 손에 있는 것이 다 주님께로부터 왔으니 받으시고, 이 땅에 있는 것들의 주인이 하나님이심을 공표하시옵소서. 믿음으로 드려진 예물이 믿음의 일들을 위하여 사용되기를 빕니다.
우리 구주 예수님의 이름으로 봉헌 기도드립니다. 아멘.

3월 1주

넘치고도 넘치게 하시는 주

기근 시에도 살게 하신 여호와여,
하나님이 모든 은혜를 넘치게 하셨음에 감사하여 예물을 드립니다. 저희들의 힘에 넘치도록 드리는 예물을 받으시고, 여호와의 나라는 영원하기 원합니다. 이 예물을 드림을 통해서 모든 일에 항상 모든 것이 넉넉하여 모든 착한 일을 넘치게 하게 하심을 보게 하시옵소서. 하나님의 나라와 교회에 주님의 뜻이 세워져 가는데 쓰이게 하시옵소서.
우리 구주 예수님의 이름으로 봉헌 기도드립니다. 아멘.

3월 2주

초장의 양떼와 골짜기의 곡식

평강의 복을 주시는 여호와여,
저희들의 생활을 통해서 초장에는 양떼가 입혔고 골짜기에는 곡식이 덮였음을 보게 하셨음에 감사드립니다. 세세하게 간섭하시고, 도우신 주님의 은혜에 저희가 다 즐거이 외치고, 또 감사의 예물을 바칩니다. 하나님의 것을 구별하여 돌려드릴 때, 영광을 받으시옵소서. 성령님께서 바쳐진 예물에 축사하사, 하나님의 일이 부흥하도록 하시옵소서.
우리 구주 예수님의 이름으로 봉헌 기도드립니다. 아멘.

․․

3월 3주

자원하여 드리는 예물

성실로 도우시는 하나님,
하늘의 문을 여시고 베풀어주신 은혜에 마음이 감동되어 예물을 준비해 온 손길들에 복을 더하여 주시옵소서. 하나님의 것을 하나님께 돌려드림이 마땅함을 배웁니다. 하나님께 드림에 자원하여 예물을 바치게 하셨으니 받으시옵소서. 사랑하는 구주 앞에 모두 드리는 은혜를 보게 하시고, 이 헌금으로 주님의 나라가 확장되게 하시옵소서.
우리 구주 예수님의 이름으로 봉헌 기도드립니다. 아멘.

3월 4주

옥합을 깨뜨리는 심정으로

의의 길로 인도하시는 하나님,
주님의 은혜가 크셔서 마리아와 같은 심정으로 나왔으니 옥합을 깨뜨렸던 사랑으로 예물을 드리니 받으옵소서. 주님을 기쁘시게 해 드리고, 이 땅에 하나님의 영광이 이루어지는 예물이 되기 원합니다. 여기에 모인 이들이 주님을 사랑하여 아낌없이 드리게 하시옵소서. 이후로는 더 많이 사례하여 하나님의 나라와 의를 구하게 하시옵소서.
우리 구주 예수님의 이름으로 봉헌 기도드립니다. 아멘.

4월 1주

구하는 그대로 주신 주

시온에서 붙들어 주사는 여호와여,
주님의 자녀들에게 구하는 그대로 주셨음에 감사하여 예물을 드립니다. 기쁜 하늘의 잔치에 참여한 지금, 귀한 예물을 드리게 하시옵소서. 이 복된 예물로 저희들을 만족케 하신 하나님을 선포하게 하시옵소서. 그 베풀어주셨음에 감사하여 주님께 돌려드리니 받으시옵소서. 주신 것보다 드리는 것이 늘 적어 송구스러움을 잊지 않게 하시옵소서.
우리 구주 예수님의 이름으로 봉헌 기도드립니다. 아멘.

4월 2주

날마다 보호하신 주께

    주의 날개 그늘 아래 보호하시는 하나님,
    지난 이레 동안에 여호와의 품에서 인도함을 받아 감사로 예물을 드립니다. 이 예물을 따로 구별할 때부터 하나님께 벅차게 해주셨습니다. 주님의 이름을 예배할 때 드리는 예물을 받아주시옵소서. 저희들의 삶이 오직 주님의 공로를 인함이라, 힘을 다해서 예물을 드리게 하옵소서. 저희들이 바치는 것으로 영광을 받으시옵소서.
    우리 구주 예수님의 이름으로 봉헌 기도드립니다. 아멘.

4월 3주

여호와를 위하여 펴는 손

    삶의 즐거움이 되신 하나님,
    우리 주님의 은혜가 누르고 흔들어 차고 넘치는 한 주간이었습니다. 저희들이 준비한 예물이 우리를 위하시는 하나님께 대한 증거가 되기를 빕니다. 믿음과 사랑과 함께 부요한 삶을 살게 해주신 은혜를 기리고자 예물을 드립니다. 그리스도 안에서 넘치도록 풍성하였으니, 기쁨으로 섬기며 여호와를 위하여 손을 펴게 하시옵소서.
    우리 구주 예수님의 이름으로 봉헌 기도드립니다. 아멘.

4월 4주

먹어서 배불린 날들

  자기 백성을 사랑하사 긍휼히 여기시는 여호와여,
  주일 아침에, 참으로 감사합니다. 아버지 하나님의 사랑으로 아름다운 집을 짓고 거하던 저희들입니다. 지금, 먹어서 배부른 삶을 살아왔기에 감사함으로 드리는 예물을 받으옵소서. 하나님의 영광을 위해서 드리는 손에 겸손의 은혜를 주시옵소서. 믿음으로 드린 예물로 하나님의 뜻을 구하고, 천국의 일들이 이루어지도록 하는 데 쓰이기를 빕니다.
  우리 구주 예수님의 이름으로 봉헌 기도드립니다. 아멘.

....

4월 5주

하늘로부터 은혜를 입은 삶

  풍성함을 즐기게 하신 하나님,
  이 시간에, 여호와의 이름에 합당한 영광을 돌리게 하시옵소서. 하나님의 은혜로 살아왔기에, 예물을 가지고 주님의 품으로 나아가기 원합니다. 억지로나 혹은 인색함으로 드리지 않게 하심에 감사드립니다. 사랑으로 준비한 예물로 하나님의 영광이 풍성하기를 원합니다. 지금 저희들의 손에 있는 것이 다 주님의 것이니 받아 주시옵소서.
  우리 구주 예수님의 이름으로 봉헌 기도드립니다. 아멘.

5월 1주

모든 것이 주께로부터

  행사를 형통하게 하시는 여호와여,
  시냇가에 심은 나무가 시절을 좇아 과실을 맺음과 같게 하셨기에 감사드립니다. 잎사귀가 마르지 않게 하신 은혜에 감격하여 그 받은 귀한 선물을 다 주님께 드립니다. 저희를 위하시는 그 사랑에 비한다면, 오늘도 드리는 것은 아주 적어, 참으로 민망스럽습니다. 그러나 하늘에는 영광이며, 교회에는 부흥을 경험하는 역사를 보여 주시옵소서.
  우리 구주 예수님의 이름으로 봉헌 기도드립니다. 아멘.

5월 2주

예물을 드리는 손

  생존세계에서 분깃이 되시는 하나님,
  저희들에게 복을 주셔서 기름지고 맛있는 것 배불리 먹은 듯이 시냈음에 감사하며 예물을 바칩니다. 저희들의 입술이 기쁘고 또한 입이 흥겨워 예물을 드리는 손이 즐겁습니다. 저희들 각 사람이 하나님을 즐거워하며 지냈기에 그 은혜에 드리는 예물을 받으옵소서. 이 예물은 곧 저희들 자신이라 믿습니다. 오직 하나님께 영광이 되어주시옵소서.
  우리 구주 예수님의 이름으로 봉헌 기도드립니다. 아멘.

5월 3주

적당히 내리는 이른 비와 늦은 비

앉고 일어섬을 아시는 여호와여,
 주님의 백성들이 하나님 여호와로 인하여 기뻐하게 하셨음에 감사드립니다. 저희를 위하여 비를 내리시되 이른 비를 너희에게 적당하게 주신 여호와를 찬송합니다. 드리는 손에 겸손의 은혜를 내려 주옵소서. 이 헌금이 쓰여 질 때, 하나님의 영광이 크게 나타내시옵소서. 사랑하는 지체들의 소원, 하나님의 나라와 그 의가 구해지기를 빕니다.
 우리 구주 예수님의 이름으로 봉헌 기도드립니다. 아멘.

....

5월 4주

위로하시는 여호와

복되고 형통하게 하시는 여호와여,
 여호와의 위로하는 품에서 만족하게 하셨기에 감사의 예물을 드립니다. 하나님께서 베풀어 주신 그 영광의 풍성함을 인하여 즐거워합니다. 하나님의 사랑을 누려, 그 놀라우신 은총에 감사하여 예물을 바쳐 주님께 돌려드립니다. 주님의 교회에 하나님의 영광이 나타나기를 소망합니다. 꼭 필요한 데, 꼭 사용되어야 하는 데 쓰이기를 원합니다.
 우리 구주 예수님의 이름으로 봉헌 기도드립니다. 아멘.

6월 1주

약속을 갚는 은혜

　영영히 견고케 하신 여호와여,
　돌아보건대, 저희들의 삶은 하나님의 자비와 긍휼하심이었습니다. 이에, 감사로 하나님께 제사를 드리기 원합니다. 지극히 높으신 자에게 서원했던 은혜를 갚아 드리게 하시옵소서. 주님께서 베풀어주신 것들이 하도 많으나, 하나님의 것을 구별하여 돌려드리고 주신 복에 감사함이 상달되게 하시옵소서. 믿음으로 드리는 예물을 받으시옵소서.
　우리 구주 예수님의 이름으로 봉헌 기도드립니다. 아멘.

6월 2주

구별해서 드리는 예물

　늘 찬송하게 하시는 하나님,
　주님께서 베풀어주신 은혜를 생각할 때, 힘이 미치는 내로 감사하게 하시옵소서. 저희들에게 주신 것들을 구별해서 여호와 앞에 서원한대로 예물로 삼아 드리게 하시니 감사드립니다. 사랑하는 구주 앞에 모두 드리는 은혜를 주시옵소서. ○○의 지체들이 감사의 예물을 드릴 때, 거룩하게 구별하는 법을 따라 바쳤으니 큰 영광이 되시옵소서.
　우리 구주 예수님의 이름으로 봉헌 기도드립니다. 아멘.

6월 3주

번성하게 하신 주

언제나 속히 도우시는 하나님,
주님의 자녀들에게 복을 주셔서 지난 주간에도 복된 삶을 살아왔습니다. 무엇을 하든지, 어디로 가든지 복되었던 사실에 감사하여 예물을 드립니다. 이 예물이 하나님께서 저희들에게 주셨음에 대한 증표입니다. 생육하고 번성하여 땅에 충만했던 생활에 감격해서 드리니 받으시옵소서. 주님을 사랑하여 몸도 함께 드리게 하시옵소서.
우리 구주 예수님의 이름으로 봉헌 기도드립니다. 아멘.

6월 4주

모든 것이 여호와의 것

우리의 자랑이 되시는 여호와여,
지난 시간에도 밀의 아름다운 것으로 저희에게 먹이셨음에 감사드립니다. 반석에서 나오는 꿀로 만족케 하셨음을 즐거워하며 예물을 드립니다. 이미 몸도 하나님의 것, 소용되는 모든 것을 주신 아버지이십니다. 하나님의 것을 모두 드리고, 주신 복에 감사의 찬송을 부르게 하시옵소서. 이 헌금이 쓰여져서 영광이 되게 하시옵소서.
우리 구주 예수님의 이름으로 봉헌 기도드립니다. 아멘.

7월 1주

부요케 하신 하나님의 선물

　예부터 도움이 되시는 하나님,
　주님의 은혜를 입은 자녀들에게 재물과 부요를 주셨음을 감사하여 예물을 드립니다. 하나님의 저희들을 위하셨음에 대한 증거로서의 드림이 되게 하시옵소서. 여호와께로부터 분복을 받아 수고하며 산 것에 합당한 예물이 되게 하시옵소서. 부족함이 없는 재물을 통해서 풍성한 은혜를 받았으니 그 일부를 여호와께 돌려드리니 받으시옵소서.
　우리 구주 예수님의 이름으로 봉헌 기도드립니다. 아멘.

....

7월 2주

자기 백성을 안위하시는 여호와

　홀로 큰 기사를 행하시는 하나님,
　만군의 여호와의 은혜로 시난 시간, 저희들의 생활은 풍요로웠습니다. 비록 가난하고, 어렵기도 하였으나 감사가 넘친 한 주간의 삶이었습니다. 저희들을 안위해 주신 여호와의 은혜에 감사하여 예물을 드리니 받으옵소서. 하나님을 사랑하여 아낌없이 드립니다. 믿음과 소망, 사랑으로 바쳐진 예물로 하나님의 일이 크게 이루어지게 하시옵소서.
　우리 구주 예수님의 이름으로 봉헌 기도드립니다. 아멘.

7월 3주

여호와께 드리는 산 제물

복을 누리게 하신 하나님,
　하나님께서 저희들을 사랑하시되 끝까지 사랑해주셨음에 주님의 자녀들, 자신이 가진 모든 것을 우리 아버지 앞에 내어놓습니다. 여호와께 저희들 자신이 제물로 드려지기 원하여 예물을 드립니다. 복 되게 받아주시고, 주 하나님께 영광을 드리게 하시옵소서. 하나님께서 원하시는 곳에 사용되는 예물이 되어 감사가 더욱 넘치게 하시옵소서.
　우리 구주 예수님의 이름으로 봉헌 기도드립니다. 아멘.

....

7월 4주

긍휼을 베푸시는 주

시온에서 복을 주시는 여호와여,
　지난 시간 동안에도 주님께서 그 백성을 위로해 주셨음에 감사로 예물을 드립니다. 아낌이 없이 드리게 하옵소서. 고난당한 자를 긍휼히 여겨주신 은혜를 기억하며, 거룩한 날에 여호와 잎에서 감사의 예물을 드립니다. 감격해서 드리니 받으시고 영광을 나태시옵소서. 바쳐진 것들로 우리 교회에서 하나님의 일이 더욱 크게 일어나기를 소원합니다.
　우리 구주 예수님의 이름으로 봉헌 기도드립니다. 아멘.

7월 5주

더해지는 의의 열매

  기쁨으로 단을 거두게 하신 하나님,
  심는 자에게 씨와 먹을 양식을 주시는 여호와의 은혜에 감사드립니다. 하나님께서 심을 것을 주사 풍성하게 하셨으니 감사의 예물로 영광이 되기 원합니다. 그 은총으로 저희들에게는 의의 열매를 더하게 하시옵소서. 부족함이 없는 재물을 통해서 풍성한 은혜를 받게 하시옵소서. 드려진 예물은 하나님의 나라와 교회를 위하여 사용되게 하시옵소서.
  우리 구주 예수님의 이름으로 봉헌 기도드립니다. 아멘.

....

8월 1주

심은대로 거두게 하시는 주

  평강으로 이끄시는 여호와여,
  주님께서 베풀어주신 것이 많아 감사, 감격하여 예물을 드립니다. 지금, 저희들에게 하늘의 원리에 따라 많이 심어 많이 거두는 복에 참여하게 하시옵소서. 하늘의 은혜에 보답하고자 예물을 준비했으니, 받으시고 하나님께 영광이 되기 원합니다. 하나님의 일에 꼭 필요한 재정으로 마련되게 하시고, 생명을 구원하는 일에 쓰이기를 빕니다.
  우리 구주 예수님의 이름으로 봉헌 기도드립니다. 아멘.

8월 2주

쓸 것을 채워주시는 여호와

  일어나 지켜주시는 여호와여,
  하늘의 자녀들에게 주님 안에서 영광 가운데 지내게 하셨음을 기억합니다. 지난 주간의 생활은 여호와의 풍성하심 그대로 은혜를 누린 삶이어서 감사의 예물을 드립니다. 모든 쓸 것을 채워주신 손길에 감사하여 예물을 드릴 때, 저희 자신을 바침이 되게 하시옵소서. 그리고 구별된 예물로 하나님의 일들이 성취되는 것을 보여주시옵소서.
  우리 구주 예수님의 이름으로 봉헌 기도드립니다. 아멘.

....

8월 3주

넉넉하신 여호와의 손

  세상에서 복을 주신 하나님,
  지친 사람에게 마음껏 마실 물을 주는 것과 같은 은혜로 살아왔습니다. 지난 시간 동안에 저희들에게 베풀어진 하나님의 은혜는 허기진 자에게 배불리 먹을 양식을 주신 것이라 감사로 나왔습니다. 그 크고 넓으신 은혜에 감사해서 저희들의 형편에 따라 예물을 바치니 받으시옵소서. 하나님께는 영광, 저희들에게는 복된 사건이 되기를 빕니다.
  우리 구주 예수님의 이름으로 봉헌 기도드립니다. 아멘.

8월 4주

보호해주신 여호와의 은혜

  소원을 이루어주시는 여호와여,
  주님의 긍휼이 그치지 않게 하셨음을 본 주의 백성들이 예물을 바칩니다. 삶의 현장에서 보여주신 인자와 진리로 보호하시는 하나님의 손길에 감사하게 하시옵소서. 그 은혜가 넘쳐 예물을 드리도록 하셨으니 받아 주시옵소서. 이 예물은 저희들의 사랑이고, 헌신입니다. 오직 하나님께만 드려지고, 하나님의 영광을 위하여 사용되게 하시옵소서.
  우리 구주 예수님의 이름으로 봉헌 기도드립니다. 아멘.

9월 1주

풍성한 삶을 주신 주

  구원의 노래로 에우시는 하나님,
  지난 한 주간에도 저희들의 창고와 손으로 하는 모든 일에 복을 내리셨음에 감사드립니다. 여호와께서 저희들에게 주신 삶의 자리에서 땀을 흘리며 지내게 하시고, 소득도 얻게 하시니 감사의 예물을 바칩니다. 부요한 재물을 통해서 풍성하였으니 영광을 받으옵소서. 성령님께서 축사하사, 하나님의 일이 크게 일어나는 기적을 보여주시옵소서.
  우리 구주 예수님의 이름으로 봉헌 기도드립니다. 아멘.

9월 2주

기쁨으로 드리는 희생

요동치 않게 하시는 하나님,
여호와께 감사의 예물을 드리니 주님을 기쁘시게 해드리기 원합니다. 지난 주간에 저희들에게 나타내주신 은혜를 이 희생으로 다 갚을 수 없으나 모든 것을 우리 아버지 앞에 내어놓을 때, 받으옵소서. 이 헌금이 교회 안에서 쓰여 질 때, 영광이 되기를 소망합니다. 귀한 예물이 하늘의 하나님께서 원하시는 일에 쓰이는 재정이 되게 하시옵소서.
우리 구주 예수님의 이름으로 봉헌 기도드립니다. 아멘.

9월 3주

주를 위하여 펴는 손

힘과 방패가 되시는 하나님,
여호와께서 쓰고도 넘치도록 풍족하게 하셨음을 즐거워합니다. 마른 땅에 단비를 내리신 하나님의 손에 영광을 돌려 드립니다. 언제나 저희들에게 처음의 복보다 더 하게 하신 긍휼을 찬송합니다. 예물을 바치는 손길로 기쁨으로 섬기며 여호와의 이름을 높이게 하시옵소서. 하나님께 드려진 예물로 오늘, 하늘의 일이 더욱 부흥되기를 빕니다.
우리 구주 예수님의 이름으로 봉헌 기도드립니다. 아멘.

9월 4주

얼굴을 비취시는 여호와

은혜를 바라게 하신 여호와여,
　지난 주간에, 저희들의 삶은 날마다 여호와의 얼굴을 보는 것이었습니다. 그 얼굴을 주님의 백성들에게 비춰셔서 번성으로 복된 삶을 살았습니다. 이에, 예배하러 나오면서 예물을 준비했습니다. 드리는 손길, 손길이 하나님께 영광을 드리고 복되게 하시옵소서. 하나님께는 천국을 위한 재정으로 사용되어 생명을 구원하는 일에 써 주시옵소서.
　우리 구주 예수님의 이름으로 봉헌 기도드립니다. 아멘.

10월 1주

귀한 것을 주님께 다 드려도

평생 은총을 베푸시는 하나님,
　수님의 자녀들에게 약속하셨던 그대로 복을 내려주셨음에 감사드립니다. 주님께 감사제를 드리고 여호와의 이름을 부릅니다. 저희들의 귀한 것을 주님께 다 드려도 그 크신 은혜에는 부족할 뿐입니다. 자원하여 드리는 손길들에 예비하신 복을 더 내려주시옵소서. 드려진 예물로 우리 교회에는 하나님의 일하심을 더욱 확장되게 하시옵소서.
　우리 구주 예수님의 이름으로 봉헌 기도드립니다. 아멘.

10월 2주

하나님의 자비로우신 손길

　만물의 주인이 되시는 여호와여,
　자비로우신 하나님의 손길로 먹고 배부른 한 주간을 살았습니다. 염려와 근심을 주님께 맡기고, 위로부터 내려주신 은혜로 지냈기에 감사의 예물을 드립니다. 믿음과 소망, 사랑의 자세로 드릴 때, 받으시고, 하나님의 나라는 더욱 든든해지기 원합니다. 예물을 드려 하나님과 동행하는 지체들이 되게 하심에 감사드리니 그 영광을 거두시옵소서.
　우리 구주 예수님의 이름으로 봉헌 기도드립니다. 아멘.

10월 3주

널리 나타나는 하나님의 영광

　때마다, 일마다 도우시는 여호와여,
　주님의 긍휼히 여기심이 저희들에게 임하여 지난 한 주간의 생활도 부요하였습니다. 모자라이 없고, 넉넉함 속에서 주신 은혜를 찬송하며 지내던 저희들이 예물을 드리니 받으옵소서. 이 예물을 드릴 때, 받으시고, 만유의 주인이 되시는 하나님의 영광을 나태시옵소서. 바쳐진 것들은 하나님의 것이니 하늘에 영광이 풍성하게 되기를 빕니다.
　우리 구주 예수님의 이름으로 봉헌 기도드립니다. 아멘.

10월 4주

그 이름에 합당한 영광

아름다운 복으로 채우시는 하나님,

이 거룩한 날에 여호와의 이름에 합당한 영광을 예물을 통해서 돌려드리게 하시옵소서. 감사와 감격에 찬 예물을 가지고 여호와 앞에 내려놓게 하시옵소서. 복되게 하셨음에 감사한 예물을 드림으로써 주님을 경배합니다. 이 모든 것이 다 주님께로부터 왔으니 받으시옵소서. 그리고 드려진 모든 것으로 하나님의 일을 이루어주시옵소서.

우리 구주 예수님의 이름으로 봉헌 기도드립니다. 아멘.

....

10월 5주

주님 다시 오실 때까지

영혼을 소성케 하신 하나님,

사랑하는 지체들에게 은혜를 베풀어 주셔서 지금, 영광을 드립니다. 하늘의 자녀들이 빈손으로 나오지 않게 하셨음에 감사하게 하시옵소서. 하나님께 드려질 것을 탈취하지 않게 하셨으니 감사드립니다. 부족함이 없는 재물을 통해서 풍성한 은혜를 받았으니 그 일부를 돌려드리니 받으시며, 교회의 사명을 감당하는 재정으로 삼아 주시옵소서.

우리 구주 예수님의 이름으로 봉헌 기도드립니다. 아멘.

11월 1주

찬송을 받으실 여호와의 이름

   성도의 힘이 되시는 여호와여,
   주님의 은혜로 살아온 지체들이 각각 그 마음에 정한대로 예물을 드립니다. 성령님의 감화에 인색함으로나 억지로 바치지 않게 하시니 영광을 받으옵소서. 하나님께서는 즐겨 내는 자를 사랑해주시니 그 받은 귀한 선물을 다 주님께 바치기를 소망하게 하시옵소서. 우리 교회는 드려진 예물로 하나님 앞에서 청지기 된 사명을 완수하게 하시옵소서.
   우리 구주 예수님의 이름으로 봉헌 기도드립니다. 아멘.

11월 2주

다 보답할 수 없는 여호와여

   저희들의 걸음을 지켜주시는 하나님,
   때마다, 일마다 주님의 손이 함께 하셨던 삶을 살아왔습니다. 주님의 은택을 입어 감사의 예물을 드립니다. 여호와의 마음에 드는 감사가 되게 하시옵소서. 이 예물을 받으시고, 바친 손길들에게 은혜를 더해 주옵소서. 그리고 드리지 못한 심령에도 재정으로 복이 넘치게 하시옵소서. 구별해서 드린 예물로 주님의 나라는 더욱 영원하기 원합니다.
   우리 구주 예수님의 이름으로 봉헌 기도드립니다. 아멘.

성령의 임재를 뜨겁게 경험하는 예배 종합 대표기도문

11월 3주

온 몸을 드리는 감사

영원히 찬송을 받으실 여호와여,
저희들에게 소망의 하나님을 누리게 하셨음에 감사드립니다. 모든 기쁨과 평강을 믿음 안에서 충만케 하셨던 은혜에 예물로 영광을 드리려 하오니 받으시옵소서. 성령의 능력으로 소망이 넘치게 하심을 즐기며 몸과 마음을 묶어서 드리는 예물이 되기 원합니다. 드려진 것은 하나님의 나라와 그 영광을 위하여 쓰이는 재정이 되게 하시옵소서.
우리 구주 예수님의 이름으로 봉헌 기도드립니다. 아멘.

11월 4주

모든 것을 내어드리는 은혜

소원을 들어주시는 하나님,
하나님 여호와께서 복을 주신대로 살아온 날들이라 감사의 예물을 준비했습니다. 이 시간에 저희들의 힘을 헤아려 드리는 자원하는 예물입니다. 귀한 예물이 하나님께 대한 감사와 사랑의 증거가 되게 하시옵소서. 영광 중에서 받으시고, 저희들은 구주 앞에 모두 내어드리는 은혜를 누리게 하시옵소서. 이 예물로 교회도 부흥을 보게 하시옵소서.
우리 구주 예수님의 이름으로 봉헌 기도드립니다. 아멘.

12월 1주

부족함을 모르는 여호와의 품

영화와 존귀로 관을 씌어주신 하나님,
새끼가 어미의 품에서 젖을 빠는 것 같이 여호와의 품에서 부족함이 없었기에 감사드립니다. 젖을 넉넉히 빤 것 같이 그 영광의 풍성함을 인하여 즐겁게 지낸 저희들입니다. 이에, 그 사랑에 보답하여 예물을 드릴 때, 받으옵소서. 하나님께만 드리는 예물이기 원합니다. 드릴 것을 남김이 없이 다 구별해서 바치는 저희들이 되기 원합니다.
우리 구주 예수님의 이름으로 봉헌 기도드립니다. 아멘.

12월 2주

주의 백성들에게 베푸시는 은혜

생명의 길을 보이시는 여호와여,
여호와께서 저희들에게 주신 것들은 넘치도록 즐겁게 하였습니다. 주님 앞으로 나오면서, 모든 은혜를 무엇으로 보답할까 기도하며 예물을 드립니다. 예물을 드릴 때, 저희들 자신도 바치는 은혜를 경험하게 하시옵소서. 이 예물로 교회의 사명이 이루어지게 하시옵소서. 귀한 예물을 다루는 일에 쓰임 받는 종들에게도 복이 되게 하시옵소서.
우리 구주 예수님의 이름으로 봉헌 기도드립니다. 아멘.

12월 3주

자녀에게 긍휼이 풍성하신 아버지

의인에게 복을 주시는 여호와여,
긍휼에 풍성하신 하나님이 우리를 사랑하셨음에 귀한 예물로 감사드립니다. 여호와의 큰 사랑을 인하여 저희들의 삶은 풍요했습니다. 그 은혜와 사랑에 감사하여 이 예물을 드릴 때, 받으시고 영광을 나태시옵소서. 예수님께서 저희들에게 선물이 되어주심처럼, 이 예물을 하나님께 드림이 되고, 이 헌금은 오직 주님을 위해 쓰이게 하시옵소서.
우리 구주 예수님의 이름으로 봉헌 기도드립니다. 아멘.

12월 4주

자기 백성을 위하여 손을 펴신 주

곤란 중에도 너그럽게 하신 여호와여,
주께서 주신 즉 저희가 취하여 닉닉하게 살아왔음에 감사드립니다. 주께서 손을 펴신 즉 저희가 좋은 것으로 만족하였기에 감사로 예물을 드립니다. 그 베풀어주신 은총에 감사하여 하나님의 것을 하나님께 드립니다. 저희들이 쓰기 전에 주님께 돌려드리니 받으시고, 예물이 하나님의 나라를 위해 쓰이게 하시옵소서.
우리 구주 예수님의 이름으로 봉헌 기도드립니다. 아멘.

12월 5주

소용대로 주신 하나님

 쓰고도 남음이 있도록 하신 여호와여,
 지난 한 해의 삶은 정녕 하나님께서 저희를 사랑하심이셨습니다. 이 시간에, 마음을 담아서 다 바치는 심정으로 드려진 예물이 되게 하시옵소서. 하나님을 흡족하게 해드리는 예물이라 믿습니다. 기쁘게 받아주시고, 이 백성에게는 크게 복을 더하여 주시옵소서. 주께 드렸으니 하나님께서 원하시는 대로 쓰시고, 교회에는 부흥을 보게 하시옵소서.
 우리 구주 예수님의 이름으로 봉헌 기도드립니다. 아멘.

11

축복-위로
심방 예배
대표기도

1. 임신 …………………………………… 518
2. 출산 …………………………………… 519
3. 생일 …………………………………… 520
4. 회갑 …………………………………… 521
5. 고희 …………………………………… 522
6. 약혼 …………………………………… 523
7. 결혼 …………………………………… 524
8. 새가정 축복 …………………………… 525
9. 이사 …………………………………… 526
10. 개업 ………………………………… 527
11. 창립기념 …………………………… 528
12. 임종 ………………………………… 529
13. 입관 ………………………………… 530

14. 발인 ··· 531
15. 하관 ··· 532
16. 첫성묘 ·· 533
17. 추도식 ·· 534
18. 갑자기 병에 걸리는 경우 ···················· 535
19. 불의의 사고로 다치는 경우 ················· 536
20. 오랜 지병·노환의 경우 ······················ 537
21. 질병의 고통이 심해지는 경우 ·············· 538
22. 병원에 입원 중인 경우 ······················· 539
23. 수술을 하게 되는 경우 ······················· 540
24. 치료 후 회복기의 경우 ······················· 541
25. 주일 성수에 게으른 자 ······················· 542
26. 가정이 평안하지 않는 자 ···················· 543

1. 임신 / 창 49:25
여호와의 권고로 얻은 선물

사랑의 하나님,
자기 백성을 돌아보시는 자비로우심을 찬양합니다. 이 가정에서 자손을 보기를 구하였더니, 응답해주신 하나님의 인자하심을 찬송하고, 즐거워합니다. 여호와 하나님의 자비하심이 이 가정에 영원하시옵소서.

먼저 산모를 축복합니다. 그리고 아내를 사랑하면서, 그녀가 아기를 갖기까지 곁에서 수고한 ○○○ 형제를 축복합니다. 두 사람이 성령님의 충만을 소망하면서 출산을 기다리게 하시옵소서. 하나님께서 우주만물을 지으셨던 그 손으로 새 생명을 지어서 ○○○ 자매의 태 안에 심어주셨으니 영광을 받아주시옵소서.

신랑과 신부에게 약속하셨던 것처럼 후손을 보는 복스러움을 주시니 감사로 예배하기를 원합니다. 태 안에서 시작된 아기의 생명을 주님께서 지켜주심을 확신하는 이 예배의 시간으로 삼아주시옵소서.

말씀을 전하시는 목사님을 능력으로 붙들어 주시고, 복된 말씀으로 축복하게 하시옵소서. 말씀의 은혜가 산모와 복중의 아기에게 임하기를 빕니다. 임신의 기쁨을 선물로 받고, 먼저 예배로 영광을 드리는 이 가정에 하나님의 예비하신 물 붓듯이 부어주시고, 필요한 것들을 채워주시옵소서. 해산의 기쁨을 볼 때까지 복이 이어지기를 소망합니다.

○○○ 자매가 아기를 해산하기까지의 그 기간 동안 양가에 새 생명으로 인한 은혜를 내려 주시옵소서. 시집의 식구들, 친정의 식구들에게 복을 더해주시옵소서.

예수님의 이름으로 기도드립니다. 아멘

2. 출산 / 삿 13:24
여호와께로부터 복 받은 아이

하나님 아버지,

여호와께서 ○○○ 성도님을 위하여 큰일을 하셨으니, 여호와의 이름을 찬양하며 즐거워합니다. 저희 모두의 소망대로 성도님께 새 생명을 보게 하셨습니다. 이 아기로 말미암아 하나님께 찬양을 드립니다.

여호와의 이름을 찬송하는 가정이 되게 하시옵소서. 여호와는 사랑하는 아기에게 능력과 찬송이 되어 주셨습니다.

복스러운 가정에 아기를 주신 하나님을 영화롭게 해드리고, 함께 예배하려합니다. 홀연히 임하시는 성령님의 은총으로 예배를 통해서 영광을 드리게 하시옵소서. 하늘에서는 천사들이 화답하게 하시옵소서.

출산의 수고를 다한 산모를 축복합니다. 산모를 강건하게 해주시옵소서. 해산하는 희생으로 말미암아 몸이 여간 연약해졌으니, 하나님의 회복하심을 간구합니다. 저의 장부를 새롭게 지어주시고, 저의 조직을 새롭게 다듬어 주시옵소서.

주님 앞에서 ○○○ 성도님이 좋은 어머니가 되게 하시고, ○○○ 집사님께서는 하나님의 뜻대로 아기를 키우는 아버지가 되게 하시옵소서. 이 두 사람이 아기를 위해서 무릎을 꿇을 때, 간구하는 한 마디, 한 마디에 하늘 문을 여시고 응답해 주시기 원합니다.

○○○ 권사님께서 할머니가 되시어, 아기를 품에 안게 하시니 하나님은 좋으십니다. 어린 생명이 하나님께 사랑을 받고, 사람들에게도 사랑을 받는 아이로 자라게 하시옵소서.

예수님의 이름으로 기도드립니다. 아멘

3. 생일 / 잠 3:1-2
날마다 평강이 더하는 삶

 구원의 은혜로 인도하시는 여호와여,
 주님의 사랑으로 ○○○ 성도님을 지금까지 지켜주시니 감사드립니다. 오늘은 생일을 기념해서 한 자리에 모이니 크신 은혜에 감사드립니다.
 주님의 의로우심으로 함께 하심을 기뻐하며, ○○○ 성도님의 생애를 축복합니다. 지금도 하나님의 자녀로서 늘 의로운 일을 생각하며 살아가기를 원하여 고민을 하시니 그의 길이 복되게 하시옵소서.
 ○○○ 성도님께서는 생일에, 여러 가지로 흥겨운 시간을 보내실 수 있으셨으나 다 거절하시고, 욥처럼 예배하기를 원해서 머리를 숙였습니다. 이 예배가 거룩하고 흠이 없이 주님께 드려지기를 원합니다.
 ○○○ 성도님께 생명을 주신 시간동안 저의 삶이 주님께 드려지는 산 제물이 되기 원합니다. 하나님을 영화롭게 해드리는 생활이 날마다 이루어지기를 소망합니다. 귀한 종의 마음이 작은 성전이 되어서, 소망의 빛으로 넘치게 하시옵소서.
 아버지의 자비하심으로 성도님의 가족에게 내려 주신 모든 복과 은혜를 감사하면서 살아가도록 이끌어 주시옵소서. 종의 가족이 살아가는 앞날에도 하나님을 찬송하는 식구들이 되게 하시옵소서.
 우리 성도님의 삶이 성령님의 은혜 안에서 아름답게 빚어지게 하시옵소서. 하루하루가 성령님의 충만하심 속에서 여호와의 영광을 보게 하시옵소서. 성령님의 임재 안으로 들어가기를 사모하고, 저 자신의 삶을 성령님께서 주관하시도록 맡겨드리게 하시옵소서.
 예수님의 이름으로 기도드립니다. 아멘

4. 회갑 / 골 3:16
감사함으로 하나님을 찬양하고

높은 곳에 계신 하나님,

오늘, 하나님의 뜻이 있어 세상에 보내주셨던 ○○○ 집사님의 회갑을 맞이하였습니다. 존경하는 집사님의 평생의 삶 동안 크고 의로우신 일을 하신 주님의 이름이 높아지기를 원합니다.

지금까지 집사님과 함께 하셨던 하나님의 사랑이 더해지기를 소망합니다. 집사님께 복을 허락하셔서, 기도하는 것마다 응답이 있는 삶을 살아가게 하시옵소서. 교회에서도 하나님께 영광을 돌려드리고, 성도들에게는 유익을 끼쳐 드리는 종이 되게 하시옵소서.

집사님께 나타난 하나님의 은혜를 묵상하며 예배하는 한 시간이기를 원합니다. 이 시간에, 목사님을 모셨으니, 그의 입술을 붙들어 주시옵소서. 목사님의 말씀이 집사님께 금보다 귀한 것이 되게 하시옵소서.

사시는 날 동안에, 여호와 하나님만 바라보기를 원합니다. 주님께서 종을 소원의 항구로 인도해 주실 것을 믿습니다. 아버지 하나님께서 사랑의 오른팔을 펴서 약속하신 말씀이 이루어지는 복된 생애가 되시도록 복을 더하여 주시옵소서.

이제부터 집사님께는 궁핍함의 그림자가 다가오지 않기를 간구합니다. 오늘까지 하늘의 은혜로 사셨던 것처럼, 금과 은을 갖고 계신 하나님의 손으로 필요한 재물을 공급받으면서 지내시게 하시옵소서. 종의 생활이 부족함이 없이 넉넉함으로 이웃에게 베풀고, 주는 은혜를 경험하게 해주시옵소서.

예수님의 이름으로 기도드립니다. 아멘

5. 고희 / 사 30:23
살찌고 풍성케 하실 것이며

존귀하신 하나님,

○○○ 장로님께서 고희를 맞이하셨으니 이 영광을 주님께 드립니다. 믿음을 지키며 한 평생을 사셨으니, 장로님께서는 승리하셨습니다.

인생의 여정에서 오늘처럼 복된 날이 또 어디에 있겠습니까? 하나님 앞에서 ○○○ 장로님을 축복합니다. 이 시간 이후에 더욱 성령님의 충만하심이 장로님의 삶에 있기를 소망합니다. 노년의 아름다운 인생을 하나님의 시간 앞에서 거룩하게 사시기를 축복합니다.

이 시간에, 고희를 맞이하신 장로님의 기쁨을 예배로 바칩니다. 자손들과 일가친척들 그리고 성도들이 머리를 숙였습니다. 목사님께서 말씀을 전하시니 기름을 부으심이 있기를 원합니다. 저희들은 그 말씀을 아멘으로 받고 온전한 마음을 주님께 바치게 하시옵소서.

아브라함의 하나님께서 이삭의 하나님이 되신 것처럼, ○○○ 장로님의 자손들에게도 이 고백이 있기를 소망합니다. 주님의 은혜로 이 가정이 풍성하게 되었고, 광활한 목장 같은 복이 임하였습니다. 이 믿음의 자손들이 부모의 하나님을 자신들의 주님으로 고백하게 하시옵소서. 부모가 누린 복이 자손들의 삶에서 이어지기를 원합니다.

이 자리에, 머리를 숙인 이들에게 하늘의 신령한 은혜와 땅에서 누려야 하는 기름진 것들을 내려주시옵소서. 주님의 자녀들이 청지기의 삶에 충성하게 하시옵소서. 저희들이 사는 날 동안 하나님의 영광을 소원으로 사는 세월이 되게 하시옵소서.

예수님의 이름으로 기도드립니다. 아멘

6. 약혼 / 마 1:24-25
주의 사자의 분부대로 행하여

인생을 주관하시는 하나님,

오늘, ○○○ 형제와 ○○○ 자매가 약혼예식을 갖습니다. 복된 약혼예식에 천지의 만물이 우리 하나님의 위엄을 찬송하기 원합니다. 신랑과 신부가 세상에 태어나서 지금까지 지내오는 동안, 함께 해주신 주님의 은혜를 새롭게 기억합니다.

주님의 보좌 앞에서 ○○○ 형제와 ○○○ 자매가 양가의 부모를 모시고 가까운 이웃들과 더불어 예배합니다. 이 예식을 주관하시고, 영광을 받으셔야 하실 하나님께 영광과 존귀를 드립니다. 목사님께서 준비하신 말씀이 신랑과 신부에게 축복이 되게 하시옵소서. 또한, 저희들 모두에게 격려와 위로가 되기 원합니다.

한 가정을 세우시려는 주님의 계획을 기뻐합니다. 하나님 앞에서 약혼의 예식을 거룩하게 받고 있는 신랑과 신부가 아름답게 세워지게 하시옵소서. 이 예식이 하나님께는 큰 영광을 드리고 저희들 모두에게는 즐거운 잔치가 되도록 인도해주시옵소서.

두 사람은 한 몸이 되게 하신 하나님의 뜻에 따라 열심히 살고 진실하게 지내도록 하시옵소서. 하나님 아버지를 섬기는 신앙심도 돈독하게 해주시기를 소원합니다.

양가의 부모님께 효도하고 온 집안에 우애가 넘치도록 노력하는 사람이 되게 하시옵소서. 나아가 이 사회 이 민족을 위해 공헌하고 봉사하는 창조적인 가정이 되게 하시옵소서.

예수님의 이름으로 기도드립니다. 아멘

7. 결혼 / 벧전 3:7
아내와 동거하고 귀히 여기라

　은혜로우신 여호와여,
　오늘, 신랑 ○○○ 형제와 신부 ○○○ 자매가 결혼을 원하여 예배하게 되었음에 영광을 드립니다. 이 두 사람의 하나 됨을 복스럽게 하시옵소서. 믿음으로 장성한 신랑과 신부로 인하여 찬양을 드립니다.
　주님 앞에서 저희들의 마음이 피어나는 꽃 같사오니, 오직 하나님께만 향기를 드리기 원합니다. 이 시간에, 모든 만물이 주님의 사랑을 기뻐하여 찬양합니다.
　신부의 고운 모습과 신랑의 듬직한 모습에 우리 같이 즐거워하며 예배할 때, 영광을 받아주시옵소서. 이 자리에 크고 위대하신 하나님의 감화가 충만하기를 소망합니다. 거룩한 예식을 집례하시는 목사님께 은혜 위에 은혜를 더하여 주시옵소서.
　하나님의 은혜가 목사님의 집례에 의해서 나타나기 원합니다. 신랑과 신부에게 은혜를 내리시고, 이 자리에 모인 이들에게 권면하실 때, 은혜가 충만해지게 하시옵소서.
　두 사람이 하나의 영혼, 하나의 몸을 이루려고 합니다. 하나님과 여기 모인 하늘 백성들이 이들을 진정 어른으로 인정하며 축복할 때, 성령님께서 두 사람의 사랑을 무르익게 하시옵소서. 신부와 신랑이 서로를 존경히면서 평생을 살아기려 할 때, 오늘 이 순간의 뜨거운 사랑을 가슴속 저 깊이에 지니게 하시고, 건강 가운데에서 주님이 주신 삶을 마음껏 누리게 하시옵소서.
　예수님의 이름으로 기도드립니다. 아멘

8. 새 가정 축복 / 골 3:18-19
아내들아, 남편들아

가정을 세우시는 하나님,

○○○ 형제와 ○○○ 자매의 하나님을 찬양합니다. 하늘에서부터 저들의 삶을 계획하시고, 때가 됨에 가정을 이루게 하셨습니다. 두 사람에게 사랑으로 한 몸이 되게 하셨으니, 영광을 받아주시옵소서.

이 시간에, 새 가정에 복된 보금자리를 주신 여호와 하나님께 영광을 드리려 하니, 기쁨으로 경배하기를 원합니다. 주님 안에서 ○○○ 형제와 ○○○ 자매에게 새 집을 주셔서 예배합니다.

사랑의 집에 모인 저희들이 마음과 뜻과 힘을 다하여 경배하니 받아주시옵소서. 이 자리에 크고 위대하신 하나님의 감화가 충만해지기를 소망합니다. 생명의 말씀이 선포될 때, 이 집을 세우는 반석의 말씀이 되는 강한 성령님의 역사를 허락해주시옵소서.

이제, 두 사람은 서로의 부모를 자신의 부모로 섬기는 선물을 받았습니다. 자신의 부모와 배우자의 부모에게 효도하려는 신랑과 신부를 축복합니다. 두 사람에게 경건한 자손을 얻는 복을 경험하게 하시옵소서. 부부의 깊은 사랑으로 자손을 보는 즐거움이 있게 해주시옵소서.

새 가정을 이루어나가는 두 사람에게 영적인 눈을 뜨게 하여 주시기 바랍니다. 믿음의 눈을 떠서 이 가정에 대하여 계획하시는 하나님을 보게 해주시옵소서. 오직, 주님의 사랑의 힘으로 두 사람의 심령을 이끌어 주시옵소서. 임마누엘의 하나님을 고백하며 살게 하시옵소서. 그리고 두 사람의 가슴이 곧 여호와의 전이 되게 하시옵소서.

예수님의 이름으로 기도드립니다. 아멘

9. 이사 / 전 5:18
낙을 누리는 것이

임마누엘의 하나님,
저희들이 예배로 모인이 자리에 크고 위대하신 하나님의 감화가 충만해지기를 소망합니다. 이사의 기쁨을 주신 하나님의 사랑은 이 시간에 머리를 숙인 저희들에게도 동일한 것임을 믿고 감사드립니다.

주님의 은혜가 이 가정에 둘렀음에 감사드립니다. 성령님께서 이 가정의 사정을 아시고 미리 예비하사 좋은 곳으로 장막을 옮기게 하셨음을 즐거워합니다. 주님께서 의로우신 손을 드시고 새 집을 주셨으니 모든 만물이 주님의 사랑을 기뻐하여 찬양합니다.

목사님께서 특별히 기도하는 가운데 말씀을 준비하셨으니, 그 말씀이 증거될 때, 하늘의 은혜를 체험하게 하시옵소서. 그 말씀이 생명의 양식이 되고, 식구들에게 복된 약속이 되기를 원합니다.

주님의 자녀들을 축복합니다. 오직 하나님의 말씀으로 가정을 세우시려는 ○○○ 성도님을 축복합니다. 이 집에서 살아가는 동안에 아침과 저녁으로 하나님의 일하심에 대하여 깨닫는 마음, 보는 눈, 듣는 귀를 주시기를 소망합니다. 이로써 주님의 섭리와 경륜에 순종해서 하나님 앞에 잠잠히 기다리는 은혜를 내려 주시옵소서. 하늘의 문을 여시고, 세상을 살아가는데 필요한 모든 것들을 채워주시옵소서.

하나님의 사랑으로 마련한 집에서 예배할 때, 장차 저희들이 이사를 떠나야만 하는 천국의 집을 바라보게 하시옵소서. 함께 한 성도들 모두에게 우리의 참 장막이 하늘에 있음을 소망하게 하시옵소서.

예수님의 이름으로 기도드립니다. 아멘

10. 개업 / 말 3:10
하늘 문을 열고 너희에게

　인도하시는 하나님,
　저희들이 살면서 기쁜 날이 있는 중에 참으로 즐겁습니다. 주님께서 ○○○ 성도님에게 복을 주리라 약속하시고, 새로운 일을 하게 하셨으니 찬양을 드립니다. 하나님의 계획하심에 따라 이끌어 주시옵소서.
　여기에까지 ○○○ 성도님을 인도해주신 성령님을 기뻐합니다. ○○○ 성도님을 복 주셔서 사업을 시작하게 하심에 축복합니다. 주의 복을 받는 자가 땅을 차지한다는 약속대로 ○○○ 성도님에게 많은 것을 허락하시기 원합니다. 주님의 영광을 위해서 번창한 일터가 되기를 소망합니다. 함께 일하시는 분들의 손길도 축복합니다.
　아버지 하나님의 크신 은혜가 하늘로서 내리셔서 감격하여 드려지는 예배가 되게 하시옵소서. 신령과 진정으로 마음을 바칠 때, 주께 영광 항상 돌려 천사처럼 섬기려는 복된 다짐을 허락해주시옵소서. 주님의 사랑을 찬송하며, 그 이름에 예배히게 하시옵소서.
　하나님의 시간에, 주님께서 사업장의 문을 열도록 하셨으니, 늘 함께 하셔서 번성하는 복을 주시옵소서. 주변에서 이 가게를 당할 곳이 없게 해주시옵소서. 이 가게를 드나드는 이들에게 복음이 전해시는 가세가 되게 하시옵소서.
　○○○ 성도님의 개업으로 저희들에게 즐거움을 주시니 감사드립니다. 이제, 주님의 권고하심으로 이 사업을 위해서 중보의 손을 높이 드는 저희들이 되도록 하시옵소서.
　예수님의 이름으로 기도드립니다. 아멘

11. 창립기념 / 사 9:3
즐거움을 더하게 하셨으므로

　신실하신 하나님,
　주님의 이름으로 세워진 ○○ 사의 창립 ○ 주년에 하나님께 영광을 드립니다. 날마다 좋은 것들로 ○○ 사를 만족하게 하시니, 찬양으로 영광을 드립니다. 오늘은 창립을 기념하는 날로 승리의 날입니다.
　없는 것에서 있게 하시는 주님의 창조 권능이 ○○○ 장로님의 손에 함께 하셔서 좋은 기업으로 발전하게 하시니 크신 영광을 드립니다.
　○○ 기업을 축복합니다. 오래 전에 개업 예배를 드린 그때부터 창립기념일을 맞이하는 지금까지 주님의 영광만을 위해서 봉사해 온 회사입니다. 이 회사가 주님께 아름다워 이 땅에 존재하는 줄로 믿습니다.
　이제, 목사님께서 생명의 말씀을 증거하실 때, 그 말씀을 받아 그대로 따르는 삶을 살아드리려 다짐하게 하시옵소서. 주님의 말씀을 생명의 양식으로 받아 심령이 배부르며, 하나님께서 사랑의 오른팔을 펴서 약속하신 말씀이 이루어지는 복된 시간이기를 소망합니다.
　우리 주님께서 ○○○ 장로님에게 이 회사를 맡겨주시고, 직원들과 협력하여 회사를 경영하게 하셨으니, 모든 이들이 선한 청지기가 될 것을 축복합니다. 이 회사의 규모가 창대하고, 사회에서의 역할 또한 왕성하게 하시옵소서.
　이 복된 자리에 교회의 성도들을 불러주시니 감사드립니다. 이제, 날마다 하나님께서 함께 하심으로 주님의 나라를 확장시키는데 기여하는 일터가 되어가는 것을 기대하는 저희들이 되게 하시옵소서.
　예수님의 이름으로 기도드립니다. 아멘

12. 임종 / 히 11:16
더 나은 본향을 사모하니

　인생의 생명을 주관하시는 여호와여,
　한 평생을 곱게 믿음을 지키며 살아오신 권사님의 임종이 아름답게 하셨음에 감사드립니다. 주님의 품에서 죽음을 기다리시던 ○○○ 권사님께서 천국으로 들어가셨음을 믿습니다.
　많은 이들이 죽음을 알지만 정작 자신의 죽음 앞에서는 원망을 하고, 불평을 합니다. 그러나 지금 ○○○ 권사님은 죽음을 감사함으로 맞이하셨습니다. 성령님께서 여종의 육체를 지켜주시며 괴로움을 이기게 하셨고, 기도하게 하셨음에 감사드립니다. 인간적으로는 고통스러웠으나, 불평 한 마디 없이 견디셨음을 기억합니다.
　주님을 사랑하고 교회를 위해서 수고를 아까지 않으신 ○○○ 권사님을 축복합니다. 시간이 되어 그렇게 기다렸던 천성을 향한 길에 들어서셨으니, 천국 길에 함께 해주시옵소서. 힘이 있게 하시고 주님을 뵙게 될 시간 슬기로운 다섯 처녀처럼 고하여 졸지 않고 천국으로 들어가시기를 소망합니다.
　이제, ○○○ 권사님은 모두가 사모하는 더 나은 본향으로 가셨음에 자랑스러워하는 가족이 되기 원합니다. 어머니의 신앙을 나의 신앙으로 이어받는 자녀들이 되게 하시고, 할머니의 하나님을 나의 하나님으로 고백하는 자손들이 되게 하시옵소서.
　권사님의 임종과 장례 절차를 통해서 하늘의 은혜를 맛보게 하시옵소서. 또한, 종의 신앙대열에 서겠다는 결단이 있게 해 주시옵소서.
　예수님의 이름으로 기도드립니다. 아멘

13. 입관 / 살전 4:16
친히 하늘로 좇아 강림하시리니

만물의 창조주 하나님,

참으로 오랫동안 저희들과 같이 지냈던 고 ㅇㅇㅇ 집사님을 기억합니다. 흠모할 만한 신앙의 삶을 사셨던 고인을 알고 있는 것으로 저희들은 즐거움이었습니다. 그의 헌신과 수고로 말미암아 교회가 크게 부흥하였음에 감사드립니다.

여기에 있는 이들은 영원한 집의 관문을 바라보게 하시옵소서. 이 예배로 인하여 영광을 하나님께 드리고 안생의 뜻을 깨닫게 하시옵소서. 말씀으로 위로해주실 목사님께 은총을 더하여 주시기를 소망합니다.

고 ㅇㅇㅇ 집사님의 가족을 축복합니다. 고인이 주님의 사랑 안에서 자녀들을 훌륭하게 키울 수 있게 하셨으니 감사드립니다. 귀한 자녀들이 믿음의 세계에서만 아니라, 세상에서도 머리가 되고, 남들을 지도할 만한 위치에 있게 하셨으니 이 가문의 영광입니다.

이 가정에 더욱 크신 은혜로 채워 주셔서 슬픔이 변하여 기쁨이 되게 하시고, 심령이 연약할 때 더욱 강건케 하여 주시옵소서. 고인이 땅에서 지내는 동안 간구하셨던 모든 기도가 자녀들의 사는 날 동안에 다 이루어지기를 축복합니다.

이제, 고인과 함께 신앙생활을 하는 중에 주신 바 모든 은혜와 선물을 귀히 간직하게 하시옵소서. 저희들도 언젠가는 하나님 앞에 설 텐데, 주님께서 찾으실 때에는 언제나 순종하는 마음으로 돌려드릴 수 있는 지혜를 주시옵소서.

예수님의 이름으로 기도드립니다. 아멘.

14. 발인 / 롬 14:8
사나 죽으나 우리가 주의 것

우리 주 여호와여,

하나님 앞에서 사시던 고 ○○○ 장로님의 영혼을 받아주시니 찬양을 드립니다. 주 앞에 엎드린 저희들이 겸손으로 예배하는 한 시간을 허락하시옵소서. 이 시간에 하늘에 영광과 땅에 위로를 베풀어 주시옵소서.

오늘, 인생에 있어서 소중한 날에 저희들이 머리를 숙였습니다. 고인께서는 하나님의 품에 안기셨습니다. 근심이나 걱정할 일이 없이 주님의 보좌 앞에서 영광을 드리고 계실 것을 믿으니 가슴이 벅차오릅니다. 이제, 성령님의 충만하심 안에서 날빛보다 더 밝은 그곳을 사모하며 발인 예식을 거행하게 하시옵소서.

유족의 눈에 고인 눈물을 거두어 주시고 가슴 속에 맺힌 답답한 아픔을 제하여 주시옵소서. 신령한 하나님의 나라를 똑똑히 바라보게 하시옵소서. 우리가 슬픔 가운데서도 힘을 얻어 예배함은 주님께서 새 하늘과 새 땅을 보여 주셨음입니다.

고 ○○○ 장로님의 발인예배에 머리를 숙인 성도들, 주 안에서 잠들 때, 흰옷 입고 주님과 함께 영원한 나라를 소유하게 될 것을 믿습니다. 생명록에 믿는 자들의 이름이 기록되고, "너는 이겼다"고 승리의 반열에 서게 해 주시옵소서.

이로 말미암아 우리가 세상을 떠날 때에 주 안에서 평강을 얻게 하시고 영복을 얻게 해주시옵소서. 모든 사람이 승리의 부활에 참여하게 되는 때, 저희들이 하나님께서 기뻐하시는 자가 되게 해주시옵소서.

예수님의 이름으로 기도드립니다. 아멘.

15. 하관 / 계 3:5
흰 옷을 입을 것이요

생명의 주 하나님,

사랑하는 성도님의 영혼을 거두어 주시니 감사드립니다. 고인이 천국에 가심으로써 우리 하나님께 영광이 되고, 유족들에게는 소망이 되었습니다. 저희들의 가슴에 고인을 품게 하시니 감사드립니다.

주님의 보좌 앞에서 예배합니다. 천지의 만물이 우리 하나님의 위엄을 찬송하기 원합니다. 이 자리에서 유족과 일가친척들, 성도들 모두가 하나 되어서 하나님께 영광과 존귀를 드립니다. 은혜로 준비하신 하나님의 말씀을 목사님께서 전하실 때, 복된 자리가 되기 원합니다. 말씀의 축복 속에 저희들 모두에게 격려가 되기 원합니다.

안타까운 마음으로 유족을 위해 간구합니다. 함께 살던 이를 먼저 천국으로 가게 하신 후, 섭섭해있을 저들을 주님의 품으로 품어주시옵소서. 간절히 기도하오니 죽음으로 인하여 슬퍼하는 사람들의 마음을 위로하시고 성령의 은혜로 저들을 감싸 주시옵소서. 그리하여 부르심을 받은 고 ○○○ 성도님에게 주셨던 은혜를 누리게 하시옵소서.

고인과 함께 삶을 나누었던 지체들을 축복합니다. ○○ 교회 안에서 성도의 교제를 통해 한 몸의 삶을 살았던 이들이 고인과의 정을 가슴에 묻습니다.

우리의 본질은 진토임을 분명히 알고 있사옵니다. 저희들은 부활을 믿고 있습니다. 오늘, 발인예배에서 다시 한 번 영원한 약속이신 영생을 믿고 부활의 새아침을 기다리게 하시옵소서.

예수님의 이름으로 기도드립니다. 아멘.

16. 첫 성묘 / 살전 4:17
우리가 항상 주와 함께

위로해주시는 하나님,

지금, 주님의 자녀들이 한 마음으로 주님을 기리고 찬송을 드리게 하시옵소서. 주 안에서 잠드신 고 ○○○ 성도님의 첫 성묘 자리에 성령님의 위로의 역사, 긍휼의 역사가 있기를 소망합니다.

예배하러 모인 저희들로 주께 영원히 감사하게 해주시옵소서. 함께 한 유족과 같이 참여한 주님의 자녀들에게 성령님의 위로하심을 누리는 시간이 되게 하시옵소서. 저희의 눈에 보이는 것은 고인의 몸이 누어있는 산소이지만, 하늘에 계실 고인의 영혼을 바라보게 하시옵소서.

저희들이 예배할 때, 성령님의 충만하심이 나타나게 하시옵소서. 예배의 순서에, 거룩하심의 은혜가 있게 하시고, 참여하는 성도들을 복되게 하시옵소서. 목사님께서 주님의 말씀을 선포하실 때, 능력으로 함께 하시옵소서.

유족에게 천국에 대한 확실한 소망을 품게 하시고, 고인의 신앙을 이어 믿음의 장부들로 만들어 주시기를 원합니다. 사랑하는 가족을 먼저 주님의 품으로 보냈기에 영광스럽기는 하지만, 한편으로는 서운함으로 마음이 아플 것입니다.

높이 계신 하나님께서 낮고 천한 저희들을 돌보아 주셨으니 머리를 숙였습니다. 우리를 의롭게 해주신 주님의 보혈을 찬양하면서 예배를 드리기 원합니다. 예배를 통해서 천국을 상속받기 위해 경건한 자녀로 살려는 다짐이 있게 하시고, 주님의 백성답게 지내도록 하시옵소서.

예수님의 이름으로 기도드립니다. 아멘.

17. 추도식 / 고전 15:50
하나님 나라를 유업으로

영광으로 이끄시는 하나님,
주님을 사랑하기에 이곳에 모였습니다. 고 ○○○ 집사님께서 이 세상에 사는 동안 믿음을 지켜 본이 되는 삶을 살게 하셨음에 감사드립니다. 이 시간이 유족들에게 새로운 은혜와 복이 되게 하시옵소서.

주님의 긍휼하심으로 살아오던 저희들이 모였습니다. 고인을 추억하면서 감사로 예배하는 한 시간이 되기 원합니다. 저희를 구속하여 자녀로 불러 주시고, 고인이 이 땅에 계셨을 때, 같이 찬송하며, 기도했던 시간들로 인하여 찬양을 드립니다.

이 시간에, 성령님의 충만하심이 고인의 자손에게 넘치기를 소원합니다. 하나님의 사랑이 저희들로 예배드리게 하셨습니다. 이제, 마음을 다하여 주님의 사랑을 찬양하게 하시옵소서. 목사님의 음성으로 하나님의 말씀을 듣기 원합니다. 말씀을 전해 주실 목사님에게 성령의 능력이 더하시기 바라며, 말씀 속에서 저희들이 거듭나게 하시옵소서.

사랑하는 이 가정을 위하여 기도합니다. 어머니를 일찍 하나님의 품으로 보내었기에, 아직도 결혼을 하지 않은 자녀들에게 하나님께서 친히 어머니의 손이 되어주시기를 간절히 바랍니다. 혼자서 자녀들의 뒷바라지를 하면시 지내시는 ○○○ 집사님을 위로해주시옵소서.

집사님은 언제나 신앙적인 모범이 되셨고, 앞장서서 헌신하셨습니다. 그 신앙을 우리 모두 따르겠다는 작정을 하게 하시옵소서.

예수님의 이름으로 기도드립니다. 아멘

18. 갑자기 병에 걸리는 경우 / 요 9:3
하나님이 하시는 일을

사랑으로 우리를 보시는 여호와여,

지금까지 하나님 앞에서 복되게 지내오신 ○○님에게 고통이 생겨 저희들이 달려 왔습니다. 저희들 모두가 놀라고, 당황스럽기도 한데, 주님의 선하신 뜻이 이루어지기를 소망합니다. 은혜를 내려 주시옵소서.

저희들이 엎드리는 심정으로 이 한 시간, 예배합니다. 여호와를 경외하는 저희들의 예배를 드리도록 이끌어 주시옵소서. 목사님께서 하나님의 말씀을 들려주실 때, 위로가 되기 원합니다. 진리로 저희를 새롭게 하시옵소서. 아울러 이 예배의 응답으로 저를 괴롭게 한 병의 근원을 주님의 이름으로 결박하시고, 저의 몸에서 쫓아내 주시옵소서.

자기 백성이 질병으로 고통을 받는 것을 원하지 않으시는 하나님을 저희들은 믿고 있습니다. 매인 자를 놓이게 하며, 맹인을 눈 뜨게 하고, 상처받은 이들을 자유케 하시기를 원하시는 하나님의 긍휼이 나타나기 원합니다. 열병에서 고침을 받은 베드로 장모의 은혜를 님의 것으로 주시옵소서.

주님의 부드러우신 손으로 ○○님을 만져주시고, 저의 손을 잡아 일으켜 주시옵소서. ○○님께서 건강하시기를 바라시는 주님의 이름으로 축복합니다. 이 시간에, 저가 잃었던 건강을 도로 찾고 즐거워하는 것이 하나님의 뜻임을 믿습니다. 우리가 이 땅에 살면서 알지 못하는 순간에 연약함, 질병, 고통 등을 당할 수 있으나 주님의 은총으로 나음을 믿습니다.

예수님의 이름으로 기도드립니다. 아멘.

19. 불의의 사고로 다치는 경우 / 고후 4:11
우리 죽을 육체에 나타나게

자비로우신 주 하나님,
사랑하는 ○○님께서 갑자기 어려움을 당해 저희들이 두려워하여 있으니 불쌍히 여겨 주시옵소서. 하나님의 능력과 기름 부으심의 옷을 입게 하신 은혜로 말미암아 간구하니 ○○님을 회복시켜 주시옵소서.

이 고통으로 말미암아 사람의 몸이 하나님의 것임을 깨닫게 하셨음에 찬송을 드립니다. 지금은 잠시 고통 중에 있으나, ○○님의 몸으로 영광을 받으실 우리 주님의 이름을 높여드립니다.

느닷없이 닥친 사고로 두려움과 근심에 내몰린 ○○님께 회복의 은혜를 내려 주시옵소서. 이 시간에, 치유의 말씀을 해주시며, 성령님의 만져주심으로 주님의 영광을 보게 하시옵소서. 불의에 사고를 만났음에 식구들이 두려움에 빠져 있으니, 구원의 은혜를 내려 주시옵소서.

가족에게 일어난 일로 슬퍼하면서 두려워하는 자녀들에게 복을 주시옵소서. 이 고통에서, 합력하여 선하게 하시는 여호와의 손길을 기다리게 하시옵소서. 이들의 마음에 만족을 느끼게 하시고, 정신적으로 안식을 얻게 하시옵소서.

비로소 저희들은 여호와께서 ○○님의 힘과 방패가 되어주심을 깨닫고 있습니다. ○○님이 여호와의 손길을 의지하고 계시니 어서 도움의 은혜를 입게 하시옵소서. 하나님의 도우심으로 저의 마음이 크게 기뻐하게 하시옵소서. 어느 때보다 힘든 시간을 보내게 된 이들에게 하늘의 위로를 내려 주시옵소서.

예수님의 이름으로 기도드립니다. 아멘.

20. 오랜 지병 · 노환의 경우 / 약 5:15
병든 자를 구원하리니

자기 백성을 돌아보시는 주여,

○○님께서 연로하시어 질병이 오래 가지만, 여호와의 은혜로 새롭게 해주심을 믿습니다. 성령님께서 지금, ○○님의 관절과 골수, 오장과 육부를 만져 주시기를 소망합니다. 회복의 은혜를 입게 하시옵소서.

○○님께서 오랜 병 중에도 하나님을 사랑하는 데서 멀어지지 않게 하셨음에 찬송을 드립니다. ○○님께서는 자신의 몸보다 주님의 일을 더 사랑하며, 교회를 위하여 헌신해 오시더니 질병의 고통 속에서도 하나님을 사랑하게 하심에 감사드립니다.

이렇게 ○○님의 병상에서 사랑하는 교회의 식구들이 함께 모여 예배하니 감격스럽습니다. 저희들은 주님의 피 공로에 의지해서 나아갑니다. 목사님의 입술을 통하여, 준비된 말씀에도 성령님의 역사가 크게 나타나기 원합니다. 그래서 하늘 우레의 말씀으로 듣게 하시옵소서.

우리 주님의 능력으로 ○○님에게 구원의 역사가 나타날 것을 믿습니다. 병든 자에게 손을 얹으면 낫게 하신다고 하신 말씀이 이루어지는 은혜를 보게 하시옵소서. 하나님의 사자가 ○○님의 연약해진 육체에 손을 대는 순간, 회복되게 하시옵소서.

집안 식구의 병고로 슬픔에 차있는 가족을 축복합니다. 이 가정에 은총을 내리셔서 그들을 믿음과 경건과 사랑 안에서 양육하게 하시고, 그들의 나이가 들어감에 따라 여호와의 은총을 입게 하시옵소서. 거룩한 자손들에게 여호와의 손이 함께 해주시옵소서.

예수님의 이름으로 기도드립니다. 아멘.

21. 질병의 고통이 심해지는 경우 / 약 5:14
병든 자가 있느냐

결박을 풀어주시는 여호와여,

하나님의 손이 나타나 치료해주실 시간입니다. 저희들 모두가 주님의 영광을 보게 하시옵소서. 이 시간에, 성령님의 일으켜 주심을 믿고 간구할 때, 일어나게 하시옵소서. 고통을 갖다 주던 질병의 근원은 묶임을 당하게 하시옵소서. 오늘의 눈물이 찬양의 곡조로 바뀌고, 아픔이 찬양의 노랫말로 바뀌게 하시옵소서.

주님의 이름으로 예배하는 이 병상이 성소가 되기를 소망합니다. 질병의 고통이 심해도 성령님께서 ○○님의 영혼을 지켜주셨으니, 감사하면서 예배하게 하시옵소서. 목사님께서 준비하신 말씀을 전하실 때, 저희들은 한 마디도 감하지 않고, 듣고 순종하게 하시옵소서.

병을 치료하신 주님을 기억합니다. 참기 힘든 가운데서도 주 예수님의 은혜를 바라보고 계시는 ○○님에게 치유의 은혜를 베풀어 주시옵소서. 종이 주님께의 소망을 갖고 견디고 있으니 구속의 은혜를 베풀어 주시옵소서. 사람으로는 할 수 없는 것을 하나님은 하실 수 있으시니 회복되는 것을 보게 하시옵소서.

여호와께서 자기 백성에게 평강의 복을 주신다는 말씀을 기억합니다. 다윗에게 베푸셨던 그 은혜를 지금 ○○님도 바라고 계시니 하늘의 문을 여시고 쏟아 부어 주시옵소서.

저의 몸이 주님의 기름으로 발라지는 은혜를 보는 중에, 자기 백성에게 힘을 주시는 하나님을 찬송하게 하시옵소서.

예수님의 이름으로 기도드립니다. 아멘.

22. 병원에 입원 중인 경우 / 마 15:28
그 때로부터 그의 딸이 나으니라

고난당하는 자를 신원하시는 하나님,
괴롭기 짝이 없는 이 병실에서도 ○○님은 하나님의 사랑을 즐거워하심을 저희들 모두 기뻐하면서 예배합니다. 우리를 죄에서 구속하신 주님의 이름으로 저의 손을 잡아주시고, 일으켜 주시기를 간구합니다.
　○○님에게 은혜를 내려 주시옵소서. 가족을 위하여 앞만 보고 달려왔던 저의 고달픈 삶을 하나님께서 새롭게 하시려고 강권적으로 시간을 주셨습니다. 병상에서 오직 하나님만을 생각하고, 자신에 대한 깨달음의 시간이 되게 하시옵소서. 고통이 아니라 주님께서 주신 쉼의 선물로 받아들이기를 원합니다.
　짧은 시간이지만, 마음을 다하여 여호와를 송축하는 예배가 되게 하시옵소서. 영으로 노래하고 감사하는 복된 시간으로 인도하시옵소서. 이제, 오직 한 사람 ○○님을 사랑하여 말씀을 전하실 목사님께는 영육간의 강건함을 주시옵소서.
　○○님을 괴롭히고 있는 질병의 세력을 매어 주시옵소서. 이 질병이 혹시 저의 영혼을 쓰러트리려 참소하는 마귀의 역사라면, 예수님의 보혈로 물리쳐 주시옵소서. 성령님의 은혜로 주님의 손에 있었던 능력이 나타날 줄로 믿습니다. 원하시면 일으켜 주심을 믿습니다.
　주님께서 당신의 피와 살을 우리에게 내어주심으로써 영생을 얻었으니, 육체의 연약함에서도 건져주셨음을 믿습니다. 죄악 된 세상에서는 병이 들기도 하지만, 하나님의 자녀를 지켜주심을 축복합니다.
　예수님의 이름으로 기도드립니다. 아멘.

23. 수술을 하게 되는 경우 / 마 9:2
예수께서 그들의 믿음을 보시고

붙들어 주시는 하나님,

강건하기를 바라시는 여호와의 은혜가 이 자리에 임하기 원합니다. 믿음으로 간구하고, 성령님의 역사가 나타남을 확신하며 심방을 왔으니, ○○님을 고쳐주시옵소서. 회복의 은혜를 기다립니다.

○○님께서 수술을 앞두고 마음에서는 오히려 찬송 중에 은혜를 받게 하시옵소서. 이번 일로 환자는 고통을 당하였으나 가족들이 뭉치게 하셨음에 감사드립니다.

병실에서 홀로 하나님을 예배하시던 ○○님이 자신의 몸을 여호와의 손에 맡겨드립니다. 감사함으로 그의 문에 들어가며 찬송함으로 그의 궁정에 들어가는 심정으로 머리를 숙였으니 온전한 제사를 드리게 하시옵소서.

수술을 통해서 기쁨을 주실 하나님께 노래하여 그의 이름을 송축하는 한 시간이 되게 하시옵소서. 하나님의 성호를 찬양합니다.

하나님의 함께 해주심에 따라서 수술을 하게 되었으니, 지금까지 치료해주신 여호와의 손이 수술실에서도 나타나기 원합니다. 의사들의 손에만 맡기지 마시고, 성령님께서 친히 수술하시는 은혜를 보게 하시옵소서. 의사의 손에 쥔 칼이 성령님의 칼이 되게 하시옵소서.

사랑하는 ○○님께서는 위기의 순간을 맞이하셨으니 이로 인해 하나님께 영광이 되게 하시옵소서. 이 수술을 통해서 ○○교회의 성도들이 한 몸의 사랑을 갖고 찾아와서 예배하게 하시니 감사드립니다.

예수님의 이름으로 기도드립니다. 아멘.

24. 치료 후 회복기의 경우 / 시 103:4-5
네 청춘을 독수리 같이 새롭게

다시 일으켜 주시는 여호와여,

오늘, ○○님이 오랜 지병에서 훌훌 털고 일어나게 하셨음에 찬송을 드립니다. 하나님께로부터 병의 고침을 받는 은혜도 누렸으니, 이제, ○○님의 몸은 제 것이 아님을 알게 하셨습니다. 감사합니다.

주님의 은혜로 다시 소생하게 해주셨으니 감사드립니다. 하나님을 영화롭게 해드림에 기뻐하는 종이 되게 하시옵소서. 마음으로 믿고, 입으로 시인하는 ○○님께 회복의 은혜를 보게 하시고, 그의 몸을 주님께서 친히 만져주시는 은혜를 주시옵소서.

주님께서 채찍에 맞으심으로써 나음을 입게 하신 은혜의 하나님을 예배하려 합니다. ○○님께서 잃었던 건강을 도로 찾기까지 베풀어주신 여호와의 모든 은택을 잊지 않으려고 예배하는 저희들입니다. 존귀와 권위로 옷을 입으신 하나님께 온전한 영광을 드리게 하시옵소서.

주 안에서 ○○님이 완쾌되시고, 하나님의 영광을 바라보며 회복기를 보내게 하심은 주님의 승리입니다. ○○님의 질고로 온 가족들의 기도와 사랑이 뜨겁게 회복되게 하셨음에 큰 감사를 드립니다.

"십자가의 보혈의 은혜와 공로를 통해서 내가 너를 주님의 이름으로 결박한다. 다시는 ○○님의 몸에서 둥지를 틀지 말라. 예수님의 보혈의 능력으로 너의 모든 힘이 끊어질지어다."

우리의 싸우는 병기는 육체에 속한 것이 아님을 믿으면서 찬송합니다. 저의 육체를 성령님의 능력으로 강하게 해주시옵소서.

예수님의 이름으로 기도드립니다. 아멘.

25. 주일 성수에 게으른 자 / 출 20:10
하나님 여호와의 안식일

왕이 되신 우리 주여,

구원을 주시는 하나님의 은혜가 ○○님에게 나타나기를 소망합니다. 그 은혜로 하나님을 사모하는 마음이 뜨거워지게 하시고, 하나님을 가까이 하려는 열정을 주시옵소서. 성령님의 충만하심을 내려 주시옵소서.

구원의 은혜를 베풀어주신 여호와를 가까이 하는 ○○님이 되게 하시옵소서. 저가 하나님의 친 백성으로 주님과 동행할 때, 저의 삶도 풍성해질 줄로 믿습니다. 여호와의 이름을 부르고, 그에게 주시는 말씀을 읽고, 묵상하는 은혜가 저의 것이 되게 하시옵소서. 저의 영혼이 하나님을 갈망하도록 은총을 내려 주시옵소서.

하나님의 영광이 이 자리와 심방을 온 성도들에게 임하기를 원합니다. 복된 시간에 성령님의 충만을 누리고, 죄는 버리고 의를 취할 수 있는 용기를 위로부터 받게 하시옵소서. 이 귀한 예배에서 목사님의 말씀으로 썩어진 부분들을 도려내는 은혜를 체험하게 하시옵소서. 그래서 버릴 것은 거절하고, 도려내어야 할 것은 도려내며, 가져야 할 것은 더욱 힘을 주어서 붙잡으며, 하나님의 말씀 앞에 서기를 원합니다.

○○님께 하나님을 사랑하는 마음이 벅차오르게 하시옵소서. 눈으로 보여 지는 것에 마음을 의지하지 않고, 눈으로 볼 수 없는 영원한 세계를 바라보게 하시고, 거기에 마음을 두어 믿음으로 살게 하시옵소서. 하나님께서 저를 떠나지 않으시고, 버리지 않으시므로 저도 하나님을 떠나지 않는 믿음을 갖도록 하시옵소서.

예수님의 이름으로 기도드립니다. 아멘.

26. 가정이 평안하지 않는 자 / 수 24:24
하나님 여호와를 우리가 섬기고

복을 주시는 하나님,
　주님의 이름으로 심방한 복된 시간에 ○○님께서 진심으로 하나님 앞에서 살아가기를 소망합니다. 저를 성령님의 충만하심으로 이끄시고, 이 가정에는 주의 말씀을 묵상하는 은혜를 누리기를 원합니다.
　여호와께서 복이 있는 가정으로 삼아주셨음에 감사드립니다. 이 집안을 향한 하나님의 계획이 나타나 온 식구들이 예수님의 영광을 보며 지내게 하시옵소서. 이 가정이 하나님 앞에서 단을 쌓는 제단이 되게 하시고, 기도의 응답을 보는 복된 터가 되도록 하시옵소서.
　심방의 친교를 통해서 드리는 저희 예배가 영과 진리로 드릴 수 있게 되기를 원합니다. 저희들 모두의 연약한 손을 잡아 일으켜 주시옵소서. 그리하여 저희들의 심령이 새로워지고 믿음이 견고하여지기를 원합니다. 주님의 말씀을 생명의 양식으로 받아 심령이 배부르게 하시옵소서. 그 말씀으로 새 생명을 얻은 기쁨 속에 지내는 저희들이 되게 하시옵소서.
　이제, 성도님 안에서 하나님의 기쁘신 뜻을 위해 소원을 두고 행하게 하시는 하나님을 바라봅니다. ○○님이 하나님의 은혜로 평강에서 평강으로 이르는 디딤돌 되게 하시옵소서. 시온에서부터 흐르는 평강의 복이 이 가정에 흘러들어와 넘치게 하시옵소서.
　존귀하게 택하심을 받은 ○○님께서 희락으로 열매를 맺는 삶을 살게 해 주시옵소서. 기쁨으로 여호와 앞에서 지내게 하시고, 하늘을 소망하는 자녀다운 삶이 그에게 나타나도록 하시옵소서.
　예수님의 이름으로 기도드립니다. 아멘.

성령의 임재를 뜨겁게 경험하는
예배종합대표기도문

2017년 1월 4일 초판 1쇄 발행

감　수 ｜ 김상복
발행인 ｜ 김수곤
발행처 ｜ 도서출판 선교횃불
등록일 ｜ 1999년 9월 21일 제 54호
　　　　 전화 : (02)2203-2739
　　　　 팩스 : (02)2203-2738
등록처 ｜ 서울 송파구 백제고분로 27길 12(삼전동)
이메일 ｜ ccm2you@gmail.com
홈페이지 ｜ www.ccm2u.com

ⓒ 도서출판 선교횃불

ISBN 978-89-5546-387-3　03230

· 이 출판물은 저작권법의 보호를 받는 저작물이므로 무단전재와 무단복제를 금합니다.
· 파본은 교환해 드립니다.